Europäische Erinnerungsorte 3

Pim den Boer, Heinz Duchhardt, Georg Kreis, Wolfgang Schmale (Hrsg.)

Europäische Erinnerungsorte 3

Europa und die Welt

Oldenbourg Verlag München 2012

Bibliographische Information der Deutschen Nationalbibliothek

Die Deutsche Nationalbibliothek verzeichnet diese Publikation in der Deutschen Nationalbibliografie; detaillierte bibliografische Daten sind im Internet über http://dnb.d-nb.de abrufbar.

© 2012 Oldenbourg Wissenschaftsverlag GmbH, München
Rosenheimer Straße 145, D-81671 München
Internet: oldenbourg-verlag.de

Umschlaggestaltung: hauser lacour
Umschlagbild: Curt Stenvert, Europa-Vision 3000 – Ein Kontinent ohne Grenzen, © VG Bild-Kunst 2011
Satz: le-tex publishing services GmbH, Leipzig
Druck und Bindung: Memminger MedienCentrum, Memmingen

Dieses Papier ist alterungsbeständig nach DIN/ISO 9706

ISBN 978-3-11-048521-9
eISBN 978-3-486-71401-2

Inhaltsverzeichnis

Vorwort

Während über die Konzeption des Gesamtwerks im Vorwort zu Band 1 und 2 Rechenschaft abgelegt und die methodischen Ansätze erläutert wurden, fällt der 3. Band in seinem Aufbau aus den symmetrisch aufeinander bezogenen, gewissermaßen spiegelbildlichen ersten beiden Bänden heraus.

„Europa und die Welt" sollte bei einem Gemeinschaftswerk wie dem vorliegenden nicht deswegen thematisiert werden, um der angeblichen „Sendung" Europas in die und in der Welt das Wort zu reden – diese Sicht einer vermeintlichen Dominanz des „alten Kontinents" überall in der Welt relativieren die *postcolonial studies* seit geraumer Zeit mit gutem Grund. Es geht in den Essays deswegen auch weniger um den „Export" europäischen Denkens und Wissens, europäischer materieller Kultur, europäischer Institutionen nach Übersee, sondern eher um das Gegenteil: um die „Rückkehr" europäischen Denkens in gebrochener Form nach Europa, um die Bereicherung, die die europäische Welt in ganz unterschiedlichen Sphären aus Übersee empfing: angefangen bei den „Kolonialwaren" und dem chinesischen Restaurant bis hin zur Musik, dem Gospel-Gottesdienst oder auch der sog. Befreiungstheologie. Es geht nicht zuletzt auch darum, wie „Europa" mit seinem eigenen überseeischen Engagement umging, also mit einer spezifischen Erinnerungskultur, die sich unter anderem in einschlägigen Museen und entsprechenden Varianten niederschlug.

Schon aus diesen wenigen Hinweisen erhellt sich, in welch' starkem Maß der Re-Import und andere kulturelle Transfers aus den ehemaligen Kolonien das tägliche Leben, die Vorstellungswelten und die Befindlichkeiten der Menschen auf dem „alten" Kontinent verändert haben. Ob sich diese Wahrnehmungen Außereuropas noch aus dem traditionellen Überlegenheitsgefühl der Europäer herleiteten oder sozusagen postkolonial motiviert waren, ist dabei sekundär.

Der Begriff „Erinnerungsort" ist auch hier weit gefasst und schließt, wie in den beiden ersten Bänden, beispielsweise geistige Entwicklungen, die sich nicht zwingend in einem „Ort" konkretisieren, ebenso wenig aus wie Persönlichkeiten, die in modifizierter Form nach Europa „zurückkehrten".

Der Band gliedert sich in zwei kürzere „Blöcke", in denen die Grundbegriffe jeder Beschäftigung mit den europäisch-außereuropäischen Beziehungen („Grundbegriffe") und Konzepte ihrer Erforschung („Konzepte") behandelt werden. Ihnen folgen knapp zwei Dutzend „Fallstudien", deren Zahl ohne Mühe erweitert hätte werden können – aber auch hier ging es wie im 2. Band darum, eine repräsentative Auswahl zu treffen, nicht aber darum, das Thema flächendeckend zu erschöpfen. Es wird mit hoher Wahrscheinlichkeit auch für diesen Band die Prognose zutreffen, dass Rezensenten das Fehlen dieses und jenes Lemmas ausstellen werden. Aber damit müssen die Verantwortlichen leben.

Bei der Konzeption des Bandes erfreuten sich die Herausgeber der Expertise von Andreas Eckert (Berlin) und Horst Pietschmann (Hamburg/Köln), die sowohl thematisch als auch personell aus ihrer reichen Erfahrung in der Überseegeschichte schöpften. Ihnen gilt der ganz besondere Dank der Herausgeber. Ein herzlicher Dank gebührt zudem den Mainzer Mitarbeiterinnen Barbara Kunkel und Nicole Hattemer sowie, nicht zuletzt, dem Verlag und namentlich Cordula Hubert.

Pim den Boer Heinz Duchhardt Georg Kreis Wolfgang Schmale

1. Grundbegriffe

Andreas Eckert
Globalisierung

Europa und die Welt

„Schon der Name verrät es, er verbindet das Fernste mit dem Nächsten, den Curry mit der Wurst", schreibt Uwe Timm in seiner Novelle über die – fiktive – Erfindung der Currywurst und beleuchtet mit diesem Satz einen zentralen Aspekt dessen, was gemeinhin Globalisierung genannt wird. Denn die für dieses Phänomen charakteristische Verknüpfung von Fremdem und Eigenem lässt sich gut anhand der Produktion und dem Konsum von Nahrungs- und Genussmitteln nachzeichnen. In Ernährungsgewohnheiten, mit denen sich die Menschen in einer bestimmten Region identifizieren und die sie für etwas Typisches halten, ist häufig, schreibt Reinhard Wendt, „Fremdes, Eingewandertes präsent". Der Siegeszug von Kaffee und Kartoffel in Europa etwa zeigt, wie lokale Lebensweisen in Europa unauflöslich in globale Strukturen verwoben sind. Aber die Welt der Rohstoffe, der Waren und des Konsums ist nur ein Beispiel dafür, wie eng Geschichte und Gegenwart Europas mit dem Rest der Welt verwoben sind.

Denn Europa war und ist keine hermetische Binnenwelt, sondern eine randoffene, ausstrahlende, aber eben auch absorbierende Zivilisation. In diesem Zusammenhang gilt es mit Jürgen Osterhammel hervorzuheben, dass die europäische Expansion keine belanglose Nebensächlichkeit darstellte, sondern geradezu „die global wirksame, einzigartige Existenzform Europas". Europa realisierte sich in der Welt, in der Auseinandersetzung mit anderen Gesellschaften jenseits der eigenen Grenzen. Diese Außenbeziehungen hatten gewiss nicht immer das gleiche Gewicht, und sie betrafen auch nicht immer die gleichen Räume. Doch die europäische Expansion ist prägender Bestandteil der modernen Geschichte. Sie veränderte die Welt und mit ihr Europa. Mehr noch, die europäische Moderne ist nur schwer denkbar ohne Kolonialismus und Imperialismus. Erfahrungen in der nicht-europäischen Welt haben sich eingeschrieben in europäische Landschaften, Körper und Ideen. Die Gesellschaftsgeschichte europäischer Staaten bleibt unvollständig oder gar unverständlich, wenn man sie aus ihren imperial-kolonialen Zusammenhängen löst.

Beziehungen zwischen Europa und der außereuropäischen Welt waren und sind jedoch häufig hierarchisch oder gar repressiv, geprägt von Ausbeutung und Gewalt. Diese Beziehungen werden in der Regel mit den Begriffen Kolonialismus oder Imperialismus erfasst. Und wenn das, was heute als Globalisierung in aller Munde ist, eine frühere Phase hat, so ist diese untrennbar mit der kolonialen und imperialen Expansion der europäisch-westlichen Staaten seit den „Entdeckungsfahrten" des 16. Jahrhunderts verknüpft. Aber ist Globalisierung überhaupt ein weit zurückreichendes Phänomen? Begann sie nicht erst in den 1980er Jahren mit der Krise des Sozialstaats, der Explosion der Finanzmärkte und der Popularisierung und gesteigerten Reflexivität des Globalen? Oder steht Globalisierung ohnehin nur für sprachliches Imponiermaterial, als Kategorie für Historiker schlichtweg nutzlos, wie es etwa der niederländische Historiker Pieter Emmer suggeriert, wenn er schreibt, dass Globalisierung lediglich ein von Journalisten geprägter Begriff sei, um jene Menschen zu beeindrucken, die von Geschichte keine Ahnung haben?

Was ist „Globalisierung" in historischer Perspektive?

Der Begriff „Globalisierung" kam erstmals in den 1960er Jahren im angelsächsischen Bereich auf und benannte vor allem zeitgenössische ökonomische Prozesse, die ein stärkeres Zusammenwachsen der Welt mit sich brachten. Gute zwei Dekaden später wurde der Terminus zum Schlagwort der Zeit, auch weil er an Erfahrungen anschloss, die viele Menschen machten. Über Konsum und neue Möglichkeiten der Kommunikation konnten sich zumindest die Bewohner des reichen „Nordens" gleichsam die ganze Welt ins Haus holen. Und das Ende der Sowjetunion und der Zerfall des „Ostblocks" nach dem Fall der Berliner Mauer 1989 schienen zugleich das „Ende der Geschichte" in dem Sinn zu signalisieren, dass sich nun die kapitalistisch-westliche Ordnung global durchgesetzt hatte. Damit verband sich eine Debatte über die Meriten des Kapitalismus. Jene, die die Befreiung der Marktkräfte von staatlicher Regulierung feierten, sahen sich bald einer wachsenden Opposition gegen diese Vision gegenüber. „Der freie Handel wurde durch den fairen Handel in Frage gestellt", so Anthony G. Hopkins.

Der kapitalistische Triumphalismus wurde mit einem sich ausbreitenden zivilgesellschaftlichen Bewusstsein konfrontiert, das in globalen Forderungen im Namen der Armen und Entrechteten seinen Ausdruck fand. Seit Seattle 1999 versammeln sich regelmäßig „Globalisierungsgegner", um ihre Kritik an den negativen Auswirkungen der Globalisierung zu artikulieren. Zugleich setzte sich die Einsicht durch, dass wirtschaftliche Globalisierung keineswegs mit kultureller Homogenisierung gleichzusetzen ist, dass wir es keinesfalls mit einer „McDonaldisierung" der Welt zu tun haben. Zu beobachten ist im Gegenteil ein komplexes Wechselverhältnis zwischen Homogenisierung und zunehmender globaler Vernetzung auf der einen und Heterogenität und lokaler Differenzierung auf der anderen Seite.

Eines der zentralen Argumente der Geschichtswissenschaft – die Globalisierung sei kein neues Phänomen, sondern bereits in früheren Epochen zu beobachten – kam zunächst von Kritikern des Globalisierungskonzepts wie Ökonomen und Soziologen, die etwa argumentierten, dass Globalisierung kaum als Begriff der Gegenwartsdiagnose tauge. Denn bereits im 19. Jahrhundert hätten Güter-, Kapital- und Arbeitsmärkte einen Verflechtungsgrad erreicht, welcher den gegenwärtigen Verhältnissen in nichts nachstehe. Dieses Argument ist derweil *communis opinio*; über die Bedeutsamkeit des Begriffs Globalisierung besteht in der Geschichtswissenschaft freilich weiterhin Uneinigkeit. Bezeichnet er einen Prozess, der so einschneidend ist wie zum Beispiel die Industrialisierung, oder ist er doch nur modisches Etikett? „Globalisierung", schreiben Jürgen Osterhammel und Niels P. Petersson, „hat einen Sinn als Sammelbegriff für konkret beschreibbare Strukturen und Interaktionen mit planetarischer Reichweite". Hingegen gehe es nicht um einen autonomen Prozess, der als unaufhaltsame historische Bewegung und unabweisbarer politischer Sachzwang daherkomme. Gerade bei einem solch umfassenden Prozess müsse man sich vor „Verdinglichung" hüten und wiederholt darauf insistieren, dass auch die großen Makroprozesse Resultate individuellen oder kollektiven Handelns seien. Mit anderen Worten: Globalisierung passiert nicht einfach.

Es bleibt jedoch festzuhalten, dass das Konzept der Globalisierung theoretisch vage und relativ unbestimmt ist. Es macht wenige Annahmen über die Qualität des historischen Wandels, und anders als der Begriff der Modernisierung zielt Globalisierung auch kaum darauf, die historischen Akteure mit einer Zukunftsvision auszustatten und zu aktivieren. Globalisierung ist daher aus geschichtswissenschaftlicher Sicht auch nicht eine Metatheorie, sondern eher eine Perspektive, die dazu beitragen kann, historische Prozesse in einem umfassenden Kontext zu situieren und den „methodologischen Nationalismus" der Geschichtswissenschaft zu unterminieren. Der Ausgangspunkt für einen solchen Zugriff ist das Interesse an der Verdichtung von Beziehungen auf unterschiedlichen Ebenen: ökonomische Integration, das veränderte Verhältnis von Nationalstaat und Markt, verbunden mit der Frage nach Entstehung und Auflösung von Nationen im Zuge der Globalisierung, kulturelle Homogenisierung und Herausbildung von Differenz sowie die Veränderung der Vorstellung von Zeit und Raum, die mit der Veränderung der Transport- und Kommunikationsmedien einhergegangen ist. Aber nicht nur grenzüberschreitende Verflechtungen und die Zunahmen globaler Interaktionen finden das Interesse der Historiker, sondern auch gegenläufige Prozesse und Widerstand.

Die wachsende Betonung von Vernetzungen und Verflechtungen im Prozess der Globalisierung steht für die Einsicht, dass die Entstehung der modernen Welt als „gemeinsame" bzw. „geteilte" Geschichte gedeutet werden kann, in der verschiedene Kulturen und Gesellschaften eine Reihe zentraler Erfahrungen teilten und durch ihre Interaktion und Interdependenz die moderne Welt gemeinsam konstituierten. Der Verweis auf Interaktionen darf jedoch nicht der Gefahr erliegen, Ungleichheit, Macht und Gewalt in der Geschichte der Globalisierung aus den Augen zu verlieren. Überdies konnten Prozesse der ökonomischen Verflechtung auch mit politischer Abgrenzung einhergehen, kulturelle Öffnung sowie Phasen des politisch-ökonomischen Austauschs verliefen keineswegs immer synchron. Die Geschichtsschreibung der Globalisierung muss daher der Gefahr begegnen, lediglich als gewendete Modernisierungstheorie aufzutreten, bei der ‚Tradition' durch Isolation und ‚Moderne' durch Verflechtung ersetzt wird.

Phasen der Globalisierung

Die Geschichte der Globalisierung lässt sich nicht als lineare Erzählung von der immer größeren Verdichtung der Welt konzipieren. Denn Hochphasen der Vernetzung und Interaktion – etwa im 18. Jahrhundert oder um 1900 – wurden stets abgelöst von Phasen der Distanzierung und Abschottung. So könnte man, wie die Historiker Anthony G. Hopkins und Christopher Bayly, zwischen unterschiedlichen Stadien einer Geschichte der Globalisierung differenzieren, jeweils getragen von unterschiedlichen Akteuren und mit unterschiedlichen regionalen Zentren: archaische Globalisierung, Proto-Globalisierung (1600–1800), moderne Globalisierung sowie eine Phase der postkolonialen Globalisierung nach 1950.

Die eifrige Suche nach Phasen der Globalisierung bzw. Globalisierungswellen hat noch keinen endgültigen Konsens über den Beginn der Globalisierung produziert. Ein Historiker hat etwa den Vorschlag gemacht, eine globale Geschichte der transkulturellen Interaktion (Migrationsbewegungen, imperialistische Ausdehnung und Handel) bis ins vierte Jahrtausend vor Christus zurückzuverfolgen und in sechs Makroepochen bis in die Gegenwart zu untersuchen. Am anderen Ende der Skala stehen weiterhin Definitionen, die Globalisierung als ein Phänomen der Gegenwart oder bestenfalls der Zeitgeschichte verorten und mit dem Ende des Zweiten Weltkriegs beginnen lassen. Versteht man jedoch mit Osterhammel und Petersson unter Globalisierung „den Aufbau, die Verdichtung und die zunehmende Bedeutung weltweiter Vernetzung", so wurde dieser Prozess wohl etwa im 16. Jahrhundert irreversibel. Seit dieser Zeit setzten Entdeckungsreisen und regelmäßige Handelsbeziehungen Europa, Afrika, Asien und Amerika erstmals in einen direkten Kontakt. Aus diesen sich vor allem seit dem frühen 19. Jahrhundert zügig vertiefenden Verbindungen zwischen verschiedenen Gesellschaften gingen zahlreiche hybride politische Ordnungen, gemischte Ideologien und komplexe Formen wirtschaftlicher Aktivitäten hervor. Diese Verknüpfungen erhöhten jedoch das Bewusstsein von Differenz oder gar Antagonismus vornehmlich zwischen den Eliten verschiedener Gesellschaften.

Es ist inzwischen Konsens in der Forschung, dass die Zeit zwischen etwa 1860 und 1930 (mit einer Verdichtung in den Jahren zwischen 1880 und 1914) als eine frühe Hochphase der Vernetzung der Welt betrachtet werden kann. Hierfür hat sich die Bezeichnung „erste Globalisierung" etabliert. In dieser Phase haben sich grundlegende Muster der Interaktion herausgebildet, die zum Teil auch die Dynamik der heutigen Globalisierung noch bestimmen. Die Signaturen der Globalisierung, die diesen Zeitraum charakterisieren, sind die Entstehung global integrierter Güter- und Kapitalmärkte, rapide anwachsende und sich verdichtende transkontinentale Migrationsbewegungen sowie die Entstehung eines globalen Bewusstseins. Die zunehmende Integration der Welt ermöglichte die Verbindung von Prozessen, die sich bis dahin hauptsächlich in regionalen Kontexten ereignet hatten. Soziale und politische Akteure bezogen sich immer häufiger auf vergleichbare Ereignisse in anderen Gesellschaften. Soziale Phänomene und vor allem wirtschaftliche Entwicklungen in anscheinend weit entfernten Gesellschaften wurden als Modelle und Maßstab herangezogen; gleichzeitig wuchs darüber hinaus das Bewusstsein, dass selbst entfernte Ereignisse Einfluss auf die eigene Gesellschaft entfalten. Selbst wenn die zunehmende Vernetzung der Welt nicht alle Gesellschaften und Menschen auf die gleiche Art einschloss, so hatte sie doch Auswirkungen auf Prozesse, die sich bis dahin in relativer Abgeschlossenheit vollzogen hatten.

Die Voraussetzung für ein Bewusstsein von transnationalen Zusammenhängen war die Zunahme grenzüberschreitender Austauschbeziehungen. Der Geograph David Harvey hat von der „Zeit-Raum-Kompression" gesprochen, die am Ende des 19. Jahrhunderts den technologischen Wandel begleitete. Grundlage dafür war die Informationsrevolution seit den 1850er Jahren. Das Dampfschiff, die Ausweitung der Postverbindungen und vor allem der Telegraph trugen zum Eindruck einer schrumpfenden Welt bei. Allerdings gilt zu bedenken, dass um 1900 nur eine winzige Minderheit der Weltbevölkerung an technische Systeme als Gebrauchs- und Einrichtungsgegenstände angeschlossen war. Der Telegraph stand in den Amtsstuben, nicht in Privatwohnungen. „Virtuelle Chancen", schreibt Jürgen Osterhammel, „müssen von realisierbaren Möglichkeiten unterschieden werden". In achtzig Tagen um die Welt zu reisen war im letzten Drittel des 19. Jahrhunderts möglich geworden, aber außer Jules Vernes' Protagonisten Phileas Fogg vermochte dies kaum jemand in die Tat umzusetzen.

Die gängige Teilung in einen Abschnitt gesteigerter Globalisierung vor 1914 und eine bis nach dem Zweiten Weltkrieg anhaltende Phase der „De-Globalisierung" ist zu schematisch. Selbst Prozesse der Entflechtung, wie sie in der Zwischenkriegszeit zu beobachten sind, seien, so Osterhammel und Petersson, oft bewusste Reaktionen auf die Globalisierung gewesen. „Man konnte einander nicht entrinnen. Die Welt war bis ins Alltagsleben spürbar zu einer Schicksalsgemeinschaft geworden". Zwar zerbrach mit dem Ersten Weltkrieg das internationale System des 19. Jahrhunderts, und auch die Weltwirtschaft geriet durch Nationalismus und Autarkiedenken in eine profunde Krise. Zugleich kam es in der Zwischenkriegszeit zu weltweiten Integrationsprozessen, etwa in der Medienindustrie. Der Völkerbund und damit verbundene Institutionen wie die „International Labour Organisation" (ILO) standen für das Bestreben, eine multipolare Weltordnung zu errichten, die auf friedlicher Kooperation und wirtschaftlichem Austausch beruhte. Ergebnis der Erfahrung von Weltkrise und Weltkriegen war ein vor allem von den Vereinigten Staaten betriebenes globales Modernisierungsprogramm. Allerdings prägte nach 1945 für drei Dekaden die Teilung der Welt in Ost und West die Form internationaler, transnationaler und weltweiter Verflechtungen, eine Art „halbierte Globalisierung" (Osterhammel/Petersson). Der in den 1980er Jahren einsetzende Globalisierungsschub traf gleichwohl auf eine Welt, die – in regional unterschiedlichem Maß – mit Globalität bereits vertraut war.

Globalisierung, Migration und Nation
im „ersten Zeitalter der Globalisierung"

Nationalstaat und Globalisierung stehen in einem komplizierten Verhältnis. Die in den vergangenen zwei Dekaden in der „Globalisierungsforschung" geführte Debatte über den Zustand und die Zukunft moderner Staatlichkeit und der internationalen Beziehungen sah den Nationalstaat mehrheitlich als Auslaufmodell. Dem steht eine wachsende Zahl von Stimmen entgegen, welche die Todesnachrichten in Bezug auf den National- und Wohlfahrtsstaat als übertrieben bezeichnen. In historischer Perspektive wirft gerade das „erste Zeitalter der Globalisierung" interessante Fragen nach der Entstehung und Bedeutung des Nationalstaats auf, der sich, so Wolfgang Reinhard, seit dem 19. Jahrhundert zu einem „Exportschlager" Europas entwickelte. In diesem Zusammenhang wird deutlich, dass Stabilisierung und Territorialisierung des Nationalstaats zentrale Effekte der globalen Vernetzung vor dem Ersten Weltkrieg waren.

Zunehmende Migrationsbewegungen und Mobilität spielten dabei eine bedeutende Rolle. Massenhafte Mobilität war eines der zentralen Charakteristika der Globalisierung des 19. Jahrhunderts. Die Gründe dafür liegen in der Verkettung zahlreicher Faktoren: Die wachsende industrielle Produktion in Europa, die Ausweitung der Plantagen in den Amerikas, aber auch in Asien, sowie die dichtere weltwirtschaftliche Vernetzung von Märkten führten dazu, dass immer mehr Arbeitskräfte außerhalb nationaler Grenzen gesucht und rekrutiert wurden. Neue Verkehrsmittel und Informationstechnologien erleichterten ebenso wie die in den 1880er Jahren einsetzende imperiale Durchdringung weiter Teile der Welt die Entstehung globaler Arbeitsmärkte. Deutschland war eines der Zentren der europäischen Auswanderung, die im 19. Jahrhundert rund 60 Millionen Menschen umfasste; die Mehrheit davon zog es in die „Neue Welt". Vor dem Ersten Weltkrieg migrierten allein sieben Millionen Menschen von Bremerhaven aus über den Atlantik. Die europäische Migration war aber lediglich Teil einer umfassenderen, eng mit dem Kolonialismus verknüpften globalen Migration gewaltigen Ausmaßes. So verließen, um nur einige Beispiele zu nennen, zwischen den 1830er und 1930er Jahren rund 40 Millionen Menschen den indischen Subkontinent; gar 50 Millionen Menschen wanderten aus Russland und Nordostasien nach Sibirien und in die Mandschurei; knapp 20 Millionen Chinesen zog es nach Südostasien.

Die weltweite Massenmobilität prägte das Verständnis von Nation nachhaltig. Der Topos von der „Deutschen Arbeit" bietet, wie Sebastian Conrad zeigen konnte, ein gutes Beispiel für die „nationalisierenden Effekte globaler Zirkulation". „Arbeit" stieg gegen Ende des 19. Jahrhunderts zu einem zentralen Wert der modernen Welt auf. Die in dieser Zeit einsetzenden Berechnungen des „Volkseinkommens" etablierten Arbeit als Gradmesser des Fortschritts und der Leistungsfähigkeit der Nationen, während zugleich in den Kolonien Arbeit als Mittel erkoren wurde, die europäische „Zivilisierungsmission" umzusetzen und den als primitiv erachteten Gesellschaften Afrikas und Asiens den Weg zur Zivilisation zu bahnen; dabei musste, so die verbreitete Haltung, die vermeintlich notorische Arbeitsscheu der Kolonisierten zur Not mit dem Zwang zur Arbeit überwunden werden. Arbeit und Nationalstaat blieben fortan eng aufeinander bezogen. Die Kodifizierung von Arbeit (und von Nicht-Arbeit als „Arbeitslosigkeit"), wie sie sich in dieser Zeit in den meisten europäischen Industriestaaten in der Errichtung nationaler Institutionen zur Behandlung der Arbeitsfrage manifestierte, war Teil eines größeren politischen und wirtschaftlichen Projekts, das auf die Territorialisierung der Arbeit und der Gesellschaft innerhalb des Nationalstaats zielte.

Die nationale Ordnung von Arbeit war mithin Teil eines komplexen Geflechts internationaler Austauschbeziehungen. „Die Ausweitung der Wirtschaftsräume und ebenso der Kulturkontakte", so Conrad, „brachte neue Formen der Kooperation und Konkurrenz mit sich, die sich auf Arbeit und Arbeitsvorstellungen in Europa nachhaltig auswirkten". In Deutschland etwa wurde in den Diskussionen über die „nationale Arbeit" primär der kulturell-sittliche Aspekt der Arbeit in den Vordergrund gerückt. Zeitgenossen sahen den „gesunden deutschen" Charakter der Arbeit durch die „Vermischung der Völker" in Frage gestellt. Die zunehmende internationale Verflechtung der Arbeitsmärkte wurde überdies als zunehmende ökonomische und soziale Konkurrenz gesehen, die ihren Ausdruck zum Beispiel im Topos von der „Gelben Gefahr" fand. Es verbreitete sich das Bedürfnis, die „eigene Arbeit" zu schützen. Daraus resultierte die wachsende Kennzeichnung der Produkte nationaler Arbeit. „Made in Germany" etablierte sich um 1900 zu einem anerkannten Markenzeichen.

Um 1900: Zwang zur Freiheit

Ein gutes Beispiel für die globalen Verflechtungen in der Periode vor dem Ersten Weltkrieg führt uns in die damalige deutsche Kolonie Togo, in die sich im November 1900 vier Afroamerikaner von New York aus per Schiff aufmachten. Die Männer hatten den Auftrag, den deutschen Kolonialherren und ihren afrikanischen „Untertanen" in Westafrika beizubringen, Baumwolle für den Export anzubauen. Um die Jahrhundertwende war die deutsche Baumwollindustrie zwar die bedeutendste auf dem europäischen Kontinent und die drittgrößte weltweit. Allerdings war sie für ihren Rohstoff ausschließlich auf Importe angewiesen. Die Produktion von Baumwolle in den eigenen Kolonien schien daher der geeignete Weg zu sein, die Abhängigkeit von amerikanischer und indischer Baumwolle zu mindern. Das Kolonial-Wirtschaftliche Komitee (KWK), eine Vereinigung vornehmlich von Textilproduzenten, war überdies der Überzeugung, dass dem „Neger [...] von jeher die Baumwollkultur als Lieblingskultur" galt und dass Afroamerikaner mithin die erfahrensten Baumwollpflanzer der Welt seien.

So wandte sich das KWK an Booker T. Washington, der in Tuskegee, Alabama, ein großes Ausbildungsinstitut für Afroamerikaner leitete. Und Washington, seinerzeit einer der bekanntesten, aber auch umstrittensten schwarzen Politiker in den Vereinigten Staaten, wählte rasch vier Männer für die Mission nach Togo aus, darunter mit James Calloway den Direktor der Baumwoll-Abteilung von Tuskegee. Calloway und seine Mitstreiter fühlten sich in Togo einsam und isoliert und beklagten nachdrücklich das ungesunde Klima, die mangelhafte Infrastruktur sowie den fehlenden Komfort. „Du kannst dir gar nicht vorstellen, wie dürftig wir ausgestattet sind", schrieb Calloway an seine Frau. „Keine Betten, keine Häuser, keine Pferde, keine Kühe, kein trinkbares Wasser, kein Gemüse für zivilisierte Menschen. Kein Doktor, wenn du krank bist". Acht Jahre lang versuchten die Männer aus Alabama trotz diverser Frustrationen jedoch unermüdlich, ihre Vorstellungen vom Baumwollanbau in Togo umzusetzen – mit gemischtem Erfolg. Einige ihrer Maßnahmen scheiterten an ihrer eigenen Ignoranz. Sie waren von der Überlegenheit ihrer eigenen Methoden überzeugt, zeigten sich unfähig, sich in der Sprache der Einheimischen zu verständigen, und nahmen folglich keine Notiz vom vorhandenen lokalen Wissen.

Das Zusammentreffen afroamerikanischer Baumwollspezialisten, deutscher Textilindustrieller und Kolonialbeamten sowie Togoleser Bauern wurde, wie Sven Beckert ausführte, erst durch die tiefgreifende Umstrukturierung der globalen Baumwollproduktion im Gefolge des Amerikanischen Bürgerkrieges möglich, der „ersten Rohstoffkrise der industriellen Welt". Danach wandelten sich die weltweiten wirtschaftlichen und politischen Rahmenbedingungen der Baumwollproduktion grundlegend. „Staaten und freie Arbeitskräfte", so Beckert,

„rückten ins Zentrum, das einst Märkte und Sklaverei eingenommen hatten. Überall auf der Welt prallte das Streben der Bauern nach der Freiheit, über ihr eigenes Land und ihre Arbeitskraft zu bestimmen, mit dem Drängen der Industriellen und Politiker auf Steigerung der Rohstoffproduktion zusammen". Die Bauern in Togo bemühten sich nach Kräften, letztlich jedoch vergeblich, ihren Baumwollanbau für den Eigenbedarf zu sichern und sich gegen die mit Gewalt aufoktruierte monokulturelle Produktion von verkaufbarer Ware auf dem Weltmarkt zu wehren. Die Warenproduktion für den Weltmarkt in „freier Arbeit", wie sie sich Ende des 19. Jahrhunderts durchsetzte, basierte paradoxerweise auf Zwang.

Das mit dem Baumwollanbau in Togo verknüpfte Thema der „freien Arbeit" beschäftigte im Übrigen nicht nur deutsche Kolonialpolitiker und Unternehmer, sondern auch Sozialwissenschaftler wie Max Weber, Gustav Schmoller und Georg Friedrich Knapp. Hinter dem Versuch, afroamerikanische Expertise für die koloniale Baumwollproduktion zu nutzen, stand nämlich, wie Andrew Zimmermann hervorhebt, auch der Versuch, die Togoleser Bauern nach dem Vorbild der Schwarzen aus den Südstaaten zu formen. Man wollte, so Zimmermann, aus den Afrikanern gleichsam „Neger" machen. Im „neuen Süden" der Vereinigten Staaten glaubten Weber und andere, Analogien zu den ethnischen und Klassenbeziehungen in den preußischen Ostprovinzen zu erkennen, wo die Arbeit von Leibeigenen durch die „freie Arbeit" polnischer Migranten abgelöst worden war. Zeitgenossen sahen durchaus das Paradox des Baumwollanbauprogramms in Togo, welches afrikanische Bauern mit Zwang in freie Produzenten für den Weltmarkt transformieren sollte. Dieser Widerspruch wurde jedoch mit dem Verweis auf die vermeintlich pathologische Natur „des Negers" aufgelöst, dessen Freiheit Überwachung und Zwang bedürfe. In diesem Sinn erwiesen sich deutsche Kolonialbeamte und Wissenschaftler als gelehrige Schüler der Rassenideologie des amerikanischen Südens.

Aber handelte es sich bei der Tuskegee-Expedition am Ende doch nur um ein unbedeutendes, wenn auch weithin nachgeahmtes, technisches Hilfsprogramm, um wenig mehr als ein recht interessantes, aber letztlich marginales Ereignis in der Geschichte des deutschen Kolonialismus? Diesen Eindruck kann nur der haben, der im Käfig der nationalgeschichtlichen Perspektiven verharrt. Denn diese Expedition war globalhistorisch eine höchst signifikante Episode, die drei bedeutende Netzwerke verband und dauerhaft transformierte: die deutsche Sozialpolitik, die Rassenpolitik des „Neuen Südens" in den USA und die afrikanische Agrarproduktion für den Markt. „In ihren Überschneidungen", schreibt Zimmerman, „produzierten diese drei Netzwerke Objekte, deren scheinbare Stabilität sich aus einer dynamischen und transnationalen Geschichte ergibt und sie gleichzeitig verbirgt: ‚Schwarz-Sein', Bauern und Baumwolle".

Die Geschichte der Baumwolle, in die die Geschichte eines „deutschen Alabama in Afrika" eingebunden ist, bietet überdies ein gutes Beispiel für die eingangs erwähnte komplexe Beziehung zwischen Globalisierung und Homogenisierung. Während sich die Produktionsbedingungen von Baumwolle für die Weltmärkte seit dem 19. Jahrhundert weltweit immer ähnlicher wurden, behielten die natürlichen Unterschiede der Rohbaumwolle ihre Bedeutung. „Es gab", so Beckert, „keine globale Homogenisierung bei Stoffen". Denn der für den Export bestimmte, in größeren Mengen produzierte bedruckte Baumwollstoff musste sich an den – jeweils stark variierenden – lokalen Geschmack auch in den kolonisierten Weltregionen anpassen. Globalisierung in Bezug auf Baumwolle basierte nicht zuletzt „auf der Fähigkeit, Güter zu produzieren, die in sehr unterschiedlichen Märkten geschätzt wurden, also auf Differenzierung" (Beckert). Hinter der „Globalisierung" standen auch hier „Globalisierer" mit bestimmten Strategien und Erwartungen. Und auch im Fall der Baumwolle handelte es sich keineswegs um eine einseitige, von Europa und Nordamerika ausgehende „Verwestlichung", was Hierarchien und Gewalt nicht ausschließt.

Literaturhinweise

Christopher A. Bayly, Die Geburt der modernen Welt. Eine Globalgeschichte 1780–1914. Frankfurt/M. 2006.

Sven Beckert, Von Tuskagee nach Togo. Das Problem der Freiheit im Reich der Baumwolle", in: Geschichte und Gesellschaft 31, 4 (2005), S. 505–545.

Sebastian Conrad, Globalisierung und Nation im Deutschen Kaiserreich. München 2006.

Pieter C. Emmer, The Dutch and the Atlantic Challenge, 1600–1800, in: ders./Olivier Pétré-Grenoulleau/J. V. Roitman (Hrsg.), A Deus ex Machina Revisited. Atlantic Colonial Trade and European Economic Development. Leiden 2006, S. 151–177.

Anthony G. Hopkins (Hrsg.), Globalization in World History. London 2002.

Jürgen Osterhammel, Die Verwandlung der Welt. Eine Geschichte des 19. Jahrhunderts. München 2009.

Jürgen Osterhammel/Niels P. Petersson, Geschichte der Globalisierung. Dimensionen, Prozesse, Epochen. München 2003.

Wolfgang Reinhard (Hrsg.), Verstaatlichung der Welt? Europäische Staatsmodelle und außereuropäische Machtprozesse. München 1999.

Reinhard Wendt, Vom Kolonialismus zur Globalisierung. Europa und die Welt seit 1500. Paderborn 2007.

Andrew Zimmerman, Alabama in Africa. Booker T. Washington, the German Empire, and the Globalization of the New South. Princeton 2010.

Alexander Nützenadel
Die wirtschaftliche Dimension der Globalisierung

Im Jahre 2002 feierten die Niederlande das 400-jährige Bestehen der Verenigde Oostindische Compagnie (VOC). Dieses Ereignis war kein Jubiläum wie jedes andere. Vielmehr wurde die Wiederkehr dieses Datums wie ein nationaler Gründungstag begangen. Eine eigens zu diesem Zweck eingerichtete Stiftung (Viering 400 jaar VOC) koordinierte die zahlreichen, landesweiten Aktivitäten, darunter Ausstellungen, lokale Volksfeste und historische Vorträge. Ein Wissenszentrum zur Geschichte der VOC mit umfassenden Online-Angeboten wurde eingerichtet, während mehrere wissenschaftliche Tagungen und Publikationen die Geschichte der VOC aufarbeiteten. Höhepunkt war eine Gedenkveranstaltung im Rittersaal in Den Haag am 20. März 2002, an der nicht nur Königin Beatrix und Kronprinz Willem Alexander, sondern auch der niederländische Premierminister Wim Kok und zahlreiche andere Politiker aus dem In- und Ausland teilnahmen. In offiziellen Darstellungen wurden vor allem die Leistungen der VOC für den wirtschaftlichen und politischen Aufstieg der Niederlande hervorgehoben, ferner ihre Bedeutung für die Herausbildung von freiem Unternehmertum, Handel und interkulturellen Kontakten gewürdigt. Kaum thematisiert wurden hingegen die Schattenseiten ihrer Geschichte: ihr Beitrag zur Ausbeutung der Kolonien und zur Verbreitung von Sklaverei, die von der VOC ausgehende gewaltsame Unterdrückung der indigenen Bevölkerung sowie die korrupten Geschäftspraktiken des Unternehmens, die schließlich auch zu ihrem Niedergang in der zweiten Hälfte des 18. Jahrhunderts führten. Die überwiegende positive Bewertung der VOC und die unkritische Einbettung in ein nationales historisches Narrativ stießen insbesondere im Ausland auf scharfe Kritik. Indonesien und Südafrika boykottierten die Feierlichkeiten, andere Länder wie Sri Lanka, China oder Indien hielten sich bedeckt. Angesichts dieser Lage hielt das niederländische Außenministerium seine Diplomaten an, nicht an Gedenkveranstaltungen der VOC teilzunehmen.

Dieses Beispiel macht deutlich, wie kontrovers die historische Einordnung des europäischen Handelskolonialismus bis heute ist. Er wird vielfach als Auftakt der modernen Globalisierung betrachtet, der zu einer dauerhaften Verflechtung Europas mit anderen Weltregionen führte. Der vorliegende Beitrag zeichnet diesen Prozess aus wirtschaftshistorischer Sicht nach. Er greift dabei das ursprünglich von den Sozial- und Wirtschaftswissenschaften geprägte Konzept der Globalisierung auf, das seit geraumer Zeit auch Eingang in die historische Forschung gefunden hat. Im Unterschied zu der statischen Betrachtungsweise der Sozialwissenschaften wird dabei vor allem der transformative Charakter von Globalisierung betont. Globalisierung beschreibt demzufolge eher einen Prozess als einen präzise zu definierenden Zustand. Dieser Prozess verläuft allerdings weder linear, noch ist er irreversibel. Vielmehr zeigt gerade die historische Erfahrung, dass es sich um eine offene und kontingente Entwicklung handelt, die durch historische Brüche und Gegenbewegungen charakterisiert ist. Der Schwerpunkt der folgenden Darstellung liegt auf dem Zeitraum zwischen dem Beginn der europäischen Expansion um 1500 und der Mitte des 20. Jahrhunderts. Die unmittelbare Vorgeschichte der Gegenwart, die vielfach im Zentrum der sozialwissenschaftlichen Globalisierungsforschung steht, findet hingegen keine Berücksichtigung.

Das frühneuzeitliche „Weltsystem"

Im 16. Jahrhundert bildeten sich die Konturen jenes „Weltsystems" heraus, das in hohem Maß auf wirtschaftlichen Austauschbeziehungen beruhte. Anders als lange Zeit angenommen, gab es in diesem Weltsystem jedoch keine stabile Hierarchie zwischen Zentrum und Peripherie. Vielmehr handelte es sich um eine Vielfalt regionaler Handelsräume, in denen häufig mehrere Mächte um die Hegemonie rangen. So wurde die Vorherrschaft Venedigs im Mittelmeerhandel zunehmend durch die osmanische Expansion bedroht. Weite Teile Südostasiens waren in das chinesische Tributhandelssystem eingebunden, das der Ming-Dynastie einen ungeheuren wirtschaftlichen Aufstieg ermöglichte. Zugleich gewannen europäische Handelskolonien in Asien zunehmend an Einfluss, beginnend mit dem Ausgreifen des portugiesischen „Kronkapitalismus", der im 16. Jahrhundert die Küsten Ostasiens mit einem Netz von Handelsstützpunkten überzog. Die niederländischen und britischen Handelskolonien nutzten vielfach bestehende asiatische Handelsnetzwerke aus, traten aber gleichzeitig in Konkurrenz zu den portugiesischen und spanischen Händlern.

Ein neuer wirtschaftlicher Interaktionsraum entstand nach der Entdeckung Amerikas im Atlantik, wo die europäischen Händler – anders als in den asiatischen Meeren – nicht mit bestehenden maritimen Imperien konkurrierten, sondern ohne größere Widerstände eigene Handelsnetze etablieren konnten. Der Handel war hier mit weitreichenden wirtschaftlichen Transformationen der Festlandökonomien verbunden. Insbesondere die Etablierung der Plantagenwirtschaft in Brasilien, auf den karibischen Inseln und im Südosten Nordamerikas hatte weitreichende Folgen für die atlantische Ökonomie. Mit Hilfe von Sklaven aus Afrika wurde vor allem Zucker, Tabak und Baumwolle für den europäischen Markt produziert. Der Dreieckshandel zwischen Afrika, Europa und Amerika prägte seit etwa 1680 die atlantische Ökonomie und endete erst 1807 mit dem Verbot des Sklavenhandels durch Großbritannien.

Die hier skizzierten Handelsräume waren nicht hermetisch abgeschlossen, sondern durch vielfältige Beziehungen miteinander vernetzt. Allerdings ist die Vorstellung eines einheitlichen „Weltmarktes" für die Frühe Neuzeit nicht zutreffend. Der überwiegende Teil des Warenverkehrs betraf Güter, die aus klimatischen Gründen nur in bestimmten Regionen hergestellt werden konnten (z. B. Gewürze, Tee) oder Luxusprodukte (Seide, Pelze), für die der Preis des Transports keine Rolle spielte. Eine wichtige Funktion hatte der Handel mit Silber, der aus den spanischen Kolonien in Südamerika gespeist wurde und der über Europa nach China führte, wohin bis in das 18. Jahrhundert hinein ein großer Teil der Silberproduktion gelangte. Hingegen waren die meisten Nahrungsmittel ebenso wie viele gewerbliche Massenwaren vom Fernhandel ausgeschlossen, weil sie die langen Reisewege nicht überstanden oder sich ihr Transport angesichts hoher Kosten nicht rentierte. Bis weit ins 19. Jahrhundert hinein konsumierten die meisten Menschen Produkte aus ihrer unmittelbaren Umgebung. Auch die Volkswirtschaften waren noch nicht so eng miteinander verflochten. Regionale Ernteausfälle und Wirtschaftskrisen hatten meist keine unmittelbaren Auswirkungen auf die Verhältnisse in anderen Weltteilen.

Wenn es somit nicht gerechtfertigt ist, für die Frühe Neuzeit von einer Weltwirtschaft im modernen Sinn zu sprechen, so waren die Auswirkungen – nicht zuletzt für Europa – dennoch erheblich. Der ungeheure Reichtum der europäischen Handelsstädte wie Venedig, Amsterdam oder London hatte Folgen für die wirtschaftliche Entwicklung des Kontinents. Jan de Vries hat gezeigt, dass der Kolonialhandel eine regelrechte Konsumrevolution in den Städten auslöste. Sie führte nicht nur zu einer Ausweitung der Nachfrage, sondern auch des Arbeitsangebots der städtischen Haushalte, die so ihre Einkommen steigerten. Die starke

Zunahme der Arbeitstätigkeit und die Neuausrichtung der familiären Haushaltsökonomie gaben wiederum der frühindustriellen Gewerbeentwicklung wichtige Impulse.

Überdies führte der Handelskapitalismus zu institutionellen Neuerungen. Die systematische Erschließung von Handelsrouten, ihre Sicherung gegenüber Piraten und fremden Mächten, der Aufbau moderner Schiffsflotten und die Knüpfung kaufmännischer Beziehungen zu weit entfernten Märkten erforderten gewaltige Anstrengungen. In den Handelskompanien entstanden leistungsfähige Verwaltungsstrukturen, die bereits Elemente moderner Unternehmen aufwiesen, allerdings auch in hohem Maß korruptionsanfällig waren. Zugleich wurden neue Finanzinstrumente entwickelt, um die gewaltigen Investitionen des Handelsgeschäftes zu tragen. Dies war die Geburtsstunde der modernen Aktiengesellschaft. So konnte etwa die Vereenigde Oostindische Compagnie bereits im Gründungsjahr 6,5 Millionen Gulden für ihre Geschäfte mobilisieren. Die Entstehung eines internationalen Kapitalmarkts hatte freilich auch ihre Schattenseiten, wie die Südsee-Blase von 1720 zeigte, die als eine der ersten Spekulationskrisen in die Geschichte eingegangen ist.

Auch wenn von der europäischen Expansion ein großer Teil der globalen wirtschaftlichen Dynamik ausging, war das Weltsystem der Frühen Neuzeit polyzentrisch und keineswegs allein auf Europa ausgerichtet. Auch die Vorstellung eines reinen Ausbeutungsverhältnisses ist inzwischen revidiert worden. Die historische Forschung hat gezeigt, dass bis ins 18. Jahrhundert hinein wichtige wirtschaftliche Impulse von Asien und nicht von Europa ausgingen. In der Mitte des 18. Jahrhunderts lebten zwei Drittel der Weltbevölkerung in Asien, zugleich wurden 80 % aller Güter dort hergestellt. China und Indien waren technologisch und ökonomisch den Europäern in vieler Hinsicht überlegen. Erst mit der Industriellen Revolution stieg Europa zur wirtschaftlichen Führungsmacht auf.

Die Industrielle Revolution und die Folgen für die Weltwirtschaft

Während die ältere Forschung (Weber, Mitterauer) die weltwirtschaftliche Dominanz Europas als Ergebnis eines langfristigen Prozesses begreift, dessen Anfänge bis ins Mittelalter reichen, betonen neuere Studien (Pommeranz, Bin-Wong), dass die entscheidende Zäsur erst im 18. Jahrhundert erfolgte. Bis dahin war keineswegs abzusehen, dass China mit seinen hochentwickelten Gewerberegionen im Jangtse-Delta hinter der industriellen Entwicklung Westeuropas zurückfallen würde. Die Forschungsdebatte über die „Great Divergence" zwischen Europa und Asien kann hier nicht rekonstruiert werden. Entscheidend ist, dass die weltwirtschaftliche Dynamik nun tatsächlich stärker von Europa ausging und sich der internationale Handel zunehmend in den europäisch-atlantischen Raum verlagerte. Die Industrialisierung, die im 19. Jahrhundert weite Teile Europas und Nordamerikas erfasste, führte zu einer raschen Ausweitung des internationalen Güter- und Kapitalverkehrs. Der Welthandel der europäischen und nordamerikanischen Staaten wuchs im 19. Jahrhundert um das Dreißigfache und expandierte damit deutlich stärker als das Sozialprodukt. Betrachtet man die Zusammensetzung des Handels, so wird deutlich, was die globale Ökonomie des 19. Jahrhunderts von den Handelsnetzen früherer Epochen unterscheidet: Es waren nicht mehr nur Luxusprodukte wie Pfeffer, Zucker oder Seide, die meist ohne Rücksicht auf Kosten im Fernhandel vertrieben wurden, sondern Rohstoffe, Grundnahrungsmittel und Massenkonsumgüter. Erst jetzt lässt sich auch die typische Konvergenz von Güterpreisen beobachten, die für die Integration von Wirtschaftsräumen kennzeichnend sind. So näherten sich die Preise für Wettbewerbsgüter wie Weizen oder Eisen in Nordamerika und Europa zunehmend an. Rohbaumwolle wurde in Bombay zu ähnlichen Konditionen gehandelt wie in London oder New York. Die Protektionswirkung des Raumes verlor ihre einstige Bedeutung, da die Transportkosten stark zurückgingen. So beliefen sich die Schiffsfrachtraten um 1900 preisbereinigt nur noch auf etwa ein Achtel des Wertes von 1850. Es war vor allem die Durchsetzung der Dampfschifffahrt, die den internationalen Handel revolutionierte. Sie führte nicht nur zu einer Reduzierung der Frachtkosten, sondern auch zu einer starken Ausweitung der Kapazitäten. Integrierte Transportketten und neue Technologien ermöglichten den Handel von Gütern, die bisher dem lokalen Markt vorbehalten waren. So konnten mit Hilfe der künstlichen Gefriertechnik auch verderbliche Produkte wie Fleisch oder Gemüse über den Ozean transportiert werden. Britische Konsumenten erhielten auf diesem Weg hochwertiges Rindfleisch aus den USA oder Argentinien.

Die Globalisierung des späten 19. Jahrhunderts bildet eine Wasserscheide in der Wirtschaftsgeschichte, weil sie neben den Gütermärkten auch die Faktormärkte (Arbeit, Kapital) erfasste und nachhaltig transformierte. Durch die großräumigen Wanderungsbewegungen entstand erstmals ein globaler Arbeitsmarkt. Allein zwischen 1850 und dem Ersten Weltkrieg wanderten etwa 70 Millionen Menschen dauerhaft aus ihrem Heimatland aus, darunter etwa 40 Millionen Europäer, die nach Nord- und Südamerika emigrierten, aber auch mehr als 10 Millionen Menschen aus Indien, China oder Japan, die als „Kulis" in anderen Weltregionen eine Beschäftigung fanden. Die wachsende Mobilität hatte nicht nur weitreichende Folgen für die Migranten, sondern veränderte auch die Arbeitsmärkte in den betroffenen Ländern. In Europa führte die Abwanderung von Arbeitskräften im 19. Jahrhundert tendenziell zu Lohnsteigerungen, während sie in den Aufnahmeländern Nord- und Südamerikas den Anstieg der Arbeitseinkommen offenbar eher verlangsamt hat. Zumindest zwischen Kontinentaleuropa und Nordamerika ist im 19. Jahrhundert eine Annäherung der Reallohnniveaus zu beobachten. Dies macht deutlich, dass die Arbeitsmigration erhebliche Einkommenseffekte besaß und die Wohlstandsentwicklung insgesamt beeinflusste.

Die Globalisierung veränderte jedoch nicht nur die Arbeits-, sondern auch die Kapitalmärkte. Unterstützt durch neue Kommunikationstechnologien, die eine rasche Übertragung von Marktinformationen ermöglichten, entstanden internationale Aktien- und Wertpapierbörsen, die ihren Sitz in den europäischen und nordamerikanischen Finanzzentren (London, New York, Paris, Amsterdam und Berlin) hatten, zunehmend aber auch die Finanzströme außerhalb der westlichen Welt beeinflussten. Neben den Portfolioinvestitionen nahmen auch die ausländischen Direktinvestitionen rasant zu. Sie ermöglichten auch kapitalarmen Ländern in der Peripherie der Weltwirtschaft eine rasche Industrialisierung, schufen aber auch gewaltige Zahlungsbilanzungleichgewichte und internationale Schuldenprobleme. Die Krise der britischen Baring-Bank, die 1890 durch die Zahlungsunfähigkeit argentinischer Schuldner ausgelöst wurde, wuchs sich rasch zu einer internationalen Finanzkrise aus, die nur durch eine konzertierte Aktion der europäischen Geschäfts- und Notenbanken unter Führung der Bank of England aufgefangen werden konnte. Die problematischen Seiten der globalen Finanzverflechtung waren schon damals zu spüren.

Es wäre jedoch verfehlt, die weltwirtschaftlichen Integrationsprozesse des 19. Jahrhunderts als Resultat anonymer Marktprozesse zu sehen, denen die Nationalstaaten hilflos ausgeliefert waren. Vielmehr waren Staaten vielfach selbst treibende Kräfte der globalen Verflechtung. Dies betraf nicht nur die Liberalisierung des Handels, die – ausgehend von der britischen Freihandelsdoktrin seit Mitte des 19. Jahrhunderts – weite Teile der westlichen Welt erfasste und durch präferentielle Zollabkommen eine europäische Freihandelszone ins Leben rief. Auch die rasche Verbreitung des Goldstandards schuf eine wichtige Voraussetzung für die grenzüberschreitenden Wirtschaftsbeziehungen. Das internationale Währungssystem senkte nicht nur Transaktionskosten im Handel, sondern reduzierte auch die Risiken, die Finanzgeschäften bis dahin durch Wechselkursschwankungen und Geldentwertung drohten. Nach und nach wurden auch weitere Bereiche des Wirtschaftslebens durch internationale Kooperation und Abkommen reguliert. Dies betraf die Einführung von Weltzeitzonen, die Standardisierung von Maßen und Gewichten, die Kooperationsverträge im Post- und Telegraphenwesen sowie die Internationalisierung des Handelsrechts.

Natürlich wäre es irreführend, die im 19. Jahrhundert beginnende Globalisierung als einen linearen, allumfassenden und homogenen Prozess zu begreifen, der alle sozialen Gruppen und Weltregionen gleichermaßen erfasste. Es gab – wie Jürgen Osterhammel es ausgedrückt hat – weiterhin große „Löcher in den Netzen". Beträchtliche Teile der Welt waren nicht oder nur unvollständig in die globalen Kommunikations-, Verkehrs- und Handelsströme eingebunden. Und die internationale Vernetzung schuf auch neue Exklusionsmechanismen. Wer nicht an das internationale Verkehrs- und Kommunikationsnetz angeschlossen war, hatte unter Umständen erhebliche Nachteile hinzunehmen. Nicht zuletzt war Globalisierung von Anfang an von Widerständen, Brüchen und Konflikten begleitet. Denn es gab nicht nur Gewinner, sondern auch Verlierer, nicht nur Wohlfahrtsgewinne, sondern auch soziale und ökologische Kosten. Der amerikanische Soziologe Mike Davis hat auf den Zusammenhang von Globalisierung, Klimaveränderungen und Hungerkatastrophen im späten 19. Jahrhundert hingewiesen. Schließlich wären weltweite Epidemien wie die spanische Grippe, die 1918 etwa 20 Millionen Menschen den Tod brachte, ohne die hohe internationale Mobilität nicht möglich gewesen.

Der globale Wettbewerb führte auch in Europa zu gewaltigen Anpassungskosten und Verteilungskonflikten. So waren etwa die kontinentaleuropäischen Agrarproduzenten plötzlich der Konkurrenz billiger Fleisch- und Getreideimporte aus Übersee ausgesetzt. Auf massiven Druck der sich zu mächtigen Interessenverbänden zusammenschließenden Bauern gingen seit etwa 1880 fast alle europäischen Staaten dazu über, Zölle und Handelsbeschränkungen einzuführen. Zwar ist umstritten, welche Effekte diese Zölle in dieser Phase hatten. Ihre reale Wirkung war offenbar relativ gering. Einige Wirtschaftshistoriker gehen sogar davon aus, dass die Zölle vor allem dazu dienten, die Verlierer der Globalisierung zu kompensieren, indem sie die Folgen des internationalen Wettbewerbs gesellschaftlich verkraftbar machten.

Dieses Beispiel macht deutlich, dass die Globalisierung gleichsam als Gegenreaktion zu stärkeren nationalen Regulierungen und Abgrenzungen führte. Es ist daher wenig sinnvoll, internationale Integration und nationale Staatsbildungsprozesse fein säuberlich auseinander zu dividieren, denn beide Prozesse waren eng aufeinander bezogen.

Die Krise der Globalisierung im Zeitalter der Weltkriege

Aus ähnlichen Gründen erscheint es falsch, die Zeit zwischen dem Ersten und Zweiten Weltkrieg lediglich als Phase der De-Globalisierung zu betrachten, wie dies einige wirtschaftshistorische Daten nahelegen. Einerseits zerbrach mit dem Kriegsbeginn 1914 die internationale Ordnung des 19. Jahrhunderts, und der Welthandel geriet in einen Abwärtsstrudel, aus dem er sich für Jahrzehnte nicht befreien konnte. Andererseits machte der Erste Weltkrieg auf dramatische Weise deutlich, wie sehr die Volkswirtschaften miteinander vernetzt waren und welche fundamentalen ökonomischen Abhängigkeiten zwischen den einzelnen Ländern und Weltregionen existierten. Es war nicht zuletzt die Fähigkeit zu globaler Ressourcenmobilisierung, die den Alliierten eine lange und siegreiche Kriegführung ermöglichte. Demgegenüber war es für die Mittelmächte verhängnisvoll, dass sie von den internationalen Lieferketten abgeschnitten wurden. Der Erste Weltkrieg führte indirekt sogar zu einer Zunahme der Handelstätigkeit. So entstand durch die Produktionsausfälle in den europäischen Kriegsgebieten und den Wegfall Russlands als Getreideexporteur nach der Oktoberrevolution ein gewaltiger Bedarf an überseeischen Agrarimporten. Überschussländer wie die USA, Kanada, Argentinien und Australien steigerten ihre Produktion und konnten auf den europäischen Märkten ihre Position ausbauen, was in den zwanziger Jahren zu einem starken Überangebot beitrug. Auch in monetärer Hinsicht entwickelte sich im Gefolge des Krieges eine starke Abhängigkeit Europas von den USA, was zu einer wachsenden internationalen Verschuldung sowie zu gefährlichen währungspolitischen Turbulenzen führte.

Das Zeitalter der Weltkriege war eine Epoche globaler Krisen und Konflikte, in der sich Prozesse der Integration und Desintegration in rascher Folge ablösten. Die Bemühungen um eine Rekonstruktion des internationalen Systems, etwa durch die Gründung des Völkerbundes, scheiterten ebenso wie die Etablierung einer stabilen internationalen Wirtschafts- und Finanzordnung. Die Weltwirtschaftskrise von 1929 offenbarte die Fragilität und Krisenanfälligkeit der globalen Finanzarchitektur, führte aber zugleich den hohen Grad der internationalen Verflechtung vor Augen. Als erste moderne Globalisierungskrise der Geschichte führte sie innerhalb von kürzester Zeit zu einem Zusammenbruch ganzer Volkswirtschaften mitsamt ihrer gesellschaftlichen und politischen Ordnungen. Eine Folge war, dass spezifisch nationale Krisenstrategien wie etwa der *New Deal* in den USA an Bedeutung gewannen. Wirtschaftlicher Nationalismus und Autarkiedenken radikalisierten sich in den europäischen Diktaturen der 1930er Jahre und entfalteten jene destruktive Dynamik, die fortan jedes Anknüpfen an das alte internationale System unmöglich machte.

Globalisierung und internationale Ordnung nach 1945

Tatsächlich zielten die schon im Zweiten Weltkrieg unter Federführung der USA begonnenen Nachkriegsplanungen auf eine neue multilaterale Weltordnung, die auf politischer Zusammenarbeit und wirtschaftlichem Austausch beruhte. Die Schaffung einer stabilen weltwirtschaftlichen Ordnung war eine Reaktion auf die ökonomischen Krisen der Zwischenkriegszeit, fußte aber auch auf der Erkenntnis, dass internationale Wirtschaftsbeziehungen eines politischen Rahmens bedurften, um dauerhaft zu funktionieren. Durch eine Vielzahl von internationalen Verträgen, Organisationen und informellen Vereinbarungen entstand eine globale Architektur, die gerade für Europa erhebliche Vorteile besaß. Nicht nur das Währungssystem von Bretton Woods mit seinen flankierenden Institutionen (Weltbank, IWF usw.), sondern auch die schrittweise Liberalisierung des Handels durch das General Agreement on Tariffs and Trade (GATT) sicherte in erheblichem Umfang den wirtschaftlichen Wiederaufstieg Europas nach dem Zweiten Weltkrieg. Infolge des Ost-West-Konflikts funktionierte dieses System allerdings nur unvollständig und blieb weitgehend auf die westliche Hemisphäre begrenzt. Die Bipolarität prägte die globale Ordnung der Nachkriegsära, doch führte die Konkurrenz zwischen den Systemen nicht nur zu Abgrenzung, sondern schuf auch neue Interaktionsfelder, etwa durch den Wettlauf der Supermächte um Einfluss in der Dritten Welt.

Seit den 1980er Jahren trat die Globalisierung in eine neue Phase. Der Untergang des Sowjetreichs hat nicht nur die bipolare Weltordnung beseitigt, sondern auch in den meisten ehemals kommunistischen Ländern eine schrittweise Transformation zur Marktwirtschaft bewirkt. Zugleich setzte in den westlichen Industriestaaten eine Welle liberaler Reformen ein, die zu einer allgemeinen Deregulierung führten. Waren diese Reformen in einigen Ländern – insbesondere in den USA und Großbritannien – politisch intendiert, so handelte es sich in vielen Staaten um mehr oder weniger erzwungene Anpassung an den wachsenden globalen

Wettbewerb. Zu den technologischen Triebkräften dieser Globalisierungsphase gehörten die digitale Revolution und die damit verbundene Verdichtung weltweiter Kommunikation in Echtzeit durch elektronische Medien wie das World Wide Web. Sie ermöglichten eine starke Ausweitung der globalen Finanztransaktionen, die zu den markantesten Elementen der gegenwärtigen Globalisierung zählen.

Europa und die Weltwirtschaft

Spätestens seit dem 16. Jahrhundert war Europa durch ökonomische Austauschbeziehungen mit dem Rest der Welt verbunden. Diese Verflechtung hat die Entwicklung des Kontinents nachhaltig geprägt. Welche Merkmale lassen sich über die historischen Epochen hinweg beobachten? *Erstens* verlief die Globalisierung nicht in einem geradlinigen, kontinuierlichen Prozess, sondern in Schüben, denen häufig eine Phase der Verlangsamung oder gar Rückbildung folgte. Dies war nicht zuletzt eine Folge politischer Gegentrends, die sich vor allem seit dem ausgehenden 19. Jahrhundert immer wieder beobachten lassen. Vielfach bemühten sich die Nationalstaaten darum, bestimmte Auswirkungen der Globalisierung einzudämmen. Dies heißt aber auch, dass globale Mobilität nicht nur Grenzen überwindet, sondern auch neue schafft. *Zweitens* bedeutete Globalisierung offenbar nicht, wie die ökonomische Theorie suggeriert, eine vollständig integrierte Weltwirtschaft, für die räumliche Distanz vollkommen unbedeutend ist. Eher handelte es sich um regionale Wirtschaftsräume, die in enger Beziehung zueinander standen. Bis heute sind solche Tendenzen stark ausgeprägt, wie die zahlreichen regionalen Handels- und Währungszonen (EU, ASEAN, NAFTA, MERCOSUR usw.) zeigen. *Drittens* wäre es historisch verkürzt, Globalisierung allein als das Ergebnis einer europäischen Expansions- und Aufstiegsgeschichte zu interpretieren. Vielmehr war die weltwirtschaftliche Führungsrolle Europas ein historischer Sonderfall, der auf die Phase stürmischer Industrialisierung während des langen 19. Jahrhunderts beschränkt blieb. Seitdem ist der Kontinent dem wachsenden Wettbewerb neuer *global players* ausgesetzt und verliert in weltwirtschaftlicher Hinsicht an Gewicht. Aus ökonomischer Sicht ergibt sich daraus ein multizentristisches Bild der Globalisierung, das seine spezifische Dynamik über die Jahrhunderte erklärt. *Viertens* schließlich kann dieser Prozess nur ausreichend erklärt werden, wenn man ihn an die politische Geschichte zurückbindet und nach den institutionellen Rahmenbedingungen fragt. Dies umfasst nicht nur die Bedeutung internationaler Verträge, Institutionen und Regime, die für weltwirtschaftliche Transaktionen und ihre Stabilisierung seit dem 19. Jahrhundert eine zentrale Rolle spielen. Vielmehr muss auch die Bedeutung von imperialer Macht und hegemonialer Ordnung berücksichtigt werden, um die Dynamiken globaler Wirtschaftsbeziehungen zu verstehen. Dies betrifft den frühneuzeitlichen Handelskolonialismus ebenso wie den Imperialismus des 19. Jahrhunderts oder die weltwirtschaftlichen Regime des 20. Jahrhunderts, deren politische Stabilität stets von der Existenz einer ordnenden oder gar hegemonialen Macht abhing. Daraus ergibt sich *fünftens*, dass die historische Einordnung dieses Vorgangs stets umstritten sein wird. Die globale Verflechtung hat ungeheuren Wohlstand ermöglicht und kann somit als eine der zivilisatorischen Errungenschaften der Moderne betrachtet werden. Sie ging aber auch mit Ausbeutung, Armut und wirtschaftlicher Abhängigkeit einher. Dies erklärt die eigentümliche Ambivalenz, die nicht nur die gegenwärtige Einschätzung dieses Phänomens, sondern gerade auch die Erinnerung an historische Vorläufer betrifft.

Literaturhinweise

Christopher A. BAYLY, Die Geburt der modernen Welt. Eine Globalgeschichte 1780–1914. Frankfurt/M./New York 2006.

Roy BIN WONG, China Transformed. Historical Change and the Limits of European Experience. Ithaca 1997.

Arif DIRLIK, Global Modernity. Modernity in the Age of Global Capitalism. Boulder/London 2007.

Jeffery A. FRIEDEN, Global Capitalism. Its Fall and Rise in the Twentieth Century. New York 2007.

Robert B. MARKS, Die Ursprünge der modernen Welt. Eine globale Weltgeschichte. Darmstadt 2006.

Gert OOSTINDIE, Squaring the Circle. Commemorating the VOC after 400 Years, in: Bijdragen tot de Taal-, Land- en Volkenkunde 159 (2001), S. 135–161.

Jürgen OSTERHAMMEL/Niels P. PETERSSON, Geschichte der Globalisierung. Dimensionen, Prozesse, Epochen. München 2003.

Kenneth POMMERANZ, The Great Divergence. Europe, China, and the Making of the Modern World. Princeton 2000.

Immanuel WALLERSTEIN, Das moderne Weltsystem. 3 Bde. Frankfurt/M. 1986–2004.

Jan Luiten VAN ZANDEN, The Long Road to the Industrial Revolution. The European Economy in a Global Perspective, 1000–1800. Leiden 2009.

Wolfgang Reinhard
Expansion

Im Vorfeld des 500. Jahrestags der „Entdeckung Amerikas" 1992 musste das deutsche Nationalkomitee zur Vorbereitung einschlägiger Gedächtnisveranstaltungen seine Tätigkeit wegen diplomatischer Spannungen mit Spanien plötzlich einstellen. Tonangebende deutsche Autoren hatten nämlich im Einklang mit kritischen Lateinamerikanern vom „Völkermord" der spanischen Eroberer an den Bewohnern der „Neuen Welt" gesprochen, ein Massenmord schlimmer als derjenige an den Juden in den nationalsozialistischen Konzentrationslagern, denn dort seien „nur" sechs Millionen Menschen umgebracht worden, hier aber zwanzig.

In der Tat, bei der Begegnung mit den Europäern mussten viele „Indianer" „eine schlimme Entdeckung machen" (Lichtenberg), denn es wurde hemmungslos geschändet, gefoltert und gemordet. Die Zahl der Vorbewohner ging um 90 Prozent zurück, mancherorts wie auf der zuerst „kolonisierten" Insel Haiti starben sie völlig aus. Verantwortlich waren aber weniger die unbestreitbaren Übeltaten der Eroberer, die gar kein Interesse daran haben konnten, Menschen auszurotten, von deren Arbeit sie zu leben gedachten, sondern verantwortlich waren in erster Linie dort unbekannte, von den Eroberern eingeschleppte Infektionskrankheiten, gegen die den „Indianern" der Immunschutz fehlte.

Nun hatten Dominikaner, vor allem Bartolomé de Las Casas, von Anfang an das spanische Vorgehen nicht ganz ohne Erfolg bekämpft. In seiner Streitschrift *Kurzer Bericht von der Zerstörung Indiens* schrieb Las Casas die Bevölkerungsverluste den spanischen Schandtaten zu und nannte großzügig, wie man damals mit Zahlen umging, 12 Millionen Opfer. Obwohl keine andere Kolonialmacht so früh so heftige Selbstkritik hervorgebracht hat, galt Las Casas bis vor Kurzem in Spanien nicht als Stolz der Nation, sondern als tot geschwiegener Nestbeschmutzer.

Denn die politischen Gegner Spaniens hatten seine Schrift begeistert aufgegriffen und zum Beleg der von Spaniern so genannten „schwarzen Legende" gemacht. Dazu gehörten neben der Eroberung Amerikas die Inquisition und die angeblichen Verbrechen König Philipps II. Wilhelm von Oranien, der Führer der von Philipp bedrängten Niederländer, hat in seiner Ausgabe von Las Casas' Schrift dessen 12 Millionen auf 20 aufgerundet und den Spaniern zusätzlich Völkermordabsicht an den Niederländern unterstellt. Künftig versäumte es kein politischer Gegner Spaniens, den Konflikt propagandistisch mit einer neuen Übersetzung von Las Casas' Schrift zu flankieren, so noch die USA in ihrem Krieg mit Spanien 1898. Dabei kann man doch im Fall der britischen Siedler in Nordamerika und ihrer Nachfolger, der US-Amerikaner, mit mehr Recht von Völkermord an Indianern sprechen, denn sie wollten keine Arbeiter wie die Spanier, sondern Land, dessen Vorbesitzer zu verschwinden hatten. Notfalls wurde mit gezielter Pockeninfektion nachgeholfen.

In Deutschland haben Goethe und Schiller für die Verbreitung und Stabilisierung dieser „Erinnerung" gesorgt, bis Autoren unserer Zeit schließlich feststellten, dass sechs Millionen weniger sind als 20 – „Alibi" heißt auf Deutsch „anderswo". Aber die deutschen Conquistadoren haben sich in Venezuela, das zeitweise Kolonie des Augsburger Handelshauses Welser war, auch nicht anders aufgeführt als die spanischen! Frei erfundene spanienfeindliche Illustrationen des 16./17. Jahrhunderts zur Geschichte der Entdeckungen aus dem Frankfurter Verlag Theodor de Bry gelten wegen ihrer ästhetischen Qualitäten noch heute als authentische Quellen, die in jedem einschlägigen Buch zu finden sind.

Auch wenn man die „Entdeckung Amerikas" und die Erschließung des Seewegs nach Indien durch die Portugiesen zu Schlüsselereignissen der Weltgeschichte zählt, so ist die „Erinnerung" daran doch keineswegs einheitlich. Lateinamerikaner als Erben der Opfer und Verehrer von Las Casas befinden sich in Widerspruch zur spanischen Erinnerung an eigene Großtaten. Protestantische Nordwesteuropäer und Nordamerikaner pflegen weiter ihre mit Überlegenheitsgefühl gepaarte Abneigung gegen die katholischen Lateinamerikaner und Spanier. Und die Deutschen applaudieren eifrig an den falschen Stellen.

Eine Jahreszahl, an der Erinnerung hängt, ist ein Erinnerungsort, ein kulturelles Konstrukt, in dem Geschichte gegenwärtig ist. Aber in diesem Fall könnten die Erinnerungen an ein und dieselbe Geschichte nicht widersprüchlicher sein. Die europäische Ausbreitung über die Erde stellt weder für die Europäer unter sich noch für die „Anderen" einen einheitlichen Erinnerungsort dar; selbst „Kolonialismus" wäre, wie wir sehen werden, nur einer unter mehreren, mit begrenzter Geltung. Das liegt zum einen an der Vielfalt der betroffenen Räume und beteiligten Gruppen, zum anderen an der langen Dauer von mindestens 600, nach anderer Rechnung über 1000 Jahren. Ich ziehe es deshalb vor, verschiedene verwandte Erinnerungsorte unter dem auf den ersten Blick neutral-abstrakten Oberbegriff „Expansion" zu versammeln. „Expansion" wird dadurch zum (Meta-)Erinnerungsort für sich wandelnde und sich ablösende Erinnerungsorte. Es entwickelt sich aber zusätzlich selbst zum Erinnerungsort, wenn wir feststellen, dass Europa sich von Anfang an durch Expansion konstituiert hat. Die Ausweitung der Europäischen Union auf 27 Mitglieder ist nur der vorläufig letzte einer ganzen Reihe von Expansionsprozessen.

Europas Problem ist die Ostgrenze, die ihm als Halbinsel Asiens fehlt. Entsprechende Grenzziehungen sind willkürliche Übereinkünfte und weder natur- noch kulturgeographisch zwingend. Aus diesem Grund ist Europa keine statische Größe wie z. B. Australien oder die Antarktis, sondern geradezu ein Prozessbegriff, insofern sich Europa durch Expansion ständig erneuert, und zwar vor allem nach Osten, nach Asien. Sein historischer Kern bestand in den Völkern, die westlich einer unscharfen Grenzzone zwischen Finnland, den baltischen Ländern, Polen, Ungarn und Kroatien einerseits, Russland, Weißrussland, der Ukraine, Rumänien und Serbien andererseits nachhaltig von der durch die römische Kirche vermittelten lateinischen Kultur geprägt waren. Sie expandierten zunächst nach innen; mit dem Wachstum der politischen Einheiten ging Kolonisation durch Landesausbau und Städtegründung Hand in Hand. Nicht zuletzt auf Initiative ehrgeiziger Herrscher weitete sich dieser Vorgang nach Osten aus, wo es noch am meisten Platz gab. So wurde dieser Raum Kerneuropa eingefügt. Ungeachtet der radikalen Veränderungen des Zweiten Weltkriegs fehlt es nicht an Kirchen, Städten, Burgen und Kunstwerken, die an diese erste Ostexpansion Kerneuropas erinnern.

Streitbare Adlige, denen die Beteiligung daran versagt blieb, vor allem solche aus Frankreich, nutzten die Möglichkeiten der „Kreuzzüge", um stattdessen im Nahen Osten oder auf Kosten des ostchristlichen Kaiserreichs von Byzanz neue Herrschaften zu erobern. Hand in Hand mit ihnen expandierten Handelsstädte des Mittelmeers, insbesondere Genua und Venedig, gründeten Stützpunkte und erwarben Inseln im Ostmittelmeer. Denn im Zuge der Kreuzzüge gewann das Handelsnetzwerk der Europäer Anschluss an die Welthandelssysteme der Moslems, des Indischen Ozeans und des Chinesischen Meers. Die eurasienweiten Eroberungen der Mongolen unter Tschingis Khan und seinen Nachkommen im 12./13. Jahrhundert begünstigten Handelskontakte der Europäer, die schließlich von den Wikingersiedlungen auf Grönland bis nach Ostasien reichten, wo sich auch römische Missionare einfanden. Denn Marco Polo, sein Vater und sein Onkel waren dort keineswegs die einzigen Europäer.

Allerdings brach das meiste spätestens in den weltweiten Krisen des 14. Jahrhunderts wieder zusammen. Ungeachtet etlicher Kreuzfahrerburgen fehlt es an konkreten Erinnerungsorten an diese weithin vergessene Expansion Europas. Aber diese entfaltete eine langfristige Wirkung durch Praktiken, die italienische Seestädte entwickelt und an Portugiesen und Spaniern weitergegeben haben, als ihre Bürger in deren Dienste traten. Dazu gehörten verschiedene Arten von Kapitalgesellschaften zur Durchführung von Handels- und Entdeckungsreisen sowie zur Verwaltung von Kolonien durch Private. Dazu gehörte die Erzeugung von Handelspflanzen, vor allem von Zucker, auf Plantagen, die mit Sklaven betrieben wurden. Dazu gehörte die Entwicklung von Schiffbau und Navigation. Dazu gehörte nicht zuletzt ein Bestand an Informationen und an ebenso wirksamen Legenden, ohne die sich die nächste Phase der europäischen Expansion, die im 15. Jahrhundert beginnt, schwer vorstellen lässt.

Seit einigen Jahrzehnten haben wir viel über die Wirklichkeit gestaltende Kraft der Sprache gelernt und dabei erkannt, dass Europas Expansivität sich irreversibel in unseren Sprachen niedergeschlagen hat. Denn es ist so gut wie unmöglich, die europäische Expansion anders als aus europäischer Perspektive zur Sprache zu bringen. Das gilt bereits für den Begriff „Nicht-Europäer", ebenso für „Entdeckung", für „Neue Welt", für „West-Indien", für „Indianer" und erst recht für „Amerika", das vom Namen des Amerigo Vespucci abgeleitet ist, der die Neue Welt als erster literarisch vermarktet hat. Aber auch alte Namen wie „Indien", „Asien" und „Afrika" gehen auf europäische Ausweitung antiker geographischer Bezeichnungen zurück, während „Indonesien" und „Australien", „Philippinen" und „Neuseeland" europäische Neuschöpfungen darstellen. Ortsnamen der „Alten Welt" kehren in der „Neuen" wieder, und zwar keineswegs immer mit dem Marker „Nieuw" Amsterdam oder „New" York. In Australien und Neuseeland geben sich Fürstlichkeiten und Minister ein Stelldichein, mit Adelaide, Melbourne, Sydney, Victoria, Wellington. Unsere Sprachen sind überreiche Erinnerungsorte – oder auch nicht, weil die darin aufbewahrte Erinnerung häufig erst „ausgegraben" und wieder belebt werden muss. Hier bewährt sich Foucaults metaphorischer Gebrauch von Archäologie!

Beim Eintreffen der Europäer wusste allerdings kein „Indianer", dass er einer war und in einer „Neuen Welt" lebte. Er hielt sich für einen Azteken oder Irokesen und weiter nichts. Aus diesem Grund fanden die Europäer oft genug einheimische Verbündete, die zu Unrecht aus der Sicht moderner außereuropäischer Nationalstaaten nachträglich als Kollaborateure und Verräter gebrandmarkt werden, denn sie nahmen ja nur ihre legitimen Interessen war.

Mit den Europäern verhielt es sich auf den ersten Blick ähnlich. Die europäische Expansion kannte nur selten ein gemeinsames Vorgehen, allenfalls einmal vertragliche Regelung. Ganz überwiegend aber wurde sie von rivalisierenden Herrschern, Institutionen und Nationen betrieben. Oft genug wurde sie durch Konkurrenz sogar beschleunigt, wie im Zeitalter des Imperialismus Ende des 19. Jahrhunderts. Allerdings kannten die Europäer eine zusätzliche überwölbende Gemeinsamkeit. Sie waren Christen und blieben es, auch wenn ihre verschiedenen Kirchen ebenfalls miteinander rivalisierten.

Das bedeutete, dass sie sich nicht nur ihren Mitmenschen überlegen wussten wie alle Völker zu allen Zeiten, sondern dass sie zusätzlich den Auftrag spürten, diesen Mitmenschen eine überlegene Religion zu bringen. Aus dieser frühneuzeitlichen christlichen Glaubensmission entwickelte sich im 18./19. Jahrhundert eine säkulare Zivilisationsmission; statt des ewigen Heils brachten die Europäer jetzt das irdische ihrer überlegenen Lebensweise.

Missionarisches Sendungsbewusstsein mit diesen beiden Varianten war einer der beiden klassischen Erinnerungsorte der europäischen Expansion. Der andere war die politische Kolonialreichsbildung. „Reich" ist nach unserem heutigen Verständnis die weltweit in der Geschichte übliche politische Großorganisation, bevor sich in Europa daraus der moderne Machtstaat entwickelte und von dort verbreitet wurde. Im Gegensatz zum Letzteren handelt es sich beim „Reich" um ein verhältnismäßig lose organisiertes und inhomogenes Gebilde, in dem eine Zentrale in unterschiedlicher Weise Kontrolle über Gebiete mit unterschiedlichem Status ausübt, wobei die Intensität der Kontrolle von innen nach außen abzunehmen pflegt.

In Europa waren durch innere Expansion zwar derartige Reiche entstanden, vor allem das kastilische des 16. Jahrhunderts, dann die englische Herrschaft über die britischen Inseln seit dem 17. Jahrhundert. Ein europaweites Imperium kam aber nie zustande. Stattdessen gründeten die Europäer Reiche in Übersee, besonders erfolgreich die beiden Mächte, die bereits in Europa dafür maßgebend waren, Kastilien und England. Bezeichnenderweise wurden diese Überseebesitzungen aber bis mindestens ins 18. Jahrhundert nicht anders bezeichnet und behandelt als europäische Reichsteile. Von „Kolonialismus" oder auch nur „Kolonialherrschaft" war nicht die Rede, von „Kolonien" allenfalls einmal im streng altrömischen Sinn, wo es sich um neue Ansiedlungen handelte.

Was wir heute kolonialistische wirtschaftliche Ausbeutung nennen, spielte sich eher informell ab. Formell waren die deklassierten und ausgebeuteten Indianer Untertanen der kastilischen Krone wie die Spanier auch. Bereits Zeitgenossen haben das Elend der Indios mit demjenigen europäischer Bauern verglichen. Außerdem gab es auch in binneneuropäischen „Reichen" Herrschaftsverhältnisse, die im Nachhinein als „kolonialistisch" bezeichnet wurden, etwa die englische Herrschaft über Irland. Denn dort ging es nicht nur um die selbst gestellte Aufgabe, „primitive" Menschen zu zivilisieren und zu christianisieren, womit im Klartext anglisieren und protestantisieren gemeint war. Dazu gehörte auch die zwangsweise Aussiedlung von Iren, um Raum für die Ansiedlung von Engländern und Schotten zu schaffen, was allerdings nicht als „Colonies", sondern als „Plantations" bezeichnet wurde. Irland als Erinnerungsort englischer Kolonialherrschaft wird heute freilich weniger durch Denkmäler und Feiertage als durch den Nordirland-Konflikt am Leben erhalten.

Kolonialreiche als Spielart von Reichen allgemein zu betrachten, die nicht ohne weiteres trennscharf abzugrenzen ist, erklärt nicht nur die relative Einheitlichkeit der Erinnerung an ihr „Reich" auf Seiten der Herren, sondern auch das Fehlen von Erinnerungsorten an die Zeit der Kolonialherrschaft auf Seiten der Kolonisierten. Das entspricht dem Verhalten der Untertanen anderer Reiche und ändert sich erst mit der Wende zur Unabhängigkeit und der damit verbundenen Umwertung von Erinnerung. Wie die sozialistische DDR erstmals Bauernkriegsmonumente errichtete, so wurde die „große Meuterei" gegen die Briten 1857 zum proto-nationalen Ereignis des freien Indien.

Obendrein befreit diese Perspektive von der Fixierung auf europäische Überseeexpansion und erlaubt die Einbeziehung der Kontinentalexpansion, die wegen der größeren territorialen Kohärenz bessere Assimilation ermöglicht und daher die Bezeichnung „kolonial" gerne abweist. Aber das russische Reich ist durch vierfache Kolonialexpansion zustande gekommen: erstens durch die Eroberung, Durchdringung und Besiedlung Sibiriens bis zum Pazifik, zweitens durch vorübergehendes Ausgreifen nach Alaska und Kalifornien sowie Inbesitznahme des fernöstlichen Ussuri-Gebiets, drittens durch die Unterwerfung der Kaukasus-Völker, viertens durch Eroberung Zentralasiens. Der Zerfall der Sowjetunion hat den dritten und vierten Prozess durch Dekolonisation rückgängig gemacht, bis hin zur Rebellion der Tschetschenen, die sich einst als letzte unterworfen hatten. Sibirien hingegen ist nichtdekolonisierbar, denn es weist längst eine russische Bevölkerungsmehrheit auf.

Russland gehörte von Haus aus nicht zu Kerneuropa, sondern wurde von der griechisch-orthodoxen Kultur des oströmisch-byzantinischen Kaiserreichs geprägt, zeitweise durchaus in Konkurrenz mit Rom. Seit dem späten 17. Jahrhundert hat es sich zwar nicht religiös – die politische Bedeutung der Religion war ohnehin in Abnahme begriffen –, wohl aber kulturell immer stärker europäisiert. Die russische Kontinentalexpansion war insofern die geradlinige Fortsetzung der Ostexpansion Kerneuropas, so dass „der Prozess Europa" damals den Pazifik erreicht hätte. Angesichts dieses grotesken Befundes erscheint es sinnvoll, die primäre europäische Kolonialmacht Russland zusammen mit der sekundären Expansion europäischer Kolonien zu betrachten.

Denn das geordnete Verfahren zur Erweiterung der USA um neue Staaten sollte nicht den Blick dafür verstellen, dass es sich hier wie in Australien, Kanada, Südafrika und Lateinamerika ebenso um kontinentalen „Imperialismus" und „Kolonialismus" handelt wie in Russland. Sobald man die Perspektive der Siedler verlässt und sich daran erinnert, auf wessen Kosten und mit welchen Methoden diese Expansion betrieben wurde, kann daran kein Zweifel bestehen. War die Kontinentalexpansion intensiver? Jedenfalls hat sie stärker als die Überseeexpansion eigene Erinnerungsfiguren entwickelt: den Cowboy, den Pelzjäger, den Vortrekker und den Gaucho, von denen sich der Cowboy als Symbol der besonders dynamischen USA weltweiter Popularität erfreut. Während Erinnerungsfiguren der Gegenseite nicht bekannt sind, ist in diesem Fall der Prärieindianer als Widerpart des Cowboys ebenfalls zu Popularität gelangt, allerdings kaum bei den Indianern selber. Außerdem kennen die großen Kontinentalimperien einen besonderen gemeinsamen Erinnerungsort aus dem 19. Jahrhundert, die transkontinentale Eisenbahn wie die Transsib, die Canadian Pacific und die US-amerikanischen Transkontinentallinien. Kanada wurde zeitweise als eine Eisenbahn auf der Suche nach einer Nation beschrieben!

Überseeexpansion gilt zu Recht als europäische Spezialität. Entsprechende Versuche Chinas im 13. und im 15. Jahrhundert führten zu nichts und gerieten in Vergessenheit. Japans Imperialismus im 20. Jahrhundert bezog sich zwar auf Überseegebiete, aber solche, die den Inseln des Kaiserreichs benachbart waren. Wenn es nicht widersinnig wäre, könnte man hier geradezu von Kontinentalexpansion über See sprechen.

Denn dieses Konzept erlaubt die Mitberücksichtigung von nicht-europäischer kolonialer Kontinentalexpansion, in erster Linie von China, das ähnlich wie Europa ohne deutliche geographische Grenzen auf der Landseite seit seinen Anfängen zwar nicht ständig, aber doch tendenziell von seinem Kerngebiet aus in Expansion begriffen war und immer neue Völker dem Han-Chinesentum assimilierte. Die Fremdherrschaft durch Mongolen (13./14. Jahrhundert) und Mandschu (17.–20. Jahrhundert) änderte wenig daran und vermochte den Trend nicht umzukehren. Unter den Mandschu gerieten mongolische und ostsibirische Völker zwischen die Mühlsteine des chinesischen und des russischen Imperialismus. Die Volksrepublik betreibt nach wie vor kolonialistische Expansionspolitik gegen die muslimischen Uiguren in Xinjiang und gegen die Tibetaner. Möglicherweise könnte die neue Eisenbahnlinie nach Lhasa auch hier als Erinnerungsort gelten.

Vergleichbare Fälle bescheideneren Ausmaßes kennen wir aus dem 19./20 Jahrhundert ausgerechnet aus Afrika, dem damaligen Brennpunkt der europäischen Expansion, nämlich Ägyptens Ausgreifen in den Sudan und Äthiopiens Unterwerfung der Galla und Oromo.

Ob europäische Überseeexpansion zur Reichsbildung gelangte, hing natürlich von den jeweiligen Kräfteverhältnissen ab. Die Vorbevölkerung Australiens und Amerikas trennte ein gewaltiger Entwicklungsabstand von den Europäern. Sie lebte noch in der Steinzeit. Auch wo sie eigene Reiche geschaffen hatte wie in Peru und Mexiko, blieb es bei einer fatalen technologischen und organisatorischen Lücke. Ähnliches gilt für die vorrussischen Bewohner Sibiriens, deren zahlreiche ethnische Verbände dem Machtwillen des Zaren und seiner Kosaken wenig entgegenzusetzen hatten. Später wurden sie dann schlicht von der rasch zunehmenden Einwandererbevölkerung erdrückt, ähnlich wie die nordamerikanischen Indianer, denen es bekanntlich nicht an Heldenmut zum Widerstand fehlte.

In Süd- und Ostasien hingegen konnten die äußerst aggressiven Portugiesen ebenso wie nach ihnen die Niederländer, Engländer und Franzosen zwar einzelne Städte erobern, Stützpunkte errichten und mit Gewalt eine begrenzte Seeherrschaft über den Westhandel behaupten. Das alles war aber nur möglich, weil die großen Reiche Asiens sich damals wenig für maritime Aktivitäten interessierten. In Japan und China kamen den Europäern Krisen des politischen und kulturellen Systems entgegen, die zeitweise sogar eine erfolgreiche christliche Mission gestatteten. Grundsätzlich blieben die Asiaten aber bis ins 18. Jahrhundert überlegen und entschieden über die Natur der jeweiligen Beziehungen, in China z. B. über die Zulassung der Missionare und über die Konzentration des Teeexports in Kanton.

Nichtsdestoweniger war diese Epoche der bloßen Handelsimperien vergleichsweise produktiv bei der Hervorbringung von Erinnerungsorten, ganz besonders in Portugal. Ungeachtet des späteren Kolonialreiches in Brasilien und in Afrika wurde 1960 zum Jubiläum Heinrichs des Seefahrers (der nie zu See gefahren ist) am Tejo ein riesiges Denkmal errichtet, auf dem über dreißig wichtige Figuren der Expansion des 15./16. Jahrhunderts versammelt sind, darunter der Dichter Luis de Camoes, dessen Versepos „Os Lusiadas" über die erste Reise Vasco da Gamas die Nationaldichtung Portugals wurde. Die winzigen Karavellen des 15. Jahrhunderts spielen immer noch eine große Rolle in der nationalen Mythologie Portugals. In Mombasa, Goa, Macao und anderswo gibt es weitere portugiesische Erinnerungsorte zu sehen.

Der ehrgeizige Versuch der Jesuiten, asiatischen Völkern das Christentum zu deren eigenen kulturellen Bedingungen zu vermitteln, der bis in die Gegenwart nicht seinesgleichen hatte, hinterließ seine Helden und Bücher. Ein Erinnerungsort besonderer Art ist ihr Observatorium in Peking mit seinen astronomischen Geräten, denn sie waren – nebenher – runde zweihundert Jahre lang Leiter des astronomisch-mathematischen Reichstribunals Chinas. Indirekt haben sie in Europa unzählige Erinnerungsorte hervorgerufen, indem sie durch ihre Veröffentlichungen, mit denen sie für ihre Chinamission werben wollten, eine regelrechte Chinamode auslösten – kein einigermaßen bedeutender Europäer ohne Sammlung chinesischen Porzellans, kein Schloss ohne chinesisches Zimmer, kein Schlosspark ohne Teehaus oder Pagode. Allerdings sollten bald Orientalismen mit anderer Orientierung folgen.

Nach der Mitte des 18. Jahrhunderts begannen sich die Machtverhältnisse zwischen Asien und Europa umzukehren. Die Holländer in Indonesien und die Briten in Indien konnten nun vom Handel zur Eroberung übergehen, während die amerikanischen Kolonialreiche in einer ersten Welle von Dekolonisation 1775–1823 fast vollständig verloren gingen. Der Begriff „Dekolonisation" stammt allerdings erst von 1932; vielleicht wurde die Sache erst damals zum Erinnerungsort, denn zunächst war neue Expansion angesagt. Die Briten erwarben Australien und Neuseeland, die Franzosen eroberten Algerien. Im Zeichen beschleunigter Mächtekonkurrenz im so genannten „Zeitalter des Imperialismus" wurden dann bis gegen 1900 Asien, Australasien und der Pazifik, vor allem aber Afrika nahezu restlos unter die Europäer und inzwischen auch die Nordamerikaner aufgeteilt.

Jetzt waren Erinnerungsorte anderer Art gefragt wie z. B. das wahrscheinlich fiktive, aber Mythos bildende „black hole", in das ein bösartiger indischer Fürst angeblich englische Gefangene gepfercht hatte, bis die meisten erstickt waren. Vor allem waren ab sofort Denkmäler für Kolonialhelden üblich. Verschiedene Medien widmeten sich nun der planmäßigen Kreation von Erinnerungsfiguren und -orten. Selbst in einem Land wie Deutschland, das nach 1945 vor allem in seinen östlichen Teilen gründlich von „falschen" Denkmälern gereinigt wurde, konnte eine jüngere Veröffentlichung eine Menge kolonialer Erinnerungsorte aus dieser Zeit identifizieren.

Jetzt erst war unter den neuen Machtverhältnissen regelmäßig von „Kolonien" und auch von „Kolonialismus" die Rede, wobei dieser Begriff wie viele damals geschaffenen Abstrakta mit dem Suffix „-ismus" zunächst wertneutral oder ein bisschen verächtlich die Verhältnisse in den Kolonien bezeichnen sollte. *A colonialism* war im 19. Jahrhundert analog zu *a provincialism* ein auf kolonialem Boden üblicher Sprachgebrauch, auf den die Bewohner Londons verächtlich herabschauten.

Auf der anderen Seite begann jetzt auch eine neue Welle der Kolonialkritik. Allerdings hat nicht die Aufklärung, sondern das evangelikale Christentum seit Beginn des 19. Jahrhunderts allmählich die Beendigung des Handels mit afrikanischen Sklaven für Amerika durchgesetzt, dann die Abschaffung der Sklaverei überhaupt. Die revolutionäre Selbstbefreiung der Sklaven von Haiti um 1800, die zweite Dekolonisation nach den USA und die erste von „Farbigen", brachte es allerdings nicht zum Status eines Erinnerungsortes. Dass ihr Führer kläglich in den Kerkern der Festung Besançon zugrund ging, ist vergessen.

Wir wissen wenig über Erinnerungsorte der Kolonisierten an die Kolonialherrschaft. Dergleichen konnte wohl, wie gesagt, erst während und nach der Dekolonisation dank entsprechender Umwertung der Werte zustande kommen. Es liegt aber auch an der ungünstigen Quellenlage, denn zunächst kamen nur wenige Kolonisierte wie der südwestafrikanische Häuptling Hendrik Witbooi schriftlich zu Wort. Es gibt aber Hinweise, dass der Sieg der neuen asiatischen Großmacht Japan über Russland 1905 viel Begeisterung auslöste, obwohl Japan selbst seinen Großmachtstatus durch Kolonialexpansion stabilisierte.

Bei den europäischen Völkern gab es neben dem Stolz auf die eigene glaubens- oder zivilisationsmissionarische Leistung einerseits, auf das jeweilige weltweite Imperium andererseits ursprünglich kaum Erinnerungsorte der dritten maßgebenden Trägergruppe der europäischen Expansion, der Kaufleute und der Wirtschaftsinteressen. Die Portugiesen waren zwar Kaufleute, aber sie hatten sich ihren Teil an der Handelsherrschaft im Indischen Ozean als „Pfefferkreuzfahrer" von ihren Erbfeinden, den Moslems, erstritten. Allenfalls ein holländischer Poet besang einmal den „Profit von den Enden der Erde" (Vondel), den seine Landsleute einbrachten, denn bei den Niederländern spielten Mission und Reichsbildung gegenüber dem Handel eine geringere Rolle.

Ansonsten galt wirtschaftliche Erschließung als selbstverständlicher Teil der europäischen Zivilisationsmission, sei es durch friedlichen Handel wie im Afrika des 19. Jahrhunderts, sei es durch kriegerische Öffnung der Märkte wie gleichzeitig in China. Dass die Eroberer von Imperien von Anfang an nicht nur, aber auch reich werden wollten und dass auch Missionare oft als Geschäftsleute tätig waren, spielte in der Erinnerung kaum eine Rolle. Ebenso wenig die Tatsache, dass die Imperien für die zentralen politischen Autoritäten oft genug Verlustgeschäfte gewesen sind. Sie hatten ohne viel Gewinnbeteiligung die Infrastruktur für die Geschäftsleute zu liefern, denn der Kolonialismus funktionierte wie der Kapitalismus nach dem Prinzip: Privatisierung der Gewinne – Sozialisierung der Verluste. Dafür wurden dann Ausnahmen wie die Edelmetallschätze Lateinamerikas, die Gewinne aus Britisch-Indien und die Handelspflanzenproduktion für die Staatskasse im „Kultursystem" Niederländisch-Indiens zu Legenden verklärt.

Das änderte sich schlagartig nach dem Zweiten Weltkrieg. Unter dem Einfluss der beiden Weltmächte USA und UdSSR, die eine andere Art Fremdherrschaft praktizierten als die traditionelle Reichsbildung, und der neu gegründeten Vereinten Nationen, in denen ehemalige Kolonien bald eine immer größere Bedeutung gewannen, verloren Kolonialherrschaft und Zivilisationsmission schlagartig ihre positive Konnotation. Die Kolonialreiche fielen demgemäß in wenigen Jahrzehnten zunächst in Asien, dann in Afrika der Dekolonisation zum Opfer. Die Kolonialmächte waren zwar mächtig genug, um auch starke Unabhängigkeitsbewegungen wie in Indien, Indonesien, Malaya, Kenia und sogar in Algerien gewaltsam zu unterdrücken, aber unter dem massiven Druck der Weltpolitik waren sie dazu bald nicht mehr bereit und in der Lage, sondern wurden ebenfalls vom *Wind of Change* erfasst und gaben nach.

Beeinflusst oder zumindest angeregt durch marxistisches Denken trat nun die sozio-ökonomische Perspektive bei der politischen und historischen Analyse der Kolonialherrschaft in den Vordergrund. Die Kolonialwirtschaft wurde zum zentralen Erinnerungsort, aber zu einem konsequent negativ konnotierten. Mission und Imperium wurden zu ihren Handlangern degradiert und untergeordnete Bestandteile des neuen negativen Erinnerungsorts „Kolonialismus". Der Expansionsprozess, der ihn hervorgebracht hatte, hieß jetzt „Imperialismus". Sein Ergebnis, die ausbeuterische Herrschaft über Kolonien, wurde noch 1949 ebenfalls als „Imperialismus" bezeichnet, bis sich in den 1950er Jahren dafür „Kolonialismus" durchsetzte. Der indonesische Präsident Sukarno hat durch entsprechende Verwendung dieses Begriffs auf der Bandung-Konferenz der Blockfreien und ehemaligen Kolonien 1955 für seine Verbreitung gesorgt.

Beide Begriffe wurden zu universal einsetzbaren Schimpfwörtern, so dass ihr wissenschaftlicher Erklärungswert rasch abnahm. Ihre diskursive Macht bewiesen sie ihrerseits durch begriffliche Expansion, denn nun wurden Frauen von Männern oder katholische Laien von ihren Priestern „kolonisiert" und bereits die alten Römer gerieten zu „Imperialisten". Den Höhepunkt bildete die von Lateinamerika ausgehende „Dependenztheorie", die auch auf Afrika angewandt wurde. Danach waren die Ex-Kolonien nicht etwa „unentwickelt", sondern „unterentwickelt", ein Zustand, der von der Kolonialherrschaft gezielt herbeigeführt worden war und auf ausweglose Abhängigkeit vom Weltmarkt der so genannten Metropolen hinauslief. Die formelle politische Abhängigkeit war einfach durch die informelle wirtschaftliche des „Neo-Kolonialismus" abgelöst worden.

Nicht einmal das Ende verschiedener Diktatoren wie Hitler oder Stalin hat zu einer derartig geschlossenen Verkehrung einer bisherigen Erinnerungskultur in ihr Gegenteil geführt. Unter dem Druck der Weltmeinung blieb ehemaligen Kolonialherren einfach nichts anderes mehr übrig als sich zu schämen, dass sie solche gewesen waren. Auch hier war „Vergangenheitsbewältigung" angesagt, auch hier sollte Erinnerung auf „Trauerarbeit" hinauslaufen wie im eingangs behandelten Fall 1492. Erinnerungsort-gestützte Entschädigungsforderungen ließen ebenfalls nicht auf sich warten. Doch wie will man solche Ansprüche seriös berechnen? Außerdem lassen sie sich nicht mehr an die privaten Gewinner des Kolonialismus richten, sondern allenfalls an die Nachfolger der einst beteiligten Staaten, deren Rolle selten so eindeutig ist wie diejenige des Deutschen Reichs im heutigen Namibia. Wer soll z. B. für die ehemaligen Sklavenhalter zahlen, wer für die europäischen und amerikanischen Sklavenhändler, vor allem aber wer für die afrikanischen?

Inzwischen haben sich die einst einheitlich als „unterentwickelt" klassifizierten ehemaligen Kolonialländer so stark auseinander entwickelt und einige von ihnen einen derartigen Aufschwung erlebt, dass die Dependenztheorie falsifiziert und paradoxerweise sogar als rassistisches Konstrukt entlarvt ist, weil ihre Urheber es den Kolonisierten einfach nicht zugetraut haben, aus eigener Kraft mit Kolonialismus und Kapitalismus fertig zu werden. Auch die damit eng verwandte, lange sehr hoch gehandelte „Weltsystemtheorie" Immanuel Wallersteins hat sich beim dritten Band festgefahren. Der geplante vierte wird nie erscheinen, weil er bereits von der Geschichte überholt ist. Einerseits wissen wir heute eine Menge darüber, wie geschickt und erfolgreich Afrikaner und Asiaten bereits unter dem Kolonialismus gewirtschaftet haben. Andererseits ist auch klar geworden, dass aktuelle Fehlentwicklungen keineswegs restlos dem kolonialen Erbe zugeschrieben werden können, sondern auch auf Fehlentscheidungen postkolonialer Machthaber zurückzuführen sind. In beiden Fällen wurde die theoretisch verordnete, deterministische sozio-ökonomische Zwangsjacke erfolgreich abgestreift.

Selbstverständlich kann eine derartige Revision der Perspektive nicht mehr zu einem Rückfall in die Verherrlichung von Kolonialherrschaft führen. Aber auch der Entwurf eines differenzierten Gesamtbildes anstelle der hergebrachten Schwarz-Weiß-Malerei ist nicht leicht zu verwirklichen. Denn im Zuge der Reduktion der Bedeutung von Geschichte auf

Geschichte von Bedeutung konnten die so genannten „post-colonialists" die überholte sozio-ökonomische Dependenztheorie überaus erfolgreich durch eine mentale ersetzen. Sie können und wollen nicht bestreiten, dass die politische Dekolonisation einigermaßen erfolgreich abgeschlossen und die ökonomische zumindest in einigen Ländern auf gutem Weg ist. Die kulturelle hingegen habe noch kaum begonnen, denn immer noch sei der Westen auf der Grundlage seines Bildungswesens, das die neuen Staaten unbesehen übernommen haben, unangefochtener Herr der Diskurse. Infolgedessen betrachteten die Eliten der neuen Staaten die Welt immer noch aus der Perspektive der ehemaligen Kolonialherren, was mit dem universalen Anspruch von deren Kultur gerechtfertigt werde.

Der moderne Nationalstaat europäischen Ursprungs und das westlich orientierte Bildungswesen stützen sich gegenseitig und prägen nach wie vor die diskursiven Praktiken der nachkolonialen Welt. Während westliche Historiker die eigene Geschichte schreiben können, ohne den Rest der Welt überhaupt zur Kenntnis zu nehmen, müssen Historiker aus ehemaligen Kolonien nach wie vor europäische Geschichte schreiben, insofern sie in jedem Fall auf den modernen Nationalstaat europäischer Herkunft als „Meistererzählung", d.h. als vorgegebenen Erinnerungsort angewiesen bleiben. Vor allem LiteraturwissenschaftlerInnen postmoderner Observanz arbeiten mit dem philosophischen Instrumentarium Michel Foucaults und Jacques Derridas an der Dekolonisation des Denkens. Dabei sind sie ihrerseits vierfach verortet. Erstens stammen sie großenteils aus Indien, zweitens sind sie bei ihrem Tun nicht nur auf das westliche Denken angewiesen, sondern drittens auch auf westliche, vor allem amerikanische Universitäten, an denen sie Stellen gefunden haben. Sie sind sich dieser paradoxen Situation aber durchaus bewusst und betonen daher viertens die Kreativität ihrer Grenzgängerexistenz und der kulturellen Gemengelagen.

Ihre Position ist allerdings kaum zu halten und bereits von ihnen selbst widerlegt worden. Denn gerade sie haben herausgearbeitet, dass nach dem Ende des Kolonialismus nicht mehr von binären Gegensätzen zwischen eindeutig westlichen Institutionen und Sprachen einerseits, eindeutig autochthonem kulturellem Erbe andererseits die Rede sein kann, sondern nur noch von Mischformen, von „Hybriden", deren Bedeutung sie selbst nicht genug betonen können. Daher ist es einerseits sinnlos, zur Verteidigung einer nicht-westlichen Kultur einen Erinnerungsort aufzubauen, indem der Nachweis versucht wird, dass eine bestimmte Errungenschaft, etwa die Menschenrechte, dort bereits vorhanden war, bevor sie von den Europäern eingeführt wurde. Ebenso sinnlos ist es andererseits aber auch, weiter auf dem abendländischen Charakter eines derartigen Phänomens zu bestehen, nur weil es dort seinen Ursprung gehabt hat. Wer heute eine romanische Sprache spricht, ist kein Römer mehr und nie einer gewesen!

Vielmehr war und ist weltweit ein Prozess der „Aneignung" im Gang, dem eine „Enteignung" des Westens entspricht. Auf diese Weise entstehen neue globale Erinnerungsorte oder alte werden neu besetzt oder Erinnerung wird sogar überflüssig. Paradoxerweise haben die ehemaligen Kolonialherren größere Schwierigkeiten mit dieser neuen, zunehmend entspannten Sicht der Dinge als die ehemals Kolonisierten. In Ho Chi Minh-Stadt (früher Saigon) wurde nach dem Vietnamkrieg ein „Museum der amerikanischen Kriegsverbrechen" geschaffen, dessen Bezeichnung allerdings immer weiter entschärft wurde; heute heißt es „Museum für die Hinterlassenschaft des Krieges". Die schreckliche Ausstellung wurde zwar nicht verändert, aber um einen Raum ergänzt, in dem die heute freundlichen Beziehungen der ehemaligen Kriegsgegner dokumentiert sind. Infolgedessen können amerikanische Vietnamveteranen unbefangen kommen und sich mit dem reichlich vorhandenen ehemals eigenen Kriegsgerät fotografieren lassen. In derselben Stadt gibt es eine vietnamesische katholische Kathedrale, in der aber nach wie vor in einer Seitenkapelle Jeanne d'Arc die französische Trikolore (nicht etwa das Lilienbanner) schwenkt. Unweit davon liegt das Zentrum der machtvollen Kao Dai-Religion, die Buddha, Christus, Konfuzius und Victor Hugo als ihre Heiligen verehrt.

Wir müssen uns daran gewöhnen, die europäische Expansion als den konstitutiven Prozess der Weltgeschichte schlechthin zu betrachten, auch wenn sie, wie alle historischen Großprozesse, mit erheblichen Gräueln einherging. Dass es in Amerika Millionen von Afroamerikanern gibt, dass Guyana, Mauritius und die Fidschi-Inseln heute indische Länder sind, ist ebenso irreversibel wie der Verlust der deutschen Ostgebiete in Europa an andere Völker. Was heute noch als mehrdeutiger Erinnerungsort erscheinen mag, mag bald als solcher vergessen und ebenso selbstverständlich sein wie die Kartoffel und der Mais, der Tabak und die Tomate, die längst nicht mehr zu den einst „Kolonialwaren" genannten Erinnerungsorten zählen. Dass Englisch nicht mehr nur die Sprache einer alten und einer neuen Weltmacht, sondern Weltsprache und Muttersprache vieler Menschen verschiedenster Hautfarbe ist, versteht sich inzwischen fast von selbst, ebenso dass das Christentum eine afrikanische Religion geworden ist. Wann wird der erste Afrikaner im Multi-Erinnerungsort Rom als Papst in den Vatikan einziehen?

Literaturhinweise

Jane Burbank/Frederick Cooper, Empires in World History. Power and the Politics of Difference. Princeton/Oxford 2010.

Andreas Eckert, Kolonialismus. Frankfurt/M. 2006.

Felipe Fernández-Armesto, Pathfinders. A Global History of Exploration. Oxford 2006.

Ulrich Van der Heyden/Joachim Zeller (Hrsg.), Kolonialismus hierzulande. Eine Spurensuche in Deutschland. Erfurt 2007.

Jürgen Osterhammel, Kolonialismus. Geschichte – Formen – Folgen. 5. Aufl. München 2006.

Wolfgang Reinhard, Geschichte der europäischen Expansion, 4 Bde. Stuttgart 1983–1990.

Wolfgang Reinhard, „Eine so barbarische und grausame Nation wie diese". Die Konstruktion der Alterität Spaniens durch die Leyenda negra und ihr Nutzen für allerhand Identitäten, in: Hans-Joachim Gehrke (Hrsg.), Geschichtsbilder und Gründungsmythen. Würzburg 2001, S. 159–177.

Wolfgang Reinhard, Kleine Geschichte des Kolonialismus. 2. Aufl. Stuttgart 2008.

Tilmann Robbe, Historische Forschung und Geschichtsvermittlung. Erinnerungsorte in der deutschsprachigen Geschichtswissenschaft. Göttingen 2009.

Immanuel M. Wallerstein, The Modern World System, 3 Bde. New York 1974–1989.

Hendrik Witbooi, Afrika den Afrikanern! Aufzeichnungen eines Nama-Häuptlings aus der Zeit der deutschen Eroberung Südwestafrikas 1884 bis 1894, hrsg. v. Wolfgang Reinhard, Bonn 1982.

2. Konzepte

Birgit Schäbler
Orientalismus

Säbelschwingende Sarazenen, prunksüchtige Despoten und laszive Haremsdamen – das sind wohl die ersten Assoziationen, die sich mit dem Begriff „Orientalismus" einstellen. In der Ausstellung „Orientalismus in Europa. Von Delacroix bis Kandinsky" in München im Jahr 2010 beispielsweise waren diese Motive allgegenwärtig.

Orientalismus ist jedoch auch der Titel der beißenden Kritik an solcherlei stereotypen Darstellungen des Orients, die von Edward Said formuliert wurde. Im Jahre 2008 jährte sich das Erscheinen seines Buches in Thesenform, „Orientalism", zum 30. Mal. 30 Jahre nach der ersten deutschen Übersetzung, die dem Original nicht ganz gerecht worden war, erschien auch eine neue Übersetzung ins Deutsche. In rund 40 Sprachen wurde das Buch bis heute übersetzt, europäische und außereuropäische, darunter Hebräisch, Arabisch, Koreanisch und Japanisch. Doch als Erinnerungsort ist Orientalismus europäisch, genauer britisch und französisch. Die Deutschen nahm Edward Said von seinem Orientalismus-Vorwurf aus, die Russen, Italiener, Niederländer vernachlässigte er.

Doch was versteht man unter „Orientalismus", und was verstand Edward Said darunter? Im Englischen und Französischen hat *Orientalism/e* zwei Bedeutungen: es meint zum einen die akademischen orientalischen Studien, im Deutschen als Orientalistik bezeichnet, zum andern den Stil in der Kunst, vor allem Malerei, aber auch Musik und Literatur, der orientalische oder orientalisierende Motive verwendet.

Seit dem Erscheinen von Edward Saids Buch steht der Begriff „Orientalismus" vor allem für die These, dass die westliche Wissenschaft sich mit solchen Orientalisierungen den Orient gewissermaßen erst als ihr „Gegenbild" erschaffen habe, und, mehr noch, sich dieser Orientalisierungen bedient habe, um den Orient eben nicht nur darzustellen sondern, vor allem, um ihn zu beherrschen. Davon später mehr. Zunächst aber ein (sehr) kurzer Überblick über die Beziehungsgeschichte zwischen Europa und dem Orient.

Orient und Okzident, Morgenland und Abendland, sind in der Imagination der Europäer in der Tat seit langer Zeit miteinander verwoben. Die vorderasiatischen Hochkulturen im östlichen Mittelmeer – Ägypten, Palästina, Griechenland – gelten als der Ursprung der Zivilisation des Abendlandes. Mit der Teilung des Römischen Reichs in die griechisch-orientalische Osthälfte – seit Diokletian verstand man unter Orient die Diözese „Oriens" (Vorderasien, Ägypten) – und die römisch-lateinische Westhälfte begann bereits in der Antike der Antagonismus zwischen Europa und dem Orient. Seit dem Mittelalter verschärfte sich dieser Antagonismus durch den Aufstieg des Islam. Das Bild des Orients wurde nun durch Kreuzzüge und Türkenkriege geprägt, doch blieb die Faszination im negativen wie im positiven Sinn erhalten. Muslime wurden erst als „Sarazenen" (Araber) bekämpft, dann als „Türken" (eigentlich Osmanen) gefürchtet.

Nachdem die türkisch-islamische Gefahr nach der zweiten gescheiterten Belagerung Wiens 1683 gebannt schien, und je schwächer das Osmanische Reich realiter wurde, desto mehr begann eine Aneignung und Verklärung des Orients als romantischer Phantasiewelt. Moden wie die „Turquerien", zusammen mit der militärisch konnotierten Musik *alla turca*, wurden an den europäischen Höfen gepflegt. Und nachdem Napoleon Ägypten erobert hatte, galten Turbane in Europa als der letzte Schrei.

Auch Johann Wolfgang von Goethe war im hohen Alter dem Reiz des Morgenlandes verfallen. „Wenig fehlt, dass ich noch arabisch lerne, wenigstens will ich mich in den Schreibzügen üben", schrieb er an einen Freund und setzte sein Schreib-Aneignungsprogramm auch um. Goethes poetische Morgenlandfahrten führten ihn in den „reinen Osten", zu den uralten Quellen der Menschheitsgeschichte, und wurden für den Dichter selbst bekanntlich zu einem Jungbrunnen, der ihn zu den eigenen Wurzeln führte. Mit „Gottes ist der Orient, Gottes ist der Okzident", überschrieb er seinen „West-Östlichen Diwan", dem er einen orientkundlichen Kommentar, gestützt auf die letzten Erkenntnisse der Orientalischen Studien, zur Seite stellte.

Neben der sich langsam entwickelnden Fachwissenschaft diente der Orient über das Medium der Reiseberichte, die die höfischen und später auch die bürgerlichen Schichten Europas begierig verschlangen, bereits „seit Montaigne als Rohstoff für Reflexionen über die menschliche Natur und seit Montesquieu als Material zu einer vergleichenden politischen Wissenschaft" (Osterhammel). Vor allem in Frankreich ließen sich über den Gegensatz, den die Aufklärer mit dem Orient aufmachten, die politischen Verhältnisse des „Absolutismus" bestens kritisieren. In England und Schottland, aber zum Teil auch in Deutschland, nutzte man den Islam als Gegensatz, um mit ihm christliche Theologien, vor allem den Katholizismus, zu treffen, und interpretierte ihn in diesem Zusammenhang als Vernunftreligion.

Die malerische Bezeichnung „Orient" wurde auch auf Afrika und Asien, bis nach China und Japan ausgedehnt, in Deutschland beispielsweise von der Deutschen Morgenländischen Gesellschaft, die seit 1857 ihre „Abhandlungen für die Kunde des Morgenlandes" herausgibt.

Das „Rotteck-Welcker'sche Staats-Lexikon oder die Encyklopädie der sämmtlichen Staatswissenschaften" von 1848 spricht im Eintrag „Orient" von einer „frühzeitig stehen gebliebene[n] Entwickelung": „Dabei suchen wir vergebens nach einem Bilde der ersten, reinen, patriarchalischen Unschuldswelt, deren frühe Stätte auf jenem Boden gewesen ist. Sie ist in einzelnen Zügen und Zuständen vorhanden […]. Aber bald ist es der eherne Arm eines blinden, wahllos zermalmenden Despotismus, der dieses Glück bedroht und oft vernichtet, diese Kraft, diese Tugenden niederhält; bald vergiftet sie priesterlicher Betrug mit starren Satzungen, finsterem Aberglauben, blutigem Fanatismus; bald führt sie wilde Rohheit ins Joch der Sinnlichkeit und der Leidenschaft, oder wehrt doch einem weiteren Aufstreben".

Kurz: „Geistige Indolenz bezeichnet den Orient", auch wenn es vereinzelte Ausnahmen gebe. Und: „Die merkantilische Wichtigkeit des Orients" sei bedeutend, man bemühe sich, diesen Markt von verschiedenen Seiten her neu zu öffnen.

Damit sind die Ambivalenzen im europäischen Bild des Orients zumindest angedeutet.

Aus diesen Ambivalenzen machte nun Edward Said in schonungsloser Weise eine leidenschaftliche Anklage. Edward Said war ein protestantischer Palästinenser. Seine Eltern stammten aus Palästina, lebten aber in Kairo. Seiner Mutter, einer Verehrerin des damaligen Prinzen von Wales, verdankte er seinen britischen Vornamen. In Kairo besuchte er eine britische Kolonialschule, das Victoria College, und studierte später an Elite-Universitäten in den USA vergleichende Literaturwissenschaft. In diesem Fach wurde er Professor in New York und als Literatur- und Musikkritiker sowie auch als Pianist und Partner Daniel Barenboims im Orchester „West-östlicher Diwan" weltberühmt.

Said stellte seinem Buch zwei Zitate voran. Zum einen Karl Marx' Diktum aus dem „Achtzehnten Brumaire des Louis Bonaparte": „Sie können sich nicht selbst vertreten, sie müssen vertreten werden", und zum anderen ein Zitat aus Benjamin Disraelis „Tancred oder der Neue Kreuzzug": „The East is a career".

Damit ist die Stoßrichtung seines Buches auch benannt: Der Westen, im 19. Jahrhundert Europa, oder besser England und Frankreich, im 20. Jahrhundert zunehmend die USA, lässt den Orient nicht zu Wort kommen, spricht für ihn, repräsentiert ihn und macht aus diesem Geschäft eine koloniale Karriere. Das Cover der Originalausgabe ziert ein Ausschnitt

Abbildung 1: Das Cover der Originalausgabe von Edward Saids „Orientalism" von 1978

eines orientalistischen Gemäldes: „Der Schlangenbeschwörer" von Jean-Léon Gérôme, einem berühmten Historienmaler. Das Gemälde zeigt einen nackten Jungen, der eine große züngelnde Schlange an ihrem Kopf hoch hält, die sich zur Melodie eines alten Flötenspielers um seinen schmächtigen Oberkörper ringelt. Mit seiner Darbietung unterhält er einen älteren Mann mit grünem Turban, offensichtlich einen Araber, und dessen Garde, eine Reihe von Männern verschiedener Hautfarbe in einer bunten Mischung von Kostümen, bei denen Turbane, Krummsäbel, Spitzhelme, Schilde, Lanzen und Musketen natürlich nicht fehlen. Das Bild mischt indische mit arabischen, osmanischen und islamischen Motiven – die Wände des Raumes sind mit fiktiver islamischer Kalligraphie geschmückt und erinnern an eine Moschee. Edward Said wählte dieses Gemälde angeblich selbst als Umschlagbild aus, thematisierte das Bild jedoch an keiner Stelle in seinem Buch. Doch die Assoziationen sind klar: frei erfundene orientalische Phantasiewelten und lüsterner Voyeurismus – also Orientalismus *par excellence*.

Edward Said verortet diesen Orientalismus nicht mehr nur in der Kunst, sondern in Wissenschaft und Politik, in einer unseligen Verschränkung von Wissen und Macht. Die Motive der Maler, die ihr bürgerliches Publikum mit nackten Sklaven und Haremsdamen sowie blutrünstigen Tyrannen ergötzt hatten, findet Said nun auch in immer wiederkehrender Weise in den Stereotypen der Texte, die er untersucht.

Edward Said versteht unter Orientalismus mehrere, in seinen Augen eng miteinander verbundene Dinge: „Auf breitester Basis anerkannt ist die Orientalistik als eine akademische Disziplin, und in der Tat verwendet man dieses Etikett nach wie vor in einer Reihe von universitären Institutionen. Jeder, der sich in Lehre, Schrifttum und Forschung mit speziellen oder allgemeinen Fragen des Orients befasst – ob nun als Anthropologe, Soziologe, Historiker oder Philologe –, ist ein Orientalist und treibt als solcher Orientalistik". Orientalismus ist für ihn aber noch mehr, nämlich eine „Denkweise, die sich auf eine ontologische und epistemologische Unterscheidung zwischen dem Orient und dem Okzident stützt". Orientalismus ist damit drittens, nach Said, seit dem 18. Jahrhundert ein „institutioneller Rahmen für den Umgang mit dem Orient, das heißt für die Legitimation von Ansichten, Aussagen, Lehrmeinungen und Richtlinien zum Thema, sowie für ordnende und regulierende Maßnahmen". Said fasst dies so zusammen: „Kurz, der Orientalismus ist seither ein westlicher Stil, den Orient zu beherrschen, zu gestalten, zu unterdrücken".

Dieses Konzept unterfüttert er mit dem Diskursbegriff Michel Foucaults, obwohl er in vielen Fällen diesem Diskursbegriff nicht entspricht, ihm sogar widerspricht, sowie mit einem zentralen Versatzstück aus Antonio Gramscis kulturtheoretischen Überlegungen, nämlich dem Begriff der „kulturellen Hegemonie". Der Wissenschaftler, der Gelehrte, der Missionar, der Händler, der Soldat, der Maler, allesamt Männer, waren im Orient oder dachten über ihn nach, weil sie dies tun *konnten*, so Said, ohne mit größerem Widerstand der Betroffenen rechnen zu müssen.

So entstand eine Unzahl von Texten, die sich immer wieder aufeinander bezogen und das Bild eines gewalttätigen, fanatischen, lüsternen, aber auch lasziven und passiven Orients schufen, der in der Kunst zunehmend weiblich dargestellt wurde. Symbolfigur hierfür wurde die Odaliske in der Malerei, eine weiße Sklavin, die bevorzugt als Haremsdame im Bade gemalt wurde. Warum Said nicht ein solches Bild für die Einbandgestaltung seines Buches auswählte, sondern den „Schlangenbeschwörer", ist zwar nicht bekannt, doch spiegelt seine Wahl die Vernachlässigung von Frauen in seinem Buch wider. Genderfragen kommen in „Orientalism" selbst nicht vor – jedoch wurde die Orientalismus-These durch ihre Kritik am „Othering", also den Prozessen, die den Anderen/die Andere/das Andere erst als jeweiliges Gegenbild zum Eigenen erschuf, auch wegweisend in den *gender studies* und *queer studies* vor allem der USA.

Für Edward Said war der Orientalismus eine dynamische Wechselwirkung zwischen einzelnen Autoren und den politischen Verhältnissen der drei Großmächte Großbritannien, Frankreich und später Amerika, in deren geistigem und imaginärem Raum sie arbeiteten. Briten und Franzosen spielten für Said eindeutig die Vorreiterrolle im Orientalismus des 19. Jahrhunderts, an den die Amerikaner dann nahtlos anknüpften. Wegen ihrer „Qualität, Schlüssigkeit und Ausführlichkeit" seien, so Said, die britischen, französischen und amerikanischen Schriften höher zu bewerten als die zweifellos bedeutende Arbeit zum Beispiel deutscher, italienischer und russischer Forscher. Die Deutschen hätten die ersten Schritte ihrer europäischen Kollegen aus England und Frankreich nur weiter geführt und im Übrigen von den Franzosen gelernt. In Deutschland habe sich bis zur Reichsgründung keine enge Partnerschaft zwischen Orientalisten und einem gefestigten nationalen Interesse am Orient herausbilden können. Deutschland hatte keine Kolonien im Orient. Der Orient der Deutschen sei ein literarischer, ein unwirklicher Orient geblieben. Die deutschen Orientalisten hätten mit ihrer Orientalistik, einem Fachbegriff, der schon auf eine gewisse „Seriosität und Gewichtigkeit" schließen lasse, zwar auch eine Autorität in Sachen Orient entwickelt. Doch die Verquickung von Wissen und kolonialer Macht habe eben gefehlt.

Dabei hat Edward Said übersehen, dass es auch in Deutschland starke Kolonialphantasien gab, die sich durchaus des Orients (und anderer Weltregionen) bemächtigten, auch in den gelehrten Schriften. Die damals neue Islamwissenschaft wurde von C. H. Becker 1910/11 mit kolonialen Rechtfertigungen ins Leben gerufen, sein Schüler Hans-Heinrich Schäder stand hinsichtlich Orient-Stereotypen seinen britischen und französischen Kollegen in nichts nach. Die Motive des deutschen Kaisers, dem Sultan des Osmanischen Reiches die Bagdad-Bahn zu bauen, waren ebenfalls nicht unschuldig. Natürlich wollte man sich so Macht und Einfluss sichern, und zwar über technisch-wissenschaftliches Vordringen, zumal der Sultan ja des Kaisers Waffenbruder im Ersten Weltkrieg wurde. Und dass die Märkte des Orients ein Ziel waren, stand bereits im oben genannten „Staatslexikon".

Die Tatsache, dass Deutschland sehr viel später in den kolonialen Wettlauf um die Welt eintrat als England und Frankreich, und dass die deutsche Orientalistik damit lange vor irgendwelchen politischen Ambitionen florierte, ist ja auch eher ein Argument dafür, dass der Orientalismus nicht in allen Fällen mit dem absoluten Willen zur Macht und Beherrschung einherging, wie Said es postuliert.

Ebenso ließ Said den niederländischen (Indonesien!), italienischen (Libyen!) und russischen (Iran!) Orientalismus außen vor, denen er ebenfalls leicht eine Verschränkung von Wissens- und Machtinteressen hätte nachweisen können. Diese Sprachen beherrschte er auch nicht. Für die deutsche Kultur, besonders die Musik, hatte der begeisterte Pianist jedoch ein Faible. Vielleicht rührt seine freundlichere Einschätzung der deutschen Orientalistik auch daher.

Damit ist die Kritik an Edward Saids Orientalismus-These nur angerissen. Sie füllt unterdessen Bände. Abgesehen davon, dass Said Europa oder den Westen nur aus drei Ländern bestehen lässt, zieht er auch eine gerade Linie zurück in die Antike. Das Wissen der Antike aber unterscheidet sich gravierend von dem Wissen, das er als „Orientalismus" konstituiert hat. Aeschylus und Kissinger in einen Topf zu werfen, ist ahistorisch. Saids Methode ist widersprüchlich. So hält er zum Beispiel die einzelnen Autoren für wichtig, Foucault aber, auf den er sich beruft und den er in den USA mit popularisiert hat, propagiert einen Diskursbegriff, bei dem die einzelnen Autoren unwichtig sind. Rassistische und sexistische Abwertungen des Anderen, die Said so streng in Europa geißelt, hat es auch in anderen Weltregionen gegeben, auch im Orient. Viele Kritiker stören sich an dem moralinsauren, anklagenden Ton, den Said zuweilen anschlägt. Ihm geht es stets um „Wahrheit", mit einem großen W geschrieben, was ja dem postmodernen Denken auch eher widerstrebt.

Edward Saids Buch ist ein Produkt der ausgehenden 1970er Jahre, und es ist ein Phänomen, wie es aller Kritik zum Trotz die Wellenkämme fast aller *turns* in den Kulturwissenschaften geritten ist und es dabei geschafft hat, oben zu bleiben. Damit ist „Orientalism" zum Klassiker avanciert. Heute ist es beispielsweise beinahe eine Binsenweisheit geworden, dass Edward Saids Buch das „Gründungsbuch" der Postkolonialen Studien sei. Dabei haben Vertreter der Postkolonialen Studien „Orientalism" erst im Nachhinein dazu erkoren, obwohl Frantz Fanons „Die Verdammten dieser Erde" sich für diese Rolle eigentlich besser eignen würde.

Allerdings mehren sich heute auch die Stimmen, die die Orientalismus-These endgültig ad acta legen wollen und zu einer eher unkritischen Verteidigung des Westens aufrufen. Teilweise wird dabei die Person Edward Saids heftig attackiert, gewissermaßen zur Inkarnation des Bösen stilisiert. Sein Engagement für die Palästinenser zum Beispiel hatte ihm bereits in den 1970er Jahren den Beinamen „Terror-Professor" eingebracht, den manche der Kritiker auch heute noch benutzen.

Vor allem in den USA fühlten sich auch die „Orientalisten der alten Schule" angegriffen. Es kam zu regelrechten Fehden, die ganze akademische Felder und Fächer spalteten und bis zu Saids Tod im Jahre 2003 anhielten. Auch davon ist noch heute einiges zu spüren.

Edward Said selbst hat in einem Nachwort von 1994 und einem neuen Vorwort von 2003, kurz vor seinem Tod, zu ausgewählter Kritik erklärend Stellung genommen und im Wesentlichen seine Thesen aufrechterhalten. Sein letzter Satz zu seinem eigenen Werk ist, einmal mehr, ein etwas pathetisches, politisch-emanzipatorisches Vermächtnis: „Ich möchte gerne daran glauben", schrieb er, „dass ‚Orientalism' einen Platz in dem langen, oft unterbrochenen Marsch zur menschlichen Freiheit eingenommen hat". In diesem Sinn und als erkenntnistheoretisch aufstachelnde Polemik gelesen, hat seine Orientalismus-These bleibenden Wert, auch wenn wissenschaftlich nun ihre Dekonstruktion durchaus angesagt ist.

Literaturhinweise

Roger DIEDEREN/Davy DEPELCHIN, Orientalismus in Europa. Von Delacroix bis Kandinsky. München 2010.

Jürgen OSTERHAMMEL, Die Entzauberung Asiens. Europa und die asiatischen Reiche im 18. Jahrhundert. München 1998.

Andrea POLASCHEGG, Der andere Orientalismus. Regeln deutsch-morgenländischer Imagination im 19. Jahrhundert. Berlin 2005.

Maxime RODINSON, Die Faszination des Islam. München 1985.

Birgit SCHÄBLER, Riding the Turns. Edward Saids Buch „Orientalism" als Erfolgsgeschichte, in: Burkhard SCHNEPEL u. a. (Hrsg.), Orient – Orientalistik – Orientalismus. Geschichte und Aktualität einer Debatte, in: Bielefeld transcript 2011, S. 297–302.

Birgit SCHÄBLER, Post-koloniale Konstruktionen des Selbst als Wissenschaft. Anmerkungen einer Nahost-Historikerin zu Leben und Werk Edward Saids, in: Alf LÜDTKE/Rainer PRASS (Hrsg.), Gelehrtenleben. Wissenschaftspraxis in der Neuzeit. Köln/Weimar/Wien 2007, S. 87–100.

Edward W. SAID, Orientalismus. Frankfurt/M. 2009.

Daniel Martin VARISCO, Reading Orientalism. Said and the Unsaid. Seattle u. a. 2007.

Christian Geulen
Rassismus

Rassismus und europäische Zivilisation

Wenn in Zentralafrika ethnische „Stämme" versuchen, sich gegenseitig auszurotten, wenn sich in den USA schwarze und hispanische „Gangs" blutige Schlachten liefern oder wenn sich in Indien Hindus und Muslime in unversöhnlichem Hass gegenüber stehen, dann ist in der europäischen Berichterstattung darüber bisweilen ein eigenartiges Gemisch von Verwunderung und Erleichterung zu spüren – Verwunderung und Erleichterung darüber, dass es rassistische Gewalt offenbar auch außerhalb Europas gibt. Bei genauerem Hinsehen freilich relativiert sich diese Einschätzung. Es gibt kaum eine rassistische Gewalt auf der Welt ohne europäischen Einfluss: Die ursprünglich von europäischen Kolonisatoren eingeführte pseudowissenschaftliche Einteilung der zentralafrikanischen Völker in Hutu und Tutsi, die asymmetrische Durchlässigkeit der US-amerikanischen Gesellschaft in ihrer Integration ethnischer Minderheiten oder der missglückte Versuch Großbritanniens, seine ehemalige indische Kolonie in ethnisch und religiös getrennte Staaten aufzuteilen – ohne diese europäischen Einflüsse ist keins der genannten Phänomene zu erklären. Noch weniger lassen sie sich als Ausdruck eines universalen, im Menschen an sich schlummernden rassistischen Gewaltpotenzials verstehen. Vielmehr ist der Rassismus ein historisch entstandenes Phänomen und bleibt als solches untrennbar mit der Entwicklungsgeschichte der europäischen Zivilisation verknüpft.

Dies zu akzeptieren fällt deshalb schwer, weil mit dem Rassismus unleugbar die bislang brutalsten, menschenverachtendsten und damit unzivilisiertesten Formen von Gewalt einhergingen. In diesem Sinn stellt er eines der irritierendsten Beispiele für eine dialektische Kehrseite der europäischen Zivilisation dar. Und das nicht nur mit Blick auf seine gewalttätigen Praxisformen. Vielmehr ist der Rassismus auch als Ideologie, als politisch-gesellschaftliche Denk- und Wahrnehmungsform, mit dem modernen Begriff der Zivilisation und seiner semantischen Struktur verwoben. Zivilisation und Zivilisierung oder, in verkleideter Form, auch Moderne und Modernisierung sind Begriffe, die primär aus der Abgrenzung zum Wilden, Unzivilisierten, Vormodernen oder Rückständigen ihren Sinn beziehen. Und eben diese entwicklungstheoretische Unterscheidung in Fortgeschrittene und Zurückbleibende, Höher- und Minderwertige ist seit den ersten naturgeschichtlichen Völkerbeschreibungen der Frühen Neuzeit die primäre Logik rassistischen Denkens.

Von wesentlicher Bedeutung zum Verständnis dieser Zusammenhänge aber ist, dass diese Unterscheidung gerade seit der Aufklärung keine fundamentale, sondern – entwicklungstheoretisch begründet – eine graduelle ist. Spätestens als sich die Entwicklungstheorie zur Evolutionstheorie weiterentwickelte, also ausgerechnet im Kontext der strikten Biologisierung des Rassenbegriffs, standen rassistische Hierarchien nur noch selten in einem offenen Widerspruch zum Universalismus. Denn im Horizont des entwicklungs- und evolutionstheoretischen Denkens bleibt jede noch so radikale Unterscheidung zwischen fortgeschritten und rückständig, höher- und minderwertig an die Vorstellung einer universalen Verwandtschaft aller Lebewesen und eines universalen Daseinskampfs gebunden, der über die konkrete Verteilung von Fortschritt und Rückschritt, Höherem und Niederem überhaupt erst entscheidet. Auf diese Weise haben gerade Biologismus und Rassismus dazu beigetragen, dass sich der moderne Begriff der Zivilisation niemals ganz von seinem Anderen, dem Unizivilisierten und Wilden emanzipieren konnte.

In provokanter Form hat dies Hannah Arendt schon 1950 auf den Punkt gebracht, als sie in den „Elementen und Ursprüngen totaler Herrschaft" bemerkte, dass sich die europäischen Kolonisatoren in ihrem Verhalten und Denken der „Wildheit" ihrer außereuropäischen Umwelt angepasst hätten. Viele haben Arendt vorgeworfen, an dieser Stelle selber dem rassistischen Hierarchiedenken zu unterliegen. Doch ging es Arendt hier wie im gesamten Imperialismus-Teil ihres Buches gar nicht um das wirkliche Afrika, sondern um die Wahrnehmung der Kolonisatoren. Denn diese sahen sich in ihrer außereuropäischen Kolonialarbeit entgrenzt und befreit von den zivilisatorischen Standards ihrer Heimat und verherrlichten genau diesen Abbau zivilisatorischer Schranken auch für Europa als einzigen Weg seiner Erneuerung. Entwicklungs- und evolutionstheoretisch gedacht, war das allemal konsequent: nur wer sich auch selbst dem Naturkampf ums Dasein aussetzt, kann den eigenen zivilisatorischen Fortschritt auf Dauer stellen. Diese Logik prägte nicht nur den imperialen Diskurs des späten 19. Jahrhunderts, etwa in der weit verbreiteten Weltreichslehre, sondern spielte in anderen, teils sehr unterschiedlichen Varianten in den europäischen Selbstverständigungsformen des 19. und 20. Jahrhunderts eine Rolle. In diesem Sinn erscheint es legitim, den Rassismus, beschränkt man ihn nicht auf ganz spezifische Formen gewalttätiger Praxis, sondern achtet auf die dahinter stehenden Formen des Denkens, als einen europäischen Erinnerungsort zu skizzieren.

Eine solche Skizze wird im Folgenden an ausgewählten Beispielen entworfen. Dabei wird insbesondere danach gefragt, in welcher Weise bestimmte Formen des Rassismus zeitgenössisch sowie in späteren Jahren kritisch betrachtet und erinnert wurden. Denn auf dieser rezeptionshistorischen Ebene zeichnet sich der Rassismus durch ähnliche Extreme aus wie in seiner Praxis: Während vom 18. bis zur Mitte des 20. Jahrhunderts die Existenz menschlicher „Rassen" und die Grundannahmen der Rassentheorie nur von den allerwenigsten bezweifelt wurden, hat man seit dem Ende des Zweiten Weltkriegs immer wieder versucht, mit der Ächtung des Begriffs der Rasse auch das Phänomen des Rassismus zum Verschwinden zu bringen. Dies war aber nur in Teilen erfolgreich. Denn obwohl es seit dem Untergang des Apartheid-Regimes in Südafrika kaum mehr einen Staat gibt, der es sich leisten könnte, offen und explizit eine rassistische Politik zu betreiben, haben Formen rassistischer Anfeindung und Gewalt gerade in den letzten 20 Jahren überall auf der Welt und auch in Europa wieder deutlich zugenommen – auch wenn dabei keineswegs immer von „Rasse" die Rede ist und stattdessen von einer vor Überfremdung zu schützenden „Kultur" gesprochen wird. Diese besonders in Europa abrupte Ablösung einer weit verbreiteten rassistischen Überzeugung durch ihre formale Ächtung nach 1945 bei gleichzeitigem Fortleben der Ideologie selbst zeugt von einem historischen Aufarbeitungsdefizit.

Das zeigt sich etwa auch in heutigen öffentlichen Debatten: denn so wie der Rassismus als Praxis und Glaubenssystem öffentlich geächtet ist, so ist es auch der Rassismus-Vorwurf. Paradoxerweise hat er meist eine ähnliche Empörung zur Folge wie der Rassismus selbst. Jüngstes Beispiel dafür war die Debatte um Thilo Sarrazins Buch „Deutschland schafft sich ab" im Jahr 2010. Obgleich es in vielen seiner Kapitel das gleiche Vokabular verwendet, den gleichen Logiken folgt und die gleichen Denkweisen repräsentiert wie die vielen rassistischen und eugenischen Schriften des 19. und frühen 20. Jahrhunderts, tauchte selbst in kritischen Besprechungen der Begriff Rassismus nur selten auf, und wenn, dann stieß er rasch auf eine breite Abwehrfront aus Journalisten und Wissenschaftlern, denen dieser Vorwurf dann doch „zu weit" ging. Nun mag dies auch dem ungeheuren Erfolg des Buches geschuldet sein. In jedem Fall aber zeigt die Debatte eine tief sitzende Unsicherheit im Umgang mit dem Begriff und Phänomen des Rassismus, die mit einem möglicherweise missglückten Prozess der Erinnerung an jene Zeit vom späten 18. bis zur Mitte des 20. Jahrhunderts zusammenhängen könnte, in welcher der Rassismus (ohne diesen Namen zu tragen) zu den gängigen politischen Rationalitäten Europas gehörte.

Das Bild des Rassismus seit 1945

Während der Begriff der Rasse bereits aus dem 15. Jahrhundert überliefert ist, wurde die Ableitung Rassismus erst in den 1930er Jahren unter anderem von Magnus Hirschfeld geprägt und erst nach 1945 populär; genau zu dem Zeitpunkt also, als das damit bezeichnete Phänomen zum ersten Mal durch eine internationale Organisation, die UNO, als Praxis und Weltanschauung für illegitim erklärt wurde. Es war der französische Ethnologe Claude Levy-Strauß, der im Rahmen einer UNESCO-Tagung zum Thema im Jahr 1952 jene Beschreibung des Rassismus formulierte, die bis heute in den meisten Lehr- und Schulbüchern zitiert oder paraphrasiert wird und in der die Hauptverantwortung für die Exzesse des Rassismus einem falschen und unwissenschaftlichen Begriff der Rasse zugeschrieben wird. Dem stellte der Ethnologe den Begriff der Kultur als das bessere, weniger ideologieanfällige und realistischere Konzept zur Beschreibung menschlicher Diversität gegenüber. Diese sei über lange Zeit und fälschlicherweise als eine statische, unveränderbare und ewige „Ungleichheit der Rassen" verstanden worden und müsse nun durch einen historischen, Differenz und Veränderbarkeit gleichermaßen zulassenden Begriff der Kultur ersetzt werden.

Zwanzig Jahre später, als Levy-Strauß 1972 noch einmal von der UNESCO zum Thema eingeladen wurde, nahm er fast alles zurück, was er in seinem ersten Vortrag verlautbart hatte, und gestand stattdessen ein, dass rassistische Gewalt keineswegs notwendig mit einem ‚falschen‘, Differenzen festschreibenden Rassenbegriff einher gehen muss. Vielmehr sei die Tatsache zu akzeptieren, dass der Rassismus auch ohne expliziten Verweis auf ein biologistisches Rassenkonzept existieren könne und seine eigentlichen Ursachen sehr viel tiefer lägen als in bloßer Ignoranz und simplen Vorurteilen. Bezeichnenderweise ist dieser zweite Text des berühmten Ethnologen kaum rezipiert worden, während sein erster Vortrag von 1952 bis heute zu den Klassikern des antirassistischen Denkens gezählt wird.

Die jüngere soziologische und historische Forschung zum Thema tendiert heute aber deutlich zur zweiten der beiden Diagnosen von Levy-Strauß. So haben etwa George Frederickson, Robert Young, Ulrich Bielefeld, Etienne Balibar und Pierre-André Taguieff zeigen können, dass der moderne Rassismus häufig nicht so sehr die „Rassen" oder allgemeiner: gegebene Gruppenverhältnisse, als vielmehr „rassistisches Verhalten" zum natürlichen Faktor erklärt. Daher stellen sich viele, wenn nicht sogar die meisten Formen des Rassismus in der Moderne als ein Aufruf zur Praxis dar: an die Stelle systematischer Rassenhierarchien, welche die Welt in höher- und minderwertige Rassen aufteilt, treten hier die Forderung, sich aktiv vor dem Minderwertigen zu schützen, und die Auffassung, dass das Fremde gerade wegen seiner Minderwertigkeit eine fundamentale Gefahr für das Eigene darstelle. Erst der aktive Kampf gegen dieses Fremde, und nicht mehr eine naturgegebene, ewige Ordnung, garantiert den Erhalt und die Verbesserung der eigenen Rasse. Mit eben diesen Grundannahmen hat sich der Rassismus an die moderne, vom Wandel geprägte Welt angepasst und sich von vormodernen Modellen feststehender und unveränderbarer Weltordnungen emanzipiert. Seine historische Herausbildung spiegelt daher die Entwicklung der modernen europäischen Selbstverständigung. Zugleich aber hat es der Rassismus für eine lange Zeit geschafft, genau diesen Anpassungsprozess seinen zeitgenössischen wie späteren Kritikern gegenüber zu verschleiern, so dass er bis heute für die meisten als eine aus der Vormoderne übrig gebliebene oder in sie zurückfallende Ideologie gilt. So sehr dies für die Gewaltformen, die der Rassismus immer wieder hervorbringt, gelten mag, so wenig gilt dies für das Denken, das hinter dieser Gewalt steht.

„Rasse" und rassistische Praxis seit 1500

Am Beginn der Verwendung des Rassenbegriffs zur Kennzeichnung menschlicher Gruppen spielten zwei sehr unterschiedliche Kontexte eine zentrale Rolle: Zunächst wurde die Rassenkategorie in Spanien gegen Ende der Reconquista zur Bezeichnung von Juden und Muslimen verwendet, deren tatsächliche, geistige Konversion und wahres Bekenntnis trotz Taufe aus Sicht der neuen katholischen Machthaber unklar war. Nach der nahezu kompletten Vertreibung der Muslime im Gefolge der Eroberung Granadas im Jahr 1492 erging dann folgerichtig ein Edikt zur Zwangsbekehrung *aller* in Spanien verbliebenen Juden. Das Rassenkonzept half, dieser Zwangsbekehrung ein durch den Glauben allein nicht mehr eindeutig definiertes Objekt zu liefern. Die Reinheit des Blutes, nicht mehr des Glaubens, war jetzt das primäre Bestimmungskriterium. Des weiteren entdeckte Kolumbus im gleichen Jahr 1492 jenen Kontinent, von dem sich bald herausstellte, dass er durch eine Vielzahl von Kulturen, Königtümern und Zivilisationen geprägt war. Angesichts der Sprachbarrieren und des Unwissens der europäischen Eindringlinge diente dann auch hier das Rassenkonzept dazu, einer unverständlichen Welt eine scheinbar verständliche Ordnung und Struktur zu verleihen.

Hier werden zwei Grundstrukturen des Rassendiskurses deutlich, die sich bis heute gehalten haben: Zum einen die prinzipielle Dehnbarkeit des Rassenbegriffs, der sowohl religiöse (und später viele andere) Minderheiten tief im Innern einer staatlichen oder gesellschaftlichen Ordnung zu identifizieren half als auch das Ordnungsprinzip einer neuen Welt und nicht allzu viel später sogar der ganzen Welt bereitstellte. Zum anderen zeigt sich hier bereits, dass der Rassenbegriff bevorzugt auf Konstellationen gesteigerter gesellschaftlicher Komplexität reagierte, indem er die zunächst klassifizierende und später auch praktische Ordnung von Unordnung versprach.

Der nur zwei Jahrzehnte nach Kolumbus' erster Fahrt beginnende Dreiecks-Sklavenhandel zwischen Europa, Afrika und der neuen Welt führte dann zum ersten „globalisierten" Wirtschaftssystem, das bis zum 19. Jahrhundert Bestand hatte. Rassistisch war es allemal, vor allem in seiner brutalen Praxis der Zwangsdeportation, doch weniger in seinen Motiven. Vielmehr lässt sich umgekehrt beobachten, dass rassistische Weltbilder und rassentheoretische Ordnungsmodelle in Europa nicht zuletzt dort an Plausibilität gewannen, wo es um die *nachträgliche* Rechtfertigung einer Praxis ging, die den sich allmählich durchsetzenden humanistischen und später aufklärerischen Menschheitsideen zunehmend widersprach. Hier liegt wohl der eigentliche historische Grund dafür, dass die Schwarzafrikaner in allen nachfolgenden Rassenhierarchien und rassistischen Weltmodellen grundsätzlich auf der untersten, kulturlosesten Stufe standen – denn sie waren die ersten Völker, die im Kontext der europäisch-neuzeitlichen Zivilisation versklavt wurden, was mit den Ansprüchen dieser Zivilisation allein über die Annahme ihrer nur relativen Zugehörigkeit zur Menschheit vereinbar war.

Entsprechend lässt sich in den Schriften der Aufklärer nachzeichnen, wie sie ihre auf die spätabsolutistischen Verhältnisse in Europa gemünzten Forderungen nach Freiheit, Gleichheit und Menschlichkeit vor allem mit Hilfe der Fortschrittskategorie in globale Modelle einer notwendig nachholenden Entwicklung des Rests der Welt einspannten. Die bis dahin statisch gedachte Unterscheidung zwischen dem zivilisierten Europa und den „Wilden" jenseits der Meere wurde nun temporalisiert, was einerseits eine universale Integrationsleistung darstellte, andererseits der Unterscheidung zwischen Kulturen, Völkern und Gesellschaften auf Dauer eine entwicklungstheoretische Semantik verlieh, die laufend kollektive Differenz in Entwicklungskonkurrenz umwandelt. Seit dem späten 18. Jahrhundert jedenfalls ist die Unterscheidung zwischen weiter entwickelten und zurückbleibenden Völkern, also die Unterscheidung zwischen Fortschritt und Rückschritt, aus dem Diskurs über globale Differenz und Diversität nicht mehr wegzudenken. Gerade die Kritik an Unfreiheit und Ungleichheit sowie der Anspruch auf einen wahrhaft universalen Menschheitsbegriff führte damit eine die Moderne prägende Strukturform in der Wahrnehmung des jeweils kollektiv Fremden und Anderen ein, der sich auch der Rassismus anpasste.

Medium dieser Anpassung war vor allem die Verwissenschaftlichung des Rassenbegriffs, die Biologisierung seiner Bedeutung und seine Einbindung in die naturwissenschaftliche Variante der Entwicklungsidee: die Evolutionstheorie. Insbesondere als Charles Darwin Mitte des 19. Jahrhunderts die älteren Spekulationen einer vorgegebenen Entwicklung und Entfaltung der Natur endgültig verabschiedete und an ihrer Stelle einen alltäglich ablaufenden Daseinskampf als den eigentliche Motor der Evolution identifizierte, hatten die Rassen ihre Statik verloren und galten nun als etwas, dessen evolutionärer Rang sich erst durch die Bewährung in der alltäglichen Konkurrenz zu anderen Rassen herausstellt. Der mit der Erfindung des Begriffs Antisemitismus am Ende des 19. Jahrhunderts einhergehende Strukturwandel in der Anfeindung des Judentums in Europa ist ein deutlicher Beleg für die Dynamisierung, die mit dieser evolutionstheoretischen Formulierung von Rassenunterschieden einherging. An die Stelle der bis dahin postulierten Minderwertigkeit dieses „Fremdvolks im Inneren" trat jetzt die Vorstellung einer unmittelbaren Gefährdung durch das Judentum und einer biologischen Notwendigkeit seiner aktiven Bekämpfung. In ähnlicher Weise wurde auch auf globaler Ebene der Kampf um koloniale Räume gegen die konkurrierenden Imperialmächte wie gegen die einheimische Bevölkerung immer mehr als ein Überlebenskampf der eigenen Rasse und Kultur gedeutet. Bezeichnenderweise trat dabei in beiden Kontexten ein transnationaler Effekt auf, insofern sowohl der Kampf gegen das internationale Judentum als auch der Kampf um koloniale Räume von allen beteiligten europäischen Nationen als ein Rettungskampf für die gesamteuropäische Zivilisation betrachtet und begründet wurde. Entsprechend wurde noch der Erste Weltkrieg, gerade weil er entgegen der jeweiligen Legitimationsmythen primär ein innereuropäischer Krieg der Nationen und Nationalitäten war, von vielen als eine möglicherweise endgültige Krise eben jener gesamteuropäischen Zivilisation gedeutet.

Fatalerweise tat dieser Nachkriegsskeptizismus aber der Plausibilität imperialer, antisemitischer und rassentheoretischer Modelle der Welt- und Gesellschaftsordnung keinen Abbruch, befeuerte vielmehr vielerorts die Sehnsucht nach einer grundlegenden Erneuerung Europas mit den Mitteln der biopolitischen Gesellschaftsgestaltung. Erst nachdem der Nationalsozialismus seine rassistischen Ordnungsvorstellungen in einer nie da gewesenen Konsequenz und barbarischen Praxis in die Tat umgesetzt hatte, war so etwas wie „Rassenpolitik" in Europa zumindest für eine lange Zeit unmöglich geworden. Zugleich wurde die bis dahin zumindest von einzelnen ‚klugen Zeitgenossen' formulierte Kritik des Rassismus zu einem Teil des europäischen Gründungskonsenses.

Rassismus und Antirassismus

Diese Kritik aber war vor allem in jener Phase zwischen der Mitte des 19. und der Mitte des 20. Jahrhunderts entstanden, als der Rassismus sich in Theorie und Praxis faktisch zu einer Ideologie entwickelt hatte, die ein Höchstmaß an Flexibilität und Dynamik aufwies und sich vor allem auf Grundlage der Darwinschen Idee vom alltäglichen Daseinskampf von statischen und festgelegten Naturordnungen verabschiedete – auch und gerade dort, wo seine Vertreter die angebliche Ewigkeit der Rassenunterschiede beschworen. Denn nie vergaßen sie, zugleich darauf hinzuweisen, dass eben dieses Ewige in Gefahr und nur durch aktiven und praktischen Schutz zu erhalten sei. Harmonisiert wurden diese Vorstellungen nicht zuletzt durch den immensen Bedeutungszuwachs des naturwissenschaftlichen, erst biologischen und dann eugenischen Denkens als der wissenschaftlichen Grundlage für rassistische Annahmen. Denn hier waren die faktische Offenheit des Naturprozesses und die Vorstellung, dass er trotzdem von unwandelbaren Gesetzen beherrscht wird, schon längst kein Widerspruch mehr. Vielmehr kann rückblickend der Zusammenhang von Chaos und Ordnung fast als ein Paradigma des naturwissenschaftlichen Denkens seit dem ausgehenden 19. Jahrhundert gelten, das aber erst in der zweiten Hälfte des 20. Jahrhunderts populär wurde. Die antirassistische Kritik aber, wie sie in Deutschland etwa von Rudolf Virchow, Max Weber oder Magnus Hirschfeld, in Frankreich während der Dreyfus-Affäre und auch von Liberalen in anderen Ländern formuliert wurde, konzentrierte sich ganz auf eine Seite dieses Naturbezugs im rassistischen Denken und versuchte, die Ideologie mit Blick auf ihre ‚falsche‘ und illegitime Übertragung natürlich-ewiger auf sozial und kulturell wandelbare Verhältnisse auszuhebeln.

Erfolgreich war diese Kritik aber erst nach 1945. Obgleich der Rassismus auch nach dem Zweiten Weltkrieg durchaus noch fortlebte – in Südafrika, in vielen Konflikten der Dritten Welt, in den Stellvertreterkriegen des Ost-West-Konflikts, etwa dem Vietnamkrieg – und auch in den europäischen Gesellschaften weiterhin Anhänger fand, ist es bis 1989 nicht mehr zu dezidiert rassistisch begründeten Gewalt- und Politikformen gekommen, die nur annähernd mit den Exzessen der imperialen oder faschistischen Epoche vergleichbar wären. Erst nach 1989 hatte man sich wieder mit „ethnischen Säuberungen“ außerhalb und innerhalb Europas auseinanderzusetzen. In Reaktion auf die globalen Migrationsbewegungen nahmen in der gegenwärtigen Globalisierung sowie im Gefolge des islamistischen Terrorismus Formen der Anfeindung Gestalt an, die zumindest in ihrer Logik dazu tendieren, politisches durch biopolitisches Denken und Handeln zu ersetzen.

Zugleich hat sich heute aber der biologisch-wissenschaftliche Hintergrund, durch den der moderne Rassismus sich legitimiert, verschoben. Nicht mehr evolutionstheoretische, sondern genetisch-neurologische Annahmen darüber, auf welche Weise die Natur schon längst und immer schon individuelles Verhalten und damit auch gesellschaftlich-kulturelle Phänomene bestimmt, genießen derzeit eine besondere Popularität. In diesem Horizont fällt es dann auch dem Rassismus wieder leicht, kollektive Charakteristika eines Volkes oder einer Kultur auf angebliche biologische Determinanten zurückzuführen – mit der impliziten Konsequenz, dass die Probleme des Kulturkonflikts eigentlich nur durch physische Entfernung der Nicht-Zugehörigen gelöst werden können. Gerade im Kontext der Globalisierung und der mühsamen Konstruktion neuer postnationaler Zugehörigkeitsmodelle kann der Rassismus heute in manchen Kontexten erneut praktische Formen der Ordnung von Unordnung anbieten.

Vor diesem Hintergrund sollte sich die antirassistische Kritik von ihren klassischen Topoi, vor allem von der Annahme, der Rassismus sei eine vormoderne Ideologie feststehender

Hierarchien, endgültig verabschieden. Denn gerade heute scheinen jene Formen des rassistischen Denkens wieder populärer zu werden, die keineswegs mehr an einen definierten Rassenbegriff gebunden sind, sondern von sozialer Überfremdung, kulturellem Artenschutz und der biologisch notwendigen wie praktischen Sicherung des Eigenen gegen seine Gefährdungen durch fremde Kulturen, Lebensweisen oder Religionen reden. Dabei wird dieses zu schützende Eigene heute, ähnlich wie im späten 19. und frühen 20. Jahrhundert, nur noch am Rande mit der Nation, dem Nationalstaat oder überhaupt mit politischen Gemeinschaften assoziiert, sondern häufig mit der europäisch-westlichen Kultur und Zivilisation. Gerade wegen dieser transnationalen Dimension der rassistischen Logik haben sich antirassistische Kritik und auch die Erinnerung an die Geschichte des Rassismus lange bemüht, seinen Widerspruch zu den eigentlichen Ansprüchen und Werten des zivilisatorischen Projekts der europäischen Moderne zu betonen. Wie die Geschichte vor 1945 aber gezeigt hat und gegenwärtige Tendenzen noch zeigen könnten, lässt sich daraus nur dann eine wirkliche Kritik machen, wenn man den Rassismus gerade nicht mehr selber als das ganz Andere und Fremde der europäischen Zivilisation denkt. Vielmehr ist er ein Gewächs, ein problematisches Erbe und gefährliches Potenzial dieser Zivilisation, insofern sich aus ihren Ordnungsansprüchen die Plausibilität seiner Ordnungsversprechen herleitet. Eben dieses Moment verfehlt die übliche Kenzeichnung des Rassismus als falsch, illegitim und vormodern. Zudem vertraut diese Sichtweise im Grunde blind darauf, dass der Rassismus im weiteren Fortschritt der europäischen Zivilisation gleichsam von allein verschwinden wird. Gerade das Ende des Rassismus aber ist keine Sache des Wartens auf seinen natürlichen Tod, sondern der informierten, zweck- und wertrationalen Entscheidung.

Literaturhinweis

Hannah ARENDT, Elemente und Ursprünge totaler Herrschaft [1955]. München 2005.

Etienne BALIBAR/Immanuel WALLERSTEIN, Rasse, Klasse, Nation. Ambivalente Identitäten. Hamburg 1990.

Boris BARTH/Jürgen OSTERHAMMEL (Hrsg.), Zivilisierungsmissionen. Imperiale Weltverbesserung seit dem 18. Jahrhundert. Berlin 2005.

Manfred BERG/Simon WENDT (Hrsg.), Racism in the Modern World. Historical Perspectives on Cultural Transfer and Adaptation. New York 2011.

Ulrich BIELEFELD (Hrsg.), Das Eigene und das Fremde. Neuer Rassismus in der alten Welt. Hamburg 1998.

Christian GEULEN, Geschichte des Rassismus. München 2007.

Stuart HALL, Rassismus und kulturelle Identität. Hamburg 1994.

Wulf D. HUND, Negative Vergesellschaftung. Dimensionen der Rassismusanalyse. Münster 2006.

Rolf Peter SIEFERLE, Die Krise der menschlichen Natur. Zur Geschichte eines Konzepts. Frankfurt/M. 1989.

Pierre-André TAGUIEFF, Die Macht des Vorurteils. Der Rassismus und sein Double. Hamburg 2000.

Francesca Falk
Postkolonialismus

„Verbringen Sie Ihre Nächte im Orient. Ohne von Moskitos gestochen zu werden", titelt eine Werbung, die 2004 in einer großen deutschsprachigen Tageszeitung erschienen ist. Sie zeigt ein Bett mit weißer, fein verzierter Bettwäsche und zahlreichen Kissen. Auf einem glänzenden Tablett wird in einer weißen Porzellantasse Tee mit frischen Blüten serviert, passend zu den blumigen Kissenbezügen im Hintergrund. Die polierte Teekanne erinnert an Ali Babas Wunderlampe, das ganze Ensemble an Orientalismus- und Haremsfantasien. Das Emblem für den beworbenen „Style Colonial" stellt ein stilisiertes Schiff dar. Der Zweimaster vermag an die europäischen Entdeckungsreisen zu erinnern, aber auch an den Transport von Kolonialwaren und Sklaven.

Der Umstand, dass hier ein Anbieter im oberen Preissegment, der die Globalisierung im Namen trägt, mit Kolonialbezügen wirbt, ist kein Zufall, soll dieser doch besonders exquisite Qualität verbürgen. „Träumen Sie von der guten, alten Kolonialzeit", lesen wir im Anzeigentext: „In herrlicher Bettwäsche aus Seide und Kissenbezügen mit Seidenstickereien. Inmitten von fernöstlichen Antiquitäten, exotischen Leuchtern und, natürlich, einem richtigen Moskitonetz. Genehmigen Sie sich zum Frühstück feinsten Tee, am besten serviert auf einem Silbertablett. Lassen Sie Raumdüfte wie Sandelholz, Moschus, Jasmin oder Mango Ihrer Nase schmeicheln [...]". Erweckt wird hier ein Eindruck von Luxus und Üppigkeit. Gleichzeitig verweist das Moskitonetz auf Krankheits- und Ansteckungsängste und damit auch auf die

Abbildung 1: Werbung aus der Neuen Zürcher Zeitung, 18. März 2004.

53

Notwendigkeit, eine Grenze zwischen sich und der Umgebung einzuziehen. Der imaginierte Schauplatz der Werbung ist allerdings nicht die kontaminierte Kolonie, sondern das postkoloniale Europa; das Ganze erweckt den Eindruck einer kolonialen Maskerade. Die Werbung fordert die Betrachtenden auf, sich in nostalgische Weise mit den einstigen Kolonisatoren zu identifizieren und von den „guten, alten Kolonialzeiten" zu träumen.

Das Beispiel zeigt: Das koloniale Imaginäre ist im europäischen Alltag gegenwärtig präsent, und dies selbst in Ländern, die keine Kolonialmächte waren. Die Werbung verweist demnach auf drei Sachverhalte, die für postkoloniale Ansätze zentral sind: Erstens auf die Wirkmächtigkeit kolonialer Wahrnehmungsmuster, die unser Sehen, Denken und Handeln prägen, zweitens auf das karge Wissen über das koloniale Zeitalter, das oft mit einem Herunterspielen seiner Bedeutung einhergeht, und drittens auf den transnationalen Charakter des europäischen Kolonialismus.

Kolonialer Konsens durch Kulturproduktion

Was in der Werbung allerdings nicht sichtbar beziehungsweise hörbar wird, sind die „subalternen Stimmen" jener, die die beworbenen Produkte im globalen Süden unter Bedingungen herstellen, die immer noch von den Nachwirkungen des Kolonialismus geprägt sind. Die Bezeichnung „Postkolonialismus" meint folglich nicht einfach die Zeit nach der Auflösung der Kolonialreiche. Vielmehr changiert ihre Bedeutung zwischen einem Weiterwirken oder gar Re-Installieren kolonialer Strukturen, ihrer Auflösung sowie einem politischen Impetus im Sinn von antikolonial. Der Begriff selbst vereinigt somit entgegengesetzte Bedeutungsdimensionen.

Der Fokus postkolonialer Ansätze liegt auf den kulturellen Aspekten des Kolonialismus und deren Folgen. Sie schenken der Imagination, dem Diskursiven und Visuellen besondere Aufmerksamkeit und stellen Bezüge zum Alltag, zur Wissenschaft und zu Populärkulturen her: „Es bedeutet, Machtverhältnisse zu artikulieren, das Transnationale in den Blick zu nehmen, die Inter- und Transdisziplinarität stark zu machen, Vorstellungen von Nation, ‚Rasse' oder Kultur zu dekonstruieren oder die intersektionalen Verbindungen zwischen Kolonialismus, Sexismus, Homophobie, Klassenkonflikten und anderen strukturellen Machtverhältnissen zu erörtern" (Purtschert/Lüthi/Falk). Dabei ist es ein Forschungsdesiderat, das Kulturelle und das Ökonomische nicht als Oppositionen, sondern in ihrer gegenseitigen Konstituierung zu sehen.

Durch die Zirkulation von Kolonialwaren wurden den Europäerinnen und Europäern bestimmte Bilder über den Kolonialismus, die Kolonien und deren Menschen vermittelt, beispielsweise, indem ein unterwürfiger, dümmlicher und von den Weißen abhängiger „Petit-Nègre" für Schokolade oder Bananen warb. Ein anderes Beispiel ist der „Nickneger" auf der Sammelbüchse für Missionsspenden, dessen Kopf bei jedem Einwurf einer Münze dankbar wackelte. Solche „Alltagsrassismen" verbreiteten rassische Vorstellungen, die vorher oft auf eine „Elite" beschränkt waren, in der Bevölkerung. Gleichzeitig ermöglichte der Kolonialismus die breitere Verfügbarkeit von früheren Luxusgütern; gerade den unteren und mittleren Schichten eröffneten sich so neue Konsummöglichkeiten. Auch dies schuf einen gesellschaftlichen Rückhalt für Kolonialprojekte.

Ein deutscher Konditor erfand beispielsweise den auf die Bezeichnung „Tête de Nègre" zurückgehenden „Mohrenkopf" zu einer Zeit, als das deutsche Kaiserreich mit einer aggressiven Kolonialpolitik die einheimische Bevölkerung in Ost- und Westafrika unterwarf. Verbreitet waren damals auch Geschichten von guten „Mohren", die weiß, und umgekehrt von weißen Kindern, die aufgrund ihres Schokoladenkonsums schwarz wurden. Dabei verbanden sich rassische Vorstellungen mit Assoziationen von hell und dunkel, Tag und Nacht, die älter waren und dem Kolonialismus vorangingen, im kolonialen Zeitalter aber eine neue Bedeutungsdimension erhielten. Eine solche Codierung war selbst dann wirksam, wenn sie auf „Missverständnissen" beruhte. So beispielsweise beim heute noch beliebten Fangspiel „Schwarzer Mann". Es ist das Ziel des Spiels, dem „Schwarzen Mann" zu entkommen. Der „Schwarze Mann" steht dabei einige Meter von den anderen entfernt und ruft: „Wer hat Angst vor'm Schwarzen Mann?" Die Gruppe antwortet geschlossen: „Niemand". Darauf antwortet der schwarze Mann: „Und wenn ich komme?" Mit der Erwiderung der Gruppe, „Dann laufen wir davon", rennen sich die beiden Parteien entgegen. Dabei versucht der „Schwarze Mann" so viele wie möglich durch Berühren zu fangen; diese werden damit auch zu „Schwarzen Männern" und Fängern. Wer als Letzter übrig bleibt, hat gewonnen. Das Spiel spielt mit der Angst, selbst zu einem „Schwarzen Mann" zu werden. Historisch gesehen ist es ein Überbleibsel der Pest- und der Totentänze; der Schwarze Mann spielte auf den Gevatter Tod beziehungsweise die Beulenpest an. Interessanterweise zeigt sich ein kolonialer Bezug jedoch in einer überlieferten Spielvariante aus der Schweiz, in der auf die Frage „Und wenn ich komme?" die Antwort jeweils lautete: „Fliehen, fliehen, wie die Heiden". Eine ähnliche Ausgangslage zeigt sich auch beim Kartenspiel „Schwarzer Peter". Beim Kartenspiel geht die Bezeichnung ursprünglich wahrscheinlich auf den im 18. Jahrhundert geborenen Räuber Johann Peter Petri zurück. Doch wurde auf vielen Spielen der „Schwarze Peter" durch einen dunkelhäutigen Mann dargestellt. Diese nicht zufälligen Umdeutungen zeugen von der Wirkmächtigkeit kolonialer Ordnungskategorien. Die Beispiele zeigen weiter, wie Bilder und Begriffe, welche bestimmte Menschen als „anders" markieren, Kindern oft auf unverdächtige, spielerische Weise vermittelt werden.

Das Pendant zu der Figur des „dummen, kindlichen und entsexualisierten Boy" stellt der gerissene, gefährliche und hypermaskulinisierte Schwarze dar. So wurden schwarze Männer mit Verweis auf deren angeblich übermäßige Potenz hochgradig sexualisiert. Auch die schwarze Frau als begehrtes Sexualobjekt hat eine koloniale Vorgeschichte: Im Viktorianischen Zeitalter, das sich durch eine prüde Einstellung auszeichnete, wurden sexuelle Begehren in die kolonialisierten Gebiete projiziert. Solche Alltagsrassismen, die aus Kolonialzeiten stammen, werden auch gegenwärtig immer wieder aktiviert, beispielsweise bei Kampagnen gegen Einwanderung. Gleichzeitig vermittelt gerade die Obsession mit solchen Stereotypisierungen Unsicherheit und die Brüchigkeit westlicher Identitätskonstruktionen; die eigene Überlegenheit muss deshalb stets affirmiert werden, weil sie sich selbst destabilisiert. Dadurch ergibt sich auch ein Ansatzpunkt für subversive Praktiken, wie insbesondere Homi Bhabha mit den Begriffen der Mimikry und Hybridität gezeigt hat.

Postkoloniale Studien

Es sind Konzepte, Theorien und Methoden aus dem Feld der Postkolonialen Studien, die dabei helfen zu sehen, wie dieses „koloniale Imaginäre" die Wahrnehmung von „Anderen" bis in unsere Gegenwart strukturiert. Diese diskursive Abgrenzung war und ist für die Herausbildung individueller, nationaler und europäischer Identitäten konstitutiv. Andreas Eckert und Shalini Randeria haben dies treffend so gefasst: „Wir leben alle in einer postkolonialen Welt, nicht nur jene Menschen in und aus ehemals kolonisierten Gebieten". Der Blick richtet sich hier sowohl auf die ehemaligen Kolonien wie auch auf die imperialen Zentren. Sichtbar werden soll dabei auch der eurozentrische Referenzrahmen von Wissenssystemen, der methodische Eurozentrismus. Dipesh Chakrabarty hat in seinem einflussreichen Buch „Provincializing Europe" gezeigt, wie die globale Anwendung „westlicher" Kategorien für die Deutung historischer Phänomene zugleich unangemessen und unverzichtbar ist. Während „westliche" Historikerinnen und Historiker ihre Geschichten oft weiter in einem Zustand der relativen Unkenntnis der restlichen Welt verfassen, ist das Umgekehrte undenkbar: „,They' produce their work in relative ignorance of non-Western histories, and this does not seem to affect the quality of their work. This is a gesture, however, that ,we' cannot return".

Die Postkolonialen Studien befragen das Erkenntnissubjekt – beispielsweise das als „weiß" imaginierte, aber nicht als solches markierte Proletariat – auf seine unausgesprochenen Voraussetzungen. Wie poststrukturalistische Ansätze betonen sie die Vorläufigkeit von Wissensmodellen. Zur ökonomisch orientierten „Imperialismuskritik" bestehen sowohl Kontinuitäten als auch Differenzen. Der Imperialismusbegriff geht auf den lateinischen Terminus *imperium* zurück. Dies bezeichnet Befehl, Herrschaft oder Staatsgewalt. Diese Begriffsbildung bringt die dem Kolonialismus inhärente Gewaltausübung explizit zum Ausdruck. Gleichzeitig geraten aber sowohl weniger evidente Gewaltausübungen als auch deren Auswirkungen weniger in den Blick. Die Bezeichnung „Kolonialismus" geht hingegen, so wie der Begriff der Kultur, auf das lateinische Verb *colere* zurück, das unter anderem mit bebauen, bestellen und bewohnen übersetzt wird. Sichtbar wird hier auch eine euphemistische Bedeutungsdimension des Begriffs „Kolonialismus", heißt doch *colere* auch ausbilden oder Sorge tragen, halten die Herausgeberinnen der Publikation „Postkoloniale Schweiz: Formen und Folgen eines Kolonialismus ohne Kolonien" in ihrer Einleitung fest.

Die „Postcolonial Studies" kamen Ende der 1970er Jahren in den nordamerikanischen Literatur- und Kulturwissenschaften auf, ab den 1990er Jahren wurden sie auch in Europa rezipiert, zuerst in Großbritannien, dann vermehrt auch in anderen Sprachregionen. Im deutschsprachigen Raum etablierten sie sich vor allem in der letzten Dekade.

Bekannt wurden sie durch Wissenschaftlerinnen und Wissenschaftler aus ehemaligen Kolonialgebieten, die heute auffallend oft an amerikanischen Eliteuniversitäten unterrichten. Eine der profiliertesten Denkerinnen der Postkolonialen Studien, Gayatri Chakravorty Spivak, reflektiert dies selbst in kritischer Weise: Die akademische „Diaspora" müsse ihre Komplizenschaft mit den herrschenden Machtstrukturen erkennen und ihre Position als Privilegierte markieren. Die aus Indien stammende Komparatistin, die heute in den USA unterrichtet, betont den Unterschied zwischen der Elite und der Mehrheit der ehemals Kolonisierten. Kritisch merkt sie auch an, die Globalisierung der Wirtschaftsräume habe dazu beigetragen, dass sich Theorien wie „Postcolonial Sudies" etablieren konnten.

Oft gilt heute Edward Saids Buch „Orientalism", das die Verzahnung von Wissenschaft, Kultur und Herrschaft untersucht, als das „Gründungsbuch" der Postkolonialen Studien, was Birgit Schäbler in ihrem Beitrag in diesem Band differenziert kommentiert. Der Palästinenser Said kritisierte die scheinbar objektive Orientalistik, die ihren Gegenstand, den rückständigen Orient, diskursiv mitproduziert. Diese ontologische und epistemische Unterscheidung zwischen dem Orient und Okzident dient der Legitimierung kolonialer Projekte und Kriege. Was Said allerdings Ende der 1970er Jahren in starken Worten dem Westen vorwarf – „to make out of every observable detail a generalization and out of every generalization an immutable law" –, wurde auch an Saids eigenem Werk kritisiert. Die Wirkmächtigkeit seiner Publikation wird allerdings auch von kritischen Stimmen nicht bestritten.

Kolonialismuskritik

Der Umstand, dass die Macht der Kolonisierenden nicht nur auf wirtschaftlicher und militärischer Dominanz beruht, sondern wesentlich auf kultureller Deutungsmacht, hatte bereits das Handeln der antikolonialen Kämpferinnen und Kämpfer geleitet. Da die Kolonialmacht auf die Zusammenarbeit mit den Kolonisierten angewiesen sei, könne diese durch Verweigerung zu Fall gebracht werden. In seiner 1909 veröffentlichten Schrift „Hind Swaraj", die Indiens Selbstherrschaft proklamierte, kritisierte Mohandas Karamchand Gandhi sowohl die Auswirkungen der Eisenbahn, der akademischen Geschichtswissenschaft wie auch der westlichen Medizin.

Gandhi, der gegenüber moderner Technik und so auch in Bezug auf den Film skeptisch eingestellt war, gelang es, für seine spektakulären Aktionen wie den Salzmarsch ein weltweites massenmediales Interesse zu erzeugen. Der Mahatma, die „große Seele", verstand es meisterhaft, symbolische und ökonomische Aktionen zu verschränken, beispielsweise im Tragen von handgesponnenen und -gewobenen Kleidern aus Khadi. Damit sollten der Bevölkerung die Möglichkeit zur Selbstversorgung aufgezeigt und gleichzeitig die britischen Stoffimporte verdrängt werden. Früher von der armen Landbevölkerung getragen, wurde Khadi nun zu einem Symbol der Unabhängigkeit, das von des Lesens und Schreibens Unkundigen verstanden werden konnte und im mehrsprachigen Indien auch an keine bestimmte Sprache gebunden war: Khadi konnte so soziale und andere Unterschiede unsichtbar machen und zur nationalen Einigung beitragen. Die Kleidung selbst wurde damit zu einer im Alltag integrierten Kolonialismuskritik.

Die koloniale Politisierung von Kleidungsstücken wurde auch von Frantz Fanon, einem der wichtigsten Vordenker der „Postcolonial Studies", reflektiert. In seinem zweiten, 1959 publizierten Buch „L'an V de la révolution Algérienne" zeigte er unter anderem, wie im kolonialen Algerien das Kopftuch durch den Kolonialismus symbolisch aufgeladen und politisiert wurde. Doch im Unterschied zu Gandhi propagierte Fanon nicht die friedliche Strategie des zivilen Ungehorsams. In Anbetracht der Unterdrückung durch die Kolonialherrschaft könne die Dekolonisation nicht ohne Gewalt vor sich gehen. „Neue Nationen sind nur dort aufgetaucht, alte Kolonialstrukturen nur dort zerstört worden, wo das Volk selbst sich seine Unabhängigkeit gewaltsam erkämpft hat oder ein solcher gewaltsamer Umsturz in der unmittelbaren Nachbarschaft die Kolonialmacht zum Rückzug gezwungen hat", schrieb Fanon in seinem Klassiker „Les Damnés de la Terre". Das Erscheinen dieses testamentarischen Buchs im Jahre 1961 fiel mit dem Leukämie-Tod seines damals erst 36-jährigen Autors zusammen. Die Verdammten sind hier nicht mehr das weiße Proletariat, sondern die Besitzlosen der armen Länder. Dieses atemlose, von einem Sterbenden im Wettlauf mit der Zeit diktierte Buch richtet sich an die (ehemals) Kolonisierten. Das Buch ist eine Analyse der Dekolonisation und eine visionäre Warnung, nennt es doch auch die Gefahren, die den postkolonialen Nationen von innen drohen. Es dürfe nicht nur auf die feindlichen Kräfte Jagd gemacht werden, schreibt Fanon, „sondern auch auf die Kristallisationskerne der Verzweiflung im Körper der Kolonisierten". Gleichzeitig sind es die ehemals Kolonisierten, die neue Lösungen finden müssen: „Die Dritte Welt steht heute als eine kolossale Masse Europa gegenüber; ihr Ziel muss es sein, die Probleme zu lösen, die dieses Europa nicht hat lösen können".

Der auf der Karibik-Insel Martinique aufgewachsene Fanon, der sich mit 17 Jahren und noch vor dem Abitur freiwillig gemeldet hatte, um auf der Seite der Alliierten in Europa gegen den Nationalsozialismus zu kämpfen, erlebte in der Armee rassistische Diskriminierungen. Niedergeschlagen hat sich diese Erfahrung in seinem ersten Buch mit dem sprechenden Titel

„Peau noire, masques blancs" (1952). Fanon beschreibt darin aus psychoanalytischer Perspektive, wie die kolonialisierten Intellektuellen westliche Werte und eurozentrische Wahrnehmungsmuster internalisieren: Stets tragen sie weiße Masken. Kurz nach der Publikation dieses Buchs kam Fanon als Chefarzt in die Klinik von Blida südlich von Algier. Hier erlebte er die psychiatrische Pathologisierung der Kolonisierten. Die These, dass bei Einheimischen das Zwischenhirn über höherwertige Hirnrindenstrukturen dominiere, tauchte auch noch 1975 im „Manuel alphabétique de psychiatrie" auf, so Alice Cherki, die mit Fanon in Blida zusammengearbeitet hatte. 1953 gab es keinen einzigen arabischen Psychiater, stellt die heutige Psychotherapeutin und frühere Unabhängigkeitskämpferin weiter fest. In der Klinik von Blida wurde damals eine Segregation nach „ethnischer" Zugehörigkeit praktiziert. Fanon wollte die Klinik reformieren und propagierte in Blida eine Art Sozialtherapie, die er zuerst in einem Pavillon mit europäischen Frauen einführte. Gemeinsame Aktivitäten von Pflegepersonal und Patientinnen wie das Feiern des Weihnachtsfests erwiesen sich als sehr erfolgreich für den therapeutischen Prozess. Nun sollten solche Neuerungen auch bei den muslimischen Männern eingeführt werden. Doch nach drei Monaten gab es einen auffallenden Kontrast zwischen den Erfolgen im Pavillon der europäischen Frauen und dem Scheitern dieser Methoden im Pavillon der muslimischen Männer. Beispielsweise blieb die Korbflechtwerkstatt unbenutzt, weil diese Tätigkeit als Frauenarbeit angesehen wurde. Als sich die Stimmung kontinuierlich verschlechterte, wurden schließlich Einrichtungen und Aktivitäten geschaffen, mit denen sich auch die muslimischen Männer identifizieren konnten. In diesen Jahren verband Fanon zunehmend sein psychiatrisches mit einem politischen Engagement. Es entstanden Kooperation mit der „Nationalen Befreiungsfront"; zuweilen wurden in der Klinik auch gesuchte Aktivisten und Aktivistinnen beherbergt. Doch auch die staatliche Repression verstärkte sich. Unter diesen Umständen er- und bekannte Fanon, dass die psychischen Folgen des Kolonialismus nicht mit psychiatrischen, sondern mit politischen Mitteln zu bekämpfen seien. Er trat von seinem Posten zurück. Als Reaktion auf seinen Rücktrittsbrief erhielt Fanon einen Ausweisbescheid; er musste Algerien innerhalb kürzester Zeit verlassen.

Transnationale Verflechtungen

Die Abschiebung kritischer Intellektueller aus den Kolonien beschränkte sich nicht auf Algerien, sondern wurde beispielsweise auch in Indien praktiziert. Gleichzeitig waren die Kolonien seit der frühen Neuzeit der Ort, um politisch Aufmüpfige loszuwerden. So sollte nach dem Staatsstreich Napoleons III. Tausenden deportierten Republikanern in Algerien eine neue Lebensgrundlage geboten werden, und nach dem Fall der Pariser Commune wurden ebenfalls Tausende nach Neukaledonien deportiert. Manchmal verliefen Abschiebungen aber auch in die andere Richtung. In Indien, wo es um 1860 schätzungsweise 5000 weiße „Landstreicher" gab, wurde 1869 von der Kolonialregierung ein Gesetz verabschiedet, das Landstreicherei für Europäer unter Strafe stellte. Kurze Zeit später wurden Arbeitshäuser für diese weißen Landstreicher eingerichtet; damit wurden sie für die indische Bevölkerung weitgehend unsichtbar. Das war wichtig, weil die Existenz eines weißen Lumpenproletariats die Grenze zwischen Kolonialisierten und Kolonisierenden auf unerwünschte Weise verwischte. Häufig musste man deshalb die „Unverbesserlichen" auf Staatskosten nach Europa abschieben, um größeren Schaden für das Ansehen der „ruling race" abzuwenden. Diese Verhältnisse zeigen: Das koloniale Gefüge kann nicht als monolithischer Block betrachtet werden. Die Grenze zwischen den Kolonisierten und den Kolonisierenden ist prekär und muss deshalb stets stabilisiert werden, wenn auch Verwischungs- und Vermischungsprozesse asymmetrische Machtverhältnisse nicht einfach auflösen. Auffallend ist in diesem Kontext weiter, dass in Indien etwa zeitgleich, 1871 und 1911, „Criminal Tribes Acts" verabschiedet wurden. Die „Criminal Tribes" waren mobile Gruppen der ländlichen indischen Bevölkerung, die als Bedrohung der britischen Autorität betrachtet wurden. Die erwähnten Gesetze regelten deshalb ihre Segregation in Reservaten und ihre schrittweise Umerziehung in Arbeitslagern zu einem sesshaften und „zivilisierten" Lebensstil. Für die Einweisung in diese Lager waren Fragen individueller Schuld völlig unerheblich: Was zählte, war einzig die Zugehörigkeit zu einer Gemeinschaft, deren Lebensweise pauschal als nicht-konform und deren Mitglieder kollektiv als asozial und gefährlich eingestuft wurden. Bemerkenswert ist hier laut Harald Fischer-Tiné der Umstand, dass gewisse Ähnlichkeiten mit der Wahrnehmung und Sozialdisziplinierung von Fahrenden in Europa keineswegs zufällig seien. In einigen offiziellen Dokumenten der britischen Kolonialverwaltung fänden sich klare Belege, dass man beide Gruppen als regionale Varianten der gleichen Problemgruppe ansah. Das „Wissen", das in Indien in Bezug auf „Fahrende" produziert wurde, gerade auch von der Heilsarmee, die mit der Führung solcher Heime oft sowohl in Indien wie beispielsweise auch in der Schweiz beauftragt war, zirkulierte und kam so auch wieder nach Europa. Die Fahrenden in Europa wurden dabei in zwei Gruppen geteilt, die „Eigenen", die zur Sesshaftigkeit gezwungen, und die „Fremden", die abgeschoben wurden. Die Kolonien erschienen auch da als geeignetes Experimentierfeld, um bestimmte Regierungsformen in die Praxis umzusetzen. Dazu zählte beispielsweise auch das Verfahren der Feststellung der Identität mittels eines Fingerabdrucks, das in den 1880er Jahren in Bengalen erstmals systematisch in die Praxis umgesetzt wurde, bevor es auch in Europa Anwendung fand.

Subalterne

Wie können solche Stimmen, die meist selbst keine schriftlichen Zeugnisse hinterlassen haben, „gehört" werden? An dieser Stelle kann die postkoloniale Denkfigur der „Subalternität" in Anschlag gebracht werden. Antonio Gramsci, der Gründer der Kommunistischen Partei Italiens, der unter Mussolini zu 26 Jahren Gefängnis verurteilt worden war, entwarf in seinen „Quaderni del Carcere" diesen Begriff. Er benutzte ihn zur Beschreibung gesellschaftlicher Gruppen, denen es aufgrund der Machtverhältnisse nicht möglich wird, ein eigenes Bewusstsein öffentlich zu artikulieren. In den 1980er Jahren wurde dieser Begriff von der „Subaltern Studies Group" aufgegriffen und für ihr Zwecke verwendet. Im Vorwort ihrer ersten Veröffentlichung wurde der Begriff von Ranajit Guha folgendermaßen definiert: „The word ‚subaltern' in the title stands for the meaning as given in the Concise Oxford Dictionary, that is, ‚of inferior rank'. It will be used in these pages as a name for the general attribute of subordination in South Asian society whether this is expressed in terms of class, caste, age, gender and office or in any other way". Das Ziel dieser unter anderem auch von den Arbeiten E. P. Thompsons inspirierten Gruppe war es, eine Geschichte von unten zu entwerfen: Die englische Kolonialherrschaft in Indien sei nicht nur durch die bürgerlichen Eliten gestürzt worden, sondern auch durch den Ungehorsam der untersten Schichten. Das Programm war es, nach den Aktions- und Artikulationsmöglichkeiten der meist analphabetischen Bauern, Frauen, Fabrikarbeitern und untersten Kasten Ausschau zu halten. Paradigmatisch vorgeführt wird die Schwierigkeit, eine solche Gegengeschichte zu schreiben, in Gayatri Chakravorty Spivaks berühmt gewordenem Essay „Can the Subaltern speak?" Spivak greift in diesem Essay auf eine Begebenheit der eigenen Familiengeschichte zurück. Die sechzehn- oder siebzehnjährige Bhubaneswari Bhaduri war um 1926, in der Hochphase der indischen Unabhängigkeitsbewegung, mit einem Attentat beauftragt worden. Da sie diese Tat nicht ausführen wollte und konnte, sich aber zur Loyalität verpflichtet fühlte, beging sie Selbstmord. Um deutlich zu machen, dass der Grund dafür nicht eine ungewollte Schwangerschaft war, erhängte sie sich, als sie ihre Menstruation hatte. Dennoch wurde ihr Tod gerade auch von den weiblichen Nachkommen als unglückliche Liebesangelegenheit erinnert; eine solche Sichtweise billigt der Subalternen keine Sprechposition zu. Die These, dass die Subalternen nicht sprechen können, bedeutet allerdings nicht, dass sie über gar keine Handlungsmacht verfügen, sondern vor allem, dass erst ein Erhört-Werden den Sprechakt vervollständigt. Ein weiteres Beispiel, auf das Spivak in ihrem Essay zurückgreift, ist jenes der Witwenverbrennung. Die britische Kolonialverwaltung beschrieb diese Witwen als passive Opfer, der brahmanischen Ideologie zufolge wählten sie bewusst den Tod. Durch das lokale Patriarchat und durch den britischen Imperialismus werden diese Frauen doppelt zum Schweigen gebracht. Zudem benutzten die Briten die Zivilisierungsmission und hier insbesondere den Topos „Weiße Männer retten braune Frauen von ihren braunen Männern" zur Legitimierung ihres Kolonialprojekts.

Non-lieu de mémoire

Die subalterne Erfahrung bleibt unerreichbar. Der Moment, der als Fall von Subalternität artikuliert und rezipiert wird, unterminiert diesen bereits: In einem gewissen Sinn hat die Subalterne in der nachträglichen Deutung der Ereignisse doch gesprochen. Spivak merkt allerdings auch an, dass Bhubaneswari Bhaduri als Angehörige der Mittelklasse Zugang zur bürgerlichen Unabhängigkeitsbewegung hatte und in diesem Sinn auch nicht als echte Subalterne zu verstehen sei.

Heute können nach Spivak beispielsweise illegalisierte Immigrierende als neue Subalterne begriffen werden. Zur Subalternität gehört zwar soziale Immobilität, weshalb Migrierende meist nicht als subaltern zu bezeichnen sind. Allerdings muss zwischen illegalisierten und anderen Migrierenden unterschieden werden, da sich die Möglichkeiten der Mobilität jeweils ganz anders gestalten. Gerade das Abschiebegefängnis für illegalisierte Immigrierende verkörpert die erzwungene Immobilität, in einem sozialen und räumlichen Sinn. Dessen Insassen verfügen über keine Sprechposition, sie „antworten" deshalb zuweilen mit Anzünden ihrer Unterkunft. Die Anordnung dieser Abschiebegefängnisse außerhalb des Sichtfelds der Bevölkerung ist strategisch: Bilder von diesen Orten zirkulieren nur in spektakulären Situationen, und dann nur aus der Außenperspektive. Es ist für Journalistinnen und Journalisten sehr schwierig, eine Besichtigungserlaubnis zu erhalten. Allerdings handelt es sich hier nicht nur um eine Invisibilisierungsstrategie, sondern um eine ambivalente Dialektik der Unsichtbar- und Sichtbarmachung: Im Dienst einer Abschreckungspolitik sollen die Ausschaffungslager für Immigrierende selbst möglichst sichtbar sein, beispielsweise durch eine auffällige Architektur, manchmal auch durch die Nähe zu so genannten „Empfangszentren" für Asylsuchende, was diesen ihre wahrscheinliche Zukunft plastisch vor Augen führt. Eine solche Sichtbarkeit signalisiert zudem „rechten Kräften", dass aktiv gegen „illegale Immigration" vorgegangen wird. Gleichzeitig können durch die Abschiebungs-Drohung auch die „regularisierten" Immigrantinnen und Immigranten diszipliniert werden, die selbst von Zwangsmaßnahmen betroffen sein und ihre Aufenthaltsbewilligung verlieren können, wenn sie sich nicht regelkonform verhalten. Ausschaffungsgefängnisse sind heute nicht zuletzt durch den europäischen Einigungsprozess europaweit zu finden. Sie können, mit einem von Gérard Noiriel geborgten Begriff, als „non-lieu de mémoire" bezeichnet werden. Diese Orte rücken die Frage, was die Illegalisierung der Immigration mit der postkolonialen Situation zu tun hat, ins Blickfeld, ohne sie allerdings erschöpfend zu beantworten. Sie erinnern uns aber vor allem daran, dass, wer aus einer postkolonialen Perspektive auf europäische Erinnerungsorte blickt, auch nach verdrängten, nicht anerkannten Erinnerungsorten Ausschau halten muss, stets den Gegenwartsbezug suchend.

Ein solcher Erinnerungsort wäre dann beispielsweise auch das revolutionäre Haiti oder „Paris, 17. Oktober 1961". Damals wurden Hunderte algerische Männer, Frauen, Kinder von der Polizei verprügelt, als sie für die Unabhängigkeit ihres Landes demonstrieren wollten. Dutzende, nach anderen Schätzungen Hunderte wurden dabei umgebracht. Die Leichen wurden von der Polizei in die Seine geworfen. Kurz darauf wurde damit begonnen, zahlreiche Algerier auszufliegen. Mehr als 30 Jahre später wurde dem damaligen Pariser Polizeichef, Maurice Papon, ehemaliger Nazi-Kollaborateur und Verantwortlicher für die damaligen Deportationen, der Prozess gemacht. Heute erinnern in Paris Gedenktafeln an den 17. Oktober 1961 – und damit in anderer Weise an die eingangs beschworenen „guten, alten Kolonialzeiten". Doch während Mahnmale selten sind, die auf Kolonialverbrechen aufmerksam machen, gibt es, beispielsweise in Deutschland oder Italien, eine ganze Reihe von Straßen, die unkritisch an „Kolonialhelden" erinnern. Und wenn heute in Brüssel, einer Art europäischer Hauptstadt, das Königliche Museum für Zentralafrika die Kolonialgeschichte immer noch als Zivilisierungsmission inszeniert, dann färbe dieses Manko auch auf die gesamteuropäische Behandlung der kolonialen Ära ab, so Claus Leggewie und Anne Lang. Nicht nur der Kolonialismus, auch dessen Amnesie und die einsetzende Aufarbeitung kann demnach als eine geteilte europäische Geschichte begriffen werden.

Literaturhinweise

Dipesh Chakrabarty, Provincializing Europe. Postcolonial Thought and Historical Difference. Princeton 2000.

Alice Cherki, Frantz Fanon. Ein Porträt. Hamburg 2002.

Andreas Eckert/Shalini Randeria, Geteilte Globalisierung, in: Vom Imperialismus zum Empire. Nicht-westliche Perspektiven auf Globalisierung, hrsg. von dens. Frankfurt/M. 2009, S. 9–36.

Frantz Fanon, Die Verdammten dieser Erde. Frankfurt/M. 1981 (1961).

Harald Fischer-Tiné, Low and Licentious Europeans. Race, Class and „White Subalternity" in Colonial India. New Delhi 2009.

Mohandas Karamchand Gandhi, Hind Swaraj, in: The Collected Works of Mahatma Gandhi. Delhi 1963 (1909), Bd. X, S. 6–68.

Ranajit Guha, Preface, in: Selected Subaltern Studies, hrsg. von dems./Gayatri Chakravorty Spivak. New York 1988 (1981), S. 35–37.

Claus Leggewie/Anne Lang, Der Kampf um die europäische Erinnerung. Ein Schlachtfeld wird besichtigt. München 2011.

Anne McClintock, Imperial Leather. Race, Gender and Sexuality in Colonial Context. New York 1995.

Patricia Purtschert/Barbara Lüthi/Francesca Falk (Hrsg.), Postkoloniale Schweiz. Formen und Folgen eines Kolonialismus ohne Kolonien. Bielefeld 2012 (im Druck), daraus bes.: dies., Einleitung; Francesca Falk, Eine postkoloniale Perspektive auf die illegalisierte Immigration in der Schweiz; Francesca Falk/Franziska Jenni, Indien im Blick.

Edward W. Said, Orientalism. London 2003 [1978].

Gayatri Spivak, Can the Subaltern Speak?, in: Marxism and the Interpretation of Culture, hrsg. von Lawrence Grossberg/Cary Nelson. Urbana/Chicago 1988, S. 271–316.

3. Fallstudien

Titus Heydenreich
Columbus I: Das Gedenkjahr 1892

Werke, Tage, Mythen

Im Mittelpunkt der Feiern des vierten *Centenario* von 1892 stand nicht nur Christoph Columbus, sondern zugleich Europa. Unbewusst oder nicht, demonstrierte der Kontinent vielleicht letztmalig ein weltumspannendes Überlegenheitsbewusstsein. Gegenstand der Feiern waren freilich – gleichfalls letztmalig – nicht so sehr die realen Taten des Gefeierten als vielmehr deren Rezeption, besser: die Mythisierung dieser Taten.

Die Taten: Insgesamt vier Ozeanüberquerungen zwischen 1492 und 1504. Ab dem 11./12. Oktober 1492 stoßen die drei Karavellen nach und nach auf – ja, auf was? Auf Inseln und Festland der „Indias". Columbus hat bekanntlich zeitlebens nie begriffen, wo er eigentlich gelandet war. Was nichts daran hinderte, dass aus seinen Berichten von Anbeginn handfestes Selbstgefühl, ja Sendungsbewusstsein sprechen. Im ersten dieser Berichte, dem berühmten Brief an Luis de Santangel vom Februar 1493, deklariert Columbus seinen Reiseerfolg als Sieg des Erlösers Christus zugunsten der spanischen Könige, Fernando de Aragón und Isabel de Castilla. Er verweist auf die anstehende Christianisierung der angetroffenen Völker, sodann erst, wohlgemerkt an zweiter Stelle, auf die zu erwartenden Reichtümer, u. a. durch Versklavung der genannten Völker.

Mythos Columbus. Am Anfang der Zeichnung eines zunächst zeitgemäßen, jedoch bis 1892 und darüber hinaus wirksamen positiven Columbus-Bildes steht somit Columbus selbst. Nicht selten unterschreibt er seine Briefe mit Christo-ferens, Christusträger. Der Name als Vorbedeutung. Einer seiner Söhne, der gelehrte Hernando Colón, weitet das Image in seiner Biographie des Vaters von 1572 konsequent aus. Er assoziiert Columbus mit der Taube de Hl. Geistes, mit der Olivenzweig-Taube der Arche Noah, und, wie schon Columbus selbst, mit dem Heiligen, der Christus über das Wasser trug.

Auf dieser Basis „funktioniert" über drei Jahrhunderte hinweg und bis 1892, ja auch noch später die Columbus-Panegyrik in den Bereichen vieler Musen, einschließlich Klios, der Muse der Geschichtsschreibung.

Es wäre freilich verfehlt, ja ungerecht, die genannten Formen von Selbsteinschätzung und späterer, bis heute zäh fortlebender Idealisierung als Einzelfall des Hochmuts und historischer Überbewertung abzutun. Schuldig wird man selten allein. Entfalten konnte sich das Image nur im breiten Rahmen der obwaltenden christlichen Auffassung von Geschichte. Nach dieser Auffassung wird Geschichte allein von Gott geplant und durch Ausgewählte in Realität umgesetzt. Gottes Pläne haben nur ein Ziel (*télos*): Zuführung aller Menschheit zum einzig wahren Glauben, Wiedervereinigung mit Gott am Ende der Zeiten. An dieser zielgerichteten, „teleologischen" Geschichtsauffassung der Kirche(n), hat sich bis heute zwangsläufig nichts geändert.

Gottes Auserwählte: der eigene Sohn Jesus Christus, Gottfried von Bouillon, der 1099 Jerusalem zurückeroberte, Juan de Austria,1572 Sieger in Lepanto über die Türken, nach vatikanischer Einschätzung der 30er Jahre des vergangenen Jahrhunderts schlimmerweise auch Mussolini. Und, wie erwähnt, sogar nach eigenem Dafürhalten Columbus, der dem noch heidnischen, unerlösten Kontinent das Christentum bringt. In der Aufklärung des 18. Jahrhunderts gesellt sich zu dieser religiösen Columbus-Sicht eine gleichsam weltliche: Der Entdecker ist nunmehr nicht (oder nicht nur) ein Christusträger, sondern der Überbringer europäischer Zivilisation.

Held und virtueller Heiliger?

Höhepunkte der genannten Idealisierungen durchziehen das gesamte 19. Jahrhundert bis hin zu unserem vierten *Centenario*. Und dies, obwohl Historiker, allen voran Martín Fernández de Navarrete in seiner Biographie von 1826, zusätzliche Daten zur Person, Reisemotivation und Reiseauswertung (Bigamie, Geldgier, Anstiftung zur Sklaverei) an die Hand gab und damit den Weg zu einer Entmystifizierung des Entdeckers öffnete.

Am Anfang dieser neuen Idealisierung steht der amerikanische *homme de lettres* und (spätere) Diplomat Washington Irving. In seiner Columbus-Biographie, die ab 1827 binnen kurzem im Original und übersetzt Dutzende von Auflagen erzielte, wächst Columbus zu einem Tugendriesen, wird er ein „romantischer Held, in Nebensächlichkeiten mit Fehlern behaftet, aber heroisch in allem, was zählte" (K. Sale).

In der Tat zehrte Irvings Columbus-Aufwertung von zwei generellen, für das Jahrhundert typischen Phänomenen. Da ist zum einen der Blick der Historiographen und Literaten, der sich seit der – nicht nur philosophischen – „Entdeckung" des Ich schärfer als zuvor auf den großen Einzelnen richtet: auf den herausragenden, durch Erhöhung exponierten bzw. vereinsamten, mitunter verfolgten, letztlich triumphierenden, aber im Triumph oder kurz danach untergehenden bzw. vereinsamt sterbenden Helden. 1841 hatte Thomas Carlyle seine wissenschaftlich und politisch so folgenreichen Vorlesungen „On Heroes, Heroworship, and the Heroic in History" publiziert. Heute huldigen wir längst der Vorstellung, Geschichte werde nicht nur (von Einzelnen) gestaltet, sondern zugleich (von Vielen) erlitten, im Leid mitgestaltet – eine Vorstellung, die Bertolt Brecht im Gedicht „Fragen eines lesenden Arbeiters" (1935) besonders prägnant exemplifizieren ließ. Carlyle und viele, die ihm folgten – unter ihnen der Amerikaner Ralph Waldo Emerson – vertraten hingegen die Vorstellung, Geschichte werde primär von heldenhaften Individuen gemacht, und diese gelte es zu charakterisieren: Cromwell, Friedrich den Großen, Napoleon, Bolívar, Garibaldi... Daher auch die Idealisierung von Columbus' Tat als heroische Einzelleistung eines Sendungsbewussten.

Das zweite Phänomen, das im 19. Jahrhundert die Columbus-Aufwertung fördert und folglich auch die Zentenarfeiern von 1892 „mitgestaltet", ist der Historismus, die Suche und (vermeintliche) Ermittlung von Vorbildern in der Geschichte für politisches, religiöses, kulturelles Handeln in der Gegenwart. Vorbilder, Galionsfiguren suchen sowohl krisengeschüttelte ältere Nationen wie Spanien oder Frankreich als auch identitäts- und weltgeltungsbemühte jüngere Nationen wie die Vereinigten Staaten, Deutschland, Italien.

Vielfach wurde versucht, Heroisierungen bis zu einer Heiligsprechung zu eskalieren. Ein besonders brisantes Beispiel ist Frankreich, wo ab den 1850er Jahren nicht wenige Intellektuelle und Politiker für den so genannten „Renouveau catholique" fochten. Dort setzen die einschlägigen Bemühungen um Jeanne d'Arc geistlicherseits in den 1860er Jahren ein. Sie verstärken sich – aus religiösen *und* politischen Gründen – verständlicherweise nach 1870. 1909, vier Jahre nach der mühsamen Beilegung des Konflikts zwischen Kirche und Staat, erfolgt die Seligsprechung. Die gleichfalls vorgesehene Heiligsprechung verzögert sich weltkriegsbedingt bis 1920.

Blicken wir vor diesem Hintergrund auf Columbus. Einen Durchbruch sui generis erzielte der militant katholische, bald von Rom zum Grafen erhobene Privatgelehrte Antoine-

François-Félix Roselly de Lorgues. 1843 legte er „La croix dans les deux mondes" vor. Italienische Übersetzungen erschienen ab 1847. Das Werk ist das erste von zahlreichen Kampfschriften Rosellys für die Heiligsprechung jenes Mannes, der die Ausbreitung des Kreuzes „in beiden Welten" ermöglichte. Die unmittelbaren Folgen: König Carlo Alberto von Savoyen setzt sich für die Errichtung eines Denkmals in Columbus' Geburtsstadt Genua ein; die Grundsteinlegung erfolgt denn auch schon 1846, die Einweihung freilich erst 1862. Und: Lorenzo Costa vollendet und publiziert in Genua 1846 sein in der Wertung der Entdeckungsfolgen differenzierteres, aber insgesamt gleichfalls hagiographisches Columbus-Epos. In den folgenden Jahrzehnten kämpfte Roselly de Lorgues, lange Zeit von Pius IX. sowie vom internationalen Ultramontanismus unterstützt, in einer Vielzahl weiterer, in mehrere Sprachen übersetzter Werke für seine Idee.

Politiker und Literaten in Frankreich, Italien, Argentinien sowie die 1882 in den USA gegründeten „Knights of Columbus" machen sich die Idee zu eigen. Sie wird noch in Paul Claudels Bühnenwerk „Le livre de Christophe Colomb" (1927) nachwirken und 1961 eine letzte (?) Postulation nach sich ziehen.

Ein seriöserer Nebeneffekt der Kampagne: die Belebung der „weltlichen", positivistischen Columbus-Forschung, in Italien, Spanien, Frankreich, Mexiko. Die nun sachlichere Beschäftigung konnte punktuell so weit gehen, dass einzelne spanische wie nichtspanische Biographen die Meriten des Genuesen reduzierten. So leitete die Objektivierung des Columbus-Bildes – dialektisch zu den letzten, weltweiten Apotheosen von 1892 – auch die allmähliche Demontage dieses Bildes ein.

Die Feiern von 1892

Das historistische 19. Jahrhundert entdeckt und nutzt aus politischen wie weltanschaulichen Gründen die Zentenarien. Diderot, Rousseau, die Französische Revolution, Calderón, Schiller, Dante... Kein Wunder also, dass eine so epochale Schlüsselfigur wie Columbus ins Zentrum weltumspannender Interessen zu stehen kommt. Kein Wunder ferner, dass 1892 die wichtigsten Columbus-Feiern in Italien und Spanien, punktuell auch in Deutschland, in den Vereinigten Staaten (hier auch 1893) und in mehreren Ländern Lateinamerikas vor sich gingen.

Natürlich war, nicht anders als heute, mehr im Spiel als Columbus. Wie überhaupt bei Betrachtung der Jahre um 1892 zwei Aspekte der Beschäftigung mit dem Entdecker auffallen: ein insgesamt progressiver, behelfsmäßig positivistisch zu nennender Aspekt und ein insgesamt traditioneller, d.h. das herkömmlich heroische Columbus-Image nutzender oder gar akzentuierender Aspekt. Letzterer kommt Politikern entgegen. Es sind zwei Aspekte, die sich wechselseitig bedingen und beeinflussen können. So wirkt das Datum als gewaltiger Ansporn für die editorische Zusammenfassung und historiographische Auswertung sämtlicher verfügbarer Dokumente über Personen und Ereignisse um 1492.

Die zum Teil entmythologisierenden Leistungen der Historiker hinderten die Politiker jedoch nicht daran, auch 1892 die herkömmliche Vorstellung eines christlichen oder weltlichen Helden für ihre Zwecke zu nutzen. So auch in Italien, das als komplette Nation mit überzeugender Hauptstadt erst seit zwanzig Jahren bestand und, wie erwähnt, dezidiert auf Profilsuche ging. Dass mit der politischen Einigung die Probleme nicht abnahmen, sondern sich lediglich ablösten, bewies die von einer absurden Steuerpolitik bedrängte, seit 1876 alljährlich – auch 1892 – zu Hunderttausenden zur Emigration in die von Columbus entdeckte Neue Welt gezwungene Landbevölkerung. Politisch schwelte der unbewältigte (erst von Mussolini geregelte) Status des seit 1870 entmachteten und seiner weltlichen Ressourcen beraubten Papstes. In Rom wurde 1892 die auf dem Pincio-Hügel unter Hunderten weiterer prominenter Italiener platzierte Columbus-Büste zum Zankapfel zwischen antiklerikalen, zum Teil freimaurerischen Patrioten und papsttreuen militanten Katholiken. Im Juli des Jahres hatte Leo XIII. in einem Sendschreiben an den iberischen und italienischen Episkopat die seit Jahrzehnten laufende Kampagne für eine Columbus-Heiligsprechung endgültig abgeblockt, aber doch die apostolischen Meriten mit einem nicht minder dezidierten „Columbus noster est" honoriert. In bewusster Ablehnung dieser weltanschaulichen Inbesitznahme zierten sich die virulentesten Kirchengegner mit dem Epitheton „anticolombiani". Als kurz darauf eine Delegation römischer Katholiken vor der bewussten Pincio-Büste einen Kranz mit der Aufschrift „Roma cattolica" niederlegen wollte, wurden sie von Andersdenkenden tätlich angegriffen. Es kam zu einer Schlägerei, in deren Verlauf die Büste zu Boden kippte und zerbrach.

Zentrum von Italiens *Centenario* war natürlich Genua – mit allem, was dazugehörte und seither dazugehört: Ausstellung, Flottenparade, Besuch des (damals königlichen) Landesvaters und weiterer hochrangiger Politiker, Kostüm-Festzüge, Sportshows, Bühnenereignisse. Mario Bottaro hat über „Genova 1892" ein ganzes, wohldokumentiertes Buch geschrieben, dabei verdienstvollerweise auch den Alltagsbackground des sozialen Elends nicht verschwiegen. Auf dem Gebäude der anlassgebundenen Esposizione Italo-Americana erhob sich ein „mehrstöckiges, mit Bildern aus dem Leben des Columbus geschmücktes Restaurant in der Form eines 25 Meter hohen Riesenis, L'Uovo di Colombo, zur Erinnerung an die bekannte Anekdote" (Fastenrath). Dort konnte, während unten am Hafen Tausende verarmter Bauern auf ihre Einschiffung nach Amerika warteten, das internationale Zentenarpublikum tafeln – jedenfalls bis zum 8. Januar 1893, als es samt Hunderten noch ungeleerter Weinflaschen einer weite Ausstellungsflächen erfassenden Brandstiftung („incendio doloso") zum Opfer fiel.

Genua feierte in erster Linie den großen Genuesen. Spanien hatte hinreichend Anlass, den großen Entdecker zu feiern, auf weit internationalerem Niveau und unter bewusster Einbeziehung der Staaten Lateinamerikas. Sowohl dem spanischen Präsidenten, dem auch historiographisch und literarisch gebildeten und aktiven Antonio Cánovas del Castillo, als auch mehreren restaurativen Lenkern in Übersee – allen voran Porfirio Díaz in Mexiko – lag an einer Wiederannäherung zwischen dem ehemaligen Mutterland und den ehemaligen Kolonien. Daher die prononciert gesamtiberische Konzeption des spanischen *IV. Centenario*, daher die Ausrufung des 12. Oktober zum gesamtiberischen „Día de la raza" (seit Francos Tod „Día de la Hispanidad"), daher die Teilnahme offizieller Regierungsvertreter an den Festakten und Veranstaltungen in Madrid, Barcelona, Sevilla, Huelva, La Rábida, daher ferner die Mitwirkung auch und gerade lateinamerikanischer Gelehrter und Sachkenner an den Ausstellungen, Kongressen, Vortragsreihen in Madrid und anderenorts. Lateinamerikaner beteiligten sich an der Gestaltung von „El Centenario", dem aufwendig großformatigen, von dem Schriftsteller Juan Valera geleiteten „Organo Oficial" der 1891 geschaffenen Zentenarjunta. Immerhin brachte es die monatlich erscheinende *revista ilustrada* auf Dutzende von Heften, bevor ihr, Ende 1894, die Luft und das Geld ausgingen. Und auch hieran sei erinnert: Zur Behandlung durch die genannten Autoren kamen Themen, die weit über den Vorgang der Landung hinausgingen und sehr wohl den Blick auf Amerikas Geschichte nach und auch vor der Landung richteten. Unverkennbar ist die auch von Bernabeu Albert, dem Monographen des spanischen *Centenario*, hervorgehobene Sorge der iberischen Länder gegenüber dem Koloss USA, das Bedürfnis, eine Politik des Wandels bzw. der Wiederherstellung guter Beziehungen zu betreiben. Auf den Monumenten, die schon seit den 1870er Jahren hüben und drüben wie Pilze aus dem Boden schießen, wiederholt Columbus den nach Westen weisenden Gestus, so vor allem auf dem gigantischen Kolumnen-Mal, das Barcelona 1882–1888 als Beitrag zu 1892 errichten ließ und das seither ein städtisches Wahrzeichen geblieben ist.

Eine Denkmalenthüllung gab es auch in der Hauptstadt México: auf der Plaza de Buenavista im Beisein von Porfirio Díaz am 12. Oktober 1892. Zwei Wochen zuvor hatte der Präsident den 12. Oktober zum Nationalfeiertag erhoben. Eine hoch aufragende Einzelfigur auch hier, die Gefährten bzw. die entdeckten *indios* (und *indias*!) zu seinen Füßen.

Zentenare (und Monumente) sind, wie eingangs angedeutet, Spezialitäten des 19. Jahrhunderts. Keiner gedenkt 1792 des 300. Jahrestages der Landung – zumindest in Europa nicht. Hatte man – wie später, 1942 – geschichtlich oder zeitgeschichtlich andere Sorgen?

Im Norden Amerikas erging es dem Entdecker besser. Schon die Phasen des Unabhängigkeitskriegs werden aus Identitätsgründen von Euphorie für Person und Taten begleitet. Die Euphorie gipfelt im Herbst 1792 in einer Gedenkrede in Boston und in der Enthüllung zweier Denkmäler: eines (heute nicht mehr aufspürbaren) Obelisken in New York und einer Säule mit Marmorplatte in Baltimore. Die Säule, das erste Columbus-Monument auf der Welt überhaupt, ist ein Geschenk des französischen Konsuls – und unwillkürlich denkt man an die hundert Jahre spätere, gleichfalls französische Gabe der Freiheitsstatue. 1893, als schon weitere Monumente in New York und anderenorts standen, öffnete Chicago die Tore zu „The World's Columbian Exposition" mit Hallen und Exponaten aus den Bereichen der Industrie und Landwirtschaft, des Alltagslebens und der Kultur aus vieler Herren Länder. Zu den Ausstellungsstücken des jungen deutschen Kaiserreichs gehörte eine Germania ganz aus Schokolade.

Seriöseres tat sich in der Heimat der Stollwerck-Fabrik. Der prächtige, vom Kaiser persönlich finanzierte Kretschmer-Atlas, die zweibändige „Hamburger Festschrift zur Erinnerung an die Entstehung Amerika's", die ministeriell geförderte Beteiligung Berliner Museen an der Madrider Kunstausstellung, Columbus-Bühnenstücke in Berlin und anderenorts: alles Signale für das 1892 auch in Deutschland institutionalisierte Interesse an Columbus sowie, politisch bedingt, an dem von Columbus entdeckten, von Alexander von Humboldt „wiederentdeckten" Kontinent.

Mitten im Taumel des spanischen *Centenario* erhob sich die Stimme des Südamerikaners Rubén Darío. Im Herbst 1892 verlas er, ex officio Delegierter Nicaraguas, sein Gedicht „A Colón". Es begann mit der Apostrophe „¡Desgraciado Almirante!". „Ach hätte es Gott doch gefallen" – vernahmen die Hörer sodann –, „dass die zuvor unberührten Wasser die weißen Segel nie widerspiegelten! Ach hätten die erschrockenen Sterne doch nie die Karavellen landen gesehen!"

Das Gedicht leitete die moderne Nachdenklichkeit über Columbus ein.

Literaturhinweise

Salvador BERNABEU ALBERT, 1892. El IV Centenario del Descubrimiento de América en España. Coyuntura e conmemoraciones. Madrid 1987.

Mario BOTTARO, Genova 1892 e le celebrazioni colombiane. Genova 1984.

Cristóbal COLÓN, Textos y documentos completos. Relaciones de viajes, cartas, memorias. Hrsg. von Consuelo VARELA. Madrid 1989 ([1]1982).

Johannes FASTENRATH, Christoph Columbus. Studien zur spanischen vierten Centenarfeier der Entdeckung Amerikas. Dresden/Leipzig 1895.

Thomas GERST, Deutschland und das 400-jährige Jubiläum der Entdeckung Amerikas, in: Jahrbuch für Geschichte von Staat, Wirtschaft und Gesellschaft Lateinamerikas 25 (1989), S. 849–860.

Titus HEYDENREICH, Christoph Columbus – ein Heiliger? Politische und religiöse Wertungsmotive im 19. Jahrhundert, in: Gerhard WAWOR/Titus HEYDENREICH (Hrsg.), Columbus 1982/1992. Heldenverehrung und Heldendemontage. Frankfurt/M. 1995, S. 29–55.

Gerd KRUMEICH, Jeanne d'Arc in der Geschichte. Historiographie – Politik – Kultur. Sigmaringen 1989.

Kirkpatrick SALE, Das verlorene Paradies. Christoph Columbus und die Folgen. Aus dem Amerikanischen von Brigitte Rapp. München/Leipzig 1990.

Trumbull WHITE/W.-M. IGLEHEART, The World's Columbian Exposition. Chicago 1893.

Silvio ZAVALA, El descubrimiento colombino en el arte de los siglos XIX y XX. México 1991.

Horst Pietschmann
Columbus II: Das Gedenkjahr 1992

Ruft man in der Suchmaschine Google den Namen „Kolumbus" in deutscher Schreibweise auf, finden sich ca. 3 230 000 Einträge. Die Staats- und Universitätsbibliothek Hamburg, Sondersammeleinrichtung der Deutschen Forschungsgemeinschaft für Geschichte Spaniens und Portugals, weist 598 gedruckte Titel zu dem Entdecker aus. In der öffentlichen Internet-Enzyklopädie Wikipedia finden sich unter „Kolumbus" knapp zusammengefasst die wichtigsten historischen Daten mit elementaren geschichtswissenschaftlichen Literaturhinweisen. Darauf folgen Informationen über die seit der Jahrhundertwende 2000 intensivierten Bemühungen, durch die Bestimmung des genetischen Codes der Überreste der Familie des Columbus – um nun zu der aus dem Englischen übernommenen latinisierten Form des Entdeckernamens überzugehen – den Verbleib der Gebeine des „Admirals des Ozeanischen Meeres" zu bestimmen, von dem es monumentale Grabmäler in Sevilla und Santo Domingo gibt. Columbus heißt in den Quellen überwiegend und im Spanischen durchweg Cristóbal Colón, im Italienischen Cristoforo Colombo, Französisch Christophe Colomb bzw. Coulomb und Portugiesisch Cristovão Colom. Die Familienangehörigen des Entdeckers, die in Quellen und Literatur meist unter „Colón" bzw. „Colom" geführt werden, waren seine zwei leiblichen Brüder, Bartolomé und Diego, der legitime Sohn und Erbe Diego und der illegitime Sohn Hernando, ein humanistisch gebildeter Historiograph und Büchersammler im Gefolge Karls V. Von diesem leitet die berühmte Biblioteca Colombina mit der von dem Entdecker zur Entwicklung seines Projekts, Asien durch eine Fahrt nach Westen zu erreichen, benutzten und mit autographischen Anmerkungen versehenen Literatur in der Kathedrale von Sevilla ihren Ursprung her.

Diese Namensvielfalt im Verbund mit spärlicher Dokumentation gab zu vielen Spekulationen um die Person des Entdeckers Anlass, hatte der aus bescheidenen Verhältnissen stammende Genuese nach seinem Aufstieg in den kastilischen Adel doch wenig Anlass, diese Herkunft besonders zu propagieren. Seine eigenhändig verfassten Texte sind durchweg Kastilisch, versetzt mit Italianismen und Lusitanismen. Die meisten Bestattungsorte der Familienangehörigen sind bekannt, aber erst die aufwendigen Bemühungen zur DNA-Bestimmung des Entdeckers seit 2000 rückten sie stärker in den Blickwinkel der Forschung und lassen erkennen, dass es nicht primär historische Interessen sind, die Anlass zu solchen noch immer kirchlicher Erlaubnis bedürfenden Untersuchungen geben. Im Gegensatz zu den Schiffsbesatzungen der ersten Columbus-Fahrt, denen die Amerikanerin Alicia Gould ein durch einen Sturz von den Eingangstreppen des Archivo General de Simancas im nahe Valladolid gelegenen Schloss gleichen Namens beendetes Forscherleben gewidmet hatte, spielten die Angehörigen der Familie des Columbus in der Historiographie nur eine marginale Rolle. Lediglich der legitime Sohn und Erbe der Columbus verliehenen Titel, Diego, der nach dem Tod seines 1506 verstorbenen Vaters noch zweimal für einige Jahre von Santo Domingo aus die karibische Inselwelt regierte, ist bislang Gegenstand einer wissenschaftlichen Monographie geworden. Auf ihn und die wiederholten Transfers der Gebeine von Columbus gehen u. a. die Streitigkeiten um den Verbleib der Überreste des Entdeckers zurück, da er für die erste Überführung der Gebeine nach Santo Domingo, der ersten unter der Verantwortung des Entdeckers gegründeten und bis heute bestehenden europäischen Stadt auf dem amerikanischen Kontinent, verantwortlich war. Obwohl die Historiographie die Geschichte des Entdeckers gemeinhin mit seinem Tod im Jahre 1506 enden lässt, spielte dessen Familie infolge des gegen die Krone angestrengten Prozesses um die Auslegung der Columbus verliehenen Privilegien bis 1535 eine wichtige Rolle in der Geschichte Amerikas. 1535 wurde der Prozess mit einem Vergleich zwischen Karl V. und den Erben beendet, die auf den Titel „Vizekönig" verzichteten und im Gegenzug zu Herzögen von Veragua und Markgrafen von Jamaica mit den zugehörigen Grundherrschaften – Veragua, nahe dem Isthmus von Panamá, und die im 17. Jahrhundert an die Engländer verlorene Insel Jamaica – ernannt wurden.

Diese historische Bedeutung der Stadt Santo Domingo wiederum dürfte ein Auslöser dafür gewesen sein, dass der mit seiner Frau Hilde Domin auf der Flucht vor den Nazis in die Dominikanische Republik gelangte deutsche Kunsthistoriker Erwin Walther Palm während seines Exils die bis heute beste kunstgeschichtliche Aufnahme und Beschreibung der frühen Bauwerke dieser Stadt erarbeitete. Dem nach 1945 an die Universität Heidelberg berufenen Autor wurde dort die erste Abteilung zur Kunstgeschichte Lateinamerikas in Deutschland eingerichtet. Auf Palm und den Bonner Geographen Wilhelm Lauer ging zu Beginn der 1960er Jahre die Initiative zur Einrichtung des pluridisziplinären deutsch-mexikanischen regionalen Forschungsprojekts von Puebla-Tlaxcala, finanziert von der Deutschen Forschungsgemeinschaft und dem mexikanischen Instituto Nacional de Antropología e Historia, zurück. Im Rahmen dieser zwischen 1964 und 1978 betriebenen Regionalforschung erhielt die erste Nachkriegsgeneration deutscher Lateinamerika-Wissenschaftler ihre Ausbildung, Gelegenheit zu Promotion und Habilitation. Wenn man so will, Fern- und Spätwirkungen des Columbus-Gedächtnisses weit jenseits direkter Bezüge zu dem Entdecker, zugleich aber auch ein Beleg dafür, dass die deutsche Geschichtswissenschaft sich kaum ernsthaft mit Columbus beschäftigte.

Dieser war bis ins 20. Jahrhundert eher Gegenstand des Interesses historisch arbeitender Geographen, nachdem der Leipziger Professor Peschel mit seinem Buch „Zeitalter der Entdeckungen" die Begrifflichkeit vorgegeben hatte, unter der Columbus bis in die Zeit nach dem Zweiten Weltkrieg subsumiert wurde. Ohnedies betrieben seit dem Göttinger Wappäus, Sohn eines Hamburger Reeders, bis in die 1930er Jahre Geographen die außereuropäische Geschichte. Der Umstand, dass die Universität Heidelberg die für Erwin Walther Palm eingerichtete kunstgeschichtliche Abteilung nach dessen Ausscheiden wieder auflöste, dokumentiert, dass von Columbus-relevanten Forschungen keine nachhaltigen Wirkungen ausgingen, es sei denn als Folge sich daraus ergebender Anstöße in anderen Zusammenhängen und Konjunkturen.

Dies bestätigt auch der erwähnte Wikipedia-Eintrag in dem Abschnitt „Nachleben" mit der umfangreichen, kunterbunten Liste von Denkmälern, Theaterstücken, Opern und anderen musikalischen Verarbeitungen des Themas, Hinweisen auf Museen und filmischen Verarbeitungen, literarischen Deutungen des Lebens des Entdeckers bis hin zu allen möglichen Verwendungen in der Populärkultur. Diese Liste ließe sich problemlos durch Hinweise auf Comics, Jugendliteratur und Quartett-Spiele zu großen Entdeckern oder die vielfältige Verwendung des fiktiven, einer späteren Epoche entstammenden Porträts von Columbus ergänzen. Zwar ist weder Wikipedia noch die Suchmaschine Google bislang ein wissenschaftlich allgemein anerkanntes Referenzsystem, aber in Ermangelung breit angelegter wissenschaftlicher Untersuchungen zur Columbus-Rezeption sind beide Medien recht zuverlässige Indikatoren zur Erfassung eines kaum noch zu überschauenden, vielfältig verästelten Sachverhalts. Dies wird noch deutlicher, unternimmt man entsprechende Recherchen unter Verwendung der wechselnden Namen des Entdeckers.

Die vom Englischen abgeleitete deutsche Namensversion „Columbus" überrascht nicht, da im Reich schon früh die Entdeckung des kontinentalen Südamerika Amerigo Vespucci zugeschrieben wurde. Nachdem der in Nürnberg lebende und dem dortigen Humanistenkreis angehörende Arzt Hieronymus Münzer von seiner 1494/95 unternommenen Reise durch die Iberische Halbinsel von dem Leiter der Missionarsgruppe auf der zweiten Columbusreise, dem kurz zuvor zurückgekehrten Pater Boyl, die Information mitgebracht hatte, dass die entdeckten Gebiete nicht zu Asien gehörten, sondern lediglich einen weiteren atlantischen Archipel darstellten, hatte der 1494 in Basel veröffentlichte Columbusbrief von der Erstentdeckung an Bedeutung verloren. Die beiden humanistisch geschulten Kosmographen aus dem Umfeld der Freiburger Universität, die im lothringischen Saint-Dié arbeitenden Ringmann und Waldseemüller, prägten daher 1507/8 den Namen „America" in Text und Kartenbild, bevor Waldseemüller nach Ringmanns frühem Tod weitere Karten mit dieser Bezeichnung veröffentlichte. Sie wurde später auf den ganzen Kontinent übertragen und schließlich von den USA besonders vereinnahmt. Die Columbus-Rezeption stand mithin in Mitteleuropa lange Zeit gänzlich im Schatten des Namens Amerika, wie die Ausstellungen, Tagungs- und Publikationsaktivitäten hierzulande im Umfeld des 500. Jahrestags der Entdeckung erkennen lassen. Im Nachgang zu 1992 wurde in der Schriftenreihe des Instituts für Europäische Geschichte Mainz mit dem Werk „Die Vermittlung einer Neuen Welt" das wohl wichtigste wissenschaftliche Werk zu dem Themenkomplex veröffentlicht. Wenig später widmeten sich zwei Spiegel-Redakteure, Klaus Brinkbäumer und Clemens Höges, der vierten und letzten Columbus-Reise, die diesen entlang der zentralamerikanischen Küste bis an den Isthmus von Panamá führte. Anlass war die Entdeckung eines sehr alten Schiffswracks an der AtlantikKüste Panamás, in dem Columbus' Flaggschiff vermutet wurde. In einer aufwendigen Recherche auf beiden Kontinenten verfolgten die beiden Redakteure das Leben des Entdeckers in Italien und Spanien und bemühten naturwissenschaftliche Institutionen zur Analyse des Fundes. Daraus resultierten ein von Spiegel-TV verbreiteter Film und das Buch „Die letzte Reise". Ungeachtet der in Teilen sensationell aufbereiteten Ergebnisse stellen Buch und Film eine derart aufwendige, wenn auch wenig nachwirkende mediale Inszenierung eines historischen Vorgangs dar, wie sie ein universitär arbeitender Historiker nicht hätte in Angriff nehmen, geschweige denn entsprechend vermarkten können: Überreste, Bildlichkeit und mediale Aufbereitung im Widerstreit mit auf schriftlichen Quellen und Kontextualisierung basierender historischer Forschung. Die beiden Bücher und der Verkauf des in Deutschland erhaltenen weltweit einzigen Exemplars der großen Waldseemüller-Karte mit dem Namen „America" an die Library of Congress der USA für etwa 1 Million Dollar dürften die spektakulärsten Ereignisse zum Columbus-Gedenken Jahre nach dem 500. Jahrestag gewesen sein. Da das Kolumbus-Jubiläum 1992 weithin politisch zu kontrovers war, zogen die Organisatoren der zu diesem Anlass geplanten bedeutendsten deutschen Großveranstaltung unter der Schirmherrschaft des Bundespräsidenten, die Stiftung Preußischer Kulturbesitz und ihr Ibero-Amerikanisches Institut, es vor, die in Berlin geplante Ausstellung ganz unter das Motto „500 Jahre Amerika und europäisch/deutsche und amerikanische Beziehungen" zu stellen, in deren zweibändigem Begleitwerk Columbus im Essayband gar nicht behandelt und im Katalogband mit Kartenskizzen seiner Fahrten und Modellen seiner Schiffe vertreten ist. Wie konnte es dazu kommen?

Zur Beantwortung dieser Frage muss auf die vier Länder Bezug genommen werden, in denen lange vor dem Jubiläum mit Blick auf Columbus und den 12. Oktober 1992 seit Beginn der 1980er Jahre die bedeutendsten Unternehmungen geplant wurden: Italien, Mexiko, Spanien und die USA. In der Linie der Deutung des Columbus als Entdecker, ja, als den Entdecker einer „Neuen Welt" – was Columbus bis an sein Lebensende nicht zu sein glaubte – und entsprechend als eine historische Persönlichkeit, mit der Fortschritt und Modernisierung verbunden wurde, planten die USA unter Präsident Reagan neben allerlei wissenschaftlichen Aktivitäten die Verknüpfung ihrer Weltraumaktivitäten mit Columbus. Ebenso wie dieser neue geographische Dimensionen erschlossen hatte, so planten die USA gewissermaßen als Fortsetzer der Tradition die Erschließung des Weltraums. Die im Jahr 2003 beim

Wiedereintritt in die Atmosphäre zerborstene Raumfähre Columbia war ein später Zeuge dieser Bestrebungen. Spanien plante 1992 eine Weltausstellung in Sevilla im Zeichen des Columbus, um der Welt nach Überwindung der Franco-Diktatur und dem Beitritt zur NATO und der Europäischen Union das neue, moderne und demokratische Spanien vorzuführen. Auch Italien plante Großes, so eine umfangreiche Umgestaltung und Modernisierung des Hafens von Genua und die Propagierung der italienischen Seefahrertradition am Beispiel des Genuesen Columbus. Der Historiker und Senator auf Lebenszeit Emilio Taviani koordinierte diese Aktivitäten nicht nur, sondern schrieb auch eine in mehrere Sprachen übersetzte Biographie des Entdeckers, die kostenlos breit verteilt wurde.

Zum ‚Störenfried' dieser teilweise gigantischen und allenfalls mittelbar mit dem Entdecker verbundenen Planungen wurde Mexiko mit einer solide begründeten historischen Initiative. Nachdem auf Betreiben der Organisation Amerikanischer Staaten (OAS/OEA) diese jeweils nationale Kommissionen zur Vorbereitung dieses Jubiläums gegründet hatten, präsentierte anlässlich der Versammlung der Kommissionen 1985 die mexikanische Delegation mit ihrem Vorsitzenden, dem Historiker Miguel León-Portilla, Spezialist für die Epoche des europäisch-indigenen Kulturkontakts zur Zeit von Columbus, einen Resolutionsentwurf, der auf eine Veränderung des Geschichtsdiskurses abzielte. Mit dem Argument, dass die indigene Bevölkerung Amerikas nicht bloß Opfer der Europäer gewesen sei, sondern eine historisch aktive Rolle gespielt habe, wurde vorgeschlagen, die eurozentrische Begrifflichkeit „Entdeckung und Eroberung" oder „europäische Expansion" durch die Begrifflichkeit *encuentro de culturas* bzw. deren Äquivalente in den jeweiligen Sprachen zu ersetzen. Die OAS/OEA beschloss die Annahme der Resolution und die Übernahme der vorgeschlagenen Begrifflichkeit. Das Jubiläum lief fortan jenseits des Atlantiks in leicht variierter Form unter Bezeichnungen wie *Quinto Centenario del encuentro de culturas* oder *Encounter. Columbus Quincentenary* usw.

Unter normalen Bedingungen hätte man unter Wissenschaftlern darüber diskutieren können, welche Berechtigung diese Bezeichnung habe, doch die europäische Historiographie war gerade in den Mitleidsdiskursen mit der indigenen Bevölkerung befangen, die der französische Literaturwissenschaftler Tzvetan Todorov mit seinem außergewöhnlich erfolgreichen und in viele Sprachen übersetzten Buch „La conquête de l'Amérique – la question de l'autre" deutlich verstärkt hatte, in dem nichts weniger als eine Art Holocaust an der indigenen Bevölkerung denunziert wurde. Der Internationale Historikerkongress 1985 in Stuttgart hatte die „question de l'autre" gar zu seinem Generalthema erkoren. Mit Ausnahme von Spanien, das die Initiative problemlos aufnahm und fortan von *Encuentro de dos Mundos – El Quinto Centenario* oder ähnlich sprach, wurde diese Initiative in Europa mit Bezug auf den damals noch unbestritten in Mexiko regierenden Partido Revolucionario Institucional als ideologisch begründet abgelehnt.

Die literaturwissenschaftliche Lesart der Dokumente – unter Verzicht auf Kontextualisierung – durch Todorov war mitsamt seiner Deutung inzwischen auch in der europäischen Historiographie übernommen worden. Erst jüngst hat sich Gonzalo Lamana der Mühe unterzogen, Todorov mit Hilfe einer Analyse der von ihm benutzten Quellen in der Tradition historischer Quelleninterpretation eindeutig zu widerlegen. Im deutschsprachigen Raum tat man sich mit der *encuentro*-Begrifflichkeit aus philologischen Gründen besonders schwer. Der spanische Begriff wird heute zumeist positiv besetzt als „Begegnung" verstanden. Im klassischen Spanisch – und in Mexiko dauert vielfach ein traditioneller Sprachgebrauch fort – ist der Begriff dagegen doppeldeutig. Er kann im militärischen Sinn ebenso „Schlacht", „Gefecht" oder „Scharmützel" in einem Krieg bedeuten, wie das Lexikon der spanischen Akademie der Sprache ausweist. Da zudem eher linke Widerstandsgruppen, wie etwa die baskischen Nationalisten, ein sehr aktives internationales Netzwerk der Propaganda gegen die Columbus-Feiern organisiert hatten, war es nicht verwunderlich, dass eher wissenschaftlich ausgerichtete Planungen in vielen europäischen Ländern angesichts dieser scheinbar rein ideologisch begründeten Konflikte auf „Amerika" als Gegenstand ihrer Aktivitäten ausgewichen sind.

Für den Historiker stellt sich im Nachhinein die Frage, inwieweit es sich dabei tatsächlich nur um ideologische Auseinandersetzungen handelte. Diesbezüglich ist zunächst wohl auf den bedeutenden US-amerikanischen Historiker Lewis Hanke zu verweisen, der um die Mitte des 20. Jahrhunderts die Kolonialgeschichte Lateinamerikas nachhaltig prägte. Gegen Ende seiner aktiven Tätigkeit an der Universität Amherst nahm Hanke mit beträchtlichen Fördermitteln ein Projekt in Angriff, das eine Gesamtbibliographie des weltweiten, außerhalb publizierten Schrifttums über die USA seit dem Zweiten Weltkrieg zu erstellen suchte. In Mexiko, dem unter seiner Nähe zu dem übermächtigen Nachbarn leidenden Land, war dieses Projekt weithin bekannt, da viele heimische Historiker daran mitarbeiteten. Es erscheint naheliegend, dass dies die mexikanische Initiative von 1985 inspirierte. Das Land hatte mit zeitlicher Verzögerung erst seit den 1970er Jahren seine Archive erschlossen und bearbeitet. Bis dahin war die Geschichte der spanischen Kolonisation weitestgehend aus spanischen Archiven geschrieben worden, wodurch sie überwiegend die Perspektive der Metropole widerspiegelte und worin die indigene Bevölkerung tatsächlich überwiegend als Opfer oder Objekte erschien. Nun förderte die mexikanische und die auf Mexiko bezogene ausländische Historiographie viele Zeugnisse zu Tage, die neben der Opferrolle in der Tat auch belegten, dass Spanien ohne die indigene Kollaboration in Mexiko seine drei Jahrhunderte anhaltende Herrschaft nicht hätte errichten können. Zahlreiche Quellen indigener Provenienz aus dem Bereich der einzigen amerikanischen Schriftkultur belegten dies eindrucksvoll, doch sie waren lange Zeit nur Experten bekannt. Die unzulängliche wissenschaftliche Wahrnehmung über den Atlantik hinweg und die in Europa außerhalb der Iberischen Halbinsel bestehende quantitative Dominanz der Hispanistik gegenüber der lateinamerikanischen Historiographie war mithin verantwortlich für die skizzierte Kontroverse.

Was blieb von diesen Konflikten in Europa im breiteren öffentlichen Gedächtnis? Zunächst einmal wurden die spanischen Columbus-Gedenkorte mit hohem finanziellem Aufwand modernisiert und zugleich touristisch voll erschlossen. Nahe Palos, dem Ausgangsort der ersten Columbusfahrt, wurde bei dem Kloster La Rábida im Mündungstrichter der Flüsse Rio Tinto und Odiel, nahe bei dem 1892 errichteten Monument, eine Art Gedächtnispark mit einem großen Amphitheater eingerichtet. Am Ufer des Deltas wurde ein Museum errichtet, das den Anspruch erhebt, spanisches Alltagsleben ausgangs des 15. Jahrhunderts zu dokumentieren. Von diesem tritt man ins Freie an ein großes Wasserbassin, in dem begehbare Rekonstruktionen der drei Schiffe des Columbus verankert sind. Um dieses Becken herum gelangt man zu dem gegenüber liegenden Ufer, das von weitgehend nackten Plastikindianern, Palmen, Hütten und ähnlichen tropischen Ingredienzien bevölkert wird. Von Sevilla aus führt die neue *Autopista del descubrimiento* – die Autobahn der Entdeckung – zu den diversen Sehenswürdigkeiten um und zu Columbus in die Provinz Huelva, die inzwischen vom Massentourismus angenommen ist. Auch die Stadt Sevilla selbst, seit der zweiten Columbusreise Ausgangs- und Zielhafen der Amerikafahrten, ist weithin Columbus-bezogen erschlossen: Mit der 1503 gegründeten Casa de la Contratación, dem staatlichen Handelshaus für den Verkehr mit Amerika, und dem in der unter Philipp II. errichteten Casa Lonja, der Börse, heute untergebrachten Archivo General de Indias, dem zentralen Kronarchiv für die überseeischen Gebiete, dem Gelände der Weltausstellung von 1992 mit den zugehörigen Museen und anderen Sehenswürdigkeiten. Gleiches gilt in etwas geringerem Maß für Granada bzw. Santa Fé, das ehemalige Feldlager der Katholischen Könige vor dem belagerten maurischen Granada, wo die Kapitulationen von Santé Fé zwischen der Krone und Columbus unterzeichnet wurden, die Voraussetzung des Unternehmens waren. Granada selbst wurde 1992 mit einem monumentalen Kongresszentrum ausgestattet. Barcelona, wo Columbus den Königen nach der Rückkehr von der ersten Reise berichtete, wurde mit Blick auf die Olympischen Sommerspiele 1992 aufwendig modernisiert, dabei aber auch am alten Hafen mit Karavelle und Columbus-Bezügen bedacht. Columbus-Museen finden sich in Valladolid und auf Gran Canaria, während die Hauptstadt Madrid stärker den Amerika-Bezug in ihren kulturellen Einrichtungen ausbaute. Insgesamt haben im Umfeld von 1992 nahezu alle autonomen Regionen Spaniens aufwendig ihre Amerika-Bezüge herausgestellt, wovon eine Fülle kaum zu überschauender Kongressakten, Publikationsreihen usw. Zeugnis ablegt. Eine für die Koordination und Organisation kultureller Veranstaltungen seinerzeit gegründete zentralstaatliche Sociedad Estatal del Quinto Centenario entwickelte sich im Gefolge der groß begangenen Jubiläumsfeiern zum 400. Todestag Philipps im Jahr 1998 und zum 500. Geburtstag Karls V. im Jahr 2000 zu einer festen Sociedad Estatal de las Conmemoraciones Históricas, die großzügig Ausstellungen, Veranstaltungen und Forschungen aus Anlass historischer Gedenktage finanziert und als (kultur-)politisches Instrument des spanischen Zentralstaats gegenüber den teils sehr stark ihre Eigenständigkeit betonenden Autonomien fungiert.

Weniger flächendeckend, aber durchaus ebenfalls aufwendig hat Italien des Entdeckers gedacht, dies aber dauerhaft auf Präsentationen im umgebauten Genua, dem Herkunftsort des Columbus, konzentriert. Unter den wissenschaftlich dokumentierten Bemühungen sticht bis heute der viel zu wenig bekannt gewordene Katalog der Ausstellung hervor, die erstmals systematisch die Chronologie der Einführung und die Verbreitung amerikanischer Nutzpflanzen in Europa dokumentierte.

Auf die Flut auch von wissenschaftlichen Publikationen, die das Jubiläum allenthalben hervorbrachte, kann hier nicht eingegangen werden, zumal sie nach Wissen des Autors noch nicht einmal bibliographisch erfasst ist. Für den Historiker ist aber entscheidend, dass inzwischen endlich das den Entdecker und sein Umfeld betreffende Quellenmaterial weitgehend erhoben und von der Königlichen Akademie der Geschichte Spaniens publiziert wurde. Lediglich ein zentrales Dokument zur Geschichte des Entdeckers wurde erst gegen Ende der 1990er Jahre aufgefunden und publiziert, nämlich die Anklageschrift des Untersuchungsrichters Bobadilla, der Columbus 1500 als Gefangenen nach Spanien schickte, während er selbst mit einem anderen Schiff unterging. Die gegen den Entdecker erhobenen Anklagen waren in der Tat schwerwiegend und disqualifizierten ihn als Gouverneur der bis dahin entdeckten karibischen Inselwelt. Mit diesem in einem nahezu das ganze 20. Jahrhundert über andauernden Prozess historischer Forschung zur Sammlung, Publikation und Auswertung der den Entdecker betreffenden Quellen, bedingt durch deren enorme Streuung über zahlreiche Sammlungen, sind nun die entscheidenden Ansatzpunkte für die vielfältigen Spekulationen um die Person des Columbus hinfällig geworden. Dies gilt für die Vermutungen um seine katalanisch-jüdische Herkunft, für seine nautische und kaufmännische Vorgeschichte, für die praktischen als auch aus Textstudien gewonnenen Erfahrungen, die ihn sein Projekt entwickeln ließen, für seine außergewöhnlichen nautischen Kenntnisse, aber ebenso etwa für die Ursachen, die die Herrscherhäuser Portugals und Spaniens zur Ablehnung von Columbus' Vorhaben veranlassten. Der Fülle spekulativer Werke und die Phantasie anregender Arbeiten um den Entdecker, wie sie der eingangs erwähnte Wikipedia-Eintrag und die nachfolgend angeführte Bibliographie zur deutschsprachigen Kolumbus-Literatur erkennen lassen, ist inzwischen weitgehend der Boden entzogen. Gleichwohl steht bis heute noch eine neue große Biographie des Entdeckers aus, so dass ein in seinem Todesjahr publizierter spanischer Sammelband die bislang kompletteste Übersicht über Geschichte und Wirken dieser Persönlichkeit bietet. Columbus, der Europa einen neuen Horizont eröffnete und die dramatische Umgestaltung des bis dahin isolierten ‚amerikanischen' Kontinents anstieß, wird inzwischen in der Historiographie auch als Auslöser der Globalisierung gesehen.

Literatur

Nachweis künstlerischer Auseinandersetzungen mit Columbus: http://de.wikipedia.org/ wiki/Christoph_Kolumbus#Nachleben (29.9.2011).

Amerika 1492–1992. Neue Welten – Neue Wirklichkeiten, hrsg. vom Ibero-Amerikanischen Institut Preußischer Kulturbesitz und Museum für Völkerkunde, Staatliche Museen zu Berlin. 2 Bde. – Essays und Katalog. Braunschweig 1992.

Klaus BRINKBÄUMER/Clemens HÖGES, Die letzte Reise. Der Fall Christoph Columbus. München 2004.

Lilia CAPACACCIA ORSINI/Giorgio DORIA/Giuliano DORIA (Hrsg.), 1492–1992. Animali e Piante dalle Americhe all'Europa. Genova 1991.

Fernando COLON, Vida del almirante Don Cristóbal Colón escrita por su hijo don Hernando. México 2000 (italienische Erstausgabe Venedig 1571).

Alicia B. GOULD, Nueva lista documentada de los tripulantes de Colón en 1492. Madrid 1984.

Erwin Walter PALM, Los Monumentos arquitectónicos de la Española. 2. Aufl. Barcelona 1984.

Juan PÉREZ DE TUDELA/Carlos SECO SERRANO/Ramón EZQUERRA ABADIA/Emilio LOPEZ OTO, Colección documental del descubrimiento (1470–1506). 3 Bde. Madrid 1994.

Renate PIEPER, Die Vermittlung einer Neuen Welt. Amerika im Nachrichtennetz des habsburgischen Imperiums 1493–1598. Mainz 2000.

Horst PIETSCHMANN, Christoph Kolumbus im deutschsprachigen Schrifttum. Eine Auswahlbibliographie, in: Historisches Jahrbuch. 112 (1992), S. 157–179.

Martin WALDSEEMÜLLER, Introducción a la Cosmografía y las Cuatro Navegaciones de Américo Vespucio. México 2007 (einzige neue Faksimile-Edition mit Übersetzung und Reproduktion der großen Waldseemüller-Karte auf Papier und als DVD).

Andreas Eckert
Sklaven in Europa

Sklavenhandel, Sklaverei und Europa

Zwischen dem 15. und dem 19. Jahrhundert wurden mehr als zwölf Millionen Menschen von Afrika nach Amerika verschleppt, um auf den Plantagen und Feldern der „Neuen Welt" – vornehmlich in Brasilien, Nordamerika und der Karibik – zu schuften. Sklavenhandel war für die Zeitgenossen ein Geschäft wie jedes andere, von keinerlei moralischen Vorbehalten beschwert. Der Handel mit Menschen galt zwar als außerordentlich risikoreich, zudem als sehr kapitalintensiv. Dafür lockten aber einträgliche Gewinne. Im Verlauf des 17. und dann vor allem im 18. Jahrhundert etablierten sich England und Frankreich als wichtigste europäische Sklavenhandelsnationen, mit Liverpool und Nantes als ihren wichtigsten Sklavenhäfen. Hier liefen Schiffe aus, beladen mit Waren (Textilien, Eisenwaren, Waffen), die an der afrikanischen Westküste gegen Sklaven getauscht wurden. Und hier landeten Schiffe mit Plantagenprodukten aus den Amerikas, zum Beispiel Zucker und Baumwolle, die Bezahlung für Sklaven waren und auf Sklavenarbeit basierten. Sowohl Liverpool als auch Nantes standen gleichsam für ein zentrales Charakteristikum der europäischen Frühen Neuzeit: die Externalisierung von Sklaverei. Die Produkte der Sklaverei landeten in diesen beiden Städten und in vielen anderen Regionen Europas und wurden dort konsumiert; die Erzeuger dieser Güter waren hingegen weitgehend unsichtbar. Der Sklavenhandel spielte sich größtenteils unter Ausschluss der Öffentlichkeit ab; die Gewinne aus dem Handel spiegelten sich hingegen sichtbar in den Prachtbauten von Liverpool und Nantes. Beide Städte standen zwar deutlich im Schatten der beiden dominierenden Metropolen London beziehungsweise Paris und blieben in dieser Periode politisch eher peripher. Andererseits erlebten sie parallel ein markantes Bevölkerungswachstum und eine Entwicklung zu pulsierenden Wirtschaftszentren.

Die relativ unproblematische Ausweitung der Sklaverei in den von Europa beherrschten Weltgegenden in den drei Jahrhunderten nach 1450 war eng verknüpft mit der kontinuierlichen Einschränkung ihrer Legitimität im frühneuzeitlichen Europa selbst. Vor allem im nordwestlichen Europa hatte der historische Wandel der sozialen Ordnung und Werte hin zu freiheitlichen Normen bereits lange vor Errichtung der Sklavenplantagen in der Neuen Welt eingesetzt. „Der wohl bemerkenswerteste Aspekt der frühneuzeitlichen atlantischen Geschichte", hebt der amerikanischen Historiker Seymour Drescher hervor, „lag darin, dass sich über drei Jahrhunderte an den Küsten des Atlantik extrem unterschiedliche Systeme der Freiheit und Unfreiheit entwickelten". Um 1750 befanden sich Elemente der Zwangsgewalt im nordöstlichen Viertelkreis des Atlantiks bereits seit Jahrhunderten im Rückgang. Obgleich freie Arbeit in ihrer jetzigen Form noch nicht existierte, waren das Konzept des freien Mannes und die Vorstellung von Arbeit als einer vertraglichen Verpflichtung, unabhängig von der Person des Arbeiters, fest in Gesetz und Praxis verankert. In den von ihnen dominierten Teilen Amerikas und der Karibik behielten die Europäer diesen „individualistischen Nexus" (Drescher) für sich bei und schufen gleichzeitig neue Systeme der Sklaverei: Zwangsinstitutionen systematischer Ausbeutung, die in der Geschichte der Menschheit bis dahin ihresgleichen suchten. Mitte des 18. Jahrhunderts herrschte in der atlantischen Welt eine strenge Dichotomie zwischen einer kleineren Zone der Freiheit und diversen Zonen der Unfreiheit. Diese Dichotomie konnte ethnisch oder geographisch sein. Der Abkömmling eines europäischen Freien verlor seinen Status nicht, wenn er in von Europa kontrollierte Regionen der Welt reiste. Der Nachfahre eines afrikanischen Sklaven erhielt dagegen keineswegs automatisch den Status eines freien Mannes, wenn er europäischen Boden betrat.

In einigen europäischen Ländern, und wiederum vor allem in England und Frankreich, ist das Gedenken an Sklavenhandel und Sklaverei seit einigen Jahren sehr gegenwärtig. Auf der Insel bot 2007 die zweihundertste Wiederkehr der Entscheidung des britischen Parlaments, den Sklavenhandel mit britischen und anderen Kolonien für unrechtmäßig zu erklären, den formalen Anlass für eine ganze Reihe erinnerungspolitischer Manifestationen. In vielen englischen Städten liefen große Ausstellungsprojekte an. Im Londoner Museum of Docklands etwa eröffnete eine Dauerausstellung zum Thema „London, Zucker und die Sklaverei". Sie erinnert an die vielleicht wichtigste von Sklaven produzierte Ware: Zucker veränderte nicht nur nachhaltig die Konsumgewohnheiten in Europa, sondern verhalf beispielsweise auch dem Zahnarztberuf zu einem beträchtlichen Aufschwung. Das nordenglische Hull feierte derweil den berühmtesten Sohn der Stadt, William Wilberforce, einen Evangelikalen und begnadeten Redner zudem, der im britischen Parlament die Kampagne zur Abschaffung des Sklavenhandels anführte. Im Zentrum der Feierlichkeiten in England stand freilich Liverpool, wo das International Slavery Museum seine Tore öffnete, das, wie jedenfalls die Internetseite verheißt, „ein größeres Bewusstsein für das Erbe der Sklaverei vermitteln" will. In Nantes, wie insgesamt in Frankreich, herrschte hingegen lange Zeit vornehme Zurückhaltung bei der Aufarbeitung dieses düsteren Teils der Vergangenheit. Erst vor zehn Jahren wurde in Nantes erstmals ein Denkmal zur Erinnerung an den Sklavenhandel errichtet. Es fiel sogleich dem Vandalismus zum Opfer. Erst langsam beginnen sich Öffentlichkeit und Politik mit dieser Thematik zu beschäftigen. Immerhin erkannte Frankreich bereits 2001 als erster Staat überhaupt durch das nach der Abgeordneten Christine Taubira eingebrachte Gesetz die Sklaverei als Verbrechen gegen die Menschlichkeit an. An jedem 10. Mai gedenkt das Land nun feierlich der Abschaffung der Sklaverei.

Vom Sklaven zum Gentleman: Olaudah Equiano

Zu jenen Persönlichkeiten, die bei den Erinnerungsfestivitäten 2007 in England häufig Erwähnung fanden, gehörte Olauda Equiano. Der ehemalige Sklave wurde durch seine im Jahr der Französischen Revolution 1789 publizierte Autobiographie „The Interesting Narrative of the Life of Olaudah Equiano. Or Gustavus Vasso the African. Written by Himself" zu einem Kronzeugen der Abolitionsbewegung. Diese schillernde Schrift gehört zu den wenigen Texten aus der Feder ehemaliger Sklaven und ist, immer wieder neu aufgelegt, aus Forschung und Lehre nicht wegzudenken. Equiano schilderte plastisch das Leben in seinem Heimatdorf in Westafrika, seine Versklavung, die traumatische Erfahrung während der „Middle Passage", der Überfahrt über den Atlantik in die Neue Welt, seinen dortigen Weg in die Freiheit und sein abenteuerliches Leben, das ihn in nahezu alle Ecken des Britischen Imperiums führte. Equianos für afrikanische Sklaven mitnichten repräsentatives Leben, schrieb Seymour Drescher, sei „ein Epos der Mobilität: von einem freien Afrikaner zu einem versklavten Afro-Amerikaner zu einem Christen zu einem befreiten und alphabetisierten Afro-Briten". Obwohl formal in seinem späteren Leben ein freier Mann, war er immer Erniedrigungen in Form von Diskriminierung und Rassismus ausgesetzt. Er war eine chamäleonhafte Figur, die viele Identitäten in sich vereinte. Seine Autobiographie ist eine Bricolage verschiedenster literarischer Genres und Register, etwa spirituelle Autobiographie, Reiseabenteuer, methodistische Predigt, ökonomisches Traktat und abolitionistische Polemik. Und Equiano trug viele Masken: Sie reichten vom naiven Jungen zum kultivierten Gentleman, vom ritterlichen Krieger zum ehrerbietigen Sklaven, vom bescheidenen Seemann zum ersten offiziellen schwarzen Repräsentanten der britischen Regierung. Seine Betätigungen schließlich umfassten Plantagenarbeit, Schiffssteward, Musiker, Friseur, Geldverleiher und Autor.

Wie kam Equiano nach England? Der ungefähr zehnjährige Junge hatte nach seiner Zwangsverschiffung über den Atlantik zunächst Glück im Unglück. Er endete nicht auf einer Plantage, sondern wurde nach kurzer Zeit von einem Offizier der britischen Königlichen Marine, Michael Pascal, der auf Geschäftsbesuch in Virginia weilte, als Geschenk für seine Cousins in England „erworben". Dort angekommen, verbrachte Equiano einige Zeit bei verschiedenen Verwandten Pascals und erfuhr offenbar eine gute Behandlung. Bald kam er mit dem Christentum in Berührung und wurde 1759 getauft. Den größten Teil seiner Zeit verbrachte er als persönlicher Diener seines Herrn Pascal auf See. Der Siebenjährige Krieg war in vollem Gang, und Equiano nahm an einigen höchst gefährlichen Fahrten teil, die ihn an verschiedene Orte in Europa, aber auch zurück nach Nordamerika und in die Karibik führten. Dazwischen kehrte er immer wieder nach England zurück, um sich seinen größten Wunsch zu erfüllen: das Erlernen des Lesens und Schreibens. Diese Fähigkeit konnte er sich schließlich mit Hilfe der Familie seines Herrn sowie durch den gelegentlichen Besuch von Schulen aneignen – für Sklaven jener Zeit höchst ungewöhnlich. Die meisten Besitzer suchten, wo immer es ging, die Alphabetisierung ihrer Sklaven zu verhindern, weil sie die damit verbundenen Ambitionen fürchteten.

Equiano entwickelte in der Tat zunehmend den Ehrgeiz, ein freier Mann zu werden und Geld zu verdienen. Doch erlitten seine Bemühungen zunächst einen heftigen Rückschlag. Wie aus heiterem Himmel bezichtigte ihn Pascal Ende 1762, als sie nach einer längeren Reise London erreichten, er habe fliehen wollen, und verkaufte ihn umgehend an einen anderen Kapitän. Equianos Argumente, er sei ein getaufter Christ und daher nach Recht und Gesetz ein freier Mann, wurden ignoriert. So musste Equiano erneut die Erfahrung vieler Sklaven machen: In allen Gesellschaften mit Sklaven schützten auch langjährige Privilegien nicht davor, von einem Augenblick auf den anderen verkauft zu werden. Dies galt bis zum letzten Drittel des 18. Jahrhunderts auch für die afrikanischen Sklaven in England.

Equiano jedenfalls fand sich nach sieben Jahren vermeintlicher „Freiheit" wieder unfreiwillig an Bord eines Schiffes, das dieses Mal Kurs auf die Karibik nahm. Nach vielen Rückschlägen gelang es ihm, genügend Geld zu verdienen, um sich freizukaufen. Das Dokument, das ihn als freien Mann auswies, ist auf den 10. Juli 1766 datiert. Rasch fasste Equiano den Entschluss, nach „Old England", wie er es nannte, zurückzukehren. Im September 1767 ging er in London als freier Mann an Land und schlug sich in verschiedenen Berufen durch. Immer wieder fuhr er zur See. In Philadelphia, wohin ihn mehrere Reisen führten, und dann auch in London knüpfte Equiano enge Kontakte zu den Quäkern. Zur öffentlichen Figur in Großbritannien wurde er dann durch seine Einbeziehung in ein größeres Vorhaben, welches die „Repatriierung" von in britischen Städten lebenden Afrikanern nach Sierra Leone vorsah. Allein in London lebten in den 1770er Jahren schätzungsweise 5000 bis 10 000 Schwarze. Das „Repatriierungs"-Unternehmen war von der westindischen Sklaverei-Lobby, also vor allem Pflanzern und Händlern, angeregt worden, die die Existenz der wachsenden schwarzen Gemeinden in England zunehmend als bedrohlich empfanden und darauf drängten, Afrikaner aus den Städten zu entfernen. Equiano wurde auserkoren, als Vertreter der Regierung die Schiffe mit „Heimkehrern" auf ihrem Weg nach Westafrika zu begleiten.

Das Programm erwies sich allerdings als fürchterlicher Fehlschlag. Die Bedingungen an Bord waren katastrophal, die Afrikaner wurden fast wie Sklaven behandelt. Viele starben während der Überfahrt. Nach vier Jahren waren von den ursprünglich 374 afrikanischen „Siedlern", die in Sierra Leone an Land gegangen waren, lediglich noch 60 am Leben. Der in diesem Projekt manifeste Rassismus bot einen wesentlichen Impuls für Equiano, sich der rasch wachsenden Abolitionsbewegung in Großbritannien anzuschließen. Seine „Interesting Narrative" war von ihm dezidiert auch als Instrument gedacht, die Sache der Abschaffung des Sklavenhandels voranzutreiben. Das Buch wurde rasch ein Bestseller, Equiano reiste auf eigene Initiative, aber in Kooperation mit der Anti-Sklavereibewegung durch Großbritannien, um es zu präsentieren, wobei er politische Anliegen geschickt mit kommerziellen Erwägungen zu verbinden verstand. Er heiratete eine englische Frau, mit der er zwei Töchter hatte. Als er 1797 starb, hinterließ er ein beträchtliches Vermögen, das weitgehend aus dem Verkauf seines Buchs stammte.

Afrikaner in Großbritannien vor der Abolition

Olaudah Equiano gehört zu den wenigen vor dem 19. Jahrhundert in Europa lebenden Afrikanern, über die detaillierte Informationen vorliegen. Er war jedoch, wie erwähnt, längst nicht der einzige Afrikaner, der in der Zeit des transatlantischen Sklavenhandels in Großbritannien lebte. Je mehr Schiffe die Häfen von Liverpool, London und Bristol im Kontext des Sklavenhandels verließen, desto mehr Afrikaner gingen in England an Land. Zunächst wurden diese Afrikaner primär als eine Art modische Staffage angesehen, deren exotische Präsenz in den Häusern der Wohlhabenden das soziale Prestige der Hausherren steigern sollte. Sie dienten in der Regel als Hausangestellte. Einige wurden direkt als Sklaven aus Afrika importiert, die Mehrzahl – wie auch Equiano – machten den Umweg über die Plantagenkolonien in den Amerikas, wo sie in der Regel ein britischer Offizier oder Kapitän „erwarb", als persönlichen Diener während der Schiffsfahrten „hielt" und dann mit nach England brachte, wo sie entweder ihre Dienertätigkeit im Haus des Besitzers fortführten oder verkauft wurden. Zeitgenössische Berichte verweisen auf die Tendenz der Besitzer, ihre Sklaven als exotische Wesen gleichsam auszustellen, mit Turbanen und indischen Kleidern auszustaffieren und mit Silberschmuck und Juwelen zu behängen. Was als Praxis der Aristokraten und Oberschicht begann, entwickelte sich bald zu einer Gepflogenheit der aufstrebenden, durch die Kolonialökonomie wohlhabend gewordenen Mittelklasse. Vor allem aus den Plantagenkolonien der Karibik zurückgekehrte Pflanzer und aus Indien heimkehrende *Nabobs* pflegten im Verlauf des 18. Jahrhunderts vermehrt afrikanische Sklaven in ihren Besitzungen in England zu halten.

Einen wichtigen Hinweis auf die Existenz von Sklaven in Großbritannien vor der Abolition geben in den englischen Sklavenhäfen geschaltete Zeitungsannoncen, in denen Sklaven zum Verkauf angeboten wurden oder nach entlaufenen Sklaven gefahndet wurde. In Pubs und Kaffeehäusern fanden nach vorheriger Ankündigung in den Gazetten regelmäßig Sklavenauktionen statt. Aus heutiger Perspektive frappiert, ja schockiert die Selbstverständlichkeit, mit der Menschen neben anderen Waren und Gegenständen offeriert wurden. Der englische Historiker James Walvin zitiert die Verkaufsannonce des Kaufmanns Joseph Daltera aus den 1760er Jahren, der Folgendes feilbot: „zehn 105-Gallonen-Fässer Wein, ein Paket mit Apfelwein-Flaschen und ein Negerjunge". Nicht selten erfolgten explizite Verweise auf die physischen Fähigkeiten und handwerklichen Kenntnisse der angebotenen Sklaven. Es besteht also kein Zweifel, dass Sklaverei im frühneuzeitlichen Großbritannien existierte und bis zum Ende des 18. Jahrhunderts prosperierte. Das Land, schreibt Walvin, „das sich so viel auf die politischen Freiheiten zugute hielt, die seine Bürger im Verlauf des 17. Jahrhunderts erhalten hatten, und das seine Freiheitsliebe bei allen möglichen Gelegenheiten in der Welt verkündete, war nicht nur federführend im globalen Geschäft mit der Sklaverei, sondern gestattete Sklaverei auch auf seinem Territorium".

Wie überall auf der Welt, versuchten auch in Großbritannien Sklaven ihrem Schicksal durch Flucht zu entkommen. Dies war auf der Insel mit seiner extrem kleinen schwarzen Gemeinschaft ungemein schwierig, aber die Zeitungsannoncen, mit denen nach entlaufenen Sklaven gesucht wurde, deuten an, dass es immer wieder entsprechende Versuche gab. Allerdings ist die Quellenlage diesbezüglich sehr dünn. Die Flucht von Sklaven verweist jedoch auf eine Frage, die in der zweiten Hälfte des 18. Jahrhunderts in England und Schottland vermehrt diskutiert wurde: War Sklaverei auf britischem Boden legal? Erlangten Sklaven automatisch die Freiheit, wenn sie britischen Boden betraten? Oder markierte die Taufe den Übergang in die Freiheit? Die Pflanzerlobby in der Karibik suchte mit Nachdruck, auch für Großbritannien den Status von Sklaven als Besitz festzuschreiben, ohne dass es zu entsprechenden gesetzlichen Erlassen kam. Seit den 1760er Jahren formierten sich überdies verstärkt Stimmen gegen die Sklaverei auf der Insel. In dieser Zeit begann Granville Sharp, einer der Begründer der britischen Abolitionsbewegung, in einer Reihe von Gerichtsverfahren die Verteidigung von Schwarzen zu übernehmen, die nicht gegen ihren Willen aus England repatriiert werden wollten. Grundlegende Bedeutung erlangte schließlich 1772 der „Fall Somerset", bei dem der Lord Oberrichter Lord Mansfield im Sinn Sharps entschied, dass „Habeas Corpus" auch im Fall von Schwarzen zu gelten habe und sie daher nicht gegen ihren Wunsch von der Insel gebracht werden dürften. Dieses Urteil war ein Meilenstein auf dem Weg zur Beendigung der Sklaverei *in* Großbritannien, obgleich die Institution nicht über Nacht verschwand und in den englischen Überseebesitzungen ohnehin noch einige Jahrzehnte andauern sollte. Die Zahl von Afrikanern in England und Schottland blieb bis weit ins 20. Jahrhundert hinein gering, und trotz ihrer formalen Freiheit waren sie weiterhin Rassismus und Herabsetzung ausgesetzt und verblieben zumeist auf der untersten Stufe der gesellschaftlichen Leiter.

Sklaven im Frankreich des Ancien Régime

In der zweiten großen Sklavenhandelsnation des 17. und 18. Jahrhunderts, Frankreich, blieb die Zahl der Sklaven im Land ebenfalls gering, doch, so schreibt Sue Peabody, „[spielte] ihre symbolische Präsenz [...] eine große Rolle". Der signifikante Unterschied zur Situation in Großbritannien lag darin, dass es in Frankreich seit Beginn des 18. Jahrhunderts eine Gesetzgebung über den Status von Sklaven gab, die französischen Boden betraten. Als in den Dekaden vor 1700 eine wachsende Zahl von französischen Sklavenhaltern aus der Karibik mit ihren Sklaven nach Frankreich reiste, um auch während der periodischen Heimataufenthalte deren Dienste in Anspruch nehmen zu können, bestand die erste Reaktion König Ludwigs XIV. in der Gewährung von Freiheit für jene Sklaven, die eine entsprechende Petition gestellt hatten. Doch drängten bald einige Gerichtshöfe wie etwa in Nantes auf eine Rechtsprechung, die eindeutig den Status von Sklaven in Frankreich festlegen sollte. Resultat dieses Drängens war das im Oktober 1716 erlassene königliche Edikt, das bestimmte, dass koloniale Pflanzer und Militärs ohne Furcht vor dem Verlust ihrer Besitzrechte zeitweise ihre Sklaven mit nach Frankreich bringen durften, damit diese ein Handwerk erlernten oder ihnen der Katholizismus näher gebracht werden könne. Voraussetzung eines solchen Arrangements war die offizielle Erlaubnis des jeweils zuständigen Kolonialgouverneurs sowie die Registrierung der Sklaven bei Einreise. Sollte ein Sklavenbesitzer diese Regeln brechen, erlangte der Sklave automatisch seine Freiheit.

Die Erklärung vom 15. Dezember 1738 schränkte das ältere Edikt zum Status von Sklaven jedoch wieder ein, vor allem um den Zuzug von Schwarzen nach Frankreich limitieren. Denn das neue Dekret begrenzte nicht nur den Aufenthalt von Sklaven im Land auf drei Jahre, sondern sah nunmehr vor, dass sie bei Verletzung der Regularien durch ihren Herrn nicht mehr die Freiheit erlangten, sondern in die Kolonien zurückgeschickt wurden. Allerdings ratifizierte Frankreichs mächtigstes Gericht, das Parlement in Paris, weder das Edikt von 1716 noch die Deklaration von 1738. Dies schuf eine juristische Grauzone, die immer mehr Sklaven und ihre Anwälte zu nutzen wussten. In den späten 1750er Jahren setzte eine Flut von Verfahren vor dem Pariser Marinegericht ein. Über 150 Sklaven erstritten ihre Freiheit, indem ihre Anwälte argumentierten, dass die beiden Gesetze von 1716 und 1738 nicht ratifiziert seien und daher keine Gültigkeit besäßen – und das Prinzip der Freiheit, eine grundlegende Maxime des Königreichs, die Freiheit aller Sklaven garantiere, die ihren Fuß auf französischen Boden gesetzt hatten. Nicht selten erhielten die Schwarzen vor Gericht sogar nachträglich Lohn für ihre Dienste zugesprochen. Die königliche Administration erarbeitete angesichts dieser Entwicklung eine neue Gesetzgebung, um den als zunehmend bedrohlich empfundenen Zuzug von Schwarzen insbesondere in die Region Paris zu unterbinden.

Ergebnis dieser Bemühungen war die am 9. August 1777 verkündete „Declaration pour la police des Noirs", welche die Einreise aller „Schwarzen, Mulatten und anderen Farbigen" in das Königreich untersagte. Damit die Kolonialherren wenigstens auf der Überfahrt nach Frankreich in den Genuss der Dienste ihrer Sklaven kommen konnten, sah das Gesetz die Einrichtung von Depots in jedem französischen Hafen vor. Dort wurden die Sklaven interniert, bevor sie das nächste verfügbare Schiff wieder in ihre jeweilige Kolonie zurückbrachte.

Durch die Französischen Revolution erhielt die Problematik der Sklaverei neue Dynamik. Im Jahr II der Republik (1794) wurde die Sklaverei nach jahrelanger Diskussion abgeschafft, bevor Napoleon Bonaparte sie im Jahre 1802 zunächst wieder einführte. Erst 1848 fiel endgültig die Sklaverei im französischen Herrschaftsbereich. Doch auch danach mussten viele Generationen der bis Mitte des 20. Jahrhunderts relativ kleinen Gruppe von in Frankreich lebenden Menschen aus Afrika und der Karibik die Erfahrung machen, dass „Freiheit, Gleichheit, Brüderlichkeit" für sie nicht galt.

Epilog

Obwohl die Zahl von Sklaven in Europa während der Zeit des transatlantischen Sklavenhandels klein blieb, spielten sie eine wichtige Rolle in der Debatte darüber, was es bedeutet, „frei" zu sein. „Freiheit", wie sie einige aufgeklärte Zeitgenossen in Europa definierten und auch auf „farbige" Menschen in den Kolonien bezogen, musste allerdings nicht einhergehen mit der Idee sozialer Gleichheit und Abwesenheit von Rassismus. Die Geschichte der Sklaven in Europa verweist überdies auf eine gemeinsame, freilich von Hierarchie, Gewalt und Ausbeutung geprägte Geschichte Europas und seiner ehemaligen Kolonien.

Sklaverei ist im Übrigen trotz ihrer formalen Abschaffung kein Phänomen der Vergangenheit, sondern für viele Menschen schreckliche Gegenwart, ein wahrhaft globales Phänomen zudem, zu finden auch mitten in Europa. Das Gros der heute Versklavten hat weder die Möglichkeit noch das Wissen, in die Öffentlichkeit zu gehen oder gar vor einem ordentlichen Gericht zu klagen. Anders als in früheren Jahrhunderten sind gegenwärtige Formen der Sklaverei illegal und laufen weitgehend im Dunkeln ab. Und anders als damals sind Sklaven in der Regel keine teure Investition mehr, sondern zumeist leicht ersetzbar. Schließlich verschwimmt häufig die Grenze zwischen Sklaverei und „freien", aber ausbeuterischen Arbeitsverhältnissen. Auf dieser Grundlage ist es sehr schwierig, verlässliche quantitative Angaben über Sklaverei im 21. Jahrhundert zu liefern. Einige Einzelschicksale sind auch an die Öffentlichkeit gelangt. Vor einigen Jahren erregte der Fall der Sudanesin Mende Nazer beträchtliches Aufsehen. In ihrer in viele Sprachen übersetzten Autobiographie „Sklavin" hatte die junge Frau geschildert, wie sie als Kind von Sklavenjägern entführt und verkauft worden war. Sie musste im Sudan und später in London als Sklavin arbeiten, bevor ihr schließlich mit Hilfe eines Journalisten die Flucht gelang. Ihr „Herr" in der englischen Hauptstadt war pikanterweise der Geschäftsführer der sudanesischen Botschaft.

Literaturhinweise

Christopher L. Brown, Moral Capital. Foundations of British Abolitionism. Durham/N.C. 2006.

Vincent Carretta, Equiano the African. Biography of a Self-Made Man. Athens/GA 2005.

Seymour Drescher, The Mighty Experiment. Free Labor versus Slavery in British Emancipation. Oxford 2002.

Andreas Eckert, Vom Sklaven zum Gentleman. Olaudah Equiano (?–1797), in: Bernd Hausberger (Hrsg.), Globale Lebensläufe. Menschen als Akteure im weltgeschichtlichen Geschehen. Wien 2006, S. 98–116.

Andreas Eckert, Aufklärung, Sklaverei und Abolition, in: Wolfgang Hardtwig (Hrsg.), Die Aufklärung und ihre Weltwirkung. Göttingen 2010, S. 243–262.

Norma Myers, Reconstructing the Black Past. Blacks in Britain 1780–1830. London 1996.

Sue Peabody, „There Are No Slaves in France". The Political Culture of Race and Slavery in the Ancien Régime. Oxford 1996.

E. Benjamin Skinner, Menschenhandel. Sklaverei im 21. Jahrhundert. Bergisch-Gladbach 2008.

James Walvin, Making the Black Atlantic. Britain and the African Diaspora. London 2000.

Albert Wirz, Sklaverei und kapitalistisches Weltsystem. Frankfurt/M. 1984.

Mariano Delgado
Das Kolleg San Gregorio in Valladolid

Das Kolleg San Gregorio in Valladolid wurde Ende des 15. Jahrhunderts als akademische Institution des Dominikanerklosters San Pablo gebaut. Heute ist es Hauptsitz des Museo Nacional Colegio de San Gregorio für christliche Kunst vom Frühmittelalter bis zum Beginn des 19. Jahrhunderts. Ein wichtiger europäischer Erinnerungsort ist es vor allem geworden, weil dort sowie im Kloster San Pablo 1550–1551 die weltberühmte Kontroverse zwischen dem „aristotelischen" Humanisten Juan Ginés de Sepúlveda (um 1489/90–1573) und dem „christlichen" Humanisten Bartolomé de Las Casas (1484–1566), Bischof von Chiapa, über die Spanier und die Indios stattfand.

Entstehung und Bedeutung des Kollegs

Kolleg meint hier eine akademische Institution mit universitärem Niveau. Um 1500 wurden in Spanien am Sitz bedeutender Universitäten (Salamanca, Valladolid, Alcalá de Henares u. a.) viele Kollegien gestiftet, in denen Studenten wohnen und von ausgewählten Professoren in besonderen Disziplinen unterrichtet werden konnten. Das Kolleg San Gregorio wurde von dem Dominikaner Alonso de Burgos, Bischof von Palencia und Beichtvater der Katholischen

Abbildung 1: Fassade des Kollegs San Gregorio

Könige, 1487 gestiftet. Zwischen 1488 und 1496 wurde es im Stil der „isabellinischen Gotik", der spanischen Renaissance-Gotik, gebaut. Es handelt sich um einen eklektischen Stil, der um 1500 in Spanien und Portugal (hier wird er „manuelinische Gotik" genannt) sehr beliebt war. Mangels Dokumentation kann man die Baumeister der verschiedenen Teile nicht genau ermitteln. Besonders interessant sind die Hauptfassade (sie wird der Werkstatt des Gil de Siloé zugeschrieben; vgl. Abb. 1), der Hof (als Baumeister gilt Juan Guas) und die Kapelle (sie geht wahrscheinlich auf Simon von Köln zurück). Es mag hier genügen, die Ikonographie der Hauptfassade zu erklären.

Das Tympanon des Portals (Abb. 2) zeigt, wie der Stifter das Kolleg Papst Gregor dem Großen, dem Namensgeber und Schutzpatron, kniend darbietet. Der Apostel Paulus (wegen des Klosters San Pablo) und der heilige Dominikus (weil es sich um eine Einrichtung des Dominikanerordens handelt) sind Zeugen dieses Vorgangs. Das Portal ist umgeben von Darstellungen wilder Männer, nur mit Schuppen und Haarfell bekleidet (Abb. 3). Zumeist werden sie als Symbol für die menschliche Natur verstanden (aber auch für die „Wilden" Amerikas, um die es bei der Kontroverse 1550–1551 ging), die erst durch den Kontakt mit der christlichen Wissenschaft und Erziehung „zivilisiert" wird, während die angezogenen Ritter, die man an den Flanken der oberen Teile der Fassade findet, für die christlichen Tugenden stünden. Der Hauptteil der Fassade wird von einem Lebensbaum belegt, der aus dem großen Brunnen der Weisheit empor wächst und mächtig gedeiht. Er soll ein wohl geordnetes Leben und Gemeinwesen nach den Prinzipien der scholastischen Theologie darstellen, die im Kolleg gelehrt wird. Ein großes Wappen der Katholischen Könige, gestützt von zwei mächtigen Löwen und umrandet vom Patmos-Adler des Evangelisten Johannes, des Schutzpatrons der Dynastie, symbolisiert vermutlich die Verbundenheit des Stifters mit den Königen, die er zu Erben und Schirmherren des Kollegs machte. Schließlich ist eine Lilie gekrönt vom Bischofshut als Wappen des Stifters immer wieder präsent.

Zu den Professoren des Kollegs im 16. Jahrhundert zählten bedeutende Dominikanertheologen wie Francisco de Vitoria, Melchor Cano, Luis de Granada und Bartolomé de Carranza. Letzteren ist es zu verdanken, dass San Gregorio zum Zentrum einer Scholastik mit Sensibilität für die spirituellen Tendenzen der Zeit (inneres Beten, Verlangen nach der Bibel und geistlicher Literatur in der Volkssprache) wurde.

Abbildung 2: Tympanon des Hauptportals

Die Kontroverse von 1550–1551

Die Kontroverse von Valladolid wurde von Karl V. am 7. Juli 1550 einberufen, damit Sepúlveda und Las Casas, glänzende Polemiker und Wortführer der „Falken" und der „Tauben" in
der Kolonialfrage, ihre Meinung vor einer Kommission aus erstrangigen Juristen und Theologen freimütig begründen könnten. Sie fand in den Räumen des Kollegs San Gregorio und
des benachbarten Klosters San Pablo in zwei Sitzungsperioden statt: die erste dauerte vom
15. August bis wahrscheinlich Ende September 1550, die zweite vom 11. April bis 4. Mai
1551. Ein veritables „Streitgespräch" war die Kontroverse freilich nicht, da die Kontrahenten
einander nicht zu Gesicht bekamen.

Zur Debatte stand eigentlich nicht die Legitimität des spanischen Herrschaftsanspruchs,
denn darüber ließ die Krone seit der öffentlichen Vorlesung des Francisco de Vitoria 1539
in Salamanca nicht mehr disputieren, sondern die Frage, „ob es Seiner Majestät erlaubt
ist, Krieg gegen jene Indianer zu führen, bevor man ihnen den Glauben verkündet, damit
sie zunächst seiner Herrschaft unterworfen werden und danach leichter und bequemer
[…] belehrt und erleuchtet werden können". Der scholastische Theologe Domingo de
Soto, der als Sekretär der Kommission eine Zusammenfassung der Kontroverse erstellte,
fügte hinzu: „Doktor Sepúlveda stellt die Behauptung auf, dass ein derartiger Krieg nicht
nur erlaubt, sondern zweckmäßig ist. Der Herr Bischof [Las Casas] vertritt das negative
Argument, indem er behauptet, dieser Krieg sei nicht nur nicht zweckmäßig, sondern
gar nicht einmal erlaubt, ja ruchlos und stehe im Widerspruch zu unserer christlichen
Religion".

Abbildung 3: Die wilden Menschen

Diskutiert wurde aber auch über die Barbarei der Indios und deren Einstufung als „Sklaven von Natur". Die Kontroverse geriet so zu einem Streit über die Einheit des Menschengeschlechts, also über die Frage, ob dieses aus gleichermaßen würdigen, wenn auch unterschiedlich begabten, doch immer zivilisations- und glaubensfähigen Geschöpfen besteht oder ob es vielmehr eine herrschende und eine dienende Menschheit gibt.

Der „aristotelische Humanist" Juan Ginés de Sepúlveda

Sepúlveda (Abb. 4) war eine führende Autorität im Aristotelismus der Renaissance. Im Auftrag von Giulio Medici, dem späteren Papst Clemens VII., übersetzte er Werke des Aristoteles ins Lateinische, darunter auch die „Politik". Im Dienst der päpstlichen Kurie verblieb er bis 1536, als er von Karl V. zum offiziellen Reichschronisten ernannt wurde. Zur kolonialen Frage hat er sich mehrmals geäußert: zunächst 1544–1545 mit seinem Werk „Democrates secundus. Über die gerechten Gründe des Krieges gegen die Indios", das nicht zuletzt aufgrund der Einwände des Bischofs von Chiapa nicht gedruckt werden konnte; wichtig ist auch sei-

Abbildung 4: Porträt des Juan Ginés de Sepúlveda aus dem Werk „Retratos de españoles ilustres", Madrid 1791. Spanische Nationalbibliothek.

ne „Apologia", die er im Frühjahr 1550 in Rom publizieren wollte, um die Orthodoxie des genannten Werkes zu verteidigen. Schließlich haben wir die Zusammenfassung der Kontroverse von Valladolid, die der Scholastiker Domingo de Soto erstellte und die Las Casas selbst 1552 zusammen mit seinen eigenen Antworten drucken ließ.

Sepúlveda rechtfertigt sein Eingreifen in die umstrittene koloniale Frage mit humanistischer Rhetorik: „Angesichts so viel Zwietracht in den Meinungen der gelehrtesten und klügsten Männer […] dachte ich, dass ich mich aus einem solchen öffentlichen Geschäft, an dem sich so viele beteiligten, nicht heraushalten sollte; *ich durfte auch nicht schweigen, wenn so viele redeten*".

Freimut und Redlichkeit sind ihm nicht abzusprechen, denn er hat bei der Kontroverse von Valladolid eine entsprechende Ehrenerklärung abgegeben: „da sollte kein Verdacht am Platz sein, dass ich der Gerechtigkeit oder der Wahrheit, die so teuer sind, irgendeinen anderen Belang voranstelle". Er war aber ein „Humanist", kein Scholastiker. Das merkt man nicht nur an seinem eleganten, ciceronianischen Latein, sondern auch und vor allem an der Art und Weise, wie er mit manchen theologischen Argumenten umgeht. Mit seiner Betrachtung der Spanier als Vollstrecker des Zornes Gottes ob des Unglaubens und der Sünden gegen die Natur der Indios, seinem Verständnis der Konzessionsbulle Papst Alexander VI. vom 4. Mai 1493 als Herrschaftsübertragung und seiner Verteidigung des Missionsrechts unter Einschluss des Zwangs zur Anhörung der Glaubenspredigt handelte sich Sepúlveda die akademische Verachtung der Scholastiker ein. Für sie war er „zweifellos berühmt in der Kunst der Rhetorik aber laienhaft in der Theologie" (Cano). Die von der Soldateska in den Eroberungskriegen angerichteten Blutbäder lehnte er nicht weniger ab als Las Casas selbst; er hielt sie jedoch für ein notwendiges Übel, für eine Schocktherapie, damit die Wohltaten der christlichen Zivilisation nach Übersee gelangen könnten.

Seine Absicht ist, auf „andere Gründe für einen gerechten Krieg" aufmerksam zu machen, „die nicht so oft zur Anwendung kommen, aber als sehr gerecht gelten und dem natürlichen sowie dem göttlichen Gesetz" entsprechen. Diese sind die aristotelische Lehre der Sklaven von Natur; die „Sünde" des Unglaubens bzw. des Götzendienstes, wenn dieser mit abscheulichen, widernatürlichen Praktiken wie Sodomie und Menschenopfern einhergeht; die Befreiung von Unschuldigen aus dem sicheren Tod durch Menschenopfer; und schließlich die Erleichterung der Ausbreitung des Christentums.

Das *aristotelische Argument* ist der wichtigste Beitrag Sepúlvedas zur Kontroverse. Demnach können diejenigen, deren natürliche Verfassung so beschaffen ist, dass sie anderen gehorchen müssten, „mit den Waffen" unterworfen werden, „wenn sie nun deren Herrschaft ablehnen und kein anderer Weg da ist". Auf den Einwand, das sei eine erstaunliche Lehre „und weit entfernt von der allgemeinen Meinung", lässt Sepúlveda antworten: „Erstaunlich vielleicht, aber nur für diejenigen, die die Philosophie nur von der Schwelle begrüßt haben".

Zunächst unterscheidet Sepúlveda zwischen dem juristischen und dem philosophischen Sklavereibegriff. Nach dem ersten bestehe die Sklaverei in einem akzidentiellen Grund, der zum Freiheitsverlust führe; nach dem zweiten geht sie auf ein angeborenes Unvermögen des Verstandes zur Selbstregierung sowie unmenschliche und barbarische Sitten zurück. Die verschiedenen Formen der Herrschaftsverhältnisse – des Vaters über den Sohn, des Mannes über die Frau, des Herrn über die Sklaven, des Richters über die Bürger, des Königs über die Völker, die seiner Herrschaft unterworfen sind – wurzeln im Naturrecht, das, wie Aristoteles lehrt, auf ein einziges Prinzip und Dogma zurückgeht: „Die Befehlsgewalt und Herrschaft des Vollkommenen über das Unvollkommene, der Stärke über die Schwäche, der erhabenen Tugend über das Laster". Wer diesem Prinzip nicht freiwillig Folge leisten möchte, der könne dazu mit Gewalt gezwungen werden, denn ein solcher Krieg würde nach Aristoteles ähnlich der Jagdkunst gegen die wilden Tiere „dem Naturrecht" entsprechen.

Sepúlveda stuft dann alle Einwohner der Neuen Welt bezüglich Klugheit, Scharfsinn, allerlei Tugenden und menschlichen Gefühlen im Vergleich mit den Spaniern als so unterlegen ein „wie die Kinder den Erwachsenen, die Frauen den Männern, die grausamen und inhumanen Menschen den sehr sanften, die äußerst Unbeherrschten den Beherrschten und Maßvollen". Kurzum: Alle Indios sind für ihn *homunculi*, barbarische Menschenfresser wie die Skythen der Antike, schwache Geschöpfe einer niederen Kulturentwicklung, die kaum eine erwähnenswerte Kulturleistung zustande gebracht hätten und die man folglich, wenn sie sich freiwillig nicht unterordneten, wie Tiere zu jagen habe. Wenn einige von ihnen, wie etwa die Völker Mexikos, genug Geschick zu besitzen schienen, um manche handwerkliche Tätigkeiten mit einer gewissen Kunstfertigkeit zu verrichten, so sei dies dennoch kein hinreichendes Argument gegen die obige Einschätzung; denn auch gewisse Tiere wie die Bienen und die Spinnen vermögen Kunstfertigkeiten zu verrichten, die kein menschliches Geschick nachzuahmen imstande sei. Und dass einige Indios über Häuser und ein gewissermaßen vernünftiges politisches Regiment in ihren Königreichen verfügten, zeige schließlich nur, dass sie keine bloßen Bären oder Affen bar jeder Vernunft seien. Als Sklaven von Natur müssten sie sich bereitwillig den Spaniern unterwerfen, denn nur so könnten sie sich weiterentwickeln – wobei bei Sepúlvedas Sprachwahl eher unwahrscheinlich ist, dass die Indios für ihn jemals, jedenfalls nicht in absehbarer Zeit, mehr sein könnten als zweibeinige „Bienen und Spinnen".

Der „christliche Humanist" Las Casas

Anders als Sepúlveda kannte Las Casas (Abb. 5) die Neue Welt (die Karibik und Zentralamerika) aus eigener Erfahrung. Zwischen 1502 und 1547 war er fünf Mal zwischen Spanien und Westindien hin und her gesegelt (seit 1547 lebte er schwerpunktmäßig im Kolleg San Gregorio). Er hat die von den Hunden und den Waffen der Spanier zerfleischten Leiber der Indios mit Entsetzen und Mitleid wahrgenommen. Seit seiner Bekehrung 1514 hat er nicht aufgehört, für eine Besserung der Lage der Indios zu kämpfen und die Argumente derjenigen zu entkräften, die die Eroberungskriege und Versklavung der Indios schönfärben wollten. Seine Sternstunde kam bei der Kontroverse von Valladolid, als er sich in Auseinandersetzung mit Sepúlveda der zentralen Bedeutung des anthropologischen, „aristotelischen" Argumentes bewusst wurde und diesem nun seine ganz besondere Aufmerksamkeit schenkte.

Las Casas war ein wahrhaft christlicher Humanist. Nicht nur, weil er die Autoren der griechischen und römischen Antike sehr gut kannte und mit gesundem Menschenverstand interpretierte, sondern vor allem aufgrund der Motive, die er angab, um sich an der kolonialethischen Debatte zu beteiligen: „Im Bewusstsein dessen, dass ich Christ, Ordensbruder, Bischof, Spanier und Untertan der Spanischen Könige bin, *konnte ich es nicht lassen, das Schwert meiner Feder zur Verteidigung der Wahrheit, der Ehre des Hauses Gottes und des sanften Evangeliums Jesu Christi zu schwingen* [...]. Aus all diesen Gründen sehe ich mich gezwungen, mich wie eine Mauer gegen die Unfrommen zu stellen, um jene sehr unschuldigen Völker zu verteidigen, die demnächst in das wahre Haus Israels eingeführt werden sollten, aber von grausamen Wölfen unaufhörlich verfolgt werden". Selbstverständlich sind die Indios für Las Casas unsere Nächsten, die wir wie uns selbst zu lieben und zu achten haben. Aber er verleiht diesem Prinzip eine konkrete, spirituelle Tiefe, wenn er in Anlehnung an die Gerichtsrede Jesu im Kapitel 25 des Matthäusevangeliums in den Indios „Jesus Christus" sieht, den man „nicht einmal, sondern tausendfach geißelt, quält, ohrfeigt und kreuzigt". Wenn er immer wieder die Indios als „unschuldig" bezeichnet, dann meint dies nicht primär bukolische Unschuld; vielmehr handelt sich um einen terminus technicus vor dem Hintergrund der Theorie des gerechten Krieges: die Indios sind uns gegenüber unschuldig, weil sie uns vor unserer Ankunft kein Unrecht zugefügt, also keinen gerechten Kriegsgrund gegeben haben.

Las Casas klagte zudem einen Perspektivenwechsel ein. Er fragte sich z. B., ob die Verleumder der Indios so sprechen würden, „wenn sie selbst Indios wären". Aus diesem Grund hat er eine neue Gattung apologetischer Literatur begründet, die Europa und dem Christentum zur Ehre gereicht. Während man seit Sokrates unter „Apologie" die Verteidigung der eigenen Position gegen unsachliche Vorwürfe verstand, schrieb Las Casas während und nach der Kontroverse von Valladolid zwei apologetische Werke zur Verteidigung der Anderen, ihrer Menschenwürde, ihrer Freiheit, ihrer Gleichberechtigung, der Werte und Logik ihrer Religionen und Kulturen: „sie wurden nämlich von einigen Leuten verleumdet", die verbreiteten, „diesen Menschen fehle es an gesunder Vernunft, um sich selbst zu regieren, sie hätten keine menschengemäße Regierungsform und keine geordneten Gemeinwesen". Betrachten wir nun, wie Las Casas auf das aristotelische Argument Sepúlvedas antwortet.

Für Las Casas ist der Barbarenbegriff bei Aristoteles nicht so eindeutig, wie Sepúlveda meint; auch seien die Indios nicht als Barbaren im engen aristotelischen Sinn zu bezeichnen. Ein Barbar ist erstens jeder Mensch, der wider die Vernunft und das Naturgesetz handelnd sich zum allerschlimmsten Lebewesen entwickelt, was auch bekanntlich unter den „Zivilisierten" vorkommen kann. Zweitens gilt als Barbar, wer eine fremde Sprache spricht, keine Schriftsprache hat oder einer uns fremden Kultur angehört. Barbaren im engen aristotelischen Sinn des Wortes sind aber drittens nur solche, die Monstern gleichen und wie wilde

Abbildung 5: Porträt von Bartolomé de Las Casas für das Werk „Retratos de españoles ilustres", Madrid 1791, das einem Stich von José López Enguidanos (1760–1812) folgt. Spanische Nationalbibliothek.

Tiere leben, ohne jedes politische Regiment; diese dritte Art sei aber äußerst selten im Menschengeschlecht anzutreffen. Auf diese letzte Gruppe beziehe sich Aristoteles in „Politik" I,2 und I,8, während er etwa in „Politik" III und V von der zweiten Gruppe spreche und betone, dass es auch unter manchen Barbaren wahre Reiche und natürliche Könige und Herren samt politischem Regiment gebe. Zu dieser zweiten Gruppe gehörten die Indios, wobei die Spanier nach diesen Kriterien – fremde Sprache usw. – für sie genauso Barbaren seien wie sie für diese. Eine vierte – theologische – Barbarenklasse führt Las Casas noch ein, nämlich das Heidentum als Fehlen des christlichen Glaubens. Doch handele es sich bei den Indios nicht um eine „unentschuldbare" Ablehnung des richtig verkündigten und überzeugenden Evangeliums, sondern nur um einen rein negativen Unglauben, der im Fehlen des Glaubens mangels seiner Kenntnis bestehe. Daher seien ihre Religionen nicht als teuflischer Götzendienst zu betrachten, sondern als Ausdruck eines aufrichtigen, wenn auch irregeleiteten Verlangens nach dem wahren Gott.

Aber selbst wenn die Indios Barbaren im engen Sinn des Wortes wären, dürften sie in keiner Weise wie wilde Tiere gejagt werden, wie Sepúlveda mit Aristoteles behauptete. Die so gegen den Willen der Untergebenen erworbene Herrschaft müsste nämlich, wie Aristoteles in „Politik" III erhellt, tyrannisch, gewaltsam und ohne Dauer sein; und die tyrannische Herrschaft ist, wie Aristoteles wiederum in „Nikomachische Ethik" VIII,12 sagt, die schlechteste aller politischen Herrschaftsformen; sie sollte daher keineswegs geduldet werden. Demgegenüber hält Las Casas fest, dass einzig die freiwillige Anerkennung der spanischen Herrschaft durch die indianischen Völker und ihre natürlichen Herren der legitime Weg zur Herrschaftserlangung wäre.

Nach der Kontroverse bleibt Las Casas nicht bei der Zuordnung der Indios zur zweiten Barbarengruppe stehen, sondern geht einen Schritt weiter. In „Politik" VII,8 und „Nikomachische Ethik" VI beschreibt Aristoteles die Bedingungen eines idealen Staates, nämlich das Vorhandensein von Bauern, Handwerkern, Kriegern, reichen Leuten, Priestern und Richtern, die sich durch ökonomische, monastische und politische Klugheit auszeichnen. Las Casas versucht nun zu beweisen, dass diese Bedingungen auch bei den indianischen Gemeinwesen erfüllt, dass sie in manchen indianischen Königreichen gar besser ausgeprägt seien als bei den meisten Völkern der Antike und dass selbst die christlichen Gemeinwesen Europas einiges daraus lernen könnten. Wo Sepúlveda den außereuropäischen Barbaren die zivilisierten europäischen Christen entgegenstellt, um den natürlichen Herrschaftsanspruch der Letzteren über die Ersteren hervorzuheben, stellt Las Casas der christlich-abendländischen Zivilisation eine andere Art von Zivilisation gegenüber, die auch ihre Logik und ihre Werte habe: zwangsfreie interkulturelle Begegnung zum Wohl beider Bevölkerungsgruppen und nicht der Aufbau kolonialer Herrschaftsstrukturen ist sein Anliegen. Dass Las Casas in seiner Apologie zuweilen eine Idealisierung der von Sepúlveda den wilden Tieren gleichgesetzten Indios zum „engelgleichen Geschlecht" betreibt – so etwa wenn er von den Bewohnern mancher karibischer Inseln (Bahamas) sagt, sie seien so einfältig, gelassen und friedfertig, dass es scheine, Adam habe in ihnen nicht gesündigt –, darf nicht verschwiegen werden.

Aristoteles ist für Las Casas nur eine Pflichtübung, die er auf sich nimmt, um das ethnozentrische Argument Sepúlvedas mit denselben Waffen zu entkräften. Seine wahre Größe zeigt sich nämlich dort, wo er sich von Aristoteles verabschiedet, indem er dessen Dogmen, gleich wie sie lauten mögen, dem ethischen Universalismus biblischer und antiker Traditionen unterordnet. Sein Glaube sagt ihm, dass alle Menschen, wie barbarisch sie auch sein mögen, als Ebenbild Gottes erschaffen wurden und der gemeinsamen menschlichen Natur teilhaftig und zivilisations- und glaubensfähig sind, Ziele, an die sie nur mittels Überzeugung des Verstandes durch Vernunftgründe und sanfter Anlockung und Ermahnung des Willens durch das Beispiel eines guten Lebens herangeführt werden dürfen. In der stoischen Philosophie Ciceros findet er eine Konvergenz zur Glaubenslehre von der Gleichheit und Perfektibilität aller Menschen. Daher kann er als Ergebnis seiner Apologie manifestartig festhalten: „So gibt es denn ein einziges Menschengeschlecht, und alle Menschen sind, was ihre Schöpfung und die natürlichen Bedingungen betrifft, einander ähnlich [...]. Alle Völker der Welt haben Verstand und Willen und das, was sich beim Menschen aus diesen beiden ergibt, nämlich die Entscheidungsfreiheit, und demzufolge haben alle die innere Kraft und Befähigung oder Eignung und den natürlichen Hang zum Guten, um in Ordnung, Vernunft, Gesetzen, Tugend und allem Guten unterwiesen, für sie gewonnen und zu ihnen geführt zu werden".

Man kann dies natürlich für einen „frommen Wunsch" halten, der durch die Erfahrung des Bösen tagtäglich widerlegt wird. Bei allem anthropologischen Optimismus wusste Las Casas natürlich auch um die Macht der „Sünde". Doch dies macht sein Manifest genauso wenig obsolet, wie die Verletzung der Menschenrechte die Menschenrechtserklärung ad absurdum führt. Entscheidend ist, dass Las Casas unter Rückgriff auf die Schöpfungstheologie wie auf das universalistische Naturrecht der Stoa ein Menschenbild idealtypisch verteidigt, das im Prinzip allen Völkern einen gleichberechtigten Platz in der Welt zuweist. Ein solches Menschenbild ist die Bedingung der Möglichkeit einer postkolonialen partnerschaftlichen Weltordnung, wie sie heute intendiert wird.

Die Wirkungsgeschichte im 16. Jahrhundert

Im Allgemeinen kann gesagt werden, dass sich Las Casas' anthropologische Hauptthese von der Zivilisations- und Glaubensfähigkeit aller Völker durchsetzen konnte, während die These, dass die Indios insgesamt keine Barbaren, sondern eher das Gegenteil davon seien, nicht einleuchten sollte. Der Franziskaner Bernardino de Sahagún, der größte Ethnograph der aztekischen Kultur, von dem Tzvetan Todorov zu verstehen gibt, er habe die Indios gekannt, während Las Casas sie eher geliebt habe, wird um 1570 unmissverständlich betonen, dass die Indios „unsere Brüder sind, hervorgegangen aus dem Stamm Adams wie wir; sie sind unsere Nächsten, die wir verpflichtet sind zu lieben wie uns selbst". Er wird sich zwar auf den Streit, ob die Azteken vor der Begegnung mit den Christen „Wilde" oder „Zivilisierte" waren, nicht einlassen wollen; er hält aber dezidiert fest, dass sie jetzt, also nach der Bekehrung, jedenfalls keine Barbaren sind: „Wie immer die alte Zeit auch gewesen sein mag, durch Erfahrung sehen wir jetzt, dass sie zu allen Handwerkskünsten befähigt sind und sie ausüben. Sie sind auch geschickt beim Erlernen aller geistigen Künste und der heiligen Theologie, wie man aus der Erfahrung mit jenen gesehen hat, die in diesen Wissenschaften unterrichtet wurden". Und er fügt hinzu: „Sie sind denn auch nicht weniger für unser Christentum geeignet, wenn sie nur in ihm gebührend ausgebildet würden".

Den größeren ethisch-praktischen Einfluss bei der Gestaltung des Kolonialsystems wird aber der Jesuit José de Acosta um 1600 mit seiner „differenzierten" Anthropologie ausüben. Für Acosta „ist Indio und Indio nicht dasselbe, um es mit Humor zu sagen, und es gibt Barbaren, die anderen Barbaren vieles voraushaben". Konkret spricht er von drei verschiedenen Arten von Barbaren, wie die neu entdeckten Heiden allgemein genannt wurden: Zum ersten Typ gehören die Chinesen, Japaner und die meisten Völker der ostindischen Provinzen; ihnen bescheinigt er, sie seien genauso zivilisiert wie die Europäer, denn sie haben „feste Regierungsordnungen, staatliche Gesetze, befestigte Städte, hochangesehene Beamte, einen blühenden, wohlorganisierten Handel und – was noch wichtiger ist – den anerkannten Gebrauch der Schrift". Zum zweiten Typ gehören die Indios der Hochkulturen Mexikos und Perus. Sie kannten zwar keine Schrift, hatten aber ein wohlgeordnetes politisches Regiment und einen prunkvollen Götterkult mit Priestern und Tempeln. Zum dritten Typ gehören die Nomaden, wie etwa die Guaraní und die meisten indianischen Völker, die ohne Gesetz und König, ohne Verträge und Verwaltung und auch ohne einen organisierten Götterkult leben. Sie sind nun die „Sklaven von Natur", von denen Aristoteles sagt, dass sie wie Tiere gejagt und gezähmt werden dürfen. Alle drei Arten von Barbaren sind zwar zivilisations- und glaubensfähig, doch muss die Methode jeweils anders gehandhabt werden und besonders bei der dritten Gruppe einen paternalistischen Zwang einschließen.

Acosta meint, dass Spanier und Indios gemeinsam und gleichberechtigt das Staatsvolk im spanischen Reich bilden: „Alle haben denselben König und sind denselben Gesetzen unterworfen". Dann aber fügt er hinzu, dass nach Aristoteles die mit intellektuellen Fähigkeiten Begabten führen und die lediglich handwerklich Geschickten sich führen lassen sollen. So soll es nun zwischen Spaniern und Indios auch sein, die ersten sollen die zweiten, wenn notwendig, hart anpacken, aber nie unmenschlich unterdrücken; sie sollen sich vielmehr gegenseitig helfen, denn der Staat funktioniere nur, wenn die einen ihre Augen zum Sehen leihen und die anderen ihre Füße zum Gehen.

Die Rezeption der Kontroverse in der Frühen Neuzeit und heute

1552 ließ Las Casas die Zusammenfassung der Kontroverse, die Domingo de Soto erstellt hatte, mit anderen kleinen Traktaten in Sevilla drucken. Las Casas wollte damit das Gewissen Spaniens wachrütteln und gegen die Unterdrückung der Indios mobilisieren. Aber alsbald nährten seine Schriften die antispanische Polemik bei den Feinden des spanischen Hegemonialanspruchs. Obwohl die Krone ab 1554 immer strengere Druckverbote in der Amerika-Frage verfügte, war die polemische Rezeption der Kontroverse nicht mehr aufzuhalten. Es erschienen niederländische (1578), französische (1579, 1582, 1594, 1630, 1642, 1697, 1698, 1701, 1822), englische (1583, 1625, 1699), deutsche (1597, 1599), lateinische (1598, 1614, 1664) und italienische (1644, 1645) Übersetzungen, die die Kontroverse instrumentalisierten, weil nicht so sehr Las Casas' Apologie der Indios oder der Freimut wahrgenommen wurden, mit dem Karl V. auf dem Zenit seiner Macht im Kolleg San Gregorio disputieren ließ, sondern die Grausamkeit der Spanier in Amerika, auf die Las Casas immer wieder verweist.

Erst in unserer Zeit ist verstärkt davon die Rede, dass Las Casas und Sepúlveda typologisch die zwei Seelen in der abendländischen Brust gegenüber dem Fremden verkörpern. Die Kontroverse von Valladolid hat die Aufmerksamkeit vieler zeitgenössischer Schriftsteller, Künstler, Historiker, Theologen und Philosophen auf sich gezogen, die darin eine Sternstunde europäischer Kultur sehen, ja der ganzen Menschheit. Wir wollen hier nur drei Beispiele für diese Rezeption der Kontroverse festhalten.

1939, am Vorabend der Eroberungskriege Hitlers, dessen Strategen voller Bewunderung für die „Blitzkriege" der Konquistadoren bei der Eroberung Mexikos und Perus waren, publizierte Reinhold Schneider seinen Roman „Las Casas vor Karl V. Szenen aus der Konquistadorenzeit". Aus dem historischen Stoff der Kontroverse im Kolleg San Gregorio macht Schneider eine zeitlose Parabel über Macht und Moral, Prophetie und Politik. Mit der Erinnerung an Las Casas' Freimut im fernen 16. Jahrhundert wollte er auch im Dritten Reich das Gewissen wachrütteln. Aber trotz seiner Mahnung war ein neuer Las Casas nicht in Sicht.

Im Kolumbusjahr 1992 schrieb Jean-Claude Carrière den Roman „La controverse de Valladolid", der im selben Jahr von Jean-Daniel Verhaeghe mit bekannten Schauspielern verfilmt wurde. Hier geht es eher um die Nachdenklichkeit über den europäischen Umgang mit fremden Kulturen und Religionen.

Schließlich hat sich der amerikanische Philosoph Immanuel Wallerstein 2006 in seinem Buch „The European Universalism. The Rhetoric of Power" mit der Kontroverse von Valladolid ausführlich auseinandergesetzt. Darin sieht er eine beispielhafte Debatte über die Moralität des Weltsystems. Bis in die Mitte des 20. Jahrhunderts hinein war die Sepúlveda-Doktrin im Abendland maßgebend, d.h. die Rechtfertigung der Gewalt gegen die „Anderen", die als Barbaren betrachtet wurden, sowie die Verpflichtung zur Durchsetzung der europäischen Kultur und Religion auf der ganzen Welt. Nach den großen antikolonialen Revolutionen des 20. Jahrhunderts ist die Position Las Casas' nicht mehr die einer kognitiven, warmherzigen Minderheit, sondern die der Vereinten Nationen und anderer weltpolitischen Strukturen: die unterdrückten Völker haben das moralische Recht, „die paternalistische Aufsicht durch die selbsternannten zivilisierten Völker zurückzuweisen" (Wallerstein). Eine wahrhaft globale Welt, in der tendenziell Gleichberechtigung und friedlicher Austausch zwischen den Kulturen und Religionen gefragt sind, bahnt sich an – zumindest in der Theorie.

Wir eröffneten dieses Essay mit einer Beschreibung der Hauptfassade des Kollegs San Gregorio und wollen es mit einem Wort des spanischen Schriftstellers José Jiménez Lozano über diesen europäischen Erinnerungsort abschließen. In seinem Buch „Kastilien. Eine spirituelle Reise durch das Herz Spaniens" schreibt er: „Noch vierhundert Jahre nach dieser denkwürdigen streitbaren Disputation ist die arme Menschheit meilenweit davon entfernt, sich so rational und human zu zeigen, wie es Las Casas wollte, und dessen Thesen sind noch lange nicht überall bewahrheitet, am allerwenigsten in der Alltagspraxis der Regierungen und der Völker untereinander. Deshalb darf die mahnende Stimme des Bischofs von Chiapa gerade in diesem Haus und in unseren Tagen nicht ungehört verhallen, während wir uns vom Zauber dieser Steine und dessen, was sie bewachen, berücken lassen".

Literaturhinweise

José de Acosta, De procuranda indorum salute, Bd. 1. Madrid 1984.

Bartolomé de Las Casas, Obras completas, Bde. 6–8 (Apologética historia sumaria), 9 (Apologia), hrsg. von Vidal Abril bzw. Angel Losada. Madrid 1988/1992.

Bartolomé de Las Casas, Werkauswahl, hrsg. von Mariano Delgado, Bd. 1 (Missionstheologische Schriften), Bd. 2 (Historische und ethnographische Schriften). Paderborn 1994–1995.

Bernardino de Sahagún, Aus der Welt der Azteken. Ausgewählt und mit einem Nachwort versehen von Claus Litterscheid. Frankfurt/M. 1989.

Juan Ginés de Sepulvéda, Demócrates segundo – o de las justas causas de la guerra contra los indios, hrsg. von Angel Losada. Madrid 1984.

Jean-Claude Carrière, La controverse de Valladolid. Paris 1992.

José Jiménez Lozano, Kastilien. Eine spirituelle Reise durch das Herz Spaniens. Mit einem Nachwort von Mariano Delgado. Fribourg/Stuttgart 2005.

Reinhold Schneider, Las Casas vor Karl V. Szenen aus der Konquistadorenzeit. Frankfurt/M. 1983.

Tzvetan Todorov, Die Eroberung Amerikas. Das Problem des Anderen. Frankfurt/M. 1985.

Immanuel Wallerstein, Die Barbarei der anderen. Europäischer Universalismus. Berlin 2007.

Klaus Pietschmann
Moctezuma auf der Opernbühne

Im Abstand von zehn Jahren fanden in Berlin und Turin die Uraufführungen zweier Opern statt, die die Eroberung Mexikos durch die Spanier zum Inhalt hatten. Titelheld und damit das Gravitationszentrum der Handlung war in beiden Fällen der Aztekenherrscher Moctezuma. Doch schon bei der Lektüre der ersten Worte, die die Textdichter diesem jeweils in den Mund legen, könnte man glauben, es handele sich um zwei ganz unterschiedliche Gestalten. Für Berlin entwarf der preußische König Friedrich II. 1755 selbst den Text, und er führt uns in Montezuma den Prototyp des guten Souveräns vor Augen (hier zitiert in der zeitgenössischen Übersetzung des italienischen Librettos): „Ja [...], Mexico ist glücklich! Dieses ist die Frucht jener Freyheit, welche auf Vernunfft gegründet, nur der Herrschaft solcher Gesetze unterworfen ist, die ich selbst zu erst beobachte. Mein Volck genießet in Ueberfluß eines festgegründeten Glücks und einer holden Ruhe, und meine Macht gründet sich auf dessen Liebe".

Ganz anders im Turiner Libretto von Vittorio Cigna-Santi, wo die Spanier schon vor den Toren der Stadt stehen und wir einen getriebenen, planlosen Despoten erleben, der gerade von einem Menschenopfer zurückkehrt, das trotz seiner Blutrünstigkeit nicht den gewünschten Erfolg bei den Göttern erzielt hat: „Wo bin ich? Was geschah mir? Ich glaube mich selbst in mir nicht mehr zu erkennen. Unbekannte Affekte waren für Motezuma Schwäche und Angst [...]. Ach, undankbare Götter, dies ist das Schlimmste aller Übel. Und Ihr allein seid Schuld daran, weil Ihr durch Euer Schweigen meinen Eifer zum Erlöschen brachtet. [...] Auf Euren Altären fielen Tausende Unschuldiger, und wie viel Blut ich in dieser Nacht – oh grausame Nacht! – vergossen habe, Ihr wisst es, und dennoch schweigt Ihr!"

Die beiden Beispiele bilden die extremen Pole, innerhalb derer sich die Mexiko-Rezeption auf der Opernbühne bis zum ausgehenden 18. Jahrhundert bewegte. Es ist offenkundig, dass die historische Gestalt Moctezumas hier zum Vehikel politischer Ideen und in den Dienst jeweils verschiedener Interessenlagen gestellt wird. Diese Funktionsweise folgt dem zentralen Grundprinzip der höfischen Opera Seria des 17. und 18. Jahrhunderts, die in aller Regel als Staatsakt von hoher repräsentativer, herrschaftssymbolischer Bedeutung verstanden wurde. Innerhalb des breiten Repertoires höfischer Festlichkeiten und Kunstproduktion kam ihr die wohl wichtigste Funktion mit der größten Außenwirkung zu, da in ihr alle Künste zusammenwirkten und sie somit politische, moralische sowie ethische Botschaften auf allen denkbaren künstlerischen Ebenen zu vermitteln vermochte.

Nachfolgend soll betrachtet werden, welche Ausprägungen und Funktionen das Mexiko-Bild in dieser „staatstragenden" Kunstform speziell im deutschsprachigen Raum bis zum späten 18. Jahrhundert annahm. Bemerkenswert ist dabei insbesondere die erstaunlich geringe Zahl von Opern über mexikanische Sujets, die bis ca. 1800 im Gebiet des Deutschen Reiches gespielt wurden. Im Grunde bildet die genannte Oper „Montezuma" von Friedrich II. mit der Musik von Carl Heinrich Graun ein weitgehend isoliertes Zeugnis, zu dem sich lediglich vereinzelte Aufführungen von Vertonungen des anderen erwähnten Librettos von Cigna-Santi gesellen. Während fernöstliche, persische oder sogar tartarische Sujets auf den Opernbühnen von Hamburg bis Wien keine Seltenheit waren, nimmt Amerika generell nur einen untergeordneten Rang ein. In der zweiten Hälfte des 18. Jahrhunderts sind es dann allenfalls Nordamerika und Peru, die gelegentlich in der Oper thematisiert wurden.

Dieser Befund überrascht umso mehr, als vor allem in Italien schon seit dem ausgehenden 17. Jahrhundert Mexiko und insbesondere Moctezuma auf den Opernbühnen recht präsent waren. Schon das 1690 in Rom uraufgeführte *Dramma per Musica* „Il Colombo ovvero L'India scoperta" assoziierte die Entdeckung Amerikas durch Kolumbus bewusst oder unbewusst mit Mexiko, indem die Stadt, in der die Spanier an Land gehen, als „città di Motenzuma" bezeichnet wird – wobei jedoch die Person Moctezumas ausdrücklich nicht gemeint ist, denn der König dieser „città di Motenzuma" trägt den Namen Ginacra. Erst durch die 1699 erstmals veröffentlichte italienische Übersetzung der „Historia de la Conquista de Mejico" von Antonio de Solis wurden die Kenntnisse über die historischen Begebenheiten um Hernan Cortez und Moctezuma fundierter. In der Tat benannten die italienischen Moctezuma-Opern des 18. Jahrhunderts in den Vorworten jeweils ausdrücklich de Solis als Quelle. Damit einher ging jedoch auch die Übernahme der eindeutig pro-spanischen Tendenz des Textes, der Cortez als ein Werkzeug der göttlichen Vorsehung zeichnete. 1733 entstand die wohl bekannteste Vertonung des Sujets in Venedig von Antonio Vivaldi (sie spielt in Alejo Carpentiers Roman „Concierto Barocco" eine wesentliche Rolle). Das eingangs zitierte Libretto von Cigna-Santi wurde nach der Erstvertonung durch Giuseppe de Majo in Turin 1765 noch von mehreren Komponisten aufgegriffen und bis um 1800 in allen italienischen Opernzentren teils mehrfach gespielt. Der Erfolg beruhte sicherlich zu einem Großteil auf dem Reiz des Exotischen und nicht zuletzt auch auf den zahlreichen Bühneneffekten, die das Libretto vorsah. Der Hauptgarant für die weite Verbreitung jedoch war die dominierende politische Idee der Befreiung Mexikos vom Despotismus und der Missionierung durch die Spanier.

Auch in England und Frankreich bevölkerten seit dem 17. Jahrhundert wiederholt Mexikaner die Opernbühnen, wobei v.a. Henry Purcells „The Indian Queen" (1695) erwähnenswert erscheint, da hier nicht der Konflikt mit den Spaniern im Vordergrund steht, sondern eine fiktive Auseinandersetzung zwischen der mexikanischen Königin Zempoalla und den Peruanern. Der Name Montezuma als Synonym für alles Mexikanische taucht auch hier auf, wobei in diesem Fall ein einflussreicher Söldner der Königin diesen Namen trägt. In Frankreich waren amerikanische Ureinwohner innerhalb der musiktheatralen Vorläufer der Oper sehr präsent, wobei hier meist keine genauere Differenzierung erfolgte, sondern generell von „Indiens" gesprochen wurde. Schon 1645 wurde innerhalb der ersten öffentlichen Opernaufführung auf französischem Boden überhaupt (Francesco Sacratis „La finta pazza") eine Balletteinlage von Papageien-jagenden Indianern eingebaut. Das bekannteste Beispiel aus dem 18. Jahrhundert bildet dann Rameaus Oper „Les Indes galantes" (1735), bei der unter dem Oberbegriff der „Indes" die Türkei, Persien, Peru und Nordamerika zusammengefasst wurden. Speziell in Frankreich wurde das damit einhergehende Amerikabild von der Vorstellung Montaignes des „Bon Sauvage" dominiert, der ein ursprüngliches Bild wahrer Humanität und Aufrichtigkeit repräsentierte.

Blickt man in das Gebiet des Deutschen Reichs, so zeigt sich ein vollkommen anderes Bild. Ein frühes Zentrum der kontinuierlichen Opernpflege bildete Wien, wo sich um die Mitte des 17. Jahrhunderts eine eng an Italien orientierte italienischsprachige Operntradition ausbildete. Gerade am Hof der Casa de Austria könnte man erwarten, dass die amerikanischen Eroberungen durch die spanische Linie der Habsburger eine besondere Rolle auf der Opernbühne gespielt hätten. Das Gegenteil ist der Fall: Lediglich in einer Komposition ist eine Amerika-Allegorie nachzuweisen. Dabei handelt es sich um eine der spektakulärsten Opern der Musikgeschichte, die Oper „Il pomo d'oro", die der aus Italien stammende Hofkomponist Antonio Cesti anlässlich der Vermählung Kaiser Leopolds I. und der spanischen Infantin Margarita im Jahre 1668 komponierte. Die Oper umfasste 67 Szenen, erforderte 23 unterschiedliche Bühnenbilder und dauerte an die sieben Stunden. Der Prolog ist als Huldigung an die „Gloria Austriaca" und Leopold I. konzipiert, dessen Reiterstandbild zwischen den bedeutendsten seiner kaiserlichen Amtsvorgänger das Bühnenbild beherrscht (Abb. 1). Amor und Hymen prognostizieren dem Paar reichen Kindersegen, während acht Nationenallegorien der „Gloria Austriaca" ihre Aufwartung machen. Neben den Österreichischen Erblanden und dem Reich selbst handelt es sich um die Königreiche Böhmen und Ungarn für die Seite der Casa de Austria, für die Seite der spanischen Habsburger Spanien, Sardinien und Amerika, sowie schließlich Italien, das in Teilen unter dem Einfluss beider Häuser stand. Den Kern der Szene bildet die sukzessive Huldigung durch diese Allegorien, wobei Spanien den Chor anführt. Nach einem Ritornell folgen die weiteren Allegorien mit jeweils deutlich kürzeren Einwürfen. Wiederum abgetrennt durch ein Ritornell beschließt Amerika diesen Abschnitt des Prologs. Es sind weniger die gesungenen Worte, die dem zeittypischen Huldigungsvokabular entsprechen, als die Position der Huldigung der Amerika-Allegorie, die interessant erscheint: Zusammen mit Spanien rahmt der Kontinent den Lobesreigen ein und gewinnt durch die Positionierung am Schluss sowie eine ausgreifendere musikalische Linie größeres Gewicht als die vorherigen Nationen. Man mag darin vor allem eine Reverenz an die spanische Braut zu sehen haben, jedoch wird dem Publikum zugleich die weltumspannende Dimension des habsburgischen Imperiums vor Augen geführt. Dies war möglicherweise auch das Motiv für die bewusst exotisierende Art der visuellen Darstellung Amerikas, die auf musikalischer Ebene nicht stattfindet und auch zu dieser Zeit generell unüblich gewesen wäre. Dabei gehören der Federschmuck an Kopf, Lenden und Beinen zur gängigen Ikonographie, während die schwarze Hautfarbe den fremdländischen Charakter nachdrücklich unterstrich. Möglicherweise stellte dies auch eine direkte Reaktion auf die vor allem in Frankreich zu dieser Zeit übliche Darstellungsweise von amerikanischen Ureinwohnern dar, wie sie etwa auch im Fall der Indianer in „La finta pazza" zu beobachten ist. Dass man in Wien bei anderen Gelegenheiten amerikanische Indianer durchaus als weißhäutig begriff, verdeutlichen die um 1670 entstandenen Kostümfigurinen von Ludovico Burnacini, der auch „Il pomo d'oro" ausgestattet hatte. Diese Kostüme waren freilich nicht für eine repräsentative, politisch konnotierte Opernaufführung gedacht, sondern für höfische Kostümfeste zu Karneval.

Abbildung 1: Ludovico Ottavio Burnacini, Bühnenbild zum Prolog von Cestis „Il pomo d'oro", Wien 1668

Nachfolgend verschwanden Amerika-Bezüge vollständig von der Wiener Opernbühne, was sicherlich vor allem mit der vorwiegend innereuropäischen Ausrichtung der habsburgischen Politik vor und während des Spanischen Erbfolgekriegs zusammenhängt. Jedoch auch im gesamten übrigen Deutschen Reich sind bis zum Berliner „Montezuma" von 1755 keinerlei Opern mit Amerika- oder gar Mexikobezug bekannt. Ein Grund könnte in der relativ späten deutschen Übersetzung der erwähnten „Historia de la Conquista de Mejico" von de Solis zu suchen sein, die erst 1750/51 in Kopenhagen und Leipzig erschien. Angesichts des breiten Repertoireflusses von Italien nach Deutschland stellt dies jedoch keine hinreichende Erklärung dar. Insbesondere die vollständige Abwesenheit amerikanischer Themen an der Oper am Gänsemarkt im republikanischen Hamburg muss erstaunen, stand doch die Stadt durch den Seehandel mit dem atlantischen Raum in enger Verbindung. Zudem wurden dort andererseits so „exotische" Themen wie das Schicksal des tatarischen Königs Miriways, des russischen Zaren Boris Godunow oder des neapolitanischen Revolutionärs Masaniello auf die Bühne gebracht. Auch die 1712 uraufgeführte Oper „Carolus V" von Reinhard Keiser nahm auf die Conquista nicht einmal indirekt Bezug.

Vor diesem Hintergrund gilt das Hauptinteresse dieser Ausführungen dem Berliner „Montezuma" von 1755. Wie eingangs erwähnt, zeichnet der Preußenkönig Montezuma als idealen Monarchen, für dessen Regierung das Wohl seines Volkes, Friedfertigkeit und Güte oberste Maximen sind. Diese Idealisierung geht weit über das Bild vom *bon sauvage* hinaus, vielmehr wird Montezuma als in höchstem Maß kultivierter Regent gezeichnet. Ebenso einseitig fällt das Bild der Spanier aus: Cortez und sein Hauptmann Narvez erscheinen als skrupellose, nach Reichtümern gierende Invasoren, die die freundliche Aufnahme durch Montezuma schamlos ausnutzen. Ihr Handeln ist durch verlogenes, niederträchtiges Kalkül geprägt, das auf den Lippen geführte Ziel der Heidenmission bemäntelt lediglich niedere Macht- und Geldgier. Die Überwältigung der Mexikaner erscheint damit als ganz und gar illegitimer Akt. Die Einseitigkeit dieser Stilisierung wird zudem noch dadurch gesteigert, dass Friedrich die bekannten, vor allem durch de Solis hervorgehobenen negativen Facetten des Aztekenkaisers vollkommen ausblendet, insbesondere von Menschenopfern ist keine Rede. Stattdessen nennt Montezuma ausdrücklich Nächstenliebe und Toleranz als die wesentlichen Charakteristika seiner Religion, während den Spaniern wahre religiös-ethische Wertvorstellungen fremd sind.

Man könnte angesichts dieser bewusst verfälschenden Schwarzweißmalerei vermuten, Mexiko solle hier als eine Art Utopia gezeichnet werden. Sicherlich ist dies eine Intention des Librettos, das unverkennbar die eigenen politischen Ideale Friedrichs II. zum Kernthema hat. Wie auch in den beiden anderen von ihm verfassten Operntexten „Coriolano" und „Silla" werden die Tugenden des aufgeklärten, guten Monarchen sowie allgemein vorbildliches menschliches Betragen exemplarisch vor Augen geführt. In der Tat sah Friedrich in der Oper an sich ein pädagogisches Instrument, mit dem er aktiv zur Hebung der Gesinnung und Sitten seiner Untertanen beitragen wollte. Folgerichtig waren bei den Aufführungen im Hoftheater auch die unteren Stände ausdrücklich willkommen.

Selbstverständlich ist dies jedoch nicht die einzige Bedeutungsebene. Dass Friedrich in Mexiko keineswegs ein irreales Utopia sah, zeigen allein die erstaunlich konkreten historischen Details, auch wenn diese großzügig den dramatischen Bedürfnissen angepasst werden: So handelt es sich bei der Königin von Tlascala, Eupaforice, zwar um eine Erfindung, korrekt ist aber immerhin der Ortsname, ebenso wie diejenigen von Cozumel und Tabasco, von denen im Libretto die Rede ist. Korrekt ist ferner, dass Moctezuma einen hier nicht namentlich genannten politisch einflussreichen Neffen hatte, auch wenn dieser nicht durch einen Pakt mit den Spaniern zum Sturz des Kaisers beitrug. Überdies zieht Montezuma in der Oper die Möglichkeit in Betracht, es handele sich bei den Spaniern um Götter; ihre Fremdheit wird aus der Sicht des Mexikaners Pilpatoe thematisiert: „Sie sind auf schwimmenden und starcken Festungen das grosse Meer durchschifft und tragen selbst den Blitz der Götter in ihren Händen. Sie führen auch gewisse Ungeheuer mit sich, die so schnell sind, dass kein Gedancke es begreifen kann".

Die Auszierung des Librettos mit derartigen Details erhöht die Wahrscheinlichkeit der erzählten Handlung insgesamt – und damit auch diejenige des Charakters der Spanier. Dass sie und mit ihnen der Katholizismus an sich diskreditiert werden sollten, deutet Friedrich selbst in einem Brief an seine Schwester, die Markgräfin Wilhelmine von Bayreuth, an: „Sie werden spüren, dass ich für Montezuma Interessen wecken werde, dass Cortez der Tyrann sein wird, und dass man folglich, auch in der Musik, einige Spitzen gegen die Barbarei der Christlichen Religion anbringen kann". Friedrich praktizierte in Preußen bekanntlich eine Politik religiöser Toleranz, die hier gegen den restriktiven Katholizismus ausgespielt wird.

Einen konkreten politischen Hintergrund für diese Attacke kann man zudem in der angespannten Lage am Vorabend des Siebenjährigen Krieges erkennen, der nur ein Jahr nach der Uraufführung des „Montezuma" ausbrechen sollte. Kaiserin Maria Theresia rüstete bereits zu einem Angriff auf Preußen zur Rückeroberung Schlesiens, das Friedrich zuvor annektiert hatte. Die allgemeine Parallelisierung von Montezumas und Friedrichs Amtsauffassung wird also unmittelbar auf politischer Ebene fortgesetzt: In beiden Fällen wird ein „gutes" Regime durch eine katholische Macht bedroht; während Montezuma jedoch Opfer seiner eigenen Güte wird und damit seine Untertanen mit sich ins Verderben reißt, leitet Friedrich implizit für sich die Notwendigkeit zum entschlossenen Handeln ab und legitimiert damit indirekt seinen Angriffskrieg gegen die sächsisch-habsburgische Allianz.

Diese ideologische Überhöhung Montezumas, die aus dem „Wilden" eine moralisch über den Spaniern stehende Idealfigur werden lässt, setzte sich auf szenischer Ebene fort. Die einzige erhaltene Bildquelle zu den Berliner Aufführungen zeigt Montezuma im Gespräch mit Eupaforice im Gefängnis seines Palastes (Abb. 2). Die aufwendige Architektur weist keinerlei exotische Elemente auf, sondern erinnert im Gegenteil eher an eine mittelalterliche Burganlage. Die beiden Mexikaner sind schlecht zu erkennen, jedoch beschränkt sich ihre ikonographische Charakterisierung auf den obligatorischen Federschmuck an Kopf und Hüften und erscheint in hohem Maß sublimiert. Insbesondere Eupaforice ist von einer europäischen Hofdame kaum zu unterscheiden.

Auf musikalischer Ebene erfährt diese Stilisierung eine bemerkenswerte Vollendung. Auch hier fehlen jegliche Exotismen, Spanier und Mexikaner sprechen musikalisch prinzipiell dieselbe Sprache. Auffallend ist jedoch, dass die Mexikaner, v.a. Montezuma und Eupaforice, formal geschlossene, dem Stil der Opera Seria entsprechende Arien von teilweise erheblicher Länge zu singen haben, während die Spanier recht kurze, im Aufbau uneinheitliche Gesangsnummern erhalten. In einem weiteren Brief an besagte Schwester deutet Friedrich an, dass der Komponist Carl Heinrich Graun diese Gestaltung auf seinen ausdrücklichen Wunsch hin vornahm: „Die Mehrzahl der Arien soll kein Dacapo enthalten, nur die beiden Arien des Kaisers und der Eupaforice sind dafür vorgesehen". Mit „Dacapo" ist eine traditionell gängige Wiederkehr des Anfangsabschnitts gemeint. Das Zivilisationsgefälle erscheint also auch auf der zentralen musikalischen Ebene verkehrt.

Der Berliner „Montezuma" hatte zwar offenbar recht großen Erfolg und wurde 1771 wiederaufgeführt, jedoch scheint die Oper außerhalb Berlins nicht gespielt worden zu sein. Somit blieb es bei diesem einzigen Beispiel einer spezifisch deutschen Auseinandersetzung mit dem Aztekenkaiser auf der Opernbühne. Zehn Jahre später trat Moctezuma dann in den Versen von Cigna-Santi von Turin ausgehend seinen Siegeszug durch Italien an und gelangte in dieser Form sogar auch in deutschsprachiges Gebiet: 1785 bearbeitete Joseph Haydn eine Vertonung von Zingarelli für den Hof der Esterházy im heutigen Ungarn. Dass man hier, mitten im österreich-ungarischen Kernland, das negative Montezuma-Bild dieses Librettos favorisierte, verwundert kaum. Bedauerlicherweise haben sich jedoch keine Zeugnisse über die konkreten Motive für die Stückwahl oder seine Rezeption erhalten.

Eine nachhaltig politisierte Version des Stoffes, nun jedoch mit vollkommen entgegengesetzten Intentionen, markiert dann bereits die Phase einer sich wandelnden politischen Ordnung in Europa: Gasparo Spontini schrieb seinen „Fernand Cortez" 1809 für Paris und betrieb eine ebenso einseitige Heroisierung des Spaniers mit dem Zweck, Napoleons Spanien-Feldzug zu legitimieren. Mit dem Erfolg dieser Oper gerade im deutschsprachigen Gebiet setzte sich endlich ein breiteres Mexikointeresse auf der Opernbühne durch, das eine Reihe von Werken mit mexikanischem Schauplatz zeitigte. Parallel dazu wuchs auch das Interesse an der indigenen mexikanischen Musikkultur, wie der 1827 erschienene Aufsatz „Zustand der Musik in Mexiko" von Carl Christian Sartorius zeigt. Insofern erweist sich das Wirken

Abbildung 2: Carl Friedrich Fechhelm, Bühnenbild zum dritten Akt von Carl Heinrich Grauns „Montezuma"
nach dem Libretto von Friedrich II., Berlin wohl 1771

Alexander von Humboldts als Initialzündung für eine Auseinandersetzung mit Mexiko auch und gerade auf musikalischem Gebiet in Deutschland.

Literaturhinweise

Marion FÜRST, Mit Federschmuck und Friedenspfeife. Der Amerikaner in der europäischen Oper des 17. und 18. Jahrhunderts, in: Musica 47 (1993), S. 21–24.

Jacques JOLY, Les ambiguités de la guerre Napolienne dans Fernand Cortez de Spontini, in: La Bataille, l'armée et la gloire. Actes du Colloque de Clermont-Ferrand 1983. Clermont-Ferrand 1985, S. 239–254.

Heinz KLÜPPELHOLZ, Die Eroberung Mexikos aus preußischer Sicht. Zum Libretto der Oper „Montezuma" von Friedrich dem Großen, in: Albert GIER (Hrsg.), Oper als Text. Heidelberg 1986, S. 65–85.

Jürgen MAEHDER, Mentalitätskonflikt und Fürstenpflicht. Die Begegnung von mittelamerikanischem Herrscher und Conquistador auf der barocken Opernbühne, in: Michael WALTER (Hrsg.), Text und Musik. Neue Perspektiven der Theorie. München 1992, S. 131–179.

Klaus PIETSCHMANN, Ein Kaisermord? Montezuma auf der Opernbühne, in: Schweizer Jahrbuch für Musikwissenschaft, N.F. 28/29 (2008/09), S. 29–54.

Andrea SOMMER-MATHIS, Amerika im Fest und auf der Bühne im 16. und 17. Jahrhundert, in: Friedrich POLLEROSS/Andrea SOMMER-MATHIS (Hrsg.), Federschmuck und Kaiserkrone. Das barocke Amerikabild in den habsburgischen Ländern. Wien 1992, S. 127–161.

Christiane Sibille
Musik: Interkontinentale Verflechtungen

Schon kurze Zeit, nachdem Japan am 11. März 2011 von einem schweren Erdbeben mit anschließendem Tsunami getroffen wurde, fanden sich überall auf der Welt Musiker zu Benefizkonzerten zusammen. Besonders auffallend waren hierbei die zahlreichen engen Vernetzungen im Bereich der „klassischen" Musik. Zwei Tage nach dem Beben brach das Bach Collegium Japan zu Konzerten in die USA auf, um Bachs h-Moll-Messe aufzuführen. Der aus Indien stammende Dirigent Zubin Mehta war zur Zeit des Bebens mit dem Teatro del Maggio Musicale Fiorentino im Rahmen einer Welttournee zur Erinnerung an den 150. Jahrestag der Einigung Italiens in Tokyo und spielte in den folgenden Konzerten zum Gedenken an die Opfer Johann Sebastian Bachs „Air" aus der 3. Orchestersuite BWV 1068. Neben Bach dominierte ein weiterer deutscher Komponist die Programme der Benefizkonzerte: Beethoven, insbesondere seine 9. Symphonie, mit ihrem Schlusschor, der Vertonung von Schillers Ode „An die Freude". Vier Wochen nach dem Beben dirigierte Mehta die 9. Symphonie in Tokyo mit einem der größten japanischen Orchester, dem NHK-Symphony Orchestra. In Düsseldorf, Sitz der drittgrößten japanischen Auslandsgemeinde, erklang Beethovens Neunte unter der Leitung des Dirigenten Yutaka Sado, der ebenfalls während des Unglücks in Japan war.

Warum gerade Beethoven? Bei näherer Betrachtung hat dies weder mit einer universalistischen Utopie noch mit eurozentrischer Hybris zu tun, sondern resultiert aus einer langen, allerdings selten berücksichtigten historischen Entwicklung. Die Facetten dieser Erinnerung an Beethoven in Japan werden in jüngster Zeit immer stärker auch in Europa wahrgenommen: Die Geschichte der ersten Aufführung der Neunten in Japan durch ein deutsches Kriegsgefangenenorchester im Jahr 1918 wurde 2006 verfilmt, die jährlich zum Jahreswechsel stattfindenden Konzerte, bei denen oft auch Laien mitsingen können, werden in Europa durch Reportagen begleitet, und zahlreiche Detailstudien widmen sich dem Transfer europäischer Musik nach Japan. Wir müssen uns also mit einer Situation auseinandersetzen, die einerseits einen Import von europäischer Musik nach Japan, aber nicht minder einen Reimport von Japan nach Europa zu berücksichtigen hat. Dieser und ähnliche Transferprozesse, gegenseitige Beeinflussungen und Verflechtungen sollen im Folgenden untersucht werden. Aushandlungsprozesse im Sinne von Akzeptanz und Ablehnung müssen die Analyse ergänzen.

Die Idee einer „Musik des Abendlands"

Will man europäische Musik als klingende Erinnerung auf ihrem Weg aus Europa heraus verfolgen und die oftmals gewandelten Reimporte nach Europa erkennen, so stellt sich zunächst die Frage, was überhaupt europäische Musik ist. Neben vielen anderen möglichen Aspekten sollen hier zwei grundlegende Faktoren herausgegriffen werden, die zu weiteren Überlegungen anregen sollen.

Der erste Faktor ist das verwendete musikalische Material und seine Organisation. Die Anordnung von Klängen in Oktavtonleitern und deren Unterteilung in zwölf Halbtonschritte, die Unterscheidung von Dur und Moll, die Konstruktion harmonischer Bezugssysteme durch Intervalle, Akkorde und Funktionen (z. B. Tonika, Dominante, Subdominante) entwickelte sich im Rahmen eines eng vernetzten innereuropäischen Austauschs seit dem

Mittelalter zum Standard. Die sich seit dem 19. Jahrhundert etablierende und ebenfalls vernetzte europäische Musikwissenschaft erforschte und beschrieb diese Phänomene und entwickelte den Begriff des „abendländischen Tonsystems". Im Wechselspiel von theoretischer Entwicklung und praktischer Verwendung entstand außerdem das heute übliche europäische Notationssystem, das den Bedürfnissen der Musik folgte, indem es neben den schließlich fünf Linien im Terzabstand zahlreiche Schlüssel, Vorzeichen und Akzidenzien integrierte. Geleitet wurde die zunehmende Verfeinerung der Notenschrift von einer gleichzeitig stattfindenden Emanzipation der Idee des musikalischen Kunstwerks. Während ältere Formen der europäischen Notation noch stärker als Gedächtnisstützen in konkreten Aufführungssituationen dienten und an diese gebunden waren, verlangte spätestens im 19. Jahrhundert die so genannte „absolute" Musik danach, möglichst genau alle wichtigen kompositorischen Details zu fixieren, damit das musikalische Kunstwerk unabhängig von seiner Aufführung unverändert tradiert werden konnte.

Als zweiter Faktor entwickelten sich neben diesen innermusikalischen Ordnungsvorstellungen außermusikalische Klassifizierungssysteme, die ebenfalls von grundlegender Bedeutung für das europäische Musikverständnis wurden, wobei sich auch hier einerseits eine Loslösung von Musik aus ihrem ursprünglich funktionellen Kontext, andererseits eine deutliche Standardisierungstendenz feststellen lässt. Während sich z. B. hinter dem Begriff „Suite" ursprünglich die Kombination verschiedener Tänze verbarg, löste sich die Form zunehmend von der konkreten Situation des Tanzes, so dass nur noch Satzbezeichnungen und Stilelemente an die Herkunft erinnerten und schließlich dieser Bezug weitgehend verloren ging. Die Kombination von schnellem und langsamem Satz beeinflusste jedoch zwei der berühmtesten europäischen Gattungen: die Sonate und die Symphonie.

Angeführt wird die Liste möglicher musikalischer Ordnungskategorien durch chronologische Zuordnung in Epochen, systematische Zuordnung in Gattungen, durch die Unterscheidung zwischen geistlicher und weltlicher, vokaler und instrumentaler Musik. Seit der zweiten Hälfte des 18. Jahrhunderts wurde ein deutlicher Trend weg von einer funktionellen hin zu einer innermusikalischen Zuordnung erkennbar, die versucht, dem Charakter der Komposition als Werk gerecht zu werden. Aber kaum ein Kriterium hat die europäische Musikgeschichtsschreibung so stark geprägt wie die Unterscheidung zwischen „Kunst-" und „Volksmusik" oder zwischen E-Musik und U-Musik, d.h. zwischen „E"rnster und „U"nterhaltungsmusik. Wie auch immer diese beiden Bereiche benannt wurden, aus wissenschaftlicher Perspektive war das „andere" meist die Musik, die nicht in das Gesamtkonzept westlicher Musik passte: Musik, die beispielsweise mündlich und nicht schriftlich tradiert wurde, sich nicht in das Korsett einer standardisierten Notation einbinden ließ und an anderen Orten als Kirche und Konzertsaal stattfand.

Die Kombination aus diesen heute in Europa geläufigen Ordnungskategorien mit der Vorstellung eines europäischen Tonsystems bildet einen wichtigen Baustein bei der Konstruktion einer gemeinsamen europäischen Musikkultur und einen bedeutenden Referenzpunkt bei der Analyse globaler Transfer- und Rezeptionsprozesse. Die folgenden drei Beispiele sollen veranschaulichen, wie in diesem Kontext Musik aus Europa exportiert, außerhalb Europas – hier in Japan, den USA und Argentinien – rezipiert und schließlich nach Europa reimportiert wurde.

Japan – Musik mit Technik

Im März 1879 unterzeichnete Luther Whiting Mason, ein Musikerzieher aus Boston, einen neuen Arbeitsvertrag. Für die kommenden zwei Jahre sollte er die USA verlassen und in Tokyo dabei helfen, ein neues Konzept für den staatlichen Musikunterricht zu entwerfen. Mason schien für diesen Auftrag perfekt geeignet: Seit vielen Jahren hatte er versucht, insbesondere den Gesangsunterricht für Kinder und Jugendliche zu verbessern. Sein System, das auf pädagogischen und musikalischen Vorbildern aus Europa beruhte, setzte darauf, den Schülern Ton für Ton die Notenskalen und Rhythmen zu vermitteln. In Japan übersetzte Mason seine Notentafeln, die den Lehrer im Unterricht unterstützen sollten, führte eine vereinfachte Nummern-Notation ein und wandelte die in Europa üblichen Solmisationssilben do-re-mi-fa-so-la-si um in hi-fu-mi-yo-i-mu-na. In den 1880er Jahren erschienen schließlich mehrere staatlich geförderte Liederbücher, darunter „Shôgaku shôkashû shohen" (Lieder für die Grundschule, Bd. 1) oder „Yôchien shôkashû" (Lieder für den Kindergarten). Innerhalb eines Jahres wurden davon etwa tausend Exemplare verkauft. Sie enthielten sowohl westliche Lieder, denen japanische Texte hinzugefügt worden waren, als auch Neukompositionen von *gagaku*- und *koto*-Liedern. So entspricht die Melodie des heute noch bekannten Lieds „Chôcho" weitgehend der Melodie von „Hänschen klein", das in Amerika unter dem Titel „Lightly Row" verbreitet war. Ein anderes Lied, „Kira Kira Boshi", wurde auf die gleiche Melodie wie das englische „Twinkle Twinkle Little Star" gesungen, das wiederum die Melodie bereits von einem anderen Lied übernommen hatte: dem französischen Volkslied „Ah! Vous dirai-je, maman" – vielen Klavierschülern bekannt durch die Variationen, die Wolfgang Amadeus Mozart darüber komponiert hatte.

Mit dem Interesse an westlicher Musik in Japan stieg auch der Bedarf an westlichen Musikinstrumenten. Neben Klavier und Geige verbreitete sich im 19. Jahrhundert zunächst das Harmonium, das als besonders pflegeleicht galt. 1887 soll Torakusu Yamaha seine Faszination für dieses Instrument entdeckt haben. Zwar wurde er kein Musiker, gründete aber kurze Zeit später seine eigene Instrumentenfirma, der er seinen Namen gab und die, gemeinsam mit ähnlichen asiatischen Firmen, durch maschinelle Massenproduktion dafür sorgte, dass auch in Europa der Kauf eines Musikinstruments erschwinglich wurde. 1969 war Japan der größte Klavierproduzent der Welt. Darüber hinaus engagierte sich Yamaha als Unternehmen unter anderem in Europa bei der Einrichtung von Musikerziehungsprojekten und sorgte damit nicht nur für eine Erweiterung des eigenen Absatzmarktes, sondern trug auch dazu bei, dass der Gedanke einer möglichst breiten musikalischen Erziehung aus Japan (wieder zurück) nach Europa transferiert wurde.

Noch enger ist Shinichi Suzuki mit der Einführung japanischer Unterrichtsmethoden in Europa verknüpft, der „Erfinder" der Suzuki-Methode, dessen Vater Masakichi Suzuki zu den Pionieren der industriellen Geigenproduktion in Japan gehört. Im 1. Band der heute weit verbreiteten Suzuki Violin-Schule finden sich gleich zu Beginn auch die beiden genannten Lieder „Twinkle, Twinkle Little Star" und „Lightly Row".

Die Gründung der Tokyo School of Music im Jahr 1887 stellte einen weiteren wichtigen Schritt bei der Etablierung westlicher Musik in Japan dar. Anders als die Initiatoren dies geplant hatten, war das Interesse der Schüler für japanische Musik vergleichsweise gering, die meisten Absolventen hatten sich auf westliche Musik spezialisiert. Ihre westlich orientierte Ausbildung nutzten viele, um in Europa oder den USA als Musiker zu arbeiten, wobei sie meist in Unterhaltungsorchestern ein bescheidenes Auskommen hatten. Nur selten war es ihnen möglich, Erfolge zu feiern, und diese gingen meist einher mit einer gezielten Exotisierung der japanischen Interpreten, wie beispielsweise der Starrummel um die an der Tokyo

School of Music ausgebildete Sängerin Tamaki Miura zeigt, die zwischen 1915 und 1920 als Cio-Cio San in Puccinis Oper „Madame Butterfly" auftrat: von London über Boston, New York, nach San Francisco und Chicago, in Monte Carlo, Barcelona, Florenz und Rom. Nahezu einstimmig erfreuten sich die Kritiker am exotischen Charme Miuras und bescheinigten ihr Authentizität; ebenso einstimmig sprachen sie ihr und ihrer Stimme aber auch jede Fähigkeit zur westlichen Interpretation der Musik ab. Damit war Miura eine der ersten, die sich einer europäischen Stereotypisierung asiatischer Musiker stellen musste. Die Exotisierung ist im Verlauf des 20. Jahrhunderts einer zunehmenden Reduzierung auf technische Fähigkeiten gewichen, wobei fast ostentativ der Mangel an vermeintlich westlichem Einfühlungsvermögen bis heute immer wieder betont wird: „Es scheint, dass dieses Musizieren kein Werden kennt, sondern nur ein starres, überraschungsloses Sein. Bach, Schubert, Chopin wirken stilistisch und historisch austauschbar", schreibt etwa die „Süddeutsche Zeitung" im April 2011 über ein Konzert des chinesischen Pianisten Lang Lang. Filme wie der mit einem Oscar prämierte „From Mao to Mozart", in dem Isaac Stern nach China reist, um junge Musiker zu unterrichten und ihnen zu erklären, was Komponisten sich in ihren Werken dachten, verfestigten diese Vorurteile zusätzlich.

Eine viel versprechende Alternative zu explizit westlich-klassisch ausgerichteten Bereichen scheint für viele asiatische Musiker daher der Bereich des historischen oder kulturellen *cross-overs* zu sein. Mitte der 1990er Jahre erlangte die damals als Wunderkind gefeierte Geigerin Vanessa Mae mit einer Pop-Version von Bachs Toccata und Fuge d-Moll BWV 565 medialen Ruhm. Gänzlich anders ausgerichtet ist das Silk Road Project, das Ende der 1990er Jahre von dem Cellisten Yo-Yo Ma initiiert wurde. Das Ensemble vereinigt nicht nur Musiker unterschiedlicher kultureller Herkunft zu Konzerten auf der ganzen Welt, sondern versucht durch Workshops und Publikationen ein Bewusstsein für kulturübergreifende Austauschprozesse zu wecken. Anders als in ähnlichen Projekten steht nicht die Gegenüberstellung klar definierter Kulturen und ihrer Geschichte im Mittelpunkt, sondern „to maintain the integrity of art rooted in authentic traditions while nourishing global connections".

Americans in Paris –
Die Anfänge amerikanischer Orchestermusik in Europa

Im Sommer 1931 wurde den Besuchern der Pariser Kolonialausstellung etwas ganz Besonderes geboten. Anders als bei bisherigen Weltausstellungen hörten sie nicht „fremde" Klänge, die von exotisch anmutenden Interpreten aufgeführt wurden: Finanziert durch Charles Ives, damals als Komponist noch eher unbekannt, dafür als Versicherungsunternehmer umso erfolgreicher, hatte die Pan-American Association of Composers ein Programm mit Werken junger amerikanischer Komponisten zusammengestellt, das in Europa von dem aus Russland in die Vereinigten Staaten emigrierten Dirigenten Nicolas Slonimsky dirigiert werden sollte. Während in den USA europäische Komponisten, Musiker und Dirigenten das Konzertleben dominierten, waren Aufführungen amerikanischer Kompositionen in Europa noch selten. Vieles an den Konzerten erinnerte an ein typisch „europäisches" Setting: Es spielten europäische Musiker unter Leitung eines aus Europa stammenden Dirigenten ein Konzert mit Kompositionen, die mit Titeln wie „Suite" oder „Ballett" ihre Nähe zum europäischen Repertoire deutlich machten. Die Musik selbst brach jedoch auf unterschiedliche Weise mit der europäischen Tradition, „Three Places in New England" von Charles Ives unter anderem durch fast schon collageartiges Zitieren populärer amerikanischer Lieder. Adolph Weiss, der erste amerikanische Schüler Arnold Schönbergs, ließ in „American Life" Jazzelemente in den

Orchesterklang einfließen, und die „Suite de La Rebambaramba" des kubanischen Komponisten Amadeo Roldan, als Ballett komponiert, integrierte südamerikanische Rhythmen und Schlaginstrumente und spielte in den Satzbezeichnungen auf kubanische Traditionen an.

Doch die amerikanischen Kompositionen stießen nicht unbedingt auf offene Ohren. Die Kritiken waren überwiegend zurückhaltend und versuchten, eine Grenze zwischen „Alter" und „Neuer Welt" zu ziehen. Dort, wo sich die Komponisten deutlich an europäischen Vorbildern orientierten, konnten sie, so die Meinung der Kritiker, deren Qualität nicht erreichen. Je weiter sich die Kompositionen jedoch von den Regeln des europäischen Kanons entfernten oder amerikanische Klischees bedienten, umso leichter fiel es den Rezensenten, ihnen einen eigenständigen Charakter zuzusprechen.

Trotz dieser Bemühungen, amerikanische Komponisten in Europa zu fördern, sind viele der Namen heute wieder vergessen. Erinnert und in die Konzertprogramme aufgenommen werden jedoch diejenigen, die es geschafft haben, europäische Projektionen auf Amerika in ihre Werke zu integrieren und populäre Elemente in den Bereich der Orchestermusik aufzunehmen. Am deutlichsten wird dies an den Beispielen von George Gershwin und Leonard Bernstein. Gershwins „Rhapsody in Blue" (1924) kombinierte, wie der Titel bereits andeutet, die europäische Vorstellung einer Rhapsodie mit Jazzelementen. „An American in Paris" (1928), als symphonische Dichtung konzipiert, erforderte Autohupen im Orchestergraben. Bernstein, der mit seinen populären Fernsehsendungen „Young People's Concerts" einen wichtigen Beitrag zur Verbreitung „klassischer" europäischer Musik in den USA geleistet hat, legte mit seinem Musical „The Westside Story", das die Geschichte von Romeo und Julia in die Einwandererszene des New York der 1950er Jahre überträgt, den Grundstein für die Verbreitung von Musicals in Europa.

Südamerika – Volkstänze im Wandel

Zu den Dingen, die europäische Auswanderer des 19. Jahrhunderts in ihre neue Heimat mitnehmen konnten, gehörte die Musik ihrer Heimat, ihre Lieder, Tänze und oftmals auch ihre typischen Instrumente. Vermutlich kam es bereits auf der langen Überfahrt zu ersten Kontakten mit neuen Liedern und weniger vertrauten Melodien. Darüber hinaus waren die schnell wachsenden Städte, beispielsweise Argentiniens, wahre musikalische Schmelztiegel. Hier mischten sich starke afroamerikanische Einflüsse schon bald mit Ländlern und Walzern aus den deutschsprachigen Gebieten, mit polnischen Mazurken und der böhmischen Polka. Musiziert wurde auf den Instrumenten, die man kannte, mit Violinen, Flöten und Gitarren, aber auch mit dem Klavier und auf dem Bandoneon. Die Tänze, die zunächst wenig standardisiert waren und vielfältige Wandlungen durchliefen, hießen Habanera, Milonga oder Maxixe. Unter *einem* Namen trat der südamerikanische Tanz aber einen Siegeszug um die Welt an: Tango. Damit der Tango seinen Weg von den Bars und Nachtclubs Argentiniens in die europäischen Ballhäuser finden konnte, wurde er jedoch zunehmend standardisiert und angepasst. Tanzlehrer in Paris und London brachten ihren bürgerlichen Kunden „entschärfte" Schritte bei, die Musik wurde in Notendrucken und Tonaufnahmen verbreitet, und schließlich befassten sich auch Wissenschaftler mit dem Phänomen und erinnerten Tango-Gegner daran, dass die mittlerweile anerkannten europäischen Balltänze, wie der Walzer oder die Polka, ihre Ursprünge auch in den einfacheren Bevölkerungsschichten gehabt hätten. Der Erfolg des Tangos in Europa hatte wiederum Rückwirkungen auf seine gesellschaftliche Rolle in Argentinien. Nach dem Ersten Weltkrieg fand der Tango hier nun auch seinen Weg aus den ärmeren Quartieren in die Oberschicht. Dort angekommen, setzte eine Mystifizierung seiner gesellschaftsübergreifenden Verbreitung ein: als Tanz, der Elemente vieler Einwandererkulturen verband, wurde er so sehr zum nationalen Symbol, dass er seine „Heimat" fortan als „Tango argentino" sogar im Namen trug. 2009 wurde der Tango von der UNESCO in die Liste des „Intangible Cultural Heritage of Humanity" aufgenommen. Dem globalen und grenzüberschreitenden Charakter des 21. Jahrhunderts entsprechend bewarben sich Argentinien und Uruguay gemeinsam um diese prestigeträchtige Auszeichnung und betonten: „Tango is an example of a cultural sedimentation's process and it constitutes by itself, along its different stages, an exceptional example of social transformation across time".

Die Zukunft der Erinnerung

Die Beispiele aus Asien, Süd- und Nordamerika reichten zeitlich mindestens in die erste Hälfte des 20. Jahrhunderts zurück. Vergleichbare Austauschprozesse zwischen Afrika und Europa sind in diesem Zeitraum selten. Es gibt viele Beispiele für den Export europäischer Musik nach Afrika – man denke nur an den Einfluss von Militärkapellen, den missionarischen Einsatz der Kirchenmusik oder die nach westlichem Vorbild komponierten Nationalhymnen. Umgekehrt hat sich auch afrikanische Musik in Europa immer weiter verbreitet. Trotzdem ist in Europa eine Erinnerungskultur an eine gemeinsame europäisch-afrikanische Verflechtung, die ohne den Umweg über Amerika auskommt, bisher noch kaum vorhanden. Ein Grund hierfür könnte der in vielen afrikanischen Staaten bis in die 1960er Jahre andauernde koloniale Status und eine damit einhergehende einseitig ethnologische Perspektive des Westens sein. Im Gegensatz dazu konnten selbständige Staaten wie Argentinien oder Japan aktiv Kulturdiplomatie betreiben und gezielt transnationale Austauschprogramme entwickeln. Seit den 1980er Jahren trat neben den ethnologisch-wissenschaftlichen Zugriff auf afrikanische Musik ein folkloristischer, zunehmend auch kommerziell interessierter Markt. Unter dem nicht unumstrittenen Oberbegriff „Worldmusic" wurden nicht nur afrikanische Stücke vermarktet, sondern ein Großteil der Musik, die aus europäischer Perspektive unter den Rubra nicht-westlich oder westlich, aber traditionell/folkloristisch zusammengefasst werden konnten. Ergänzt wurden diese Produktionen durch zahlreiche cross-over-Projekte, die „klassische" westliche Musik oder kommerziell erfolgreiche Popmusik mit außereuropäischen Elementen verknüpften. Ermöglicht wurde diese neue Form des musikalischen Austauschs durch neue technische Entwicklungen. Die Einführung digitaler Aufnahmetechniken am Ende des 20. Jahrhunderts hat die Möglichkeiten, wie Musik neu zusammengestellt werden kann, nahezu unbegrenzt werden lassen. Musiker müssen für Aufnahmen nicht mehr zusammenkommen, Musik muss nicht mehr in das strenge Schema einer Notation gefasst werden, und bereits eingespielte Aufnahmen sind beliebig veränderbar. Es genügt, dass eine Person an irgendeinem Ort auf der Welt am Computer Klänge zusammenführt, die dann wiederum allen anderen Web-Nutzern zur Verfügung gestellt werden können. Somit markiert die Einführung des Begriffs „Worldmusic" nicht nur einen Wandel in der Wahrnehmung nicht-westlicher Musik, sondern auch einen Wandel in der Form des musikalischen Austauschs: Im Mittelpunkt stehen nicht mehr bilaterale Transferprozesse, die als solche auch identifiziert werden können, sondern zunehmend hybride Formen mit globaler Ausrichtung, in denen europäische Musik auch eine marginale Rolle spielen kann. Wie diese Musik aus einer europäischen Perspektive künftig erinnert wird, bleibt abzuwarten.

Literaturhinweise

Esteban BUCH, Beethovens Neunte. Eine Biographie. Berlin 2000.

J. Peter BURKHOLDER, Museum Pieces. The Historicist Mainstream in Music of the Last Hundred Years, in: The Journal of Musicology 2 (1983), S. 115–134.

Matthew GELBART, The Invention of „Folk Music" and „Art Music". Emerging Categories from Ossian to Wagner. Cambridge/New York 2007.

Jessica GIENOW-HECHT, Sound Diplomacy. Music and Emotions in Transatlantic Rrelations, 1850–1920. Chicago 2009.

Mattias HIRSCHFELD, Beethoven in Japan. Zur Einführung und Verbreitung westlicher Musik in der japanischen Gesellschaft. Hamburg 2005.

Neues Handbuch der Musikwissenschaft, 13 Bde., hrsg. von Carl DAHLHAUS, nach dessen Tod fortgeführt von Hermann DANUSER. Laaber 1989–1995.

Carol J. OJA, Berlin 1931. Notes on the Program Sunday, January 21, 2001 (Amercian Composers Orchestra), online unter: http://www.americancomposers.org/notes20010121.htm (12.8.2011).

Ramón PELINSKI, Tango nomade. Études sur le tango transcultural. Montréal/Québec 1995.

Martin STOKES, Music and the Global Order, in: Annual Review of Anthropology 33 (2004), S. 47–72.

Mina YANG, East Meets West in the Concert Hall. Asians and Classical Music in the Century of Imperialism, Post-Colonialism, and Multiculturalism, in: Asian Music 38 (2007), S. 1–30.

János Riesz
Der literarische Spiegel: Afrika und Europa

Als Léopold Senghor 1948 seine Anthologie der „Neger"-Dichtung beider Hemisphären veröffentlichte, schrieb Jean-Paul Sartre in dem berühmten Vorwort, „Orphée Noir", dem Gründungsmanifest der Négritude-Bewegung, das sich vor allem an weiße Leser wandte: „Was habt ihr denn erwartet, als ihr den Knebel wegnahmt, der die schwarzen Münder verschlossen hielt? Dass sie euer Lob anstimmen würden? Habt ihr denn geglaubt, in diesen Köpfen, die unsere Väter bis zum Boden niederdrückten, in ihren Augen eure Anbetung zu lesen, wenn sie sich einmal aufrichten würden? Hier stehen Menschen vor uns, die uns anschauen, und ich wünsche euch, dass auch ihr wie ich mit Bestürzung fühlt, wie es ist, wenn man angeschaut wird. Der Weiße hat dreitausend Jahre das Privileg genossen, anzuschauen ohne angeschaut zu werden".

Mit diesen Formeln – „die Bestürzung, angeschaut zu werden" und „das Privileg, zu schauen, ohne angeschaut zu werden" – hat Sartre einen welthistorischen Vorgang auf den Begriff gebracht, der seinen stärksten Ausdruck in der afrikanischen Literatur in europäischen Sprachen im 20. Jahrhundert fand.

Zwar wurde dem Europäer nicht erst damit ein „schwarzer Spiegel" vorgehalten. Die afrikanischen Sprachen, Texte der oralen Literatur, bildliche Darstellungen und Skulpturen enthalten Begriffe und Darstellungen von Europäern, die von diesen nicht immer ein schmeichelhaftes Bild geben. Die Namen, welche die Kinder (und nicht nur sie) auf den Straßen der afrikanischen Städte den Weißen nachrufen – Toubab in Westafrika, Bunju in Zentralafrika, Nasara in Nigeria und im Niger –, sind keineswegs, wie die eitle Selbstgefälligkeit der Weißen oft zu glauben geneigt ist, Ausdrücke des Respekts und der Anerkennung europäischer Überlegenheit, sondern eher eine „sprachliche Form des Ausspuckens", wie der französische Lehrer und Sprachwissenschaftler Alain Gnemmi, der viele Jahre in Westafrika gelebt hat, formuliert, Zeichen eines diffusen, aber tief verwurzelten Ressentiments.

Afrika/Übersee in der europäischen Literatur seit dem 15. Jahrhundert

Der Eintritt der europäisch-sprachigen Literaturen Afrikas in die Weltliteratur gehört zweifellos zu den bedeutendsten weltliterarischen Prozessen des 20. Jahrhunderts. In den Jahrhunderten davor lag Afrika allerdings nicht gänzlich außerhalb des literarischen Horizonts der Europäer. Seit der griechisch-römischen Antike kannte man die an das Mittelmeer angrenzenden nordafrikanischen Länder bis nach Äthiopien hin, wenn auch oft nur in märchenhaft verzerrter Darstellung. Während des Mittelalters waren es vor allem arabische Reisende, die als Teilnehmer am transsaharischen Handelsverkehr oder als Mekka-Pilger Nachrichten und Berichte über den „Sudan", das Land der Schwarzen, bis hin zum Niger-Bogen lieferten. Der für Europa entscheidende Schritt für die „Entdeckung des schwarzen Afrikaners" (Urs Bitterli) wurde mit den Küstenfahrten der Portugiesen im 15. Jahrhundert getan, die bis zum Golf von Guinea vordrangen. Ein Werk, das über zwei Jahrhunderte den europäischen Blick auf den „schwarzen Kontinent" bestimmte, war die „Beschreibung Afrikas" des arabischen Geographen Leo Africanus, die – als Ergebnis mehrerer Reisen

– erstmals 1550 in Venedig in der von G. B. Ramusio herausgegebenen Sammlung „Delle navigationi et viaggi" erschien.

Die europäische Ausdehnung nach Übersee und der damit verbundene koloniale Traum (oder Albtraum) durchziehen als Thema die europäische Literatur von Camões' „Lusiades" (1572) bis zu Joseph Conrads „Heart of Darkness" (1899), Célines „Voyage au bout de la nuit" (1932) und den Romanen der Nobelpreisträger V. S. Naipaul und J. M. G. Le Clézio. Luis de Camões, der selbst an einer Fahrt nach Indien um das Kap der Guten Hoffnung teilgenommen hat, wählte die erste Umseglung des afrikanischen Kontinents durch Vasco da Gama als Handlungsrahmen seines Epos „Os Lusíades". Im fünften Gesang beschreibt er die Fahrt seiner Flotte entlang der afrikanischen Küste und erwähnt auch zwei frühe Zusammentreffen zwischen christlichen Händlern und der eingeborenen Bevölkerung Südafrikas, die das beiderseitige Misstrauen und Angstgefühle ebenso spiegeln wie die Neugier und die Lust zur Kommunikation und zum Tauschhandel, was aber letztlich an mangelnden Sprachkenntnissen scheitert: „Die Menschen, die in diesem Lande leben, / Auch wenn sie als Äthiopier zu uns drangen, / Zeigten sich von gesittetem Bestreben, / Ganz anders als die uns so schlecht empfangen. / Mit Tänzen und mit Festen voller Leben / Sind sie am Sandstrand auf uns zugegangen, / Mit ihren Frauen und mit ihrem Vieh, / Das auf der Weide fett und wohl gedieh. [...] Und sie, da freundlich ihre Mienen lachten, / Sich menschenwürdig gegen uns benahmen, / Und Hühner und auch Hammel zu uns brachten / Zum Tausch dafür, was sie von uns bekamen. / Da sie sich aber nicht verständlich machten, / Meine Gefährten nicht ein Wort vernahmen / Für unsrer Reise weiteren Verlauf, / Setzten wir Segel, holten Anker auf" (V, 62, 64).

Im spanischen Weltreich am Ende des 16. Jahrhunderts wird dieser Traum – in ironischer Brechung – in Cervantes' „Don Quijote" dem „Mann aus dem Volke" Sancho Pansa in den Mund gelegt. Als dieser Grund zu der Hoffnung hat, Don Quijote werde eine Prinzessin heiraten und Herrscher des großen Reiches Mikomikón werden, und er selbst dadurch in den Genuss einer ersehnten Statthalterschaft kommen, träumt er sich wie folgt in die neue Lage: „Nur das machte ihm Kummer, dass dies Königreich im Negerland läge und die Leute, die man ihm zu Untertanen gäbe, sämtlich Neger sein würden. Hierfür aber fand er alsbald in seiner Vorstellung ein gutes Mittel, und er sprach zu sich selber: Was liegt mir dran, ob meine Untertanen Schwarze sind? Was braucht's weiter, als sie aufs Schiff zu laden und nach Spanien zu bringen, wo ich sie verkaufen kann und man sie mir bar bezahlen wird? Und mit dem Gelde kann ich alsdann ein Gut, das den Adel verleiht, oder ein Amt kaufen, um davon all meine Lebenstage geruhsam zu leben" (Kap. 29).

Das Jahrhundert der Aufklärung

Nach den spanischen und portugiesischen Eroberungen des 15. und 16. Jahrhunderts kann man als zweite große Epoche der europäischen Entdeckungsreisen nach Übersee das Jahrhundert der Aufklärung und das 19. Jahrhundert ansehen. Die Reiseberichte liefern den Schriftstellern und „Philosophen" der Zeit das Material für Fiktionalisierungen der „Begegnung" zwischen Europäern und den Menschen anderer Erdteile, ebenso wie für geschichtsphilosophische Betrachtungen über Einheit und Verschiedenheit der Menschenrassen. So finden sich in den Berichten der Weltreisenden der zweiten Hälfte des 18. Jahrhunderts – der Franzosen Bougainville und Lapérouse oder der Deutschen Johann Reinhold und Georg Forster, die mit James Cook um die Welt fuhren – deutliche Spuren der physiokratischen Lehre und der in diesem Rahmen entwickelten „Zivilisations"-Theorie, deren Vorhandensein oder Abwesenheit zum Gradmesser der jeweiligen Entwicklung wird. Wenn etwa das Hinterland von Buenos Aires in Südamerika – trotz eines fruchtbaren Bodens und eines günstigen Klimas – nicht kultiviert wird, dann erscheint das dem Reisenden Lapérouse wie ein ungehörter „Schrei der Natur". Der Mensch im Naturzustand – so Lapérouse gegen die „Philosophen", die sich ihre Theorien „zuhause am Kaminfeuer" ausdenken – ist „barbarisch, bösartig und hinterlistig".

Bei Bougainville treffen in der Darstellung Tahitis zwei Glücksvorstellungen aufeinander, die alte von einem Leben ohne Schweiß und im Überfluss und die neue eines arbeitsamen, geordneten und eingezäunten Lebens in der Zivilisation. Das Innere der Insel Tahiti beschreibt er so: „Ich glaubte mich in den Garten Eden versetzt; wir gingen über eine grasbewachsene Ebene, auf der schöne Obstbäume wuchsen und die von kleinen Bächen durchzogen war […]. Eine zahlreiche Bevölkerung genießt hier die Reichtümer, welche die Natur mit vollen Händen über sie ausschüttet. Wir trafen auf Gruppen von Männern und Frauen, die im Schatten der Obstbäume saßen; alle grüßten freundlich; diejenigen, die uns auf dem Wege entgegenkamen, traten zur Seite, um uns vorbeizulassen; überall herrschte Gastfreundschaft, Frieden, eine sanfte Freude, und wir sahen alle Merkmale des Glückes".

Die topische Prägung des Passus fällt unmittelbar in die Augen: wir sind in einem Garten Eden, dem *locus amoenus* der bukolischen Dichtung, inmitten eines Lebens in Muße und heiterem Lebensgenuss. Doch anders als in der Pastorale setzen sich die Wanderer nicht zu den Einheimischen, um mit ihnen das Mahl zu teilen und die Zeit mit heiteren Gesprächen und Gesang zu verbringen. Vielmehr folgt auf die Paradieses-Szene unmittelbar eine, die man mit Fug „koloniale Urszene" nennen könnte. Bougainville schenkt dem Anführer der Tahitianer je ein Paar Enten und Truthühner und macht ihm den Vorschlag, „einen Garten nach unserer Art anzulegen": Ein dafür ausgesuchtes Terrain wird mit Palisaden eingezäunt, den Einheimischen werden Gartenwerkzeuge ausgeteilt, in deren Gebrauch sie unterwiesen werden: „Wir säten ihnen Weizen, Gerste, Hafer, Reis, Mais, Zwiebeln und Samen von Gemüsen aller Art". Mit der Hoffnung, „dass diese Pflanzungen gut gepflegt werden", verbindet sich auch die, dass die Eingeborenen längerfristig ihr Leben ändern werden, und dadurch auch die koloniale Perspektive, dass sie von einer selbstgenügsamen Wirtschaft der Subsistenz zu einer fremdbestimmten, vielleicht auch für fremde Märkte bestimmten Produktion finden werden.

Denis Diderot erweitert die Tahiti-Episode von Bougainvilles „Voyage autour du monde" um ein „Supplement", einen philosophischen Dialog, der für „natürlichere", von den Zwängen der Religion und der moralischen Gesetze befreite Beziehungen zwischen den Geschlechtern plädiert, oder – wie es der Untertitel ankündigt – „über den Unsinn, moralische Ideen mit körperlichen Handlungen zu verbinden, die dazu keine Veranlassung geben".

Denis Diderot war auch Co-Autor und wichtiger Beiträger der von Guillaume-Thomas Raynal herausgegebenen „Histoire philosophique et politique des établissements et du commerce des Européens dans les Deux Indes", die erstmals 1770 in sechs Bänden erschien, bis zur dritten Auflage (1780) auf zehn Bände anwuchs und mit 30 offiziellen Auflagen zu einem der erfolgreichsten Werke auf dem französischen und europäischen Buchmarkt des 18. Jahrhunderts wurde. Sie stellt die Geschichte der europäischen Kolonialreiche von der Entdeckung Amerikas bis zur Gegenwart als das entscheidende Menschheitsereignis der neueren Geschichte dar, durch das sich die Lebensverhältnisse der Europäer und aller Völker, die mit ihnen in Verbindung traten, radikal geändert haben. Der Afrika-Band, der die Handelsbeziehungen zwischen Europa, Afrika und Amerika darstellt, verurteilt den transatlantischen Sklavenhandel und kommt zu einer umfassenden Kritik der bisherigen Praxis kolonialer Eroberung und Ausbeutung, sowohl nach deren anthropologischen Voraussetzungen wie nach ihren ökonomischen Folgen. Die Geschichte des Sklavenhandels wird als

Resultat menschlicher Grausamkeit und Raffgier verurteilt. Im Ausblick auf eine zu erwartende zukünftige Kolonisierung Afrikas sollte das „Glück der Besiegten" als Richtschnur des Handelns dienen. Der radikal anklagende und pamphletäre Charakter der „Histoire des Deux Indes" führte mehrfach zum Verbot des Werkes, trug aber auch dazu bei, dass Raynal von der Französischen Revolution – neben Voltaire, Rousseau und Mably – zu einem ihrer Vordenker erklärt wurde und als „Weltbürger" und „Wohltäter der Menschheit" einen Platz in ihrem Pantheon fand.

Ein großer Afrika-Reisender: James Bruce (1730–1794)

Gegen Ende des Jahrhunderts beginnt dann auch das Zeitalter der großen Afrika-Reisenden. Zwischen 1790 und 1890 erscheinen die Berichte über die Entdeckungsreisen von James Bruce und Mungo Park, François Le Vaillant und René Caillié, Richard Burton und John H. Speke, David Livingstone und Henry Morton Stanley, Heinrich Barth und Gerhard Rohlfs, Georg Schweinfurth und Pierre Savorgnan de Brazza und vielen anderen, die den „dunklen Erdteil" dem europäischen Wissen und der kolonialen Eroberung erschließen. Wir wählen daraus das Beispiel eines Reisenden, den Alain Ricard in der Einleitung seiner umfangreichen Anthologie „Voyages de Découvertes en Afrique 1790–1890" den „Vorläufer und Archetypen des modernen Forschungsreisenden" nennt, den Schotten James Bruce, der zwischen 1768 und 1773 von Algerien aus durch Nordafrika über Ägypten und Nubien nach Äthiopien reiste, wo er sich von 1769 bis 1772 aufhielt: „Gleichzeitig Wissenschaftler und Abenteurer, überprüft er im Gelände, was er in den Büchern gelesen hat, und verlässt sich nur auf das, was er selbst vermessen und (aus den Texten) übersetzt hat; wie François de Vaillant, dessen ‚Voyages' im gleichen Jahr erscheinen, ist er bemüht, im Geist der Aufklärung die Rätsel der Geographie Afrikas und ihrer Menschen zu lösen".

Bruce' Reisebericht kann sowohl von seinen Voraussetzungen wie nach seiner Wirkung als ein (gesamt-)europäisches Ereignis angesehen werden. Er hat Grammatik und Wörterbuch der liturgischen Sprache der äthiopischen Christen, des Gez, des Deutschen Hiob Ludolf studiert und das Amharische, die wichtigste Verkehrssprache des Landes, gelernt; er kennt alle Einzelheiten der Geschichte Äthiopiens; er hat sich in Spanien mit der maurischen Vergangenheit des Landes vertraut gemacht und Arabisch gelernt, das er bei seinen späteren Tätigkeiten in Algier und in Ägypten bis zur Perfektion sprechen lernte; er hat in Rom Kontakt mit dort lebenden äthiopischen Mönchen aufgenommen, sich an vielen Orten in der ärztliche Kunst Kenntnisse erworben, die ihm mehr als einmal von großem Nutzen sein werden, kurzum: er hat sich in jeder möglichen Weise auf seine Reisen und seinen äthiopischen Aufenthalt vorbereitet.

Der aufklärerische Charakter seiner „Travels" wird am deutlichsten sichtbar, wenn man sie mit dem „Itinerario" des portugiesischen Jesuiten Jéronimo Lobo vergleicht, der das Land ca. 140 Jahre vor Bruce bereist hatte, dessen Bericht Bruce allerdings nur in einer gekürzten englischen Übersetzung kennt. Der Portugiese reist in der Gruppe mit anderen Jesuiten, und er sieht sich als Träger einer „Mission", er will nicht nur die Heiden und Muslime zum Christentum bekehren, sondern auch die äthiopischen Christen von ihrem „Schisma" befreien und zurück in den Schoß der katholischen Kirche führen. Ganz anders Bruce, der in seiner einleitenden Widmung an den König von England sehr selbstbewusst betont, dass er seine große Unternehmung allein durchgeführt hat und dazu keiner Flotte und keiner Armee bedurfte: „Alle Macht Großbritanniens wäre dabei von keinem Nutzen gewesen; und die bereisten Gegenden hatten so wenig Verbindung mit der übrigen Welt, dass nicht einmal der

Name des englischen Königs bis dahin gelangt ist". Das Selbstbewusstsein des Schotten James Bruce nährt sich aus der Erfahrung, alleine mit den zahlreichen Widrigkeiten der Reise fertig geworden zu sein und einen wichtigen Beitrag zur Mehrung des Wissens über bislang wenig erforschte Weltgegenden geleistet, dadurch zum „Fortschritt" der Menschheit beigetragen und insbesondere günstigere Voraussetzungen für den Handel mit dem „Orient" geschaffen zu haben.

Als literarisches Werk von über 3000 Seiten präsentiert sich Bruce' Reisebericht als eine wahre Enzyklopädie: Autobiographie im Sinn der Darstellung eines Lebensabschnitts, Forschungsreise mit einer Serie von Städtebildern und Ländermonographien, anthropologische Betrachtungen und ethnographische Darstellungen, geographische Landvermessung und Beschreibung der Beschaffenheit der Wege und Routen, Ratschläge zu Ernährung und Hygiene, Krankheiten und wie man sich dagegen schützt, Fauna und Flora, Habitat und Ruinen, religiöser Glaube und Aberglaube, Sitten und Gebräuche, Sprachen und Kulturen, Schönheiten der bereisten Gegenden und Gefahren, vor denen man sich in Acht nehmen muss, Begegnungen mit Menschen verschiedenster Herkunft und gesellschaftlicher Stellung. Sicher ist, dass das monumentale Werk zahlreiche Reiseberichte über Afrika im 19. Jahrhundert geprägt hat und für viele ein Vorbild war. David Livingstone nennt Bruce 1869 „den größten Reisenden von uns allen". Die deutsche Übersetzung in fünf Bänden von J. J. Volkmann erschien bereits 1790/91, mit einer Vorrede und Anmerkungen des Göttinger Anatomen und Rassentheoretikers Johann Friedrich Blumenbach; die erste französische Übersetzung von J. H. Castera erschien parallel 1790–1792 in einer 13-bändigen Ausgabe in London und in fünf Bänden in Paris. Gekürzte Ausgaben erschienen in allen drei Sprachen über das ganze 19. Jahrhundert und bis heute.

Erste Texte von Afrikanern –
Die Entdeckung einer „Neger"-Literatur

Am Ende des 18. und zu Beginn des 19. Jahrhunderts trat erstmals auch der Begriff einer von Afrikanern verfassten Literatur in den europäischen Horizont. Sie beginnt in den 1780er Jahren mit den sog. „Slave Narratives", Autobiographien von befreiten Sklaven, die im Umfeld der britischen Abolitionisten-Bewegung in London veröffentlicht wurden. Die vier bedeutendsten stammen aus der Feder von Ignatius Sancho, John Marrant, Olaudah Equiano (Gustavus Vassa) und Quobna Ottobah Cugoano. Der zuletzt Genannte darf als der radikalste Gegner der Sklaverei im 18. Jahrhundert angesehen werden. Um 1757 an der Goldküste geboren, wurde er 1770 gefangen und nach West-Indien in die Sklaverei verkauft. 1772 kam er nach England und wurde als „John Stuart" getauft und frei gelassen. 1784 kam er als Diener in das Haus des seinerzeit berühmten Maler-Ehepaars Richard und Maria Cosway, in dem er in Kontakt mit zahlreichen prominenten Künstlern, Schriftstellern und Politikern kam. Cugoano veröffentlichte 1787 seine „Thoughts and Sentiments of the Evil of Slavery". Nach seinem modernen Herausgeber Vincent Carretta (1999) enthält dieses „Pamphlet" (oder auch – wegen des biblischen Stils – „Jeremiade") „den direktesten und radikalsten Angriff gegen die Sklaverei, der jemals von einem englischsprachigen Autor afrikanischer Abstammung geführt wurde. Cugoano ist auch der erste anglophone afrikanische Historiker des Sklavenhandels und der Sklaverei und der erste Afrikaner, der den europäischen Imperialismus auf dem amerikanischen Kontinent kritisierte". Er vergleicht die Engländer seiner Zeit mit den Juden des Alten Testaments, „Gottes auserwähltes Volk, doch halsstarrig und ungehorsam". Statt in der Sklaverei – wie in der gewohnten Argumentation – das Resultat eines

Fluchs zu sehen, droht er den Engländern mit Gottes Fluch, wenn sie in ihrem schändlichen Tun fortfahren.

Zwanzig Jahre nach Cugoanos „Thoughts and Sentiments" erscheint das erste Buch, das von der „Literatur der Neger" handelt: „De la littérature des Nègres" (1808) des französischen Abbé Henri Grégoire, den Thomas Geider eine „Pionier- und Lichtgestalt für die aufgeklärte Kenntnis von schwarzen Menschen und ihrer Intellektualität im 18./19. Jahrhundert" nennt. Der Inhalt des Buchs wird durch den Untertitel der ein Jahr später erschienenen deutschen Übersetzung von Paul Usteri genauer umrissen: „Über die Literatur der Neger, oder: Untersuchungen über ihre Geistesfähigkeiten, ihre sittlichen Eigenschaften und ihre Literatur, begleitet von Notizen über das Leben und die Schriften derjenigen Neger, die sich in Wissenschaften und Künsten auszeichneten". Die „Literatur" im engeren Sinn wird nur in einem von acht Kapiteln behandelt. Davor geht es um die Bezeichnung „Neger" und die verschiedenen Ansichten über die schwarze Rasse. Grégoire vertritt hier die Theorie der Monogenese, der ursprünglichen Einheit des Menschengeschlechts, und ist um die Widerlegung der Theorie von der vorgeblichen Inferiorität der schwarzen Rasse bemüht, die auch im Gegensatz zur christlichen Lehre stehe. Dem entgegen werden an zahlreichen Beispielen die moralischen Qualitäten der Schwarzen entwickelt: Arbeitsliebe, Mut, Tapferkeit, Familiensinn, Großzügigkeit, Talent für die verschiedensten Wissenschaften und Künste. Dennoch ist es signifikant, dass gerade die Fähigkeit zur literarischen Schöpfung als Ausweis einer höheren Menschlichkeit an erster Stelle genannt wird. Hier verweist Grégoire nicht nur auf die erwähnten Autobiographien ehemaliger Sklaven, sondern – auf der Grundlage von Reiseberichten – auch auf die Existenz oraler literarischer Gattungen in Afrika selbst, deren spezielle Poetik und Rhetorik, die Verbindungen zur Musik und ihre gesellschaftliche Bedeutung, die sich in der Person berufsmäßiger „Griots" manifestiert, die der Autor mit mittelalterlichen Troubadours, Minnesängern und Minstrels in Parallele setzt.

Ebenso wie Raynals „Histoire des Deux Indes" war Grégoires „De la littérature des Nègres" das Ergebnis einer europaweiten (wenn man Amerika einbezieht: weltweiten) Kooperation, wie aus der einleitenden Widmung und Danksagung an über 200 Korrespondenten hervorgeht, an jene mutigen Männer, „die sich für die Sache der unglücklichen Schwarzen und Mischlinge eingesetzt haben, sei es durch ihre Schriften, sei es durch ihre Reden in politischen Versammlungen, sei es in den Vereinigungen für die Abschaffung des Sklavenhandels und ihrem Einsatz für die Befreiung der Sklaven und die Erleichterung ihrer Lebensbedingungen". Und wie im Fall Raynal kann man auch die weit reichenden Wirkungen von Grégoires Buch nicht hoch genug einschätzen. Für den Sommer 1817 fasste er sogar den Plan eines Weltkongresses, „der Talente, Imaginationen, profunde Gedanken und philanthropische Gesinnungen zur Formierung und moralischen Perfektionierung der allgemeinen Zivilisation und einer République des Lettres zusammen bringen sollte". Bis es soweit kam, sollte aber noch ein Jahrhundert vergehen, ehe in Paris der erste „panafrikanische Weltkongress" (1919), und fast 150 Jahre, ehe im September 1956 an der Sorbonne der erste Weltkongress schwarzer Künstler und Schriftsteller stattfinden konnte.

Dennoch war die „Lektion" Grégoires nicht umsonst. In seinem Gefolge erschien über das ganze 19. Jahrhundert von Reisenden, Missionaren und Kolonialverwaltern gesammeltes und kommentierte afrikanisches Erzählgut, meist in „freien" Übersetzungen und in landeskundlicher („zum besseren Verständnis der Eingeborenen") Kommentierung. So erschien 1828 eine Sammlung von aus dem Wolof übersetzten senegalesischen „Fabeln", die von Baron Jacques-François Roger, der von 1822 bis 1828 Gouverneur des Senegal war, herausgegeben und mit „Anmerkungen zur besseren Kenntnis Senegambiens, seines Klimas, hauptsächlichen Erzeugnissen, Sitten und Kultur der Einwohner" versehen war. Auch der Sammlung der „Contes populaires de la Sénégambie", die von L.-J.-B. Béranger-Féraud 1885 herausgegeben wurde, war eine „landeskundliche" Abhandlung über „Les peuplades de la Sénégambie" (1878) vorausgegangen, die zur Illustration ebenfalls 18 Erzählungen enthielt. Als „Pionier der Erforschung afrikanischer Oralliteratur" wird François-Victor Equilbecq 1976 von Robert Cornevin dargestellt. Er habe als erster eine „veritable Methodologie" für diesen Bereich entwickelt. Die drei Bände seines „Essai sur la littérature merveilleuse des Noirs, suivi de contes indigènes de l'Ouest africain français" von 1913 erschienen 1972 in einem Band unter dem Titel „Contes populaires de l'Afrique occidentale".

Alain Ricard spricht im Blick auf diese Texte von „oraler Pseudo-Literatur". In Deutschland erfreuten sich vor allem die Sammlungen von Leo Frobenius großer Beliebtheit, so sein mehrfach aufgelegtes „Schwarzes Dekameron" (1910). Von den meisten Auswahl-Bänden dieser populären afrikanischen Oralliteratur gilt, was der kongolesische Literaturwissenschaftler Tshikumambila 1986 von ihnen sagt: „romantisch verklärte Fassungen afrikanischer Erzählungen, oft für Kinder bearbeitet und verzerrt durch den Zeitgeschmack für billige Exotik".

Eine neue Wahrnehmung der außereuropäischen Kulturen

Um die Wende vom 19. zum 20. Jahrhundert, und verstärkt durch die Zäsur des Ersten Weltkriegs, ändern sich in Europa noch einmal die Voraussetzungen für eine andere Einstellung gegenüber fremden, vorgeblich „primitiven" Kulturen. Eine ganze Generation von in den 1850er Jahren geborenen Wissenschaftlern bewirkte durch ihre Werke einen grundlegenden Wandel des europäischen Weltbilds, indem einerseits bisher verborgene Schichten der eigenen sozialen und psychologischen Grundlagen freigelegt wurden und andererseits eine Neubewertung der außereuropäischen Kulturen erfolgte. James G. Frazers erstmals 1890 in zwei Bänden erschienenes Werk „The Golden Bough. A Study in Comparative Religion" weist überraschende Parallelen der magisch-religiösen Vorstellungen von nach Raum und Zeit getrennten Kulturen nach; Sigmund Freud, der in „Totem und Tabu" (1912/1913) zum Teil an die Arbeiten von Frazer anknüpft, macht darin den Versuch (wie der Untertitel ankündigt), „einige Übereinstimmungen im Seelenleben der Naturvölker und Neurotiker" zu beschreiben, im erklärten Bemühen, „Gesichtspunkte und Ergebnisse der Psychoanalyse auf ungeklärte Probleme der Völkerpsychologie anzuwenden". Lucien Lévy-Bruhl entwickelt seine Theorien der Vorstellungswelt der Menschen in „primitiven Kulturen", Emile Durkheim setzt in „Les Règles de la Méthode Sociologique" (1895) das Kollektiv als soziales Gebilde über die Einzelindividuen. Alle tragen sie auf ihre Art zu einer Neubewertung auch der außereuropäischen Kulturen bei.

Zu dieser philosophischen, soziologischen und psychologischen Neubewertung kommt seit 1905 eine neue Erfahrung und Wertschätzung der afrikanischen Kunst, vor allem der Skulptur, durch Maler wie Picasso, Vlaeminck, Matisse, Derain, Kirchner und Kandinsky, denen bald auch die ersten kunsttheoretischen Abhandlungen folgen. An erster Stelle ist hier Carl Einsteins „Negerplastik" (1915) zu nennen, die später auch ins Französische und Italienische übersetzt wurde. Und schließlich springt der Funke des „mythe primitiviste" auch auf die literarische Avantgarde über und entwickelt sich bei Autoren wie Apollinaire, Cendrars und Cocteau zum „Modèle Nègre" (Blachère).

Die wichtigste Zäsur für eine entscheidende Verschiebung im „literarischen Feld" (Bourdieu) der afrikanischen und Afrika-bezogenen Literatur und in der Verfügung über den „pouvoir symbolique" literarischer Darstellungen des afrikanischen Kontinents und seiner Menschen bildet gewiss der Erste Weltkrieg. Die Rekrutierung afrikanischer Soldaten durch europäische Mächte (England, Frankreich) seit Beginn des 20. Jahrhunderts und ihr Einsatz im Krieg (auf deutscher Seite unter Lettow-Vorbeck in Ostafrika) hat tief in die europäische und afrikanische Geschichte eingegriffen und die Beziehungen zwischen den beiden Kontinenten und ihren Menschen nachhaltig verändert. Aus der Nähe gesehen verlor die europäische Menschheit viel von dem Mythos ihrer Überlegenheit, die afrikanischen Soldaten erschienen nicht mehr nur als unzivilisierte Wilde und rohe Barbaren, sondern als ebenso menschlich und verwundbar wie ihre europäischen Gegner oder Waffenbrüder. Die Auseinandersetzung um die Verwendung der „Tirailleurs Sénégalais" in einem europäischen Krieg – vom berühmten Völkerkundler Leo Frobenius als „Völkerzirkus unserer Feinde" 1915 an den Pranger gestellt – gewann an Schärfe und nahm internationale Dimensionen an. Die Angriffe deutscher Rassisten, die eine Kampagne unter dem Namen „die schwarze Schande" bzw. „die schwarze Schmach am Rhein" entfachten, ließen auf der anderen Seite Verteidiger der schwarzen Menschheit auf den Plan treten, deren oftmals „verächtliche Lobreden" (Senghor) freilich ebenso wenig als Zeugnisse humanen Respekts und ernst gemeinter Gleichbehandlung angesehen werden können.

Die Entstehung einer afrikanischen Literatur in französischer Sprache muss vor diesem Hintergrund gesehen werden: Die Zuerkennung des Prix Goncourt, des wichtigsten französischen Literaturpreises, für den Roman „Batouala – Véritable roman nègre" des von den Antillen stammenden, dunkelhäutigen René Maran im Jahr 1921, der einige Jahre im französischen Kolonialdienst in Zentralafrika zugebracht hatte, wurde von der Jury als Auszeichnung einer „Frankreich ergebenen Rasse" gewürdigt. Der erste (autobiographische) Roman eines Afrikaners aus den französischen Kolonien, „Force Bonté" (1926) von Bakary Diallo aus Senegal, erzählt die Geschichte eines Tiralleurs, der trotz schlechter Behandlung durch seine Vorgesetzten und erfahrener Ungerechtigkeit nach dem Krieg seinen Glauben an die Überlegenheit der französischen Zivilisation nicht verliert. Die französische Kolonial-Lobby, die durch diese Romane ihr Diskurs-Monopol zu Afrika in Frage gestellt sieht, reagiert mit einer Flut von „echten", „wahren", „authentischen" Neger-Romanen, stiftet Preise für Kolonialliteratur und erklärt ihren Abschied vom alten Exotismus eines Pierre Loti, zugunsten einer neuen, militant-aggressiven und prätendiert „wissenschaftlichen" Kolonial-Literatur.

Die Entstehung einer afrikanischen Literatur in europäischen Sprachen

Daneben und dagegen entwickelt sich gleichzeitig eine afrikanische Literatur in europäischen Sprachen, die zwar noch überwiegend von europäischen „Paten" aus der Taufe gehoben wird, sich aber zunehmend weitere Bereiche des „literarischen Feldes" zu Afrika erobert und autonom gestaltet. Bezeichnend dafür sind drei Romane, die aus heutiger Sicht als „Gründungstexte" ihrer jeweiligen „National"-Literaturen angesehen werden: „L'Esclave" des von der Guinea-Küste stammenden Félix Couchoro, der darin in zahlreichen Exkursen, neben der eigentlichen Romanhandlung, die heimische Landschaft und Sitten und Gebräuche der hier lebenden Menschen so beschreibt, dass damit der Nachweis einer eigenen und Respekt verdienenden Kultur geführt wird; „Karim" (1935) des Senegalesen Ousmane Socé, der sich im Untertitel als „senegalesischer Roman" einführt und den Weg seines Protagonisten als Kulturkonflikt nicht (wie vielleicht von europäischen Lesern erwartet) zwischen Europa und Afrika, sondern zwischen dem Ideal der alten, feudalen und kriegerischen Ceddo-Gesellschaft und den modernen muslimischen Stadt-Bewohnern in Szene setzt; „Doguicimi" (1935) von Paul Hazoumé aus Dahomey (Bénin), ein von der

Académie Française preisgekrönter historischer Roman mit einer weiblichen Hauptgestalt, der im alten Dahomey-Reich um 1850 spielt und bemüht ist, die alten Klischees von dessen Wildheit und Grausamkeit (Menschenopfer, Amazonenheere) in ein anderes Licht zu rücken und neu zu bewerten.

Man kann den Vorgang von zwei Seiten her beschreiben: von afrikanischer Seite als die feste Entschlossenheit, das Wort zu ergreifen, sich Gehör zu verschaffen und die eigene Causa vor das weltliterarische Forum zu bringen. Von europäischer Seite als ein zunehmendes Misstrauen gegenüber den eigenen ethnographischen wie literarischen Darstellungen der afrikanischen Realität, das in eine wachsende Erwartung (und Förderung) „authentisch" afrikanischer Darstellungen dieser Wirklichkeit umschlägt. Im französischen Bereich tun sich als Förderer der im Entstehen befindlichen afrikanischen Literatur etwa die Kolonial-Administratoren Georges Hardy und Robert Delavignette hervor, weiterhin Charles Béart, der seit 1932 die Theater-Versuche westafrikanischer Studenten ermutigt und unterstützt; Pierre Camo, der als Kolonialbeamter in Madagaskar die Gedichte von Jean-Joseph Rabearivelo herausgibt; der Jesuit Jean Coméliau, der im belgischen Kongo in den 1950er Jahren die „Bibliothèque de l'Étoile" mit Werken einheimischer Autoren ediert; André Gide, Sartre, Thomas Monod, Marcel Griaule und Georges Balandier, die die Veröffentlichung der seit November 1947 erscheinenden Zeitschrift „Présence Africaine" unterstützen. Im anglophonen Bereich wäre an Leonard und Virginia Woolf zu erinnern, die 1934 in ihrem Verlag Hogarth Press „An African Speaks for his People" von Parmenas G. Mockerie herausbringen, zu dem Julian Huxley das Vorwort schreibt; oder an Dylan Thomas, der durch seine enthusiastische Rezension im „Observer" den Welterfolg von Amos Tutuolas „The Palm-Wine Drinkard" (1952) vorbereitet. In Deutschland konnte Diedrich Westermann noch 1938, auf dem Höhepunkt der nationalsozialistischen Herrschaft, seine Anthologie „Afrikaner erzählen ihr Leben – Elf Selbstdarstellung afrikanischer Eingeborener aller Bildungsgrade und Berufe und aus allen Teilen Afrikas" veröffentlichen, die von der NS-Presse sehr reserviert aufgenommen wurde und es dennoch, noch vor Kriegsbeginn, auf zwei weitere Auflagen brachte und auch nach dem Krieg noch mehrfach aufgelegt wurde. Der mit seiner Familie 1933 aus Deutschland emigrierte Ulli Beier war zwischen 1957 und 1967 Herausgeber und *spiritus rector* der in Nigeria erscheinenden Zeitschrift „Black Orpheus", die neben „Présence Africaine" zum wichtigsten Forum der neuen afrikanischen Literatur in afrikanischen Sprachen wurde.

Der Aufbruch der *Négritude*: Dichtung und Kulturtheorie

Vor allem mit der später unter dem Namen *Négritude* in den 1930er und 1940er Jahren entwickelten Kulturtheorie und der auf ihr gründenden neuen, als revolutionär empfundenen Dichtung sowie mit den Kolonialismus-kritischen Schriften eines Aimé Césaire, Frantz Fanon und Albert Memmi gewinnt die Auseinandersetzung um die Spezifik und die Aufgaben einer afrikanischen Literatur in europäischen Sprachen schärfere Konturen und weltweite Ausstrahlung. In der Studentenzeitschrift „L'Étudiant noir" (März 1935), die man lange Zeit (zusammen mit der ebenfalls aus nur einer Nummer bestehenden „Légitime Défense" von 1932) als „Gründungsmanifest" der *Négritude* bezeichnet hat, widmet L. S. Senghor einen Artikel mit dem Titel „Der Humanismus und wir" dem schriftstellerischen Werk von René Maran und entwickelt dabei einige der Grundgedanken seiner späteren *Négritude*-Theorie: so die Forderung eines „schwarzen Humanismus", einer „kulturellen Bewegung, deren Ziel der schwarze Mensch ist, die sich als Instrumente der europäischen Ratio und (der Emotion) der Neger-Seele bedient; denn sie bedarf der Rationalität wie der Intuition". Der Rekurs auf die europäische Kultur und Wissenschaft wird als Vorbedingung „für die rationale Erfassung und Durchdringung der einheimischen (d.h. afrikanischen) Sprachen und Träume" angesehen und mit der Forderung nach einem eigenen afrikanischen „Stil" in der Dichtung verbunden, dessen Vorbild der „ernste, sentenzenhafte Ton der Menschen schwarzer Hautfarbe" ist, die „eine atavistische Neigung zur wohlgesetzten Rede haben, deren archaischer Klang sich leicht und wie von selbst mit dem Ideal der Kürze und der Eleganz verbindet", ein Ideal, das der Humanist Senghor (wie der Humanist Maran) vor allem bei den alten Lateinern findet.

Die von Senghor 1948 herausgegebene, mit Sartres Vorwort „Orphée Noir" eingeleitete „Anthologie" darf man als Kristallisationskern der ersten Hochblüte afrikanischer Dichtung in französischer Sprache ansehen, für deren poetisch überzeugendsten Zeugnisse die Gedichte der drei „Gründungsväter" der *Négritude* in den 1930er Jahren stehen: Senghor selbst sowie die von den Antillen stammenden Aimé Césaire und Léon-Gontran Damas. Am Ende der ebenfalls 1948 veröffentlichten „Schwarzen Hostien" Senghors, die dem Andenken an die „Tirailleurs Sénégalais" des Ersten und des Zweiten Weltkriegs gewidmet sind, steht das Claude und Georges Pompidou gewidmete „Friedensgebet", das in historischer Rückschau eine Bilanz der Beziehungen zwischen Afrika/Senegal und Frankreich/Europa zieht. Es klagt an und benennt die Intoleranz der Glaubensprediger, die Habgier der Eroberer und der Händler, die Opfer des Sklavenhandels, das Säen von Zwietracht und die militärischen Demütigungen, das Unrecht der Zwangsarbeit und die Ausbeutung durch den modernen Kapitalismus; aber auch die Botschaft des Evangeliums, die Französische Revolution und ihre Ideale, das Streben nach einer *civilisation de l'Universel*.

Das deutsche „Gegenstück" zu Senghors bahnbrechender „Anthologie" von 1948 ist die vom französischen Vorbild inspirierte, sechs Jahre später von Janheinz Jahn herausgegebene Anthologie, die ihren Titel von Sartres Vorwort übernahm: „Schwarzer Orpheus – Moderne Dichtung afrikanischer Völker beider Hemisphären". Sie wurde mehrfach aufgelegt, z. T. erweitert, und erschien bis in die 1970er und 1980er Jahre auch in preiswerten Taschenbuchausgaben. Anders als die Auswahl Senghors beschränkte sich Jahn nicht auf Gedichte in französischer Sprache, sondern übersetzte Gedichte aus Afrika und der afrikanischen Diaspora auch aus dem Englischen, dem Spanischen, Portugiesischen und sogar aus afrikanischen Sprachen. Die deutsche (und in ihrem Gefolge niederländische und skandinavische) Rezeption, die sich im Janheinz-Jahn-Archiv an der Berliner Humboldt-Universität in über 200 Rezensionen spiegelt, ist in vielen Fällen geradezu enthusiastisch und öffnete der afrikanischen Literatur die Tür auf den deutschen Buchmarkt. Hauptverantwortlich dafür war wiederum in erster Linie der 1973 verstorbene Janheinz Jahn, der selbst viele Titel der „neoafrikanischen" Literatur ins Deutsche übersetzt hat und für die wissenschaftliche Erschließung dieses Bereichs wegweisende Werke verfasst hat, die auch international Anerkennung fanden und in zahlreiche Sprachen übersetzt wurden: "Muntu – Umrisse der neoafrikanischen Kultur" (1958), eine „Gesamtbibliographie" dieser Literatur von den Anfängen bis zur Gegenwart (1965), eine „Geschichte der neoafrikanischen Literatur" (1966) und das Autorenlexikon „Who's Who in African Literature" (1972) sind wahre Pionierleistungen.

Der erste internationale Kongress schwarzer Schriftsteller und Künstler an der Sorbonne im September 1956 erklärt in seinem Schlusskommuniqué: „Wir sind der Auffassung, dass eine weitere kulturelle Entwicklung nur stattfinden kann, wenn die Schande des 20. Jahrhunderts endet: der Kolonialismus, die Ausbeutung der schwachen Völker, der Rassismus". Was als „Manifest" der Drittwelt-Solidarität am Beginn der Ära der politischen Unabhängigkeit der ehemaligen Kolonien steht, Frantz Fanons „Die Verdammten dieser

Erde" (1961), kann ebenso gut als Bestandsaufnahme des Vergangenen wie als Blick in die Zukunft gelesen werden. Der im gleichen Jahr erschienene Roman „L'Aventure Ambiguë" des Senegalesen Cheikh H. Kane lässt ein Gespräch zwischen einem Franzosen und einem Senegalesen mit der Vision einer „Cité future" des Afrikaners enden: „Auf diese zukünftige Gemeinschaft müssen wir alle hinarbeiten, wir die Neger und Araber, Inder, Chinesen und Südamerikaner; wir zerlumpte, traurige Gestalten, wir, die Unterentwickelten, die wir uns fehl am Platze fühlen in einer mechanisch perfekt angepassten Welt".

Die afrikanischen Länder südlich der Sahara treten zwar in die Epoche der Unabhängigkeit ein („Les Soleils des Indépendances", wie der Titel eines berühmten Romans des ivorischen Schriftstellers Ahmadou Kourouma von 1968 heißt), aber es bleibt noch über 30 Jahre, als Stachel im Fleisch von ganz Afrika, das Apartheid-Regime in Südafrika. Die dortige Situation, mit ihrer Unterdrückung der schwarzen Mehrheit durch eine weiße Minderheit, wurde immer mehr, seit Peter Abrahams' „Mine Boy" (1946) und Alan Patons „Cry, the Beloved Country" (1948), zum Symbol und Paradigma des Verhältnisses zwischen „Erster" und „Dritter Welt". Immer mehr afrikanische Schriftsteller wurden sich dieser weltweiten Verbundenheit der „Drittwelt"-Literaturen bewusst und reflektieren sie bis in das Handlungsgerüst und in die Personenkonstellationen ihrer Werke. So beschreibt der kenyanische Autor Ngugi wa Thiong'o die Dialektik von erzählerischer Besonderheit und universalem Anspruch mit Bezug auf seinen Roman „Petals of Blood" (1977) wie folgt: „Ilmorog (der Ort der Handlung) ist ein fiktiver Ort. Er steht aber stellvertretend für andere Orte in Kenya, in Ostafrika und in der Dritten Welt".

Mit den seit den 1950er Jahren erschienenen Werken in allen literarischen Gattungen verfügen die afrikanischen Literaturen in europäischen Sprachen, in Englisch, Französisch, Portugiesisch, ebenso wie in afrikanischen Verkehrssprachen wie Swahili, Haussa oder Yoruba, über ein ausreichend umfangreiches und substantielles Corpus, um den Kampf um die Eroberung des „literarischen Feldes" Afrikas mit Aussicht auf Erfolg aufzunehmen. Mit der dadurch erreichten „kritischen Masse" bestand die Möglichkeit, ein sich selbst erneuerndes und regenerierendes literarisches System aufzubauen, das nicht mehr einseitig auf die Literaturen der ehemaligen „Mutterländer" fixiert ist und sich in der Bekämpfung und Überwindung fremdbestimmter Diskurse verausgaben muss. Die zweite und dritte Generation afrikanischer Autoren des 20. Jahrhunderts kann bereits auf den „Errungenschaften" ihrer Vorgänger aufbauen. Das jährlich wachsende Corpus einer von afrikanischen Autoren (zu der man auch die im Exil schreibenden rechnen muss) erfährt zunehmend eine Stützung durch eine auch in Afrika verankerte Kritik und verlegerische Infrastruktur, die ihr Leser und Förderer im je eigenen Land und eine Präsenz in der schulischen und universitären Lehre sichert. Die Zuerkennung des Literatur-Nobelpreises an den Nigerianer Wole Soyinka im Jahre 1986 ist nur der weltweit sichtbare Ausdruck der Anerkennung dieses Sachverhalts.

Literaturhinweise

Wolfgang Bader/János Riesz (Hsrg.), Literatur und Kolonialismus I – Die Verarbeitung der kolonialen Expansion in der europäischen Literatur. Frankfurt/Bern 1983.

Robert Cornevin, Littératures d'Afrique noire de langue française. Paris 1976.

Hans Werner Debrunner, Presence and Prestige. Africans in Europe. A History of Africans before 1918. Basel 1979.

Thomas GEIDER, Afrika im Umkreis der frühen Weltliteraturdiskussion. Goethe und Henri Grégoire, in: Revue de Littérature Comparée 314 (2005). S. 241–260.

Albert GÉRARD (Hrsg.), European Language Writing in Sub-Saharan Africa, 2 Bde. Budapest 1986.

Hans-Jürgen LÜSEBRINK/Manfred TIETZ (Hrsg.), Lectures de Raynal. L' "Histoire des deux Indes" en Europe et en Amérique au XVIIIe siècle. Actes du Colloque de Wolfenbüttel. Oxford 1991.

Peter MARTIN, Schwarze Teufel, edle Mohren. Afrikaner in Bewusstsein und Geschichte der Deutschen. Hamburg 1993.

Alain RICARD, Littératures d'Afrique noire – Des langues aux livres. Paris 1995.

Alain RICARD (Hrsg.), Voyages de découvertes en Afrique. Anthologie 1790–1890. Paris 2000.

János RIESZ, Koloniale Mythen – Afrikanische Antworten. 2. Aufl. Frankfurt 2000.

János RIESZ (Hrsg.), Blick in den schwarzen Spiegel – Das Bild des Weißen in der afrikanischen Literatur des 20. Jahrhunderts. Wuppertal 2003.

János RIESZ, „Astres et Désastres" – Histoire et récits de vie africains de la Colonie à la Postcolonie. Hildesheim 2009.

Thomas Hahn-Bruckart
Frömmigkeit: Der Gospel-Gottesdienst

70 000 Menschen besuchten im September 2010 den fünften internationalen Gospel-Kirchentag in Karlsruhe. Amerikanische Gospelchöre reisen durch Europa und finden meist begeisterte Aufnahme. Gospelmusik ist ein Phänomen, das die Kirchen in Europa füllt. Und auch in Europa selbst hat sich eine Gospelmusik-Szene entwickelt, deren Schwerpunkt in Skandinavien liegt. Was die Menschen begeistert, ist zum einen die mitreißende Musik. Gospelmusik verbindet auf sehr lebendige Weise Elemente unterschiedlicher musikalischer Genres zu einem impulsiven Ganzen. Darüber hinaus wird in dieser Musik und ihren Texten aber auch eine Intensität und Authentizität christlich-religiöser Erfahrung deutlich, wie sie vielleicht im Europa des 21. Jahrhunderts nicht mehr zeitgemäß erscheint. Eine Sehnsucht nach solchen Erfahrungswelten oder eine latente Erinnerung an sie ist dennoch lebendig. Denn die Gottesdienstformen, die nun transformiert zurückkehren, haben ihre Ursprünge auf diesem Kontinent.

Gospel-*Gottesdienste* sind ein Phänomen, das von europäischen Touristen vor allem in Nordamerika selbst wahrgenommen wird – manche Kirchengemeinde in Harlem wird sonntags regelmäßig von Reisebussen angesteuert. In Europa begegnen eher Gospel-*Konzerte*, die zwar meist auch in Kirchen stattfinden, aber doch einen etwas anderen Akzent tragen. Gleichwohl speisen auch sie sich mit ihrer ursprünglichen Gottesdienstbezogenheit aus Quellen, die in Europa ihre wesentliche Ausgestaltung und in Nordamerika markante Veränderungen erfuhren.

In diesem Essay sind zwei Dimensionen miteinander verbunden: die musikalische, in der sich eine mit „Gospel" umschriebene Musikgattung in mannigfaltigen Facetten entwickelt hat, und eine liturgische (auch wenn dieser Fachbegriff in diesem Zusammenhang vielleicht nicht ganz passend erscheint), die den Haftpunkt dieser bestimmten musikalischen Formen in einem gottesdienstlichen Geschehen mit spezifischen Charakteristika umschreibt. Beide Dimensionen gehören ursprünglich zusammen – und sind Ausdruck christlicher Frömmigkeit.

Im Spiel zwischen den Kontinenten verschieben sich die Dimensionen auf eigentümliche Weise. Doch zunächst gilt: Der christliche Gottesdienst war in Europa ein Ort religiöser Erfahrung. Aber er war auch ein Ort gesellschaftlicher Konvention.

Gottesdienst in Europa

Über Jahrhunderte war der christliche Gottesdienst in Europa ein zentrales gesellschaftliches Geschehen. In ihm vollzog sich für die Menschen sinnfällig die Vermittlung des Menschlichen mit der Sphäre des Heiligen. Der Gottesdienst war potentiell ein intensives religiöses Erlebnis, das die irdische Existenz der Menschen in den Raum des Göttlichen erhob: Die Ausschmückung der alle anderen Bauten weit überragenden Kirchenbauten, das Geheimnisvolle des kirchlichen Ritus, die Vermittlungsfunktion der Priester, die Verehrung der Heiligen – all dies schuf Erfahrungswelten, die dem Alltäglichen deutlich enthoben waren.

Protestantischer Gottesdienst war darum bemüht, in Absetzung von katholischer liturgischer Tradition zu „biblischen" Formen der Gottesverehrung zurückzufinden. Das führte zu konsequenter, wenn auch unterschiedlich intensiver Zurückweisung bestimmter ritueller

Formen und Praktiken. Für die Menschen in ihrem Verhältnis zu Gott hatten diese Veränderungen emanzipatorische Wirkung. Am gottesdienstlichen Geschehen wurden sie nun stärker beteiligt, was sich besonders im Gemeindegesang und in der Form der Kommunion äußerte. Es lässt sich eine deutliche Entsakralisierung wahrnehmen, mit der Tendenz vom Sehen zum Hören. Die Rechtfertigungsbotschaft hatte Auswirkung auf die Ausprägung einer neuen Frömmigkeit, die dennoch in Vielem Kontinuitäten zum Vorhergehenden aufwies.

Auch im Protestantismus hatte der Gottesdienst – wie im Mittelalter und im Katholizismus der Gegenreformation – eine gesamtgesellschaftliche Bedeutung. Der Gottesdienst war kein vom sonstigen gesellschaftlichen Leben separierter Bereich, sondern integraler Bestandteil des privaten wie des öffentlichen Lebens, der den menschlichen Lebensvollzügen Struktur gab. Der Gottesdienstbesuch war weithin kein freiwilliger Akt, sondern konnte mit Nachdruck eingefordert werden. Er diente auch der gesellschaftlichen Repräsentation und kann von daher nicht nur als Raum religiöser Erfahrung, der er sicher auch war, sondern ebenso als Ort gesellschaftlicher Konvention angesehen werden. Für religiöse Abweichler, die aus Gewissensgründen in eigenen Kreisen dem ihrer Ansicht nach veräußerlichten öffentlichen Gottesdienst fernblieben, hatte ihre religiös motivierte Entscheidung damit auch eine gesellschaftliche Dimension.

Europäische Gottesdienstformen auf dem Weg in die Neue Welt

Die frühen europäischen Siedler, die sich vom 16. Jahrhundert an auf dem nordamerikanischen Kontinent niederließen, brachten die Gottesdienstformen mit, die ihnen aus ihrer Herkunftskultur vertraut waren: im Süden spanische Katholiken und französische Hugenotten, etwas später an der mittleren Ostküste anglikanische, nonkonformistische und katholische Briten. Täuferisch und pietistisch geprägte Immigranten kamen aus den deutschsprachigen Gebieten. Dabei wurden lutherische, reformierte und anglikanische Gottesdienste in großer Kontinuität zu den europäischen Ausgangstraditionen gefeiert. Allerdings gehört es zu den Charakteristika der transatlantischen Welt, dass eben nicht nur Anhänger der in Europa etablierten Kirchen in die Neue Welt emigrierten, sondern vor allem religiös verfolgte oder zumindest unter Benachteiligungen leidende religiöse Gruppierungen. Diese wiederum pflegten ein gottesdienstliches Leben, das sich bewusst von den liturgischen Formen der etablierten Kirchen absetzte. Das frühe gottesdienstliche Leben dieser separatistischen Gruppierungen im kolonialen Nordamerika setzte sich zusammen aus gemeinsamen Gebetszeiten, in denen die konkreten Anliegen der einzelnen Gemeindeglieder zur Sprache kamen, dem Gesang von Psalmen, der Lesung der Heiligen Schrift, einer Predigt mit der Möglichkeit der anschließenden Interrogation, Raum zur Weitergabe von Glaubenszeugnissen und der gelegentlichen Feier des Abendmahls. Diese Grundmuster der *free church tradition* waren in Nordamerika im 17. und 18. Jahrhundert lebendig. Auffällig ist, dass bereits hier eine viel stärkere spontane Interaktivität innerhalb des Gottesdienstes deutlich wurde als in den stark formalisierten Gottesdienstordnungen der in Europa etablierten Kirchen. So entstand ein Nebeneinander von liturgischen und nicht-liturgischen Gottesdienstformen, das im Lauf der Zeit auf dem nordamerikanischen Kontinent seine spezifische Ausprägung erfuhr.

Camp meetings und gospel songs

Die besondere Situation an der *frontier*, der westlichen Siedlungsgrenze, hatte Rückwirkungen auf die Gestaltung christlicher Vergemeinschaftung und auch die Gestaltung christlicher Gottesdienste mit Ausstrahlung auf den gesamten nordamerikanischen Protestantismus. Die von 1800 an immer stärker erwachsende Herausforderung, weitgehend entkirchlichte und in gewisser Weise auch entwurzelte Menschen in der noch kaum kultivierten Weite des nordamerikanischen Kontinents auf den christlichen Glauben hin anzusprechen, führte zu neuen Formen des Gottesdienstes, die als speziell amerikanisch angesehen werden können und eine große Strahlkraft entwickelten. *Camp meetings* wurden zu wichtigen sozialen Ereignissen, die weit verstreut lebende Siedler zusammenführten und religiöse Versammlungen beinhalteten, die die christliche Botschaft in elementarisierender Weise verständlich und erfahrbar zu machen suchten. Unter presbyterianischer, baptistischer und methodistischer Federführung kam es zu Erweckungen, in denen die *camp meeting songs* eine besondere Rolle spielten. Denn man brauchte ein Liedgut, das leicht erlernbar war und idealer Weise an volkstümliche Weisen anknüpfte, einfache Melodien und eingängige Texte enthielt, dabei aber gleichzeitig eine eindringliche christliche Botschaft anbot. Auf diese Weise entstanden „weiße Spirituals", die von häufigen Wiederholungen und eingängigen Refrains lebten. Da die *camp meetings* keine Rassendiskriminierung kannten, lebten diese Spirituals, sich mit afrikanischen Singgewohnheiten verbindend, vor dem Bürgerkrieg als *plantation songs* auch unter der afroamerikanischen Bevölkerung weiter, wo noch stärker Elemente freier Improvisation hinzukamen.

Von den äußeren Formen her waren die *camp meetings* recht frei und zielten mit einer mitunter großen Emotionalität auf die Erweckung persönlicher religiöser Erfahrung, oder, um es anders zu sagen: auf Bekehrung zu einem aktiv gelebten christlichen Glauben. Hier zeichnete sich das ab, was für das restliche 19. Jahrhundert charakteristisch werden sollte: Evangelisationen durch Erweckungsprediger, von denen Charles Grandison Finney und Dwight Lyman Moody die bekanntesten waren. Unter dem Einfluss der den *camp meeting songs* nahe stehenden Sonntagsschullieder entstanden für die evangelistischen Großveranstaltungen in den 1870er Jahren Lieder, die erstmals das Wort „Gospel" als Genrebezeichnung erhielten: *Gospel hymns* oder *gospel songs* (so Philip Bliss 1874). Diese *gospel songs* wurden zu einem Markenzeichen großstädtischer Evangelisationen im späten 19. Jahrhundert, bei denen entweder diese Lieder vom Evangelisten selbst in die Veranstaltungen eingeflochten oder durch einen musikalischen Begleiter vorgetragen wurden: im Falle Moodys durch seinen kongenialen Partner Ira D. Sankey. Diese Lieder hatten meist einen eingängigen Refrain, der von den Versammlungen spontan aufgegriffen werden konnte. Gab es auf diese Weise Formen der Interaktion, so fällt, bezogen auf die Gottesdienstform bei diesen Evangelisationsveranstaltungen, doch auf, dass die Beteiligungsmöglichkeiten im Vergleich zur früheren *free church tradition* geringer waren: Die nun stärker evangelistische Ausrichtung des Gottesdienstes platzierte den Prediger auf einer Bühne und machte die Gemeinde zu einem Auditorium, das weniger partizipativ als vielmehr passiv dem Gottesdienst folgte, sieht man von den Wechselgesängen und dem *altar call* für die Erweckten bzw. Bekehrten ab. Auch traten theologisch die sozialen Bezüge eher zurück. Inhaltlich ging es – und damit sind sie Ausdruck einer bestimmten Frömmigkeit – in den *gospel songs* um die Entscheidung für ein Leben mit Jesus und das neue Leben, das aus einer solchen Umkehr erwächst – subjektive Glaubenserfahrung im Spiegel religiöser Bilder des Neuen Testaments.

Eine andere gottesdienstliche Einbettung erfuhren die *gospel songs* in ihrer weiteren Entwicklung im 20. Jahrhundert. Denn aus ihrer Verbindung mit den älteren Spirituals und unter Einflüssen des Blues, mit Elementen der Improvisation und einer starken Rhythmisierung entstand der *black gospel*, der Teil eines gottesdienstlichen Geschehens wurde, das stark von um die Jahrhundertwende entstehenden Heiligungs- und Pfingstkirchen beeinflusst war. Intensive stimmliche Ausdrucksmittel wie die so genannten *dirty tones*, das *shouting* oder *screaming*, daneben perkussives Händeklatschen oder Stampfen sind Zeichen religiöser Erregung und Ergriffenheit sowohl in persönlicher als auch in gemeinschaftlicher Hinsicht. Auch in der schwarzen Predigtkultur spielen derartige Elemente eine Rolle, wenn Prediger und Gemeinde geradezu in einen rhythmischen Dialog treten. Anders als die enthusiastischen Elemente der *camp meetings*, die in der weißen Gottesdienstkultur mit der Zeit abgeschliffen wurden, sind diese Merkmale für schwarze Kirchen weiter prägend und Ausdruck tiefer Religiosität geblieben.

Zwischen Neuer und Alter Welt

Die Heiligungs- und Evangelisationsbewegung brachte den neuen Liedtypus der *gospel songs* aus der angloamerikanischen Erweckungsbewegung nach Europa. In Deutschland wurden diese Lieder „Heils-" oder „Glaubenslieder" genannt. Bereits 1875 war in New York eine deutsche Übertragung der ein Jahr zuvor erschienen „Gospel Songs" von Philip Paul Bliss erschienen. Ein wichtiger Mittler in den deutschsprachigen europäischen Raum war der Methodist Ernst Gebhardt. Er erregte dadurch Aufsehen, dass er Sologesang mit gemeinsamem Singen des Refrains in religiöse Versammlungen einführte. Von dem deutsch-amerikanischen Erweckungsprediger Friedrich von Schlümbach wurde diese Praxis publikumswirksam aufgegriffen. Neben der Übersetzung und Herausgabe der Lieder der angloamerikanischen Erweckungsbewegung liegen die revolutionären Wirkungen Gebhardts im deutschsprachigen Raum aber auch im Einsatz für die afroamerikanische „Gospelmusik". Auf seine Vermittlung hin waren die schwarzen Jubilee-Singers der Fisk University in Nashville 1878 erstmals durch Deutschland gereist, wo sie in gut besuchten Konzerten schwarze Spirituals in Deutschland einführten. Gebhardt übersetzte einige dieser Lieder und gab sie gesammelt heraus.

Drei Reisen unternahmen die Fisk Jubilee Singers im 19. Jahrhundert nach Europa: 1873/74 besuchten sie die britischen Inseln, 1875–1878 neben den britischen Inseln die Niederlande, Deutschland, die Schweiz und das heutige Tschechien, 1895/96 Dänemark, Schweden und Deutschland. Die Musik, die sie mitbrachten und die heute als „Spirituals" bezeichnet wird, konnte damals noch nicht als eigenständige musikalische Gattung definiert werden: „echte Nationalweisen der Neger", „Klagegesänge gepeinigter Menschenkinder", „Volksweisen, welche unter Sklaven gesungen werden" oder schlicht „Negergesänge" bzw. „geistliche Negerlieder" sind die Begriffe, durch die versucht wurde, diese unbekannte Musikform zu qualifizieren. Auch im Englischen gab es im Übrigen noch keine eindeutige Bezeichnung für diese Lieder („black songs", „plantation songs"). Auch Ernst Gebhardt teilte die Unsicherheit in der Bezeichnung dieser Lieder. Für ihn waren sie „schöne Lieder", indem sie ergreifend und authentisch den christlichen Glauben bezeugten, Lieder, die das Evangelium verkündeten und damit – ohne dass er diesen Begriff hier verwendet hätte – *Gospelsongs*. In Großbritannien wurden die Sänger von Dwight Lyman Moody und Ira Sankey unterstützt, außerdem von Charles H. Spurgeon und dem einflussreichen Earl of Shaftesbury, der auch in Deutschland vorbereitend seine guten Kontakte hatte spielen lassen: Der Sohn Christian Carl Josias von Bunsens gab ein Festessen für die Sänger. Das Weihnachtsfest verbrachten sie bei Hofprediger Baur. Oberhofprediger Kögel schrieb einen wohlwollenden Artikel über sie. Kronprinz Friedrich Wilhelm empfing sie im Potsdamer Neuen Palais, Kaiser Wilhelm I. kam aus Berlin, um sie zu hören. Königin Victoria von England hatte einen enthusiastischen Brief an ihre Tochter in Deutschland geschrieben. Mit den besten Referenzen reisten die Jubilee Singers durch Deutschland.

Schon bei der frühen Rezeption dieses Genres fällt auf, dass die Aufführungsorte meist Konzertsäle und keine Kirchen waren. Darüber hinaus versuchte man sich an europäische Hörgewohnheiten anzupassen und präsentierte die Lieder in einer dem europäischen Geschmack angenäherten Form. Die Lieder wurden daher schon bald auch in deutschen freikirchlichen Gemeinden von ihren Chören gesungen. Gebhardt führte Mitte der 1870er Jahre „Gesanggottesdienste" ein, die aus Chorgesängen bestanden, die mit Sologesängen, Gedichten und evangelistischen Kurzansprachen durchsetzt waren.

So wie es sich für die einen bei den Veranstaltungen der Jubilee Singers schlicht um Konzerte handelte, bedeuteten sie für andere die Eröffnung neuer geistlicher Erfahrungen. Auf unterschiedliche Weise hatten *gospel songs* und *spirituals* so zu ersten „Gospel-Gottesdiensten" in Europa geführt, die in ihrer Exotik einerseits einen großen Reiz hatten, gleichwohl in religiösen Kontexten aus deutsch-protestantischen Gefühlslagen heraus als „undeutsch" verunglimpft werden konnten.

Das, was heute als „Gospelmusik" bezeichnet wird – weiter entwickelte Formen des *black gospel* –, fand in Europa erst mehrere Jahrzehnte später Verbreitung, nämlich seit den 1960er Jahren. Der First Church of Deliverance Choir aus Chicago setzte mit Aufsehen erregenden Konzerten in Skandinavien eine Bewegung in Gang, die zur Gründung von Gospelchören auf dem europäischen Kontinent führte. Gospelmusik wurde mehr und mehr auch im Rundfunk präsent, eine Entwicklung, die 1968 mit „Oh, Happy Day", das in den internationalen Hitparaden platziert wurde, einen ersten Höhepunkt erreichte. Von den 1990er Jahren an kam es dann zu einer Renaissance der Gospelmusik in Europa, zu der auch einige entsprechende Kinofilme beitrugen.

In Bezug auf die Integration von Gospelmusik in die deutsche Kirchenmusik und damit Gottesdienstgestaltung erfolgte ein wesentlicher vorbereitender Schritt 1960. Das Musical „Halleluja Billy" wurde sehr populär und verschaffte US-amerikanischer leichter und rhythmischer Musik Eingang in die Evangelische Kirche. Noch mehr trugen die „neuen geistlichen Lieder" zu einem Umschwung in der musikalischen Gottesdienstgestaltung bei, die von 1960 an vor allem durch die Kirchentage populär wurden. Auf diesem Wurzelboden fanden auch Gospelmusik und Spirituals allmählich Eingang in protestantische Gottesdienste, die dadurch allerdings nicht schon zu „Gospel-Gottesdiensten" wurden.

Gospelmusik ohne Gospel-Gottesdienst

Die Gottesdienstformen, in denen „schwarze" Gospelmusik zu Hause ist, sind geprägt von einem hohen Grad an Interaktivität und Spontaneität. Wenn Gospelmusik in Form eines „Gospel-Gottesdienstes" in Europa zu Einsatz kommt, dann oft in liturgischen Formen, die an Gewohntes angelehnt, aber eben mit populärer Gospelmusik durchsetzt sind. Nicht selten entsteht hier ein Gefühl der Diskrepanz zwischen auf authentischen Erfahrungen beruhenden mitreißenden Liedern und einem mehr oder weniger stark formalisierten Rahmen. Die Gottesdienst*formen*, in denen Gospelmusik eigentlich zu Hause ist, finden sich in Europa am ehesten in der charismatischen Bewegung oder in Gemeinden der Pfingstbewegung – dann aber meist ohne Verwendung dessen, was gemeinhin als „Gospelmusik" bezeichnet wird. Hier wird Wert auf das spontane Lob Gottes gelegt, auf persönliche Glaubenszeugnisse und die Mannigfaltigkeit der Gaben, die im Gottesdienst zum Einsatz kommen. Von den äußeren Formen her plädieren Pfingstkirchen und charismatische Bewegung für einen ganzheitlichen Ausdruck des christlichen Glaubens mit Leib und Seele, durchaus in Anknüpfung an biblische Vorbilder im Kontext hebräischen Denkens. Manches von dem für diese Gottesdienstformen in europäischen Zusammenhängen Geltenden könnte genauso über die Wahrnehmung schwarzer Gospel-Gottesdienste gesagt werden: „Lobpreis und Anbetung haben – ungewollt – auch eine missionarische Dimension. Auf dem Hintergrund des noch weithin bestehenden gesellschaftlichen Tabus, über religiöse Dinge zu reden, stellt charismatische Lobpreiskultur mit ihrer Forderung nach einer ganzheitlichen Lobpreispraxis ein Kontrastprogramm dar. Außenstehende nehmen wahr, dass Christen in charismatischen Gottesdiensten ihren Glauben ganzheitlicher als in traditionellen Gottesdiensten zum Ausdruck bringen – eben auch auf emotionale und körperliche Weise. Das zieht vor allem junge Menschen an" (Zimmerling). Eine entscheidende Differenz charismatischer Lobpreislieder zu zeitgenössischer Gospelmusik liegt in dem, was Peter Zimmerling „theozentrisches Gefälle" nennt. Im Lobpreis wird Gott häufig in seiner Herrlichkeit und Macht, seinem Sein besungen, während seine Heilstaten in der Geschichte und im Leben des einzelnen Menschen in den Hintergrund treten. Dagegen besingen Gospellieder immer Erfahrung Gottes im konkreten eigenen Leben.

Der Beginn der charismatischen Bewegung in Deutschland liegt zeitgleich mit dem Beginn einer gesamtkirchlichen Suche nach einem neuen Gottesdienstverständnis und neuen Gottesdienstformen. Ihr geht es in besonderer Weise um das gegenwärtige Wirken des Heiligen Geistes, während der traditionelle großkirchliche Gottesdienst stark die Kategorie des Erinnerns betont. Der partizipatorische Gehalt charismatischer Gottesdienste stellt ein Alternativmodell zu der in der westlichen Gesellschaft vielfach zu beobachtenden Konsumentenhaltung dar. Insgesamt stehen charismatische Gottesdienste eher in einer freikirchlichen Tradition und „bilden [...] einen eigenen Gottesdiensttypus, indem sie [...] bewusst Räume für Spontaneität und Improvisation im Gottesdienst freihalten, in denen alle Gottesdienstteilnehmer Beiträge und Anliegen einbringen können. Eine Konsequenz daraus stellt die Gestaltung der Gottesdienste entsprechend dem Bildungsstand und der Kultur der Gottesdienstteilnehmer dar, worin eine wesentliche Ursache für die Volksnähe besonders der traditionellen Pfingstkirchen in der Dritten Welt liegt" (Zimmerling). Gospelmusik ist in Europa angekommen, echte Gospel-Gottesdienste bleiben aber ein Randphänomen – Potentiale zur Belebung des Christentums haben beide, wenn sie nicht nur als Phänomene kultureller Exotik, sondern als tief gehender Ausdruck gelebter Religiosität im Austausch zwischen den Kulturen wahrgenommen werden.

Literaturhinweise

Michael BATTLE, The Black Church in America. African American Christian Spirituality. Oxford u. a. 2006.

James F. FINDLAY, Dwight L. Moody. American Evangelist (1837–1899). Chicago 1969.

Thomas HAHN-BRUCKART, Friedrich von Schlümbach – Erweckungsprediger zwischen Deutschland und Amerika. Interkulturalität und Transkonfessionalität im 19. Jahrhundert. Göttingen 2011.

Bernd HOFFMANN, Art. Sacred Singing IV. Spiritual Songs. V. Gospel Songs. VI. Techniken des Predigens, in: Musik in Geschichte und Gegenwart 8 (^{2}1998), Sp. 801–830.

Stephan HOLTHAUS, Heil – Heilung – Heiligung. Die Geschichte der deutschen Heiligungs- und Evangelisationsbewegung (1874–1909). Gießen 2005.

Donald P. HUSTAD, Jubilate II. Church Music in Worship an Renewal. Carol Stream 1993.

Donald P. HUSTAD, Art. Gospel-Musik im christlichen Gottesdienst, in: Religion in Geschichte und Gegenwart 3 (^{4}2000), Sp. 1092.

Karl Heinz VOIGT, So kamen die Spirituals nach Deutschland. Ernst Gebhardt und die Fisk-Jubilee-Singers, in: Hartmut HANDT (Hrsg.): „… im Lied geboren." Beiträge zur Hymnologie im deutschsprachigen Methodismus. Frankfurt 2010, S. 217–241.

James F. WHITE, Protestant Worship. Traditions in Transition. Louisville 1989.

Peter ZIMMERLING, Charismatische Bewegungen. Göttingen 2009.

Giancarlo Collet
Theologie der Befreiung

Historischer Hintergrund

Als Spanien zu Beginn der Neuzeit in die Neue Welt aufbrach, waren für die daran Beteiligten ein religiöses und ein ökonomisches Motiv bestimmend: die Verbreitung des christlichen Glaubens und der Erwerb von Reichtum zum eigenen Nutzen und Vorteil. Dass diese beiden Motive schnell in Konflikt miteinander gerieten, zeigt eine Predigt, in der Missionare vor 500 Jahren gegen Ausbeutung und Unterdrückung von Indios protestierten. Zwar hatten sich schon früher einzelne Missionare gegen die schlechte Behandlung der Indios durch die spanischen Conquistadoren gewandt. Das Jahr 1511 markiert jedoch eine neue Phase der kirchlichen Auseinandersetzung mit dem Kolonialsystem, weil sich nun die Kritik nicht auf Einzelfälle schlechter Behandlung von Indios durch die Spanier bezog, sondern grundsätzlicher wurde. Nicht das Kolonialsystem als solches wurde nämlich infragegestellt, sondern dessen strukturelle Verknüpfung von materiellem Nutzen und religiösem Auftrag.

1511 war die auf Hispaniola (heute: Haïti und Dominikanische Republik) von den Missionaren vorgefundene Situation Gegenstand einer gemeinsamen Beratung der kleinen Dominikaner-Kommunität. Die Dominikaner, die zusammen mit den Franziskanern zu den ersten Missionaren der Neuen Welt gehörten, waren entsetzt darüber, wie Spanier mit den Indios umgingen und wie sie deren elementare Rechte als Menschen verletzten. Sie beschlossen deshalb in einer gemeinsam unterzeichneten Predigt, öffentlich dagegen zu protestieren, und beauftragten Antonio de Montesino, sie am 21. Dezember 1511, dem 4. Adventssonntag, vorzutragen. Darin wurde ausgeführt: „Sagt, mit welcher Berechtigung und mit welchem Recht haltet ihr diese Indios in so grausamer und schrecklicher Sklaverei? Was ermächtigt euch, so verabscheuungswürdige Kriege gegen diese Menschen zu führen, die friedlich und ruhig in ihrem eigenen Lande lebten, Kriege, in denen ihr unendlich viele von ihnen mit nie gehörtem Mord und Zerstörung vernichtet habt? Warum haltet ihr sie so unterdrückt und erschöpft, ohne ihnen etwas zu essen zu geben noch ihre Krankheiten zu heilen, die sie wegen des Übermaßes an Arbeit befallen, das ihr ihnen auferlegt; und sie sterben euch weg, oder besser, ihr tötet sie, nur um jeden Tag Gold herauszupressen und zu erhalten? Und was kümmert euch, wer sie im Glauben unterweist, damit sie ihren Gott kennen lernen, getauft werden und die Messe hören, die Feiertage und die Sonntage einhalten? Sind sie keine Menschen? Haben sie keine vernunftbegabten Seelen? Seid ihr nicht verpflichtet, sie zu lieben wie euch selbst? Versteht ihr dies nicht? Fühlt ihr dies nicht?"

Die Reaktionen auf diese „unerhörte und schädliche Predigt" sowohl der Zuhörer auf Hispaniola als auch der zuständigen Stellen im spanischen Mutterland ließen nicht lange auf sich warten. Man versuchte, die prophetische Stimme zum Verstummen zu bringen – ein Vorgang, der sich auch im Umgang mit der Befreiungstheologie Jahrhunderte später wiederholen sollte.

Wie kamen die Dominikaner zu dieser Haltung? Der Kontrast zwischen der brutalen Kolonialherrschaft und dem normativen Anspruch des Gesetzes Christi, wie es sich im Evangelium findet, sowie der allgemeinen Menschlichkeit, war für diese wachen Zeitgenossen zu groß. Sie sahen es als ihre Gewissenspflicht an, öffentlich Protest gegen das geschehene Unrecht anzumelden und den Spaniern hart ins Gewissen zu reden. Hier machte sich bereits jene Hermeneutik bemerkbar, wie sie in der später aufkommenden Theologie der Befreiung zur Entfaltung kommen sollte, nämlich vom Leben zur Bibel und von der Bibel zum Leben zu denken. Ein anderer spanischer Geistlicher, der sich höchstwahrscheinlich unter den Zuhörern dieser Predigt befand und später – nach seiner eigenen Bekehrung vom Siedler und Sklavenhalter zum engagierten Anwalt und Verteidiger der Rechte der Indios – in den Dominikanerorden eintrat, war Bartolomé de Las Casas. Wurzeln lateinamerikanischer Befreiungstheologie lassen sich also schon in der Zeit finden, als spanische Conquistadoren und Missionare in die Neue Welt aufbrachen.

Entwicklung der Befreiungstheologie

In den fünfziger und sechziger Jahren des vorigen Jahrhunderts stellte sich Christinnen und Christen aus der Christlichen Arbeiterjugend (CAJ), Studenten, katholischen Jugendlichen an Gymnasien u. a. in Lateinamerika erneut die Frage, wie sie den Glauben mit ihrem Leben in Einklang bringen konnten. Sie engagierten sich deshalb für die Armen, die die Mehrheit der Bevölkerung bildeten. Die „soziale Frage", der sie in ihren Gesellschaften begegneten und die sie aufgriffen, verwandelte sich jedoch immer mehr zu einer „politischen Frage". Aufgrund der vom Gründer der CAJ, dem belgischen Kardinal Joseph Cardjin, eingeführten Arbeitsmethode Sehen – Urteilen – Handeln verstärkte sich dabei die Einsicht, dass die Überwindung der Armut nach grundlegenden politischen Veränderungen verlangte, da Armut als Kehrseite oder gar als Produkt des herrschenden Wirtschaftssystems identifiziert wurde. Sie machten sich Erkenntnisse lateinamerikanischer Sozialwissenschaftler zu eigen, denen zufolge Armut kein den Menschen auferlegtes, unentrinnbares Schicksal sei, dem allein mit barmherziger Zuwendung, mit „Liebestätigkeit" (Caritas) zu begegnen ist. Stattdessen sahen sie, dass Armut und Arme von anderen und deren Interessen „produziert" wurden – und dies müsste sich doch verändern lassen.

Während der 1960er Jahre wurde der frühere entwicklungspolitische Optimismus, der auf dem Wachstum von Industrialisierung in einigen lateinamerikanischen Ländern und insbesondere in Städten beruhte, immer mehr gedämpft. Es entstand eine wachsende Kluft zwischen reichen und armen Nationen, die die herrschende Entwicklungstheorie (*Desarrollismo*) in eine Krise brauchte; stattdessen wurde die sog. Dependenztheorie entwickelt. Diese Theorie verstand Entwicklung nicht mehr als einen linearen Prozess, in dem Unterentwicklung einen zeitlichen, jedoch grundsätzlich überbrückbaren Abstand zur Entwicklung und den ihr zugeschriebenen Standards bildet. Die Dependenztheorie sah in Unterentwicklung/ Entwicklung vielmehr die zwei Seiten des kapitalistischen Wirtschaftssystems, das folglich – um der Armut wirksam begegnen zu können – von diesem abhängig machenden System befreit werden müsste. Die damit auch strukturell offen gelegten Ursachen des Elends zu erkennen und zu verändern, dazu verhalf Befreiungspädagogik, die das Ziel einer kritischen Bewusstseinsbildung und eines veränderten politischen Handelns verfolgte. Für die „Pädagogik der Unterdrückten" (Paulo Freire) ist die Einsicht grundlegend, dass sich Erkenntnis von Wirklichkeit und deren Veränderung gegenseitig bedingen.

Abhängigkeit, „einer der Schlüsselbegriffe für die Interpretation der lateinamerikanischen Wirklichkeit" (Gutiérrez), wurde jedoch nicht nur auf ökonomischer und politischer Ebene entdeckt. Auch auf kirchlich-theologischer Ebene gab es Parallelen, waren doch die Kirchen in Lateinamerika institutionell und „ideologisch" weitgehend europäisch geprägt und gebunden. Eine Gruppe von Theologen, die sich mit den Missständen beschäftigte und die „Theologie der Befreiung" entwickelte, wollte sich daher bewusst von dem eurozentrischen Theologietreiben abheben. Kirchliche Einrichtungen und Lehren sollten mit Blick auf die

Herausforderungen und Möglichkeiten der eigenen lateinamerikanischen Situation entwickelt und theologisch bedacht werden. Indem Befreiungstheologen nun bewusst die eigene Geschichte und die eigenen kulturellen Traditionen in ihre Theologie einbezogen, brachten sie theologisch auch ihre *eigenen* Erfahrungen mit Gott zur Sprache. Das führte in vielfacher Weise zu einem theologischen Perspektivenwechsel: Nicht mehr von den Reichen, sondern von den Armen her sollte Theologie getrieben werden; nicht mehr aus europäischer, sondern aus lateinamerikanischer Sicht; nicht mehr allein von akademisch gebildeten Berufstheologen, sondern vor allem vom gläubigen Volk der Armen.

Der befreiungstheologische Aufbruch wurde aber auch durch ein weltkirchliches Ereignis beflügelt. Für die katholische Kirche stellt das Zweite Vatikanische Konzil von 1962 bis 1965 das bedeutendste Ereignis des vergangenen Jahrhunderts dar. Während des Konzils hatten Erfahrungen der lateinamerikanischen Kirche auf die Beratungen keinen nennenswerten Einfluss, dennoch war dieses Konzil nach seiner Beendigung für den kirchlich-theologischen Aufbruch in Lateinamerika bedeutsam. Die mit dem Konzil initiierte Öffnung der Kirche zur Welt und ihr Selbstverständnis als „universales Sakrament des Heils" fanden nämlich in Lateinamerika eine Konkretisierung in der Öffnung der Kirche zur Welt der Armen und in der näheren Bestimmung der Kirche als „historisches Sakrament der Befreiung".

1968 fand nach einer intensiven Vorbereitung im kolumbianischen Medellín die Generalversammlung des lateinamerikanischen Bischofsrats (CELAM) statt, die unter dem Leitthema „Die Kirche in der gegenwärtigen Umwandlung Lateinamerikas im Lichte des Konzils" stand. Mit Medellín vollzog sich eine „Bekehrung der institutionellen Kirche zum Volk", was sich in der Absicht der Kirche äußerte, aus Gründen des Evangeliums einen gesellschaftlichen Standortwechsel zu vollziehen, mit allen Konsequenzen, welche die Realisierung dieser Absicht mit sich brachte. Das Verhalten der Kirche und ihre Strukturen hatten die Menschen Lateinamerikas, deren Mehrheit in schwerer Armut zu leben gezwungen ist, „zu der Überzeugung geführt, dass die Kirche in Lateinamerika reich ist", „dass die Hierarchie, der Klerus und die Ordensleute reich und mit den Reichen verbündet sind". Das widerspreche jedoch dem Evangelium und fordere von der Kirche und ihren Mitgliedern eine Umkehr, denn die Kirche habe „Kirche der Armen" zu sein. Damit nahm die lateinamerikanische Kirche eine Inspiration des Konzils auf, die dort zwar in einem kleineren Kreis von Bischöfen und Theologen lebendig war, in den konziliaren Beratungen und Beschlüssen jedoch nicht zum Zuge kam, und sie setzte diese auf kreative Weise um.

Vor vierzig Jahren legte der Peruaner Gustavo Gutiérrez, als geistlicher Begleiter selbst aktives Mitglied der CAJ, erstmals einen ausgearbeiteten systematischen Entwurf der „Theologie der Befreiung" vor und er hielt darin gleich zu Beginn fest, worum es in dieser Theologie geht. Es handelt sich um „eine Reflexion [...], die zugleich vom Evangelium und von den Erfahrungen der Männer und Frauen ausgeht, die sich in diesem von Unterdrückung und Beraubung beherrschten lateinamerikanischen Kontinent dem Prozess der Befreiung verpflichtet haben. Es handelt sich um eine theologische Reflexion, die aus dieser Erfahrung entsteht, denn sie teilt das Bemühen, die gegenwärtige, von Ungerechtigkeit gekennzeichnete Lage zu beseitigen und eine andere, freiere und menschlichere Gemeinschaft zu schaffen".

Dementsprechend kann Befreiungstheologie als „Ergebnis" und Ausdruck von Erfahrungen gesehen werden, welche Christinnen und Christen in ihrem Glauben an Jesus von Nazareth in Situationen der Abhängigkeit, Ausbeutung, Unterdrückung und Marginalisierung machen. Solche Situationen wurden in sozio-ökonomischer, sozio-politischer, sozio-kultureller, ethnischer und religiöser, aber auch geschlechtsspezifischer Hinsicht näher präzisiert, und das „Ergebnis" liegt in vielfältiger Form vor. So findet sich Theologie der Befreiung in Liedern, die vom Volk innerhalb und außerhalb der Kirchen gesungen werden, in bunten Bildern, gestickten Wandbehängen und einfachen Zeichnungen von Basisgemeinden und einzelnen Christen; in Geschichten, die einander erzählt und weitergegeben werden; in Gebeten und Gottesdiensten, die nur selten schriftlichen Niederschlag finden; in Rundbriefen, Artikeln und Büchern von Theologen und Theologinnen usf. – vor allem aber in einer bestimmten Glaubenspraxis des christlichen Volks, in welcher (arme) Menschen Subjekte ihrer eigenen Geschichte werden. Damit ist gemeint, dass Arme, konkret: Indigenas, Afroamerikaner, Frauen, Geschichte selbst gestalten und nicht bloß als von anderen gestaltete „erleiden". Die Kraft dazu beziehen sie wesentlich aus einem befreienden Glauben, der sie in ihrem „empowerment" motiviert und darin bestärkt.

Für die unterschiedlichen befreiungstheologischen Ansätze – angemessener wäre es, von Theologien der Befreiung zu sprechen – ist eine spirituelle Grunderfahrung konstitutiv. Der Arme ist für das Evangelium nicht nur „der Nächste par excellence", dem gegenüber sich die Wahrheit der Gottesliebe zeigt, sondern im Armen wird nach christlichem Selbstverständnis aufgrund der unumkehrbaren Identifikation Gottes mit dem Armen – so wie dies die Rede vom Weltgericht (Mt 25,31–44) deutlich macht – Gott selbst begegnet. In dieser „Option für den Armen" bündelt sich das befreiungstheologische Grundanliegen und wird zu dessen unverkennbarem „Gütezeichen". Im Dienst an den Armen findet der Glaube seine Einheit mit dem Leben. Diese im lateinamerikanischen Kontext wiederentdeckte „Glaubenswahrheit" hat zwar in der Befreiungstheologie zentrale Bedeutung, ist aber aufgrund des Evangeliums von universaler Relevanz und gilt ebenso für andere Kontexte, zumal es ja der Befreiungstheologie auch um Fragen von gesellschaftlicher Gerechtigkeit, politischer Selbstbestimmung, Achtung der Menschenwürde und -rechte geht.

Rückwirkungen auf die Alte Welt

Lateinamerikanische Befreiungstheologie stieß in Europa sowohl in der gesellschaftlichen Öffentlichkeit als auch in kirchlichen Institutionen und bei Theologinnen und Theologen auf unterschiedliche Reaktionen. Das Spektrum reichte dabei von einfacher Kenntnisnahme über distanzierte Bewunderung und kreative Auseinandersetzung mit ihr bis hin zu deren scharfen Verurteilung. Ein nicht unbedeutender Faktor bei der befreiungstheologischen Rezeption waren die gesellschaftlichen und theologischen Interessen, die von Einzelnen und von Gruppen vertreten werden, sowie deren Sensibilität für Probleme der „Einen Welt", für Fragestellungen, wie sie beispielsweise seit den achtziger Jahren im konziliaren Prozess „Gerechtigkeit, Frieden und Bewahrung der Schöpfung" angesprochen werden. Ohne ein gewisses Maß an Empathie jedenfalls war ein Zugang zur Befreiungstheologie kaum möglich.

Einerseits begegnete man der Befreiungstheologie mit viel Sympathie und großen Erwartungen, ja Übererwartungen angesichts pastoraler Schwierigkeiten und Nöte im eigenen Land, sowie mit einer gewissen Unzufriedenheit, in ihr neue Möglichkeiten einer zeitgemäßen Pastorale und eigenen Theologietreibens zu finden. Andererseits wurde sie ihres provokativen Aspekts wegen, den sie hinsichtlich europäischem Christentum und den Gesellschaften des Nordens enthält, schnell diskreditiert oder immunisiert. Der Befreiungstheologie wurde mangelnde Wissenschaftlichkeit vorgeworfen; als theologische Modeströmung mit einer defizitären Gesellschaftsanalyse verdiene sie keine ernsthafte Auseinandersetzung. Dahinter verbarg sich nicht selten eine selbstgefällige und überhebliche Haltung, aber auch Ängste waren im Spiel, bisheriger (materieller) Privilegien verlustig zu gehen.

Von Befreiungstheologie wurde in Tageszeitungen und populären Zeitschriften berichtet. Besonders als die kirchenamtliche Auseinandersetzung mit befreiungstheologischen Theologen und deren Maßregelung erfolgte, verstärkte sich – wenn auch nur kurzfristig – das mediale Interesse an ihr; sie war Schwerpunktthema zahlreicher Fachzeitschriften, wissenschaftlicher Symposien und Tagungen. Nicht zuletzt fand Befreiungstheologie Aufnahme in Weiterbildungsprogrammen kirchlicher Mitarbeiterinnen und Mitarbeiter, die in ihrer pastoralen Arbeit dadurch ermutigt wurden; andere begannen, sich für weltkirchliche Herausforderungen zu interessieren und sich selbstkritisch dem eigenen Ort und der Rolle innerhalb der „Einen Welt" zu stellen.

Über eine ausdrückliche befreiungstheologische Bezugnahme und Rezeption hinaus wäre jedoch auch die indirekte „Wirkungsgeschichte" zu berücksichtigen, denn der rückwirkende Einfluss kann sich nicht nur in einem inhaltlichen oder institutionellen Bereich zeigen, sondern ebenso in formal-methodischer Hinsicht. Inwieweit der Blick auf unsere eigene Situation aus der Perspektive Lateinamerikas und der Armen die herrschende Sicht europäischer Wirklichkeit nämlich verändert und bricht, inwieweit Ausgebeutete und Ausgegrenzte für das eigene Denken und Handeln zentral werden – dies alles gehörte genauso zu Rückwirkungen von Befreiungstheologie, auch wenn sich diese stille Änderung der Mentalität nur schwer dokumentieren lässt.

Verwurzelung in Europa

Wenn nach der Verwurzelung befreiungstheologischen Denkens bei uns gefragt wird, ist es nahe liegend, zunächst einen Blick auf den kirchlichen und theologischen Kontext zu werfen, bevor die allgemein gesellschaftliche Aufnahme thematisiert wird. Anzumerken ist dabei, dass Befreiungstheologie vor allem dort Wurzeln fassen konnte, wo sich bei uns ein „Nährboden" mit einer dafür notwendigen Offenheit und Sensibilität finden ließ. Wie tief das Wurzelwerk dann ging und wovon sie heute möglicherweise noch Lebenskraft bezieht, ist freilich eine andere, hier nicht zu beantwortende Frage. Die Wurzelbildung wurde allerdings auch durch lehramtliche Äußerungen erschwert. So ist an das Schreiben der römischen Kongregation für die Glaubenslehre von 1984 zu erinnern. Die „Instruktion über einige Aspekte der Theologie der Befreiung" warf der Befreiungstheologie u. a. eine unkritische Übernahme der marxistischen Analyse in die Theologie vor; sie fördere zudem die Ausbildung einer in Opposition zur offiziellen stehenden, parallelen Kirche. Damit wurde von höchster Autorität Wasser auf die Mühlen der Kritiker der Theologie der Befreiung geleitet, ohne sich mit ihr ernsthaft auseinandersetzen zu müssen.

Auf diese Instruktion, welche Befreiungstheologie beinahe als Chimäre zeichnete und karikierte, reagierten lateinamerikanische und auch europäische Theologen betroffen und kritisch. In der genannten Instruktion wurde ein weiteres Dokument angekündigt, das sich in positiver Weise mit zentralen Aspekten der Thematik auseinandersetzen wollte. Diese 1986 erschienene Instruktion „Über die christliche Freiheit und über die Befreiung" suchte wohlwollend zwischen der lateinamerikanischen Theologie der Befreiung und europäischer Freiheits-Theologie zu vermitteln, und im selben Jahr schrieb Papst Johannes Paul II. einen Brief an die brasilianischen Bischöfe, in dem er die Nützlichkeit und die Notwendigkeit einer Theologie der Befreiung hervorhob. Befreiungstheologisches Gedankengut wurde schließlich in der kirchlichen Sozialverkündigung aufgenommen und fand in offiziellen Dokumenten und Erklärungen von Bischöfen Aufnahme.

Innerhalb der europäischen Theologie und ihrem Fächerkanon war es vor allem die praktische Theologie, die sich früh mit lateinamerikanischer Befreiungstheologie beschäftigte, legte es sich doch von deren Selbstverständnis als „kritischer Reflexion über die Praxis im Lichte des Glaubens" nahe, in ihr eine Verbündete zu finden, um Grundanliegen des Zweiten Vatikanischen Konzils verstärkt bei uns umzusetzen. Dabei hatten lateinamerikanische Basisgemeinden eine Vorbildfunktion. Seit den sechziger Jahren entstanden solche Basisgemeinden unter den Armen – zunächst unabhängig von der später aufkommenden Befreiungstheologie, dann aber eng mit ihr verbunden –, die nach dem methodischen Dreischritt „Sehen – Urteilen – Handeln" in unterschiedlichen Situationen nicht zuletzt den gesellschaftspolitischen Alltag zu verändern suchten. Damit zeichnete sich eine neue kirchliche Sozial- und Praxisform ab, die auch bei uns gegenüber einer stark hierarchisch geprägten Kirchenstruktur eine Kirchen- und Gemeindereform von der Basis her versprach. In verschiedenen europäischen Ländern (z. B. Italien, Niederlanden, Spanien) ist dies einigen Gemeinden durchaus auch gelungen, sie entwickelten verstärkt ein gesellschaftliches und politisches Bewusstsein. Die Mehrheit christlicher Gemeinden überwand allerdings nicht ihren tief verwurzelten Klerikalismus, sondern beharrte weiterhin in einer „Versorgungsmentalität", welche eher religiöse Bedürfnisse gestillt sehen wollte, als den Glauben auch gesellschaftskritisch relevant werden zu lassen. Letzteres geschah dennoch, auch in Deutschland – freilich mehr am Rand und außerhalb von offiziellen kirchlichen Strukturen – durch engagierte Christinnen und Christen, die vorwiegend aus dem studentischen und akademischen Milieu stammten und sich teilweise vernetzten. Für sie bildete Befreiungstheologie einen grundlegenden geistig-geistlichen Referenzpunkt.

Christliche Sozialethik tat sich – zumindest anfänglich – mit der lateinamerikanischen Befreiungstheologie schwer; es bedurfte einiger Jahre, bis auch sie sich der politischen Orientierungen und des methodischen Ansatzes wegen zu einer positiven Auseinandersetzung mit ihr besann. Waren es zu Beginn v.a. der Marxismus-Verdacht und die Übernahme von dependenztheoretischem Denken, was Fachvertreter undifferenziert gegen sie polemisieren ließ, statt Befreiungstheologie als Anstoß zu einer selbstkritischen Überprüfung der eigenen Position zu begreifen, so änderte sich das im Lauf der Jahre. Sozialethiker erkannten die Herausforderung, welche Befreiungstheologie für eine gesellschaftsverändernde Praxis von Christinnen und Christen bei uns beinhaltete, und ebenso das innovative Potenzial, das sie für eine „Theorieentwicklung von unten" bot.

In den siebziger Jahren wuchs und verstärkte sich über die praktische Solidaritätsarbeit kirchenkritischer Bewegungen mit lateinamerikanischen Opfern politischer Unrechtsregimes auch ein für gesellschaftliche Fragestellungen sensibles Interesse an der Befreiungstheologie. Kirchen als ordnungs- und herrschaftslegitimierende Institutionen wurden von ihnen hinterfragt und auf deren befreiende Funktion insistiert; zweifelhafte Verstrickungen mit befreiungsgegnerischen Organisationen wurden aufgedeckt und publik gemacht. Es waren vor allem Hochschulgemeinden in Universitätsstädten, in denen Arbeitskreise und Solidaritätsgruppen entstanden, die sich kritisch mit den politischen und kirchlichen Entwicklungen in Lateinamerika auseinandersetzten.

Einen gewissen „Höhepunkt" bildete das *Quintocentenario*, das 500-Jahr-Gedenken der sog. Entdeckung bzw. Eroberung Lateinamerikas, aus dessen Anlass 1992 zahlreiche Befreiungstheologinnen und -theologen in unterschiedlichen Veranstaltungen auftraten und durch ihr Glaubens- und Lebenszeugnis Betroffenheit bei den Teilnehmern auslösten, die auch zu praktischer Projektarbeit etwa mit Straßenkindern führte.

In diesem Zusammenhang ist auf den indirekten Einfluss lateinamerikanischer Befreiungstheologie zu verweisen, wie sie sich im Selbstverständnis kirchlicher Hilfswerke und Einrichtungen niedergeschlagen hat. So war beispielsweise die Solidaritätspraxis mit den Armen für das bischöfliche Hilfswerk der katholischen Kirche „Misereor", das sich Hilfe für die Ärmsten der Armen als Ziel gesetzt hat, seit seiner Gründung fundamental. Befreiungstheologische Einsichten halfen dem Werk, sowohl die „Zentralität" von armenorientierter Entwicklungsarbeit zu vertiefen als auch auf die Bedeutung politischer Bewegungen und die Notwendigkeit struktureller Veränderungen zu achten. Für die sog. Inlandsarbeit, wie sie sich in den alljährlichen Kampagnen thematisch profiliert äußerte, lieferte Befreiungstheologie inhaltliche und methodische Impulse.

Inwieweit befreiungstheologisches Denken in den zahlreichen sozialen Bewegungen der letzten Jahrzehnte rezipiert wurde, lässt sich kaum sagen; die für Befreiungstheologie günstigen „klimatischen Bedingungen" der späten sechziger und der siebziger Jahre haben sich gewandelt, und nach dem Zusammenbruch des „real existierenden Sozialismus" ist es um die Befreiungstheologie stiller geworden, ohne dass damit die von ihr intendierte Realisierung einer gerechteren Weltgesellschaft entscheidend vorangetrieben wurde. Im Gegenteil: die Weltarmut nimmt unvermindert zu, und immer mehr Menschen zählen zu den gesellschaftlich „Ausgeschlossenen" und „Überflüssigen". Noch immer jedoch finden sich europaweit Basisinitiativen und Gruppen, die teilweise in Netzwerken zusammengeschlossen sind und in denen ein befreiungstheologischer Geist weht.

Literaturhinweise

Giancarlo COLLET, Theologie der Befreiung. „Vom Einbrechen der Armen in die Geschichte". Zur Entstehung von Befreiungstheologien, in: Theologien der Gegenwart. Darmstadt 2006, S. 7–52.

Bernhard BLEYER, Subjektwerdung des Armen. Zu einem theologisch-ethischen Argument im Zentrum lateinamerikanischer Befreiungstheologie. Regensburg 2009.

Walter DIRKS (Hrsg.), Gefahr ist. Wächst das Rettende auch? Befreiende Theologie für Europa. Salzburg 1991.

Ignacio ELLACURIA/Jon SOBRINO (Hrsg.), Mysterium Liberationis. Grundbegriffe der Theologie der Befreiung, Bde. I–II. Luzern 1995/1996.

Raúl FORNET-BETANCOURT (Hrsg.), Befreiungstheologie. Kritischer Rückblick und Perspektiven für die Zukunft, Bde. I–III. Mainz 1997.

Gustavo GUTIÉRREZ, Theologie der Befreiung. München/Mainz 1973. (Das Buch wurde nicht nur in zahlreiche Sprachen übersetzt und vielfach aufgelegt – 10. Aufl. 1992 –, sondern mittlerweile – nach innerkirchlichen Auseinandersetzungen – in seiner spanischen Fassung neu redigiert und mit einem neuen Vorwort versehen.)

Anneli Partenheimer-Bein
Die wissenschaftliche Entdeckung Brasiliens

Weil ihm von der portugiesischen Regierung die Einreise verweigert wurde, blieb es Alexander von Humboldt versagt, die in der 1648 in Amsterdam erschienenen „Historia naturalis Brasiliae" zusammengefassten Erkenntnisse des Arztes Willem Piso und des Naturwissenschaftlers Georg Markgraf durch eigene Forschungen zu erweitern. Die Entstehungsgeschichte dieses ersten wissenschaftlichen Werks über die brasilianische Flora, Fauna, Geographie, Astronomie, Meteorologie und Ethnologie führt zurück in die erste Hälfte des 17. Jahrhunderts.

Nach der Vereinigung mit Spanien unter Philipp II. im Jahr 1580 litten die portugiesischen Überseegebiete unter zunehmenden Angriffen französischer, englischer und vor allem niederländischer Konkurrenten. Die 1602 gegründete Vereinigte Ostindische Kompanie (VOC) der Niederlande, eigentlich eine Handelsgesellschaft, eroberte innerhalb weniger Jahrzehnte die meisten portugiesischen Besitzungen in Asien; ihre 1621 gegründete Schwestergesellschaft, die Westindische Kompanie (WIC), hatte von Beginn an nicht nur einen kommerziellen Zweck, sondern auch das militärische Ziel, auf Kosten des Erzfeindes Spanien ein südatlantisches Reich zu errichten. Dabei geriet das wegen Brasilholz und Zuckerproduktion gewinnträchtige Brasilien in den Fokus des Interesses der Kompaniedirektoren.

Die 1624 von den Niederländern eroberte Hauptstadt der portugiesischen Kolonie, San Salvador de Bahia, ging ein Jahr später wieder verloren, aber ab 1630 glückte die Festsetzung im Norden durch gewaltsame Inbesitznahme der Städte Recife und Olinda in der Provinz (Kapitanie) Pernambuco. Zeitweise ausgedehnt auf die Kapitanien Sergipe, Pernambuco, Paraiba, Ceara und Maranhao, existierte Niederländisch Brasilien (auch: „Neuholland") bis 1654 und scheiterte letztendlich einerseits am Kapitalmangel der WIC, weil die im zivilen und militärischen Unterhalt teure Kolonie ein Verlustgeschäft blieb, andererseits an der veränderten politischen Lage in Europa: Nach der Lösung Portugals aus der Personalunion mit Spanien 1640 folgte 1641 ein Friedensschluss mit den Vereinigten Provinzen, deren Kaufleute nun statt auf Aggression auf friedlichen, gewinnträchtigeren Handelsaustausch setzten. Die Bindung der niederländischen Seestreitkräfte im ersten englisch-holländischen Krieg (1652–1654) nutzte der portugiesische Generalgouverneur Brasiliens zur Eroberung des letzten gegen portugiesische Aufständische gehaltenen niederländischen Stützpunktes Recife im Januar 1654.

Dennoch erlebte die niederländische Kolonie eine kurze Blütezeit unter ihrem im August 1636 berufenen Generalgouverneur Johann Moritz von Nassau-Siegen, der mit dem Haus Oranien, das die Statthalter stellte, verwandt war. 1604 in Dillenburg geboren, hatte er eine militärische Karriere im Dienst der Niederlande hinter sich, als er im Januar 1637, ausgestattet mit umfassenden Vollmachten im Verwaltungs- und Militärwesen, Recife erreichte. Es gelang ihm, die Wirtschaft anzukurbeln, das Herrschaftsgebiet der WIC beträchtlich zu erweitern und durch die Eroberung der portugiesischen Stützpunkte Elmina (Ghana) 1637 und Luanda (Angola) 1641 den Sklavennachschub für die Zuckerindustrie zu sichern. Damit erreichte das Imperium der Kompanie seinen größten Umfang, wurde aber, obwohl der Handel blühte, nicht profitabel, u. a. weil die Pflanzer die Sklaven auf Kredit kauften, den sie nie beglichen.

Durch eine konsequente Politik der ethnischen und religiösen Toleranz gelang es Johann Moritz zudem, die Kolonie zu befrieden und die Interessen der vielen verschiedenen Bevölkerungsgruppen auszugleichen. Die bunte Gesellschaft – bestehend aus bereits ansässigen portugiesischen Kolonisten (*moradores*, zur Hälfte Zuckerpflanzer), im Dienst stehendem oder ausgemustertem und als „Freie" verbliebenem Personal der WIC aus mehreren europäischen Staaten, eingewanderten sephardischen Juden und Neu-Christen, verschiedenen Indianerstämmen, z. T. in niederländischen Söldnerdiensten, afrikanischen Sklaven sowie Mischlingen aller Schattierungen – bedauerte die Abberufung des Grafen aus Kostengründen im Jahr 1644 einhellig. Der Niedergang der Kolonie begann spätestens mit dem Ausbruch des Aufstands der *moradores* 1648.

Johann Moritz als vorausschauender Förderer von Wissenschaft und Kunst

„Toleration, power-sharing, scientific research, promotion of the arts and of welfare in the broadest sense seem to us modern political objectives, but to Johann Maurits they were the ways and means of the art of governing" (Hoetink): Mit dem adligen Generalgouverneur erhielt Niederländisch-Brasilien einen in vielfacher Hinsicht außergewöhnlichen Regenten. Die beiden Residenzen Vrijburg und Boa Vista (der Sommersitz) auf der Recife vorgelagerten Insel Antonio Vaz unweit der neu gegründeten Mauritsstad dienten nicht nur barocken Repräsentationsbedürfnissen, sondern auch der Wissenschaft. So befand sich in einem der beiden Türme von Vrijburg eine Sternwarte; der umgebende Garten versammelte möglichst viele botanische Spezies Brasiliens; der angeschlossene Tierpark strebte nach Gleichem für die Zoologie. Im Gefolge des Grafen hatten die schon genannten Wissenschaftler Piso und Markgraf sowie die Maler Frans Post und Albert Eckhout brasilianischen Boden betreten. Sie erbrachten im Bemühen um eine möglichst genaue Dokumentation des WIC-Gebiets bis heute nachwirkende Pionierleistungen in Botanik, Zoologie, Tropenmedizin, Geographie, Kartographie und Ethnologie. Immer in engem Kontakt mit ihrem Auftraggeber, der sich auch selbst mit der Naturgeschichte Brasiliens beschäftigte und die entstandenen zoologischen oder botanischen Skizzen z. T. mit eigenen Bemerkungen ergänzte, hinterließen sie Aufzeichnungen, Schriften und Bildmaterial, das eine bis heute wissenschaftlich verwertbare Beschreibung der Natur und Gesellschaft Nordostbrasiliens zu ihrer Zeit liefert.

Die Wissenschaftler

Georg Markgraf, geboren am 30. September 1610 in Liebstadt bei Dresden, hatte u. a. in Leiden Mathematik, Astronomie, Botanik und Medizin studiert und wurde wahrscheinlich 1638 als Assistent des Arztes Piso nach „Neuholland" entsandt, wo er 1640/41 in den Dienst Johann Moritz' wechselte. Aus dem Observatorium des Palais Vrijburg machte er über einen Zeitraum von ca. zwei Jahren die ersten systematischen Beobachtungen in Südamerika und dokumentierte u. a. eine Sonnenfinsternis. Auf drei Expeditionen ins Landesinnere 1639/40, im Zoo und im botanischen Garten des Generalgouverneurs erstellte er Beschreibungen und Aquarelle der Flora und Fauna, die ausschließlich auf eigenen Untersuchungen beruhten. Die Bilder geben trotz künstlerischer Mängel die jeweilige Spezies wissenschaftlich genau wieder und dienten als Vorlage für die Holzschnitte im zweiten, von ihm verfassten Teil der „Historia naturalis Brasiliae". Für die Texte entwickelte er eine moderne lexikalische Form: Dem Tiernamen in der einheimischen Sprache Tupi folgte, falls vorhanden, die portugiesische und niederländische Bezeichnung, dann die Größe des Tieres, die Beschreibung seines Körpers, der Färbung, die Zahl der Zehen und Zähne usw. Das Aquarell eines großen Ameisenbärs z. B. beschrieb er eigenhändig so: „Tamanduâguarû. Dieser ist ein großer Miereneßer, ist so groß als ein Waserhundt [Wasserhund], seine Zunge stect er in die lüher [Löcher], die mieren [Ameisen] setzen sich trauff, so zieht er sie ein. Die Zung ist lang 1½ Ell [...]. Als er schlefft deckt er sich mitt dem Schwanze [...]" (Brienen).

Während seiner Expeditionen kartographierte er Teile des Landesinneren; die neuen topografischen Kenntnisse wurden 1646 in die in Amsterdam von Blaeu gedruckte Wandkarte Brasiliens aufgenommen. Markgraf erlebte weder diesen Erfolg noch das Erscheinen der „Historia", da er, mit dem Auftrag, eine Karte Angolas anzufertigen, nach Luanda gesandt, dort kurz nach seiner Ankunft 1644 einer Tropenkrankheit zum Opfer fiel. Johann Moritz verschiffte Markgrafs zurückgelassene Sammlungen und Aufzeichnungen in die Niederlande und sorgte für deren Veröffentlichung. Dennoch ist das meiste davon heute verschollen.

Der ca. ein Jahr jüngere Willem Piso, Spross der ursprünglich in der Gegend von Kleve beheimateten Familie Pies, hatte in Leiden Medizin studiert, in Caen promoviert und war danach nach Amsterdam gezogen, wo er in Kontakt mit den WIC-Direktoren kam. Die Kompanie stellte ihn als Leibarzt ihres brasilianischen Generalgouverneurs an; im März 1638 traf er in der Kolonie ein, begleitete seinen Patienten auf dessen Reisen und militärischen Unternehmungen und stieg zum obersten Verwalter des Gesundheitswesens auf. Immer auf der Suche nach geeigneten Medikamenten, erforschte Piso die Heilpflanzen und -mittel der Eingeborenen und veröffentlichte seine Ergebnisse im ersten Teil der „Historia naturalis Brasiliae", die ihn zum Begründer der Tropenmedizin machte. Seine Ausführungen zu Wassersucht, Wurm- oder Geschlechtskrankheiten gelten als klassisch, die von ihm erfasste Wirkungsweise der Brechwurzel (radix Ipecacuanha; enthält das Alkaloid Emetin) wird noch heute bei Amöbenruhr eingesetzt.

Nach der Rückkehr aus Südamerika blieb Piso noch einige Zeit Leibarzt des Nassauers und wurde später dessen Agent, der für ihn Brasiliana aufkaufte. Er starb 1678 als angesehener Arzt in Amsterdam.

Markgraf und Piso gelten bis heute als Pioniere der brasilianischen Naturgeschichte; davon zeugen zwei nach ihnen benannte südamerikanische Pflanzenarten: die *Marcgravia* und die *Pisonia*. Ihr Gemeinschaftswerk, die von dem WIC-Direktor Johannes de Laet herausgegebene „Historia", blieb für fast 200 Jahre das Standardwerk über Natur und Medizin Brasiliens, wobei Pisos Teil u. a. eine Beschreibung von Geographie und Klima und die sich daraus ableitenden Regeln zur Erhaltung der Gesundheit sowie eine Darstellung der in den unterschiedlichen Bevölkerungsgruppen anzutreffenden, in Europa z. T. völlig unbekannten Krankheiten enthält. Markgraf wiederum stellt in sieben reich bebilderten „Büchern" weitere Pflanzen, Fische, Vögel, Vierfüßler und Schlangen sowie Insekten vor; das achte „Buch" enthält seine meteorologischen Beobachtungen und die Berechnung des Längengrades, auf dem Mauritsstad liegt. Die Aufnahme von Haustieren und Agrarpflanzen, auch solchen, die im Zuge des Sklavenhandels aus Afrika eingeführt wurden, bietet tiefe Einblicke in das Alltagsleben der Kolonie und leistet dadurch wichtige Beiträge zur Ethnologie. „Die große Bedeutung [des Werkes] liegt darin, dass erstmals eigene, authentische Beobachtungen wiedergegeben und nicht einfach nur Erzählungen Dritter übernommen wurden" (Kwet).

Die Künstler

Sowohl Albert Eckhout aus Groningen als auch Frans Post aus Haarlem verbrachten die ganze Regierungszeit Johann Moritz' in Brasilien, um die Kolonie in seinem Auftrag bildlich zu dokumentieren. Von beiden sind keine Werke aus der Zeit vor 1637 bekannt. Eckhouts Wirken verliert sich nach 1653 wieder im Dunkeln, obwohl er nachweislich auf Vermittlung seines bisherigen Mäzens für zehn Jahre eine Stelle bei Johann Georg II. von Sachsen bekleidete; insgesamt ist seine Biographie nur lückenhaft belegt. 21 Gemälde, alle mit brasilianischen Motiven, können ihm mit Sicherheit zugewiesen werden; sie zeugen von einer außergewöhnlichen Beobachtungsgabe, wissenschaftlicher Neugier und großem Einfühlungsvermögen in die fremde Kultur. Ein Dutzend gemalter Entwürfe für Wandgobelins ging im Lauf des 18. Jahrhunderts verloren, von den Gobelins selbst sind aber einige erhalten geblieben, so im Palast des Ordensgroßmeisters auf Malta; die auf Eckhouts Werken basierenden und vielleicht teilweise von ihm selbst ausgeführten Wandmalereien im Stadtpalais des Grafen im Haager „Mauritshuis" wurden 1704 bei einem Brand vernichtet. Eckhouts zwölf erhaltene Stillleben mit in Brasilien angebauten Agrarpflanzen ähneln durch ihre exakte Wiedergabe botanischen Studien; die teils durchgeschnittenen Früchte, deren Inneres und Samen präsentiert werden, sind – einzigartig für die Zeit – unter freiem Himmel arrangiert.

Von unschätzbarem ethnologischem Wert sind Eckhouts neun lebensgroße Darstellungen nichteuropäischer Brasilianer. Das größte dieser Gemälde zeigt eine Gruppe tanzender, mit Speeren bewaffneter Tarairiu-Männer, denen im rechten Bildteil zwei Frauen zuschauen; offenbar handelt es sich um eine Stammeszeremonie. Dieses Bild wirkt lebendiger als die acht idealisierten Porträts je eines Paares der als äußerst wild geltenden und im 19. Jahrhundert ausgestorbenen Tarairius, der Tupi-Indianer, der Afro-Brasilianer und eines Mulatten sowie einer Mestizin. Alle Figuren werden in ihrer gewöhnlichen Kleidung, die Männer mit ihren Waffen, die Frauen teils mit Kind und mit den alltäglichen Gebrauchsgegenständen und Nahrungsmitteln dargestellt. Dabei weisen die von der Tarairiu-Frau transportierten menschlichen Körperteile ihr Volk als Kannibalen aus. Alle Bilder zeigen im Hintergrund die Landschaft des bevorzugten Wohngebiets des jeweiligen Volkes und im Mittelgrund typische Pflanzen dieser Umwelt.

Verlässliche Angaben über Aussehen und Lebensweise der Abgebildeten bieten die Beschreibungen des Dresdeners Zacharias Wagner, der als Amateur in seinem „Thier-Buch" auch verkleinerte Kopien der Vorstudien von Eckhouts Porträts aquarellierte und mit Erläuterungen ergänzte. Wagner war Kellermeister des Generalgouverneurs, setzte seine Karriere ab 1642 bei der VOC fort und stieg dort in höchste Ränge auf.

Eckhouts Porträts, die eindeutig den Zweck verfolgen, die jeweilige Ethnie exemplarisch in ihrem Aussehen, ihren Lebensumständen und ihrer materiellen Kultur zu zeigen, sind wohl aufgrund sorgfältiger, in Brasilien angefertigter Skizzen in den Jahren nach der Rückkehr des Grafen nach Europa entstanden, in denen der Maler weiter in Diensten seines Gönners stand. Da dieser alle 21 Gemälde sowie fünf weitere, deren Zuschreibung unsicher ist, 1654 seinem königlichen Verwandten Friedrich III. von Dänemark schenkte, befinden sie sich heute in der ethnographischen Sammlung des Nationalmuseums in Kopenhagen.

Ölskizzen, Zeichnungen und Vorstudien Eckhouts zu diesen Bildern und zahlreichen weiteren brasilianischen Pflanzen und Tieren hatte Johann Moritz zusammen mit solchen von Post und Markgraf bereits 1652 dem Großen Kurfürsten Friedrich Wilhelm von Brandenburg verkauft, der ihn 1647 zum Statthalter von Kleve berufen hatte. Diese aus ca. 800 Stücken bestehende, in sieben Bücher gebundene Sammlung der Libri Picturati war seit 1945 verschollen, bis sie 1977 in der Biblioteca Jagiellonska in Krakau wieder gefunden und nach Berlin zurückgebracht wurde. Keines der Blätter ist signiert; während Eckhouts Urheberschaft relativ sicher zu erfassen ist, fällt dies für Markgraf und Post viel schwerer.

Eckhouts Malerkollege Frans Post kam durch Vermittlung seines Bruders Pieter, Architekt des Mauritshuis im Haag, in den Dienst des Generalgouverneurs und begleitete seinen Mäzen oder von diesem befohlene Expeditionen in verschiedene Kapitanien; 1644 besuchte er auf der Rückreise von Brasilien möglicherweise die westafrikanische Küste (Ghana, Luanda, São Tomé). Bald nach der Heimkehr nach Haarlem begann Post mit Vorzeichnungen für das Buch von Caspar Barlaeus über Johann Moritz' koloniale Regentschaft: „Rerum per octenium in Brasilia gestarum [...] historia". Das 1647 in Amsterdam erschienene und von ihm selbst veranlasste Werk sollte den abgedankten Generalgouverneur gegen Angriffe der WIC wegen seiner Verwaltung „Neuhollands" verteidigen. Posts aus Brasilien und Afrika mitgebrachtes Skizzenmaterial diente als Vorlage für die illustrierenden Kupferstiche; von seiner Hand stammten auch die Vorzeichnungen zu einigen Vignetten der Karten Markgrafs.

Frans Post hatte sich der Landschaftsmalerei verschrieben, die er während des Aufenthalts in Brasilien realistisch und nüchtern ausübte, wobei er kompositorisch immer mindestens eine Tier- oder Personengruppe in den Vordergrund platzierte. Naturgetreu fehlte auf diesen frühen Werken, z. B. dem 1637 entstandenen „Blick auf Itamaraca" (Mauritshuis, Den Haag), das Himmelblau, da fast immer eine milchige Bewölkung vorherrschte. Menschen, Tiere, Pflanzen und Gebäude ähneln in ihrer Genauigkeit den Darstellungen Eckhouts und basieren auf ebensolchen sorgfältigen Skizzen, wie sie die Grundlage der Illustrationen in Barlaeus' Buch bildeten.

Im April 1644 erhielt Post für ein großes Gemälde von Statthalter Friedrich Heinrich von Oranien das hohe Honorar von 800 Gulden; die folgenden 35 Jahre besetzte Post als einziger Landschaftsmaler, der Brasilien tatsächlich bereist hatte, eine Nische auf dem niederländischen Kunstmarkt und malte mit wachsendem Erfolg, nachdem der endgültige Verlust der Kolonie zunächst bei ehemaligen Kolonisten bzw. Amtsinhabern der WIC, dann auch bei Unbeteiligten, das Interesse an ihr geweckt hatte. Heute können Frans Post bis zu 160 Gemälde, verteilt über die Museen der Welt, zugeschrieben werden. Die Werke der 1650er Jahre haben noch dokumentarischen Charakter, z. B. die Darstellung von „Mauritsstad und Recife" von 1653, die einerseits den unfertigen Zustand der Neugründung in Gestalt einer unvollendeten Brücke zeigt, andererseits durch die multiethnischen Personengruppen im Vordergrund die Toleranzpolitik des Gouverneurs idealisiert. Danach verlegte sich der Maler zunehmend auf ca. sechs verschiedene Kompositionsmuster, deren Versatzteile zwar der Realität entsprachen, deren Zusammenstellung aber in erster Linie dem Publikumsgeschmack entgegenkam, wobei die 1660er Jahre zur produktivsten Periode wurden. Stand erst die Landschaft im Zentrum, wurden zunehmend Gebäude zum Hauptmotiv; diese sowie die genannten Figurengruppen bilden den Mittelgrund, während der Vordergrund von möglichst seltenen Pflanzen und Tieren wie dem Gürteltier oder Ameisenbär beherrscht wird. Sie bilden um die eigentliche Darstellung eine Art Rahmen; ihre akribisch genaue Ausarbeitung lässt einen geradezu lexikalischen Eifer ihres Schöpfers erkennen. Der Himmel über der Landschaft im Hintergrund erstrahlt nunmehr, anders als in den frühen Jahren, in Blau. Dennoch geriet Frans Post gegen Ende des 17. Jahrhunderts nahezu in Vergessenheit, bis ihn die Kunstwelt in der zweiten Hälfte des 20. Jahrhunderts neu entdeckte: als ersten und zugleich letzten Maler der ursprünglichen Natur Nordost-Brasiliens und Bilddokumentator der Kolonie unter Generalgouverneur Johann Moritz von Nassau-Siegen.

Der vorausschauenden Personalpolitik und dem modern anmutenden, umfassenden wissenschaftlichen und künstlerischen Interesse Johann Moritz' ist es zu verdanken, dass dieser Teil Brasiliens früher als andere Gebiete Südamerikas bildlich erfasst, mit den Mitteln des frühen 17. Jahrhunderts wissenschaftlich und kartographisch erforscht und die Erkenntnisse in Europa verbreitet wurden. Dabei übernahmen die Sammelleidenschaft europäischer Fürsten und die Ausstattung barocker Höfe und Gärten, aber auch der prächtigen Stadthäuser reicher Patrizier eine wichtige Vermittlerrolle.

Dem „Meilenstein der naturgeschichtlichen Erkundung" (Kwet), der „Historia naturalis Brasiliae", folgte mit der Rückeroberung der Kolonie durch die Portugiesen ein fast einhundertjähriger Stillstand des Erkenntnisgewinns. Während die Reise Alexander von Humboldts 1799–1804, der „zweite Meilenstein in der Erforschung Südamerikas" (Kwet), aus dem eingangs genannten Grund noch an Brasilien vorbei führte, erwachte das Land nach der Flucht der portugiesischen Königsfamilie in die Kolonie 1807 aus seinem wissenschaftlichen Dornröschenschlaf und zog in der Folge zahlreiche Nachahmer Humboldts an, unter denen Prinz Maximilian zu Wied herausragt. Seine „Reise nach Brasilien in den Jahren 1815 bis 1817" (erschienen 1820/21) löste die „Historia naturalis Brasiliae" als Standardwerk ab.

Literaturhinweise

Walther L. BERNECKER/Horst PIETSCHMANN/Rüdiger ZOLLER, Eine kleine Geschichte Brasiliens. Frankfurt/M. 2000.

E. VAN DEN BOOGAART (Hrsg.), A Humanist Prince in Europe and Brazil. Johan Maurits van Nassau-Siegen 1604–1679. Essays on the Occasion of the Tercentenary of his Death. The Hague 1979; darin H. R. HOETINK, Introduction. Some Remarks on the Modernity of Johan Maurits, S. 7–11.

Charles R. BOXER, The Dutch in Brazil 1624–1654. Oxford 1957.

R. P. BRIENEN, Georg Marcgraf (1610–ca. 1644). A German Cartographer, Astronomer and Naturalist Illustrator in Colonial Dutch Brazil, in: Itinerario. European Journal of Overseas History XXV/1 (2001), S. 85–122.

Quentin BUVELOT u. a., Albert Eckhout. Een hollandse kunstenaar in Brazilië. Zwolle 2004 (Katalog zur Ausstellung „In Brazilië met Albert Eckhout 1610–1666" Mauritshuis, Den Haag).

Wolfgang CROM u. a., Brasilien. Alte Bücher – neue Welt. Stuttgart 2006; darin: Horst LADEMACHER, Zucker, Sklaven und Indianer – Johann Moritz von Nassau-Siegen als niederländischer Gouverneur in Brasilien, S. 157–205; Axel KWET, Brasiliens Natur – die biologische Entdeckung eines neuen Kontinents, S. 206–235.

Léon KREMPEL (Hrsg), Frans Post (1612–1680). Maler des Verlorenen Paradieses. München 2006 (Katalog zur gleichnamigen Ausstellung im Haus der Kunst, München).

Eike PIES, Willem Piso (1611–1678). Begründer der kolonialen Medizin und Leibarzt des Grafen Johann Moritz von Nassau-Siegen in Brasilien. Eine Biographie. Düsseldorf 1981.

Willem PISO/Georg MARKGRAF, Historia naturalis Brasiliae. Leiden/Amsterdam 1648.

Zo wijd de wereld strekt. Tentoonstelling naar aanleiding van de 300ste sterfdag van Johan Maurits van Nassau-Siegen op 20 december 1979, Mauritshuis Den Haag, Koninklijk Kabinet van Schilderijen, 21.12.1979–1.3.1980 (Katalog; deutsche Ausgabe: So weit der Erdkreis reicht ...).

Sünne Juterczenka

Südsee

Strahlender Strand

„Welcome to the Beautiful Islands of Bikini", grüßt ein Schild auf dem Bikini-Atoll in den Marshallinseln, einer Inselgruppe Mikronesiens. Das Riff des Atolls umschließt eine türkisfarbene Lagune, ein Eldorado für Taucher. Und wer denkt in Zeiten des globalisierten Pauschaltourismus bei einem solchen Anblick nicht an ein unberührtes Urlaubsparadies? Bei näherer Betrachtung entpuppt sich die Unterwasserwelt allerdings nicht nur als menschengemacht, sondern auch als ziemlich gespenstisch – sie ist ein riesiger Schiffsfriedhof. Hier sind freilich keine Wracks mikronesischer Fischerboote dem Verfall preisgegeben, sondern U-Boote, Zerstörer, Flugzeugträger: auf martialischem Hightech-Schrott gedeiht, von tropischen Fischen umschwärmt, ein marines Biotop. Und obwohl – eigentlich muss man sagen: gerade weil – die Marshallinseln fernab moderner Metropolen liegen, ist die ‚Südsee', die Inselwelt des Pazifik, ein Erinnerungsort der gesamten westlichen Welt. Die jüngere Geschichte des Bikini-Atolls verdeutlicht dies in besonderer Weise.

Sie beginnt mit Ereignissen, die das Ende des Zweiten Weltkriegs einleiteten und deren Schauplätze ebenfalls im Pazifik lagen: dem japanischen Angriff auf Pearl Harbor und dem Kriegseintritt der USA, der Bombardierung Hiroshimas und Nagasakis und der anschließenden Kapitulation Japans. Nach Kriegsende blieb Bikini zunächst Militärbasis. Aus US-amerikanischer Sicht war es vor allem abgelegen und unzugänglich. Es bot daher ideale Voraussetzungen, um die Entwicklung einer brisanten Technologie voranzutreiben, die im Zeichen des Kalten Krieges ins Zentrum des Interesses rückte: nukleare Massenvernichtungswaffen. Die Kernwaffentests auf diesem und benachbarten Atollen bis 1958 versenkten nicht nur jene Geisterflotte ausgemusterter Kriegsschiffe, die im Zuge der „Operation Crossroads" zu Testzwecken auf der Lagune platziert wurde; die USA erzwangen auch die mehrfache Umsiedlung der Inselbevölkerung. Die radioaktive Verseuchung der Region verhinderte das ohnehin dubiose Vorhaben, die Evakuierung nach Beendigung der Tests rückgängig zu machen. Einzelne Inseln versanken durch die Explosionen; andere sind heute von Kratern und Bunkerruinen entstellt. Zahllose Inselbewohner erkrankten, starben oder bekamen in Folge der radioaktiven Belastung missgebildeten Nachwuchs. Mittlerweile ist die bizarre Gedächtnislandschaft des Bikini-Atolls für Besucher zugänglich. Seit 2010 soll sie als Weltkulturerbe den „Beginn des nuklearen Zeitalters" in der Mitte des 20. Jahrhunderts markieren – aus Sicht der Insulaner eine Ära des „nuklearen Kolonialismus", die sie ihrer Lebensgrundlage beraubte und zu unfreiwilligen „nuklearen Nomaden" machte (so das Nominierungspapier auf der UNESCO-Homepage).

Im Westen generierten die Tests derweil ikonische Symbole, die den Stellenwert der atomaren Allmachtsfantasien ebenso wie der (auch im fernen Europa) als bedrohlich empfundenen Gefahren dauerhaft im kollektiven Bewusstsein verankerten. So vermarktete die US-Regierung die Tests durch umfassende Medienpräsenz als spektakuläres Experiment und nutzte dazu vor allem Fotos der charakteristischen pilzförmigen Wolken, die bei den Sprengungen entstanden. Diese Bilder bestimmten auch die Wahrnehmung der nuklearen Drohkulisse, die nun gegenüber den Sowjets und ihren Verbündeten errichtet wurde. Die Tests im Pazifik waren der Auftakt wechselseitiger Inszenierungen militärischen Potentials durch die selbst ernannten Atommächte; Bikini musste dafür zuerst als Bühne herhalten. Weltweit wurde zwar überwiegend in dünn besiedelten Gegenden getestet, wo die Betroffenen dem wenig entgegen zu setzen hatten. Allerdings brachten der Neologismus „fallout" für radioaktiven Niederschlag und Berichte über strahlenkranke US-Soldaten auch westlichen Wohlstandsbürgern schließlich zu Bewusstsein, dass die Auswirkungen die gesamte Menschheit betrafen. So versuchte die US-amerikanische Atomenergiekommission vergeblich, die Verantwortlichkeit für die Verstrahlung japanischer Fischtrawler, ihrer Besatzungen und Fänge durch die Detonation der Wasserstoffbombe „Bravo" am 1. März 1954 abzustreiten. Dies löste in Japan eine Welle des Protests aus, strapazierte die Beziehungen beider Länder und führte schließlich zu Entschädigungszahlungen. Der Vorfall inspirierte die japanische Filmindustrie zur Schöpfung des atomaren Ungeheuers „Godzilla", das vor dem bedrohlichen Szenario eines möglichen Kontrollverlusts die monströse Zerstörungskraft der neuen Waffe versinnbildlichte. Nun begann sich weltweit eine Friedensbewegung zu formieren und machte die Pilzwolke ihrerseits zu einer Ikone des Protests. In Europa verurteilten 1955 prominente Wissenschaftler wie Bertrand Russell und Albert Einstein die militärische Nutzung der Kerntechnologie in einem Manifest. Großdemonstrationen wie die ersten Ostermärsche in Großbritannien und die Proteste der *Campaign for Nuclear Disarmament* zogen auf ihrem Höhepunkt in den 1960er Jahren Zehntausende auf Europas Straßen – besonders, seit auch Großbritannien auf Malden Island, Kiritimati (Christmas Island), den Montebello-Inseln, in Australien und den USA Testserien durchführte (1952–1991), ebenso wie Frankreich auf den polynesischen Atollen Mururoa und Fangataufa sowie in der algerischen Wüste (1960–1996). Die Protestkultur der Friedensbewegung und der gewaltlose Widerstand gegen den nuklearen *overkill* waren aus der Öffentlichkeit nicht mehr wegzudenken. Gleichwohl wirkte die Ästhetik der Pilzwolke über dem Stillen Ozean so schockierend wie elektrisierend, und die Tests provozierten Künstler wie den Maler Salvador Dalí oder den Komponisten Steve Reich zur kritischen Auseinandersetzung. Selbst zur Popularisierung der Konsum- und Freizeitkultur wurde Bikini medienwirksam eingespannt: In Anspielung auf die Wucht der Bombe und die empörten Reaktionen verwendete ein französischer Designer, der die Bademode revolutionieren wollte, diesen Namen für seine Kreation.

Doch zurück zum Bikini-Atoll. Heute wird man dort nicht nur willkommen geheißen, sondern vom selben Schild auch auf ein fragwürdiges Jubiläum hingewiesen: „50 Years Bravo Bomb" – ein Verweis auf eine verstörende Ambivalenz. Die Südsee ist makelloses Idyll und zugleich ein Schauplatz mörderischer Gewalt. Kritiker haben die Zerstörung des paradiesischen Atolls als Hybris und modernen Sündenfall gegeißelt. Sie bildet indessen das vorläufige Ende einer Reihe konfliktreicher Entwicklungen, die untrennbar mit der europäischen Präsenz im Pazifik verbunden sind. Darin deutet sich die vielschichtige Problematik dieses widersprüchlichen Erinnerungsorts bereits an: der biblische Vergleich ist zwar insofern treffend, als die Tests ein drastischer, irreversibler Eingriff nie da gewesenen Ausmaßes in eine besonders freigiebige, aber auch extrem fragile Natur waren. Ob es eine Epoche ungetrübter Unschuld zuvor je gab, ist allerdings fraglich, wie tiefer gelegene Schichten des europäischen Verhältnisses zum Pazifik zeigen.

Kokos, Knochen, Kultfiguren

Bevor die US-Regierung die Südsee-Atolle zum nuklearen Testgelände erklärte, hatte sie als Kolonialmacht Japan beerbt; dieses wiederum hatte das zuvor vom Deutschen Reich beanspruchte „Schutzgebiet Deutsch-Neuguinea" zu Beginn des Ersten Weltkriegs annektiert.

Anders als etwa in Großbritannien und Frankreich ging die Initiative zur Errichtung der Kolonien hier von Akteuren aus, die ihre geschäftlichen Interessen im Pazifik auch ohne staatliche Legitimierung verfolgten und die Politik nur mühsam von ihrem Ansinnen überzeugen konnten. Dennoch hinterließ der gerade einmal dreißig Jahre während deutsche ‚Südseetraum' (1884–1914) nicht nur im Pazifik, sondern auch hierzulande deutliche Spuren.

Manche deutschen Unternehmer erkannten nämlich das Marktpotential so genannter Exotika und begannen sie in beträchtlicher Zahl zu importieren. Johann Cesar Godeffroy, der Spross einer Hamburger Reeder- und Kaufmannsdynastie, betrieb seit den 1850er Jahren auf Samoa Plantagenwirtschaft und handelte mit Kopra, dem Grundstoff des Kokosöls. In Hamburg unterhielt er zwanzig Jahre lang ein privates Naturkundemuseum mit Südsee-Exponaten, das er gegen Eintrittsgebühren einem breiten Publikum öffnete. Zudem gab er eine eigene Zeitschrift heraus und perfektionierte die Beschaffung von Objekten für Museen und Forschungseinrichtungen, indem er speziell zu diesem Zweck Sammler engagierte und sie hinsichtlich der begleitenden Dokumentation der ‚Ware' sorgsam instruierte. Obwohl Godeffroy in finanzielle Schwierigkeiten geriet und die so genannte Samoa-Vorlage (ein Versuch, zur Rettung seiner Firma Staatsgelder zu mobilisieren) im Reichstag scheiterte, traf er offenbar einen Nerv der Zeit: Die Nachfrage nach exotischen Naturalien und Ethnografika wuchs. Teile von Godeffroys Sammlung landeten im Leipziger Völkerkundemuseum und im Museum für Völkerkunde in Hamburg, wo sie heute noch besichtigt werden können. Bald begannen sich Anthropologen im Zeichen der Evolutionstheorie besonders für menschliche ‚Typen' bzw. ‚Rassen' zu interessieren, die sie u. a. anhand ihrer Anatomie und Physiognomie zu klassifizieren suchten. Die Zurschaustellung lebender Menschen lag nicht allzu fern; so kaufte das Hamburger Völkerkundemuseum nicht nur bei Godeffroy ein, sondern auch bei Umlauffs Weltmuseum, das etwa Carl Hagenbecks Völkerschauen und Fritz Langs Filmkulissen mit Exotika bestückte. Wie ähnliche Museen überall in Europa veranstaltete es außerdem zur gezielten Daten- und Materialbeschaffung eine eigene Forschungsreise, die Hamburger Südsee-Expedition (1908–1910).

Weder die Teilnehmer solcher erklärtermaßen wissenschaftlichen Unternehmungen noch die Agenten der Exotika-Händler gingen zimperlich vor. Ob Kunst oder Kultgegenstand – konnten Objekte nicht mit Zustimmung ihrer Eigentümer erworben werden, so war ihnen auch das Mittel des „anonymen Ankaufs" recht, bei dem sie diese unbemerkt entwendeten bzw. gegen vermeintlich gleichwertige europäische Erzeugnisse austauschten; auch menschliche Überreste (Schädel, Knochen, ganze Skelette) gelangten auf zweifelhaftem Weg in ihren Besitz. Dabei empfanden sie wohl kaum Skrupel – zumal Wissenschaftler die Sammelpraktiken mit der dringend notwendigen Bewahrung der Zeugnisse ursprünglicher (‚primitiver') indigener Kulturen rechtfertigten, deren baldigen und unwiederbringlichen Verlust sie prophezeiten. Nicht nur in Hamburg, Leipzig und vor allem Berlin, sondern auch in anderen deutschen Städten wurden Völkerkundemuseen zu „Erinnerungshorten" (Osterhammel) der angehäuften Südsee-Schätze; Unternehmer, Kolonialgesellschaften, Marine und Missionare arbeiteten ihnen zu. Die Expeditionen stießen allerdings nicht überall auf Gegenliebe. Mitunter kam es auch zu handfesten Auseinandersetzungen – zum Beispiel, wenn die Inselbevölkerung ihrerseits Gegenstände aus Europa eigenmächtig an sich brachte. So nahmen die Teilnehmer der Hamburger Südsee-Expedition einmal einen Einheimischen als Geisel, um ein gestohlenes Gewehr zurück zu erlangen. Die Geschichte der Inbesitznahme (im Fall Bikinis: der Destruktion) natürlicher Ressourcen oder Kulturgüter und der Konflikte mit indigenen Völkern im Pazifikraum bzw. deren Gegenwehr reicht indessen noch weiter zurück.

Der Tod des Entdeckers

Die Südsee war nämlich die ‚Neue Welt' des 18. Jahrhunderts, an deren Erkundung sich alle *global players* unter den seefahrenden Nationen Europas beteiligten. Besonders Frankreich und Großbritannien traten nach dem Siebenjährigen Krieg und der Amerikanischen Revolution, durch die sie erheblich an geopolitischem Einfluss eingebüßt hatten, miteinander in einen Wettstreit um Neuentdeckungen. Solche Entdeckungen weckten jedoch nicht nur nationale Begehrlichkeiten, sondern auch ein transnationales Interesse. Als 1780 der Tod des englischen Entdeckungsreisenden James Cook bekannt wurde, fragte daher der Göttinger Gelehrte Georg Christoph Lichtenberg rhetorisch: „Von wessen Unternehmungen und Taten […] haben neuerlich alle Menschen von Erziehung über ganz Europa mit so vieler Teilnahme gelesen und gesprochen als von den seinigen?" Dies war keine pietätvolle Übertreibung; schon seine zweite Weltumsegelung machte Cook über Großbritannien hinaus bekannt – auch in den deutschen Territorien, die im 18. Jahrhundert keine Expeditionen entsandten. Neben Lichtenberg machten auch die deutschen Naturforscher Georg und Reinhold Forster, die Cooks zweite Weltumsegelung begleiteten, den Entdecker in ihrer Heimat bekannt. Sie nutzten dazu besonders gelehrte Zeitschriften, die in der zweiten Jahrhunderthälfte eine beispiellose Blütezeit erlebten und in denen auch ausländische Publikationen besprochen wurden. In seiner eigenen Reisebeschreibung „A Voyage Round the World" (1777) und in der Übersetzung des Berichts von Cooks dritter Reise, der er seinen biographischen Essay „Cook, der Entdecker" (1788/1789) voranstellte, setzte Georg Forster ihm ein Denkmal. Cook widmete sich Fragen, die Forscher in ganz Europa umtrieben, und er verkörperte eine Haltung, die zum Selbstbild aufgeklärter Europäer gehörte. Anders als die Atomwaffentests des 20. Jahrhunderts, welche die drohende Zerstörung von Natur und Kreatur heraufbeschworen, und anders als die Sammelwut des ausgehenden 19. Jahrhunderts, die mit dem schädlichen Einfluss der ‚Europäisierung' auf die kulturelle Vielfalt der Südsee begründet wurde, wertete man die Entdeckungsreisen des 18. Jahrhunderts uneingeschränkt optimistisch als Fortschritt.

Niemand verkörperte diesen Optimismus so gründlich wie Cook. Die Lösung des Längengradproblems dank in den 1760er Jahren eingeführter Schiffschronometer ließ ihn weiter in die Antarktis vordringen als irgendjemanden zuvor. Seine kartografischen und hydrografischen Aufzeichnungen waren genauer und vollständiger als alle vorherigen, und es gelang ihm, die Mannschaftsverluste auf seinen mehrjährigen Seereisen durch ein innovatives Ernährungsregime zu minimieren. Zugleich räumte er mit irrigen Vorstellungen auf, die bisher zum geografischen Standardwissen gehört hatten: etwa mit der Annahme, im Pazifik müsse ein riesiger Südkontinent existieren, der die Landmassen der Nordhalbkugel ausbalanciere, oder mit der Idee einer schiffbaren Nordwestpassage zwischen Pazifik und Atlantik, deren Nutzung als Handelsroute – heute durch Abschmelzen der Polkappen in greifbare Nähe gerückt – damals unpraktikabel war. Dafür stieß er auf zahlreiche in Europa zuvor unbekannte Inseln, darunter auch Hawaii.

Cook, der begnadete Nautiker und Kartograf, wurde ein „Heros der Aufklärung" (Kohl). Heute wird er anlässlich von Jahrestagen in Massenveranstaltungen wie den *reenactments* mit Nachbauten seiner Schiffe im Pazifik und in Europa gefeiert; zugleich bieten solche Feiern Anlass zu Protesten indigener Gruppen, die in Cook den Vorboten ihrer Enteignung durch Europäer sehen. Cook hat zweifellos einen festen Platz im Gedächtnis der westlichen Welt, das zeigt seine Präsenz in der Historiographie (von den gesammelten Schriften bis zum Gelehrtenstreit über seinen Tod) ebenso wie in der Populärkultur (vom Romanhelden bis zur Lego-Figur). Vollends zum Superstar wurde er allerdings erst durch sein vorzeitiges und gewaltsames Ableben. Denn Cook, der prototypische Entdecker, starb nicht irgendeinen Tod, sondern einen tragischen. Die Tragik erschöpft sich keineswegs im Personenkult; sie beruht auf dem Selbstverständnis der europäischen Aufklärung. Diese Tragik wurde nicht zuletzt vor dem Hintergrund von Cooks ‚humaner‘ Gesinnung gesehen, die ihn indigenen Völkern angeblich freundlicher und unvoreingenommener begegnen ließ als andere Entdecker – als Kontrastfolie dienen stets die iberischen Eroberungen in Lateinamerika während des ersten Entdeckungszeitalters. So habe er sich beispielsweise bemüht, die Weiterverbreitung von Geschlechtskrankheiten durch sexuelle Kontakte zwischen der Inselbevölkerung und seinen Mannschaften zu minimieren. Zeitgenossen galt es als besonderer Beweis seiner selbstlosen Menschenfreundlichkeit, wenn Cook europäische Gebrauchsgegenstände, Nutzpflanzen und Haustiere auf den pazifischen Inseln einführte. Die mehr als bereitwillige Annahme mancher Gaben durch die Inselbevölkerung war geeignet, die Meistererzählung von seinem tragischen Tod zu beglaubigen. Cook kam ums Leben, als er ein zuvor von Insulanern entwendetes Boot zurück forderte. Eine populäre zeitgenössische Version der Berichte über seinen Tod lautete, er sei bei einem Handgemenge am Strand von Hawaii durch einen Dolch gestorben, den die Insulaner von ihm selbst erhalten hätten. Die gegen ihn gewendete Waffe schien mit tragischer Ironie Cooks humane Gesinnung zu akzentuieren, indem sie ihm zum Verhängnis wurde. Nach seinem Tod hielten Cook und ‚seine‘ Südsee sogar Einzug ins Theater. In London zeigte das pathetische Finale des Stücks „Omai, or, a Voyage round the World" 1785 Cooks „Apotheose": Flankiert von Fama und Britannia schwebte er darin, Navigationsinstrumente in der Rechten, über dem Inselstrand. Geradezu reliquienhaft anmutende Memorabilia, wie ein angeblich aus Cooks Oberschenkelknochen gefertigter Pfeil (eine Legende, die ein DNA-Test schließlich widerlegte), sein Fernrohr oder die Bibel, die er unterwegs für Gottesdienste benutzte, verdeutlichen Cooks Rang im kulturellen Gedächtnis. Zugleich erweist sich der Entdecker in ihnen als Inkarnation sittlicher Kultivierung in Abgrenzung zu den Südsee-Bewohnern, deren ‚unzivilisierte‘ Rohheit sich darin zeigte, dass sie seine Leiche grausam verstümmelten.

Erotik und ‚edle Wilde‘

Cook und die Südsee des 18. Jahrhunderts standen aber auch für das, was Gelehrte wie Lichtenberg oder die Forsters besonders beflügelte und Kaufleuten wie Godeffroy später so glänzende Geschäfte bescherte: Das Interesse an der Naturgeschichte und an der Geschichte der Menschheit. Hatten europäische Sammler früher schon ihre Kunstkammern mit Exotika angefüllt, so bekam die Sammelleidenschaft nun System. Die Südsee wurde zum bevorzugten Jagdrevier für Naturalia und Ethnografika und musste sich mitsamt ihren fremden Völkern in neu erdachte Ordnungssysteme fügen. Cook und seine Entdecker-Kollegen brachten schon vor dem Handel im großen Stil zahlreiche Stücke aus dem Pazifik nach Europa. Diese bildeten den Grundstock berühmter Sammlungen, wie etwa der Cook-Forster-Sammlung in Göttingen, des British Museum in London oder des Ashmolean Museum in Oxford. Sie verdeutlichen die europäische Faszination für die Südsee, aber auch frühe Bestrebungen, Kulturen in ein stufenartiges Entwicklungsmodell einzuordnen. Dabei wollten Gelehrte und Sammler die Objekte offenbar nicht allein besitzen und klassifizieren, sondern traten auch in einen engen persönlichen und imaginativen Bezug zu ihnen. So waren indigene Materialien wie die kunstvoll gewebten Baststoffe (*tapa*) einerseits ein Schauobjekt und Gegenstand wissenschaftlicher Studien. Andererseits posierte der gelehrte Joseph Banks für ein Porträt darin, und Elizabeth Cook fertigte in Erwartung der Rückkehr ihres Mannes von seiner dritten Reise für ihn eine Weste aus Baststoff. In solchen Aneignungen deutet sich ein Fernweh nach der Südsee als einer alternativen Welt an, in die man sich in London und Paris mit Vorliebe flüchtete: eines unverdorbenen Arkadien, frei von Zwang, Gewalt und Korruption, fernab von Europas großen Städten mit ihren komplizierten Umgangsformen, die manchen Zeitgenossen gekünstelt erschienen. Von Europa aus betrachtet, schien diese Südsee vertraut, doch unerreichbar; eben deshalb avancierte sie zum paradiesischen Sehnsuchtsort.

Vielleicht mehr als irgendeine andere Insel in der imaginierten Südsee steht Tahiti für dieses Verlangen. Als es der französische Entdecker Louis Antoine de Bougainville in seinem Reisebericht „Voyage autour du Monde" (1771) erstmals beschrieb, gelang ihm ein sensationeller Bestseller. Wie so viele Reisebeschreibungen der Folgezeit rasch in andere europäische Sprachen übersetzt, nährte er eine geradezu obsessive Beschäftigung mit der bis zur Unkenntlichkeit romantisierten Südsee. Das Südseefieber inspirierte nicht nur Literatur über tatsächliche und fiktive Reisen. Es schien auch die Kulturkritik eines Jean-Jacques Rousseau und seine Theorie zu bestätigen, der Mensch sei von Natur aus gut. Schließlich behaupteten die Entdecker, auf Tahiti echte ‚edle Wilde' angetroffen zu haben: friedfertige, glückliche Menschen mit anmutigen Körpern und kindlichem Gemüt. Auch Denis Diderot diskutierte in seinem fiktiven Dialog „Supplément au voyage de Bougainville" (1796) den ‚unschuldigen' Naturzustand der Inseln. Wenn aber Bougainville Tahiti nach der Insel der Liebesgöttin Aphrodite „La Nouvelle Cythère" nannte und die dort vermeintlich praktizierte freie Liebe beschrieb, so untermauerte er ein Stereotyp, das als Leitmotiv noch lange europäische Vorstellungen von der Südsee durchzog, etwa im Werk des Malers Paul Gauguin: das der ‚natürlichen' Erotik und der sexuellen Freizügigkeit. Begegnete man den indigenen Völkern der pazifischen Inselwelt während des nuklearen Zeitalters mit Missachtung und in der Ära des Kolonialismus mit überlegener Herablassung, so verklärte man sie in der Epoche der Entdeckungen. Bevor die Südsee Wellness-Paradies, atomares Testgelände und Tummelplatz kolonialer Geschäftemacher und Ethnologen wurde, war sie vor allem eins – ein idealisiertes und zutiefst von europäischen Bezugsgrößen (Antike, Christentum), aber auch von Wunschfantasien geprägtes Gegenbild Europas.

Literaturhinweise

Hans Fischer, Die Hamburger Südsee-Expedition. Über Ethnographie und Kolonialismus. Frankfurt/M. 1981.

James Cook und die Entdeckung der Südsee. Katalog der Kunst- und Ausstellungshalle der Bundesrepublik Deutschland, des Museums für Völkerkunde, Wien, und des Historischen Museums Bern. München 2009.

Karl-Heinz Kohl, James Cook als Heros der Aufklärung, in: Andreas Hartmann/Michael Neumann (Hrsg.), Mythen Europas – Schlüsselfiguren der Imagination. Vom Barock zur Aufklärung. Darmstadt 2007, S. 84–99.

Christiane Küchler Williams, Erotische Paradiese. Zur europäischen Südsee-Rezeption im 18. Jahrhundert. Göttingen 2004.

Jochen Meissner, Mythos Südsee. Das Bild von der Südsee im Europa des 18. Jahrhunderts. Hildesheim 2006.

Jürgen Osterhammel, Die Verwandlung der Welt. Eine Geschichte des 19. Jahrhunderts. München 2009.

Glyndwr WILLIAMS, The Death of Captain Cook. A Hero Made and Unmade. London 2008.

Lawrence S. WITTNER, Confronting the Bomb. A Short History of the World Nuclear Disarmament Movement. Stanford 2009.

Dominik Collet
Kunst- und Wunderkammern

2002 hat der deutsche Bundestag beschlossen, das ehemalige Stadtschloss im Zentrum Berlins neu zu errichten. Seitdem wurde nahezu jeder Aspekt dieses Unternehmens intensiv und kontrovers debattiert: die äußere und innere Form des Gebäudes, die künftige Nutzung, die Finanzierung, die Trägerschaft. Nur ein Aspekt blieb in allen Debatten unumstritten: das Zentrum des geplanten Humboldt-Forums sollte eine „Kunstkammer" bilden.

Die Berliner Entscheidung illustriert die rasante Karriere dieses historischen Sammlungstyps. Nachdem die Kunstkammer als „Urform des Museums" in den letzten Jahren in zahlreichen Rekonstruktionen und Neuerfindungen wieder auferstanden ist, scheint sie nun ins Zentrum nationaler und identitätspolitischer Debatten gerückt zu sein.

Die Renaissance dieses 500 Jahre alten Sammlungstyps verdankt sich nicht zuletzt dem Umstand, dass ihm Fähigkeiten zugesprochen werden, die heutigen Museen offenbar fehlen. Dazu gehört vor allem das Vermögen, andere Kulturen gleichberechtigt, vorurteilsfrei und respektvoll darzustellen. In dem für die Kunstkammern typischen spielerischen Nebeneinander von Natur und Technik, von Kunst und Wissenschaft, von Eigenem und Fremdem entdecken Ausstellungsmacher ein von späteren disziplinären, nationalen und machtpolitischen Zwängen noch freies „Labor" der Begegnung (Abb. 1). Angeregt von postkolonialen Debatten, versteht man die Kunstkammer so als jenen „dritten Raum", der kulturelle Hybridität jenseits von starren Dichotomien ermunterte.

Abbildung 1: Illustration der Kunstkammer des Nürnberger Apothekers Basilius Besler von 1622 mit europäischen und außereuropäischen Pflanzen, Tieren und ethnographischem Material, die einem Besucher vom Sammler und einem „Kunstkämmerer" präsentiert werden.

In Berlin ist dieser Aspekt besonders zentral. Dort soll die „Kunstkammer" das Herz der ins Humboldt-Forum verlegten außereuropäischen Sammlungen bilden. Während diese in weiten Teilen auf die deutsche Kolonialzeit zurückgehen, möchte man mit der Kunstkammer gezielt an ältere, vermeintlich neutralere Traditionen anknüpfen. Dem kolonialen Blick soll die Kunst- und Wunderkammer das unvoreingenommene Staunen entgegensetzen, dem Gestus der „Beuteschau" ein respektvolles Miteinander. Auf diese Weise soll sie dazu beitragen, aus den ehemaligen Kolonialmuseen „Museen der Weltkulturen" zu formen, Deutschlands Beziehungen zur Welt nicht länger auf die Erfahrungen der Kolonialzeit zu reduzieren und der engen, nationalstaatlichen Tradition des Stadtschlosses einen interkulturellen Begegnungsraum entgegenzustellen. Mit der Kunstkammer entsteht so im Herzen der deutschen Hauptstadt ein zentraler Erinnerungsort der ehemaligen und zukünftigen Weltzugewandtheit des modernen Deutschland.

Die Wiederentdeckung der ersten Museen

Eine solche Vereinnahmung der Kunstkammern für die nationale Identitätsfindung in einer globalisierten Welt wurde erst durch eine radikale Neuinterpretation möglich. Lange Zeit galten diese ersten musealen Sammlungen Europas aus der Zeit von 1500–1800 als chaotische Sammelsurien, von denen zwar eine gewisse Faszination, aber keinerlei Nutzen ausging. Bereits um 1900 resultierten erste Versuche ihrer Historisierung in der Begriffsbildung „Kunst- und Wunderkammer". Eine systematische Beschäftigung mit dem Ursprung der modernen Museen und der Provenienz ihrer älteren Bestände begann erst in den 1980er Jahren.

Wie so häufig, ging die plötzliche Suche nach „Vorgeschichten" auf eine tiefe Krise zurück. Museen wurden und werden seit dieser Zeit zunehmend als passive und schwerfällige Institutionen wahrgenommen, die weitgehend überholtes Wissen auf altmodisch distanzierte Art einer eng begrenzten Besucherschicht präsentieren. Auf der Suche nach Alternativen hat man sich daher den Kunst- und Wunderkammern zugewandt. In ihren lebhaften Inszenierungen, die alle Sinne ansprachen, die jede Fachgrenze lustvoll überschritten und die eine vergleichsweise breite Besucherschicht zum Spiel mit den Objekten anregten, erkannte man ein Gegenbild zum verkrusteten Museumsbetrieb der eigenen Zeit. Seitdem stellt man dem trägen modernen Museum gerne seine „undisziplinierten" Vorgänger gegenüber und kopiert, adaptiert und rekonstruiert deren Präsentationsformen. Neue oder wiederhergestellte Kunstkammern wurden in den letzten Jahren in Halle (1995), Ulm (2001), Landshut (2004), Budapest (2005), Dresden (2006), Karlsruhe (2006), Amsterdam (2009) und Gotha (2010) eröffnet. Zahlreiche weitere sind in ganz Europa als Teil von Sonderausstellungen präsentiert worden. Das Spiel mit der „Kunstkammer" gehört heute zu den populärsten Ausstellungskonzepten überhaupt.

Eine besondere Bedeutung hat die Kunstkammer in der scharf geführten Diskussion um die Präsentation fremder Kulturen gewonnen. Während den heutigen Völkerkundemuseen vorgeworfen wird, den kolonialen Blick ihrer Gründerväter zu übernehmen, die gewaltsame Entstehungsgeschichte ihrer Sammlungen zu verschweigen und aus der Vielfalt entlegener Lebenswelten ein künstliches „Anderes" zu konstruieren, interpretiert man die Kunstkammern als hierarchiefreies „Laboratorium". Da die vielen Exotika hier nicht künstlich separiert, sondern im „Dialog" mit europäischen Exponaten ausgestellt wurden, vermuten ihre Befürworter, dass sie einen offeneren Blick auf die Weltkulturen erlauben. Einige sehen in den außereuropäischen Sachzeugnissen darüber hinaus auch eine Inspirationsquelle für die

Entwicklung der empirischen Wissenschaften und die kritische Auseinandersetzung mit den eigenen, europäischen Verhältnissen insgesamt.

Solche gegenwartsbezogenen Deutungsversuche verdecken leicht, dass die Kunstkammern tatsächlich einen zentralen Ort der europäischen Begegnung mit der Welt bildeten. Allerdings präsentierten auch diese Sammlungen nur Fragmente einer viel komplizierteren Wirklichkeit, die zudem von europäischen Projektionen, religiösen Vorurteilen und politischen Interessen eingehegt wurde. Aber während weite Reisen und direkte Kontakte mit den Außereuropäern nur wenigen vorbehalten blieben, erreichten die Kunstkammern ein erstaunlich breites Publikum. Drei Jahrhunderte lang dienten sie wenn nicht als Labor, dann doch als Vermittler der europäischen Expansion an einen Rezipientenkreis, der weit über die Leserschichten der Reiseliteratur hinausging. Die Kunstkammer konstituierte so eine zentrale „contact zone" (J. Clifford) von Alter und Neuer Welt, die das europäische Bild der Fremde zwischen 1500 und 1800 nachhaltig prägte.

Die Welt in der Stube

Die Einfuhr exotischer Objekte war kein Nebenprodukt, sondern das Hauptziel der europäischen Expansion. Außer den begehrten Handelsgütern und Edelmetallen gelangten aber von Beginn an auch Raritäten und „Kuriositäten" in die Alte Welt. Kolumbus berichtet in seinem Logbuch, dass er bereits am Tag des ersten Kontakts mit den Amerikanern, dem 12. Oktober 1492, „Papageien und Bälle von Baumwollfäden und Speere und viele andere Dinge" erhielt. Wenig später hatte sich ein reger Tauschhandel entwickelt, der mit „Pfeilen", „Götzenfiguren" und Schmuck aus bunten Federn bereits Objekte umfasste, die später zu beliebten Kunstkammerstücken werden sollten.

Das Aufsehen, das solche Exotika in Europa erregten, kann man nur erahnen. So notierte sich Albrecht Dürer 1520 zu den in Brüssel ausgestellten Beutestücken des Hernán Cortés: „Auch hab jch gesehen die dieng, die man dem könig auß dem neuen gulden land gebracht hat: [...] von allerlei jhrer waffen, harnisch, geschucz, wunderbahrlich wahr, selczamer kleidung, pettgewandt und allerley wunderbahrlicher ding zu manniglichem brauch, das do viel schöner an zu sehen ist dan wunderding".

Nicht nur einige der „Wunderdinge" Cortés' fanden später ihren Weg in die Sammlungen europäischer Herrscherhäuser. Überall wurden die etablierten Sammlungen von Antiquitäten, Kunsthandwerk und Pretiosen nun um Kuriositäten aus Übersee erweitert.

Gerade aufgrund ihrer faszinierenden Fremdartigkeit brachte man Exotika nicht in separate Spezialsammlungen. Den Sammlern war es vielmehr ein Bedürfnis, den neuartigen Objekten einen Platz innerhalb der bestehenden Ordnung der Dinge zuzuweisen. Mit der Anlage von universellen Kunstkammern versuchten sie, der sich rasch vergrößernden Welt eine kohärente Ordnung zurückzugeben – ein Bestreben, das sich in Bezeichnungen wie „Kleine Welt", „Theatrum mundi" oder „Mikrokosmos" artikulierte.

Um entsprechend zu wirken, mussten die Objekte gesehen und bestaunt werden können. So universell wie das Sammlungsprogramm der neuen Kunstkammern entwickelte sich daher auch das Netzwerk von Besuchern, Sammlern, Händlern und Experten. Bereits der Anspruch, auch Objekte aus entlegenen Gebieten auszustellen, verlangte einen intensiven Austausch mit Reisenden, Besuchern und Kaufleuten. Die daraus resultierende größere Zugänglichkeit der Kunstkammern transformierte die älteren Sammlungsformen. Aus der privaten Gelehrtensammlung und der verschlossenen Schatzkammer entwickelte sich nun eine auf Besucher ausgerichtete Institution, die in Form, Funktion und Öffentlichkeit bereits an das moderne Museum erinnert. Die Entstehung der universell sammelnden „Kunstkammer" und die europäische Expansion sind daher eng miteinander verknüpft. Die Geburt des Museums und die europäische Öffnung zur Welt gingen Hand in Hand.

Erste Kunstkammern lassen sich um 1550 nachweisen. Als Teil einer größeren gesellschaftlichen Entwicklung entstanden sie zeitgleich in sehr verschiedenen sozialen Milieus – an Fürstenhöfen ebenso wie an Universitäten oder in Bürgerhäusern, in den niederländischen Überseehäfen ebenso wie im französischen Hinterland. Die ältesten Kunstkammern finden sich daher nicht nur an den Höfen von München, Florenz oder Dresden, sondern auch bei dem Naturkundler Ulysse Aldrovandi in Bologna oder dem Baseler Arzt Felix Platter.

Exotika spielten dabei überall eine wichtige Rolle. Da die große Mehrheit der Sammler, nicht auf missionarische oder dynastische Beziehungen in die Ferne zurückgreifen konnte, entwickelten sich für diese Stücke schon früh ein reger Handel und ein eigener Markt. Er begann in den überseeischen Küstengebieten, wo Seeleute Raritäten erhandelten oder die Pfeile sammelten, die Indianer auf ihr Schiff geschossen hatten. In Europa gelangten brasilianische Hängematten oder indonesische Dolche schließlich über reisende Kunsthändler oder Raritätenläden wie die „Arche Noah" in Paris an die Sammler.

Schon nach einer Generation lassen sich Hunderte Kunstkammern in Europa nachweisen. Sie waren so populär, dass bald erste „kommerzielle" Sammlungen entstanden. So zeigte Robert Hubert in den 1650er Jahren eine für jedermann zugängliche Sammlung von „Wunderbar[en]- und seltzame[n] Sachen der Natur, so aus Europa, Africa, America, beeden Indien, und andern weit entlegenen Landschafften, mit grosser Mühe und Arbeit zusammen gebracht", in verschiedenen Städten in Deutschland und England, um mit den Eintrittsgeldern seinen Lebensunterhalt zu bestreiten.

Ihren Besuchern boten die Kunstkammern eine ganze „Welt in der Stube". Außereuropäische oder „indianische" Stücke stellten zumeist einen kleinen, aber hoch geachteten Teil der Bestände dar. In der fürstlichen Kunstkammer in Dresden befand sich ein eigenes „Indianisches Zimmer", in dem „Ausländische Indianische Raritäten und Naturalien, an Gewächsen, Thieren, Vogeln, Gewehren, Kleidern, Bildern, Schriften, Müntzen und andern" präsentiert wurden. Aber auch in kleineren Sammlungen, wie der des Straßburger Kaufmanns Balthasar Künast, notierte ein Besucher im Jahr 1637 gleich neben den einheimischen Kunstwerken Arrangements von „Etlich Indianisch [...] Abgötter. Mäntel, Hut, etc. alles von Federn von Papageyen und Paradiesvögeln. Allerhand Indianisch Geschirr, Körb, Wehr, Säbel, Pfeil, Boge[n], Bett".

Während nicht-westliche Objekte heute zumeist nur in Spezialmuseen zu finden sind, präsentierten nahezu alle Kunstkammern exotische Stücke. Ihre Sichtbarkeit war daher deutlich höher und der Einfluss der Kunstkammern auf das Bild, das sich die Europäer von der Ferne machten, entsprechend groß.

Weltreisende als „cultural broker"

Im Kontaktraum Kunstkammer wanderten aber nicht nur die Objekte zwischen den Kulturen. Auch viele Personen in ihrem Umfeld waren Grenzgänger. Ihre Reisen wiederholten den Weg der Objekte in umgekehrter Richtung.

Die Londoner Gärtnerfamilie Tradescant legte in den 1620er Jahren mit Reisen in den Orient und nach Amerika die Grundlage für das Oxforder Ashmolean Museum, das heute noch existiert. Auch Hans Sloane, der spätere Begründer des British Museum, verdankte seine gesellschaftliche Position und seine berühmte Sammlung einer Reise in die Karibik.

Noch bedeutender waren reisende „Experten". Diese Gruppe von Agenten, Beratern oder „Kunstkämmerern", die sich im Umfeld der neuen Sammlungen bildete, trug wesentlich zur Etablierung eines einheitlichen Sammlungstypus bei. Für die aus ihrem Kontext gerissenen außereuropäischen Stücke war ihre Tätigkeit essentiell. Ohne sie blieben die Exotika stumm.

Weitgereiste Augenzeugen machten daher von Beginn an einen großen Teil dieser Experten aus. So etablierte sich der Enkhuizener Arzt Bernhard Paludanus über Reisen nach Syrien und Ägypten als Agent zahlreicher sammelnder Reichsfürsten. Seine eigene Kunstkammer kam später an den Gottorfer Hof, wo sie mit Adam Olearius ein Experte erweiterte, der seine Anstellung einer Reise ins persische Isfahan verdankte. Zusammen formten sie eine berühmte Kunstkammer mit Objekten „aus allen vier Theilen der Welt", die noch heute im Kopenhagener Nationalmuseum zu sehen sind.

Als reisende Grenzgänger bildeten diese Experten das menschliche Pendant zu den weitgereisten Exotika. Kontakte nach Übersee bestanden daher nicht allein über Exponate. Umso erstaunlicher ist es, dass kaum einer dieser Praktiker interkultureller Begegnung tatsächlich auf seine persönlichen Erfahrungen zurückgriff. Das Bild, das sie von der Fremde zeichneten, war nicht das des „Augenzeugen", sondern das der etablierten Bücher.

Projektive Ethnographie

Bereits mit der Auswahl der Exponate legten Experten und Sammler den Besuchern ein bestimmtes Bild der Fremde nahe. So fehlten Objekte, die auf den Kontakt von europäischen und nicht-europäischen Traditionen verweisen. Hybridisierung, Mestizisierung und Vermischung fanden in der Kunstkammer – ähnlich wie in modernen Völkerkundemuseen – kaum statt. Man bevorzugte zudem „primitive" Dinge. Das Amazonasbecken war beispielsweise weit besser repräsentiert als das Reich der Azteken. Besonderer Popularität erfreute sich „Fremdvertrautes" – Objekte, deren Form, Material und Funktion zwar fremdartig erschien, die zugleich aber eine europäische Entsprechung besaßen. „Kronen" aus Federn oder Hängematten als „Betten" gehörten daher zu den populärsten Exotika. Die Selektion der Exponate marginalisierte so Formen des kulturellen Kontakts und reduzierte die tatsächliche Vielfalt auf ein einheitliches, weitgehend primitives Gegenüber.

Die Einordnung der Exponate führte diese Tendenz zur Abgrenzung weiter. Obwohl die zeitgenössischen Taxonomien eigentlich eine gemeinsame Präsentation forderten, ordneten die Sammler nicht-christliches Material entweder in separate Zimmer oder zu den „Naturalien". Sammlungstheorie und -praxis traten hier deutlich auseinander.

In den Geschichten, die in den Sammlungen zu den Exotika zirkulierten, fand diese Assoziation überseeischer Kulturen mit dem Naturhaften und Andersartigen ihren Abschluss. Die Erzählungen der Experten assoziierten zahlreiche Objekte mit dem Kannibalismus der „Wilden". Dazu gehörten Rasseln, Keulen, Nüsse oder „Tzween Pfeiffen", von denen Bernhard Paludanus beteuerte, sie bestünden aus den Schenkelknochen von Menschen, „die die menschenvresser in America gevressen haben". Andere Exotika ordnete man den bedrohlichen, giftmischenden Amazonen oder heidnischen Ritualen zu.

Die Geschichten verwandelten auch ganz gewöhnliche Dinge in faszinierende Raritäten. Aus den religiösen Kopfzierden aus Federn machten sie entweder weltliche „Kronen" oder – buchstäblich auf den Kopf gestellt – „Tanzröcke" für den berüchtigten „danse sauvage" (Abb. 2). In der Persenning eines Kanus oder der Halterung eines Spiegels erblickte man indianische „Götzen", ein Robbenfell in Bologna verwandelte sich in den Zeremonienmantel

Abbildung 2: Der Aufzug der „Königin Amerika" am Stuttgarter Hof (1599), mit exotischen Objekten aus den Beständen der fürstlichen Kunstkammer (kolorierte Federzeichnung).

eines heidnischen Priesters, eine Trompete mit Jaguarschnitzereien in ein Kriegsgerät der Amazonen mit einem Teufelskopf.

Da die geographischen Angaben äußerst vage gehalten waren, übertrugen sich solche Schilderungen leicht auch auf andere „indische" Objekte. Vor den Augen der Besucher entstand so das Bild einer homogenen, naturhaft-primitiven „Gegenwelt".

Die Voraussetzung für eine solch weitreichende Neudeutung der Exotika lag in ihrer weitgehenden Dekontextualisierung. Genauere Informationen zu den „indianischen" Dingen strebte man daher oft gar nicht erst an. Die Phantasien der Europäer entzündeten sich schließlich gerade an den Leerstellen. Die im Vergleich zu den mündlichen Erzählungen viel knapperen Einträge der zeitgenössischen Inventare verweisen daher auch nicht auf einen „neutralen" Blick als vielmehr auf die strategische Bedeutung gezielter Überlieferungslücken.

In der musealen Praxis füllten die Kunstkämmerer diese Lücken mit Geschichten aus der populären Reiseliteratur. Indem sich die „Augenzeugen" die Autorität anerkannter Bücher aneigneten, festigten sie den unsicheren Status als „Experten" und bedienten zugleich die Erwartungen von Sammlern und Besuchern.

Ihr Vorgehen lässt sich daher als „projektive Ethnographie" beschreiben. Sie projizierte verbreitete europäische Vorstellungen in die Ferne. Europas „innere Indianer" – die religiösen Abweichler, ungehobelten Bauern und ungehorsamen Frauen – wanderten dabei in die Neuen Welten. Die Kunstkammer diente so der Selbstvergewisserung der Daheimgebliebenen und förderte mit der Abgrenzung vom Fremden zugleich die Konstruktion einer „europäischen" Identität in einer expandierenden Welt.

Von der Kunstkammer zum Völkerkundemuseum

Die museale Präsentation der Fremde blieb fast 300 Jahre lang konstant. Experten, Besucher und die Vorbildwirkung berühmter Kunstkammern perpetuierten den einmal entwickelten Sammlungskanon. Lange nachdem die Eingeborenen christianisiert, Pflanzen und Tiere im „Columbian exchange" ausgetauscht und europäische Siedler in der Fremde heimisch geworden waren, präsentierten die Kunstkammern noch immer eine unberührte, heidnische Gegenwelt.

Gegen diese Tradition konnten sich zaghafte Versuche, die Kunstkammern für neue experimentelle Forschungsmethoden oder für die schulische Bildung zu nutzen, nur vereinzelt durchsetzen. Auch Formen des spielerischen Umgangs mit exotischen Objekten, wie die Benutzung bei Festen und Umzügen, blieben fest in aristokratische oder religiöse Deutungsmuster eingebunden (Abb. 2).

Die wissenschaftliche Ausdifferenzierung des 18. Jahrhunderts ging daher an den ethnographischen Beständen und vielen naturkundlichen „Kuriositäten" zunächst vorbei. Während mit der Physik, der Kunst oder der Medizin immer weitere Bereiche der Kunstkammern in spezialisierte Sammlungen ausgelagert wurden, blieben die Exotika als Restbestände zurück oder wurden zum ungeliebten Anhängsel der neuen Naturkundemuseen.

Erst als die Fremde im 19. Jahrhundert keine unmittelbare Herausforderung mehr darstellte, konnten sich neue Modelle entwickeln. Gelehrte begannen die außereuropäischen Kulturen zu historisieren, mit der eigenen Vergangenheit zu vergleichen und in eine gemeinsame Geschichte einzuordnen. Mit den neuen Diffusions- und Stufentheorien wuchs auch das Interesse an den fremden Dingen. Die Entwicklung der „Völkerkunde" um 1780, die großen naturkundlichen Expeditionen und Alexander von Humboldts Semantisierung fremder „Monumente" als Zeugnisse von Freiheit und Universalismus regten bald eine Renaissance ethnographischer Sammlungen an.

Die ersten völkerkundlichen Museen übernahmen dabei nicht nur viele Exponate aus den alten Kunstkammern, sondern auch viele Sammlungstraditionen. Die Kunstkammer lebte nicht nur in der Erwerbspolitik oder der Rolle von Experten weiter. Sie setzte sich auch in der nunmehr vollständigen Separation von Alter und Neuer Welt fort.

Die Kunstkammer als Kontaktraum?

Lange vor den Kolonialmuseen des 19. Jahrhunderts präsentierten die Kunst- und Wunderkammern einem breiten Publikum die „Welt in der Stube". Ihre außereuropäischen Exponate visualisierten die Entdeckungsreisen und vermittelten das Wissen einer neuen, größeren Welt über die Kreise der Gelehrten hinaus. Die europäische Expansion und die Entstehung des Museums sind auf diese Weise eng miteinander verknüpft.

Die Kunstkammern sind deshalb zu Recht als Erinnerungsorte des interkulturellen Kontakts wiederentdeckt worden. Als Kontaktraum unterlagen sie aber den Bedingungen ihrer Zeit und des Museums selbst. Die Begegnung von Alter und Neuer Welt fand im Sammlungsraum nur indirekt, nämlich über Objekte, statt. Die Fremden selbst blieben dabei stumm oder dienten lediglich – wie die „Indianerprinzessin" Pocahontas oder einige „Indian Kings" bei ihren Aufenthalten in London 1616 und 1717 – als Quelle für Exponate.

Die Leerstellen, die mit dem Transfer aus ihrem ursprünglichen Kontext entstanden, machten die Exotika zu Projektionsflächen für europäische Phantasien. Ihre Präsentation als „Gegenwelt" ermöglichte es den Europäern, ihre politisch, konfessionell und sozial zersplitterte Heimat als identitätsstiftende Einheit zu imaginieren.

Das Museum erlebte seine erste Blüte daher nicht zufällig in Europa. Auch in anderen Regionen schätzte man fremde Raritäten. So gab es beispielsweise im Japan der Edo-Zeit Sammlungen europäischer „Exotika". Die gewaltige Popularität der Kunstkammern in der Alten Welt resultierte aber aus dem gesteigerten Bedürfnis der Europäer nach Selbstvergewisserung in turbulenten Zeiten.

Es ist wohl genau dieses Gefühl, das diese Sammlungsform heute wieder so attraktiv erscheinen lässt. Nicht nur im Berliner Humboldt-Forum verbindet sich mit ihr die Hoffnung auf historische und moralische Neuorientierung in einer zunehmend globalen Welt.

Das hohe metaphorische Potential des Kunstbegriffs der „Wunderkammer" verdeckt dabei zuweilen die Mehrdimensionalität der tatsächlichen historischen Museen. Als Vorbild kann sicher die für ihre Zeit einzigartig breite Öffentlichkeit dienen, die über ständische und konfessionelle Schranken hinausreichte. Über ihre Objekte veranschaulichte sie erfolgreich Wissensbestände jenseits von disziplinärem Spezialismus. Zugleich teilt die Kunstkammer aber auch die Probleme jedes Museums: die Privilegierung von „Experten" und Kuratoren, das Schweigen der Porträtierten, die Marginalisierung von Hybridität, die Leerstellen in der Kontextualisierung der Objekte oder die Herausforderung, anhand von Dingen den weiten Bereich der „intangible heritage" lebendiger Kulturen adäquat zu erfassen.

Betrachtet man die Kunstkammer indes nicht nur als spielerische Heterotopie der Weltoffenheit, sondern auch als Ort, an dem Stereotype naturalisiert und imaginierte Fremdheit konstruiert wurden, tritt sie als ein kulturelles Archiv der langen Geschichte globaler Begegnungen hervor.

Literaturhinweise

Elke BUJOK, Neue Welten in europäischen Sammlungen. Africana und Americana in Kunstkammern bis 1670. Berlin 2004.

James CLIFFORD, Museums as Contact Zones, in: Ders., Routes. Travel and Translation in the Late Twentieth Century. Cambridge, Mass. 1997, S. 188–219.

Dominik COLLET, Die Welt in der Stube. Begegnungen mit Außereuropa in Kunstkammern der Frühen Neuzeit. Göttingen 2007.

Sabine HAAG/Helmut TRNEK (Hrsg.), Exotica. Portugals Entdeckungen im Spiegel fürstlicher Kunst- und Wunderkammern der Renaissance. Wien 2001.

Oliver IMPEY/Arthur MACGREGOR (Hrsg.), The Origins of Museums. The Cabinet of Curiosities in Sixteenth- and Seventeenth-Century Europe. London 2001.

Pamela H. SMITH/Paula FINDLEN (Hrsg.), Merchants & Marvels. Commerce, Science, and Art in Early Modern Europe. New York 2002.

Kristina Starkloff
Völkerschauen/Zurschaustellungen

Als die Direktorin des Augsburger Zoos im Sommer 2005 eine Sonderveranstaltung als „African Village" ankündigte, rechnete sie nicht mit der unmittelbar folgenden heftigen Reaktion. Tageszeitungen und verschiedene Organisationen kritisierten Parallelen zu Völkerschauen, die seit den 1870er Jahren vornehmlich in europäischen und nordamerikanischen (Groß-)Städten veranstaltet wurden. Die außerordentliche Popularität ergab sich damals aus der engen Verflechtung von Wissenschaft, Kommerz und Imperialismus. Außereuropäische Gruppierungen hatten vor einem vermeintlich zivilisierten Publikum unzivilisierte Wilde zu spielen. Die unglücklich formulierte Erwiderung der Augsburger Verantwortlichen, dass ein Zoo der richtige Ort zur Vermittlung von Exotik sei, stieß ebenfalls auf Empörung. Offensichtlich war die historische Dimension des Vorhabens nicht in Rechnung gestellt worden. Ein Stück weit, so schien es, würden die kolonialen Blickverhältnisse reproduziert, durch die fremde Menschen zu exotischen Objekten zwischen Tier und Mensch degradiert worden waren.

Völkerschauen – oder treffender formuliert: Zurschaustellungen – sind eng an die vielschichtigen Veränderungen ab der Mitte des 19. Jahrhunderts in Europa gebunden. Anders betrachtet, spiegelt kaum ein anderes Medium in seinen diversen Kontexten diese Epoche mit ihren großen Umbrüchen und Veränderungen derart umfassend wider.

Der Begriff „Völkerschau" etablierte sich erst um die Jahrhundertwende, als diese Präsentationsformen ihren Höhepunkt bereits überschritten hatten. Problematisch erscheint die Bezeichnung vor allem, da sie den schaustellerischen Charakter unberücksichtigt lässt. Treffender beschreibt das Wort „Zurschaustellungen" das Phänomen in seiner Gesamtheit, weshalb es im Folgenden für dieses kommerzialisierte Genre verwendet wird.

Die Blütezeit der Zurschaustellungen in Europa

Nicht allein die Forschung bringt Zurschaustellungen mit dem Namen des Hamburger Zoodirektors Carl Hagenbeck in Verbindung. Ihr Erfinder ist er entgegen eigener Aussagen jedoch nicht, obwohl er als erster so genannte anthropologisch-zoologische Ausstellungen organisierte und so bewies, dass der Welthandel von exotischen Tieren und Menschen Hand in Hand ging. In seinen Memoiren erklärt er, dass er die sinkenden Einnahmen seines Gewerbes damit zu kompensieren begann, dass er eine Verbindung von exotischer Tier- und Menschenwelt in Szene setzte. Ethnographische Sammlungen, die rückwirkend betrachtet eher einer Ansammlung von Kuriositäten geglichen haben dürften, vervollständigten das Ensemble zu einem Gesamtbild und schufen eine vermeintlich wissenschaftliche Umgebung. Aufwendige Choreographien und liebevoll gestaltete Kulissen sowie ein dramaturgisches Konzept gewährten begeisterten Besuchern spektakuläre Einblicke in einen rundum exotisch anmutenden Alltag fremder Völker. Hagenbeck bevorzugte zunächst diese ausstellende Organisationsform. Daneben gab es weitere Möglichkeiten, die Fremden in Szene zu setzen, etwa innerhalb eines Dorfs oder einer Karawane. Dass dies zeitgenössisch eine große Rolle spielte, zeigen bereits die Ankündigungen. Annoncen und Werbeplakaten war auf den ersten Blick zu entnehmen, welche Volksgruppe wo in welcher Art zum Bestaunen bereitstand. Unterschieden werden muss an dieser Stelle, ob Verantwortliche eine seriöse Veranstaltung oder ausschließlich Unterhaltung zu verkaufen planten. Letztgenannte fanden meist innerhalb etablierter Vergnügungsbereiche wie wandernden Schaubuden, dem Zirkus oder Panoptiken statt. Uneingeschränkt warben diese mit Erotik und Bestialität, die deutliche Nähe zu *Freak*präsentationen aufweisen. Publikumswirksame Schlagworte, die erotische und barbarische Abartigkeiten von „rassigen Kongoweibern" bis zu „Menschenfressern" versprachen, waren fester Bestandteil dieser Veranstaltungen. Dass die wenigsten Schausteller tatsächlich fremder Abstammung waren, spielte keine Rolle.

Um sich von diesem Klamauk abzusetzen, mussten Zurschaustellungen einen anderen Rahmen wählen. Lange Zeit schienen Zoologische Gärten – Orte, an denen Raritäten, Kuriositäten und Exotisches gesammelt wurden – das geeignete Umfeld zu bilden. Einerseits stand dort bereits eine stimmige Kulisse zur Verfügung, da die Gehege zunehmend als exotische Traumlandschaften ihren tierischen Bewohnern angepasst wurden. Andererseits existierte eine enge Verbindung zur Wissenschaft. Nirgends konnte die akzeptierte Theorie einer linearen Evolution der Menschheit besser verdeutlicht werden als in sichtbarer Nähe zu Primaten. Nirgends konnte Animalisch-Triebhaftes so ungehemmt betrachtet werden wie im Zoo. Manch eine Gruppe wirkte aufgrund integrierter exotischer Tiere noch authentischer. Die Ausgestellten fanden sich durch optische Barrieren abgetrennt zwischen den „zivilisierten" Besuchern und der Tierwelt platziert, eine Positionierung, die ihnen die Anthropologie zugewiesen hatte. Aus diesem Verständnis heraus wird auch die große Anziehungskraft dieser Ausstellungen deutlich. Die Betrachtung schien den Europäern einen Rückblick in die eigene, wenn auch ferne Vergangenheit zu geben. Gleichzeitig begegnete der Europäer seinem Gegenteil: weiß versus schwarz, das Wilde versus das Zivilisierte, erleuchtetes Christentum versus dunklen „Unglauben", das fortschrittliche und industrialisierte Europa versus generalisierte Rückständigkeit. Hinter dem implizierten wissenschaftlichen Bildungsinteresse jedes Einzelnen ließ sich nicht nur die eigene Schaulust, sondern die sexuelle Neugier verbergen, die zeitgenössisch eine Randposition innerhalb der eigenen Gesellschaft innehatte. Neben dem propagierten belehrenden Ziel, die Menschenkenntnis zu fördern, versuchten Organisatoren durch Zurschaustellungen im kolonialen Kontext Befürworter der Expansion zu gewinnen.

Zurschaustellungen fanden vorwiegend in Großstädten statt. Mit Freilichtmuseen, Festtagsumzügen, Weltausstellungen und ethnographischen Museen bildeten sie charakteristische urbane Attraktionen. Zivilisation, Kultur und Entwicklung schienen seit jeher untrennbar mit der Metropole verbunden. Allein das Fremde, das Rückständige zeigte unterschiedliche Erscheinungsformen. Zum Ende des 19. Jahrhunderts erwiesen sich die präsentierten „Primitiven" als sehr geeignet, errungene Modernität durch in Szene gesetzten Kontrast zu unterstreichen. Gleichzeitig beherbergte der Raum „Stadt" den passenden Adressaten. Mit zunehmender Industrialisierung entstand ein Massenpublikum aus einer langsam anwachsenden Mittelschicht und vor allem Arbeitern, die erstmals über Freizeit verfügten. Diese wünschten sie zu gestalten, wozu Zurschaustellungen geeignete Inhalte boten.

Die Tradition von Zurschaustellungen

Das Bedürfnis, sich Exoten zu bedienen und das Eigene mit dem Fremden zu konfrontieren, lässt sich bis in die Antike zurückverfolgen. Der größte Unterschied liegt in ihrer jeweiligen Funktion. So bereicherten verschleppte Kriegsgefangene bereits die Triumphzüge Roms. Die deutlichste Verbindung zu den Zurschaustellungen bildet die demonstrative Unterwerfung einer Bevölkerungsgruppe. Seit dem späten 15. Jahrhundert brachten europäische Seefahrer und Entdecker wie Christoph Columbus, Hernán Cortés, Gaspar Corte Real oder James Cook Bewohner – meist Indianer – aus unbekannten Gebieten in ihre Heimat. Ihre Existenz bekräftigte die Heldentaten der Ausgesandten und erzählte von wundersamen, aber vielversprechenden Welten. Diese lebendigen Trophäen lebten oft als persönliche Diener oder Sklaven ihrer Eroberer und dienten später mitunter als Reiseführer oder Dolmetscher. Viele wurden reichen Kaufleuten oder geistlichen Oberhäuptern bis hin zum Papst vorgestellt und genossen die Gunst bei Hofe. Nicht selten ergänzten sie den Besitz exotischer Tiere und symbolisierten neben Reichtum Besitzanspruch auf die „neue Welt" und die Weltoffenheit des jeweiligen Herrschers. Ihre Fremdheit ließ sie zu beliebten Schaustücken der Belustigung des heimischen Publikums werden, das sie in Umzügen, Theatervorführungen oder auf Jahrmärkten bestaunte. Mehrfach saßen sie Malern und Bildhauern Modell und wurden zum Gegenstand von Literatur und Dichtung sowie theologischen, philosophischen und naturwissenschaftlichen Abhandlungen. Sehr unterschiedliche bis widersprüchliche Theorien und Modelle ließen sich auf ihre Erscheinung projizieren.

Als ältester Vorläufer der Zurschaustellungen gilt das „Brasilianische Fest" in Rouen zu Ehren Heinrichs II. im 16. Jahrhundert. Neben der Huldigung des angereisten Herrscherpaars sollte der König zur Gründung einer Kolonie in Südamerika überredet werden, was dem Handel der Stadt zugute gekommen wäre. An den Ufern der Seine entstand ein umfangreiches Dorf, das rund 50 brasilianische Ureinwohner bewohnten. Sie hatten angeblich alltägliche Szenen ihres Lebens – von der Essenszubereitung bis zu blutigen Schaukämpfen – vorzuspielen. Etwa 250 französische Seeleute, als Indianer verkleidet, ergänzten das Ensemble. Exotisch wirkende Tiere und Bäume mit rot angestrichenen Stämmen bildeten die Kulisse.

Erstmalig trat hier eine große Gruppe Fremder auf, die einen scheinbar umfassenden Einblick in ihr Leben bot. Anstelle von wahllos zusammengestellten Komponenten, deren einzige Gemeinsamkeit ihre exotische Existenz war, trat eine in sich stimmige Gruppe vor passendem Hintergrund in Erscheinung. Echte Indigene wurden durch kostümierte Franzosen ergänzt. Innerhalb von Zurschaustellungen entwickelte sich der Vorgang, andere Ethnien oder vielmehr ihre etablierten Stereotype zu verkörpern, zur gängigen Praxis. Allerdings befanden sich nur in Ausnahmefällen Europäer unter den Darstellern. Dieses Rollenspiel blieb vornehmlich Indigenen vorbehalten. Dass dadurch ein Widerspruch zu den angekündigten authentischen Vorführungen entstand, dürfte nur sehr selten aufgefallen sein.

Eine weitere Ähnlichkeit wies eine Gruppe Afrikaner auf, die Landgraf Friedrich II. von Hessen-Kassel im 18. Jahrhundert anreisen ließ. Aufgrund seiner Vorliebe für Chinoiserien schmückten Häuser im chinesischen Stil seinen Schlosspark. Seine ursprünglich zur Belebung der Häuser vorgesehenen Chinesen musste er aus Kostengründen durch schwarze Exoten ersetzen. Hier ist erstmals eine größere Anzahl Afrikaner erwähnt, deren Auftreten noch Seltenheitswert hatte. Sonst lebten sie meist vereinzelt als „Mohren" in Residenzen oder einigen Handels- bzw. Hafenstädten. Fast alle waren dort aufgewachsen, nachdem sie Europa im Kindesalter als Souvenir aus Übersee erreicht hatten.

Den Raritätencharakter verloren sie im Rahmen von Zurschaustellungen, bei denen sie „typische Primitive" zu spielen hatten. Zu Zeiten des Landgrafen befanden sich solche Vorstellungen von einer evolutionären Entwicklung der Menschheit erst im Entstehungsprozess. Auch wenn es rückwirkend morbid wirkt, trugen die Afrikaner der Wilhelmshöhe vielleicht ihren Teil dazu bei: Kurz nach ihrer Ankunft verstarben sie an Tuberkulose. Der Anatom und Anthropologe Samuel Sömmering nutzte diesen Vorfall und entwickelte aufgrund durchgeführter Sektionen seine Theorie, dass „Schwarze" innerhalb der Evolutionskette näher am Affen als am Menschen lägen. Auch im 19. Jahrhundert erwiesen sich Zurschaustellungen als sehr geeignetes Medium, um die inzwischen etablierten Rassentheorien zu popularisieren.

Ohne die Risiken einer weiten Reise konnten Wissenschaftler ihre Hypothesen an angereisten Indigenen überprüfen, die sich dazu langwierigen und degradierenden Vermessungen unterziehen mussten.

Wenn auch in geringerem Umfang, blieben Todesfälle trauriger Bestandteil dieser Veranstaltungen, ein Umstand, der zunehmend auf Kritik stieß und Verbote bewirkte. Gleichzeitig lieferten die toten Körper Gelehrten verschiedener Fachrichtungen begehrtes Forschungsmaterial. Galt Sömmerings Interesse noch ausschließlich der Anatomie, untersuchten spätere Generationen das Gesamtereignis, das um den Leichnam veranstaltet wurde. Insbesondere die erst kürzlich zu professionellen Ehren gelangte Anthropologie, aber auch die Ethnologie studierte akribisch die begleitenden Zeremonien. Besonders geschäftstüchtige Impresarios wussten diese seltenen und daher umso publikumswirksameren Ereignisse entsprechend zu vermarkten.

Die grundlegende Gemeinsamkeit der genannten Präsentationen liegt darin, dass ein selektiertes Publikum – meistens der Hof – zugelassen war. Daneben wurden einzelne Indigene häufig einem breiten Publikum, nicht selten in Verbindung mit „Missgeburten", auf Jahrmärkten, Messen oder Auktionen ausgestellt. Menschen mit sichtbaren Abweichungen von der Norm beflügelten seit jeher die Vorstellungskraft der Menschen. Diejenigen, die seit der Antike als Monster und später häufig als *Freaks* definiert wurden, forderten das Gewöhnliche heraus und ließen ausreichend Spielraum für Spekulationen und Angst. Die Verbindung von Indigenen und Missgestalteten erwies sich fortwährend als lukrativ. Oft schmückten Letztgenannte eine Zurschaustellung und steigerten deren Anziehungskraft.

Manche Gruppierung wurde vom Publikum freilich als zu fremdartig empfunden, weshalb der erhoffte Erfolg ausblieb. Wichen Erscheinungsbild oder gesellschaftliche Struktur der Ausgestellten zu sehr von der Norm ihrer europäischen Betrachter ab, begannen die Besucher die Plausibilität einer Veranstaltung infrage zu stellen.

Die Konstruktion einer Zurschaustellung glich einer Gratwanderung. Sie musste ausreichend Glaubhaftes und Faszinierendes enthalten, dessen Reiz ein richtiges Maß an Fremdartigkeit steigerte. Wie viel Realität dann tatsächlich enthalten war, spielte keine Rolle und war in den wenigsten Fällen nachzuprüfen. Das Publikum wünschte einer authentischen Präsentation – oder dem, was es dafür hielt – beizuwohnen. Den Maßstab bildete dabei der eigene Horizont, der nicht zu weit überschritten werden durfte. Das ausgeprägt Bestialische gehörte dagegen in den Rahmen einer *Freakshow*, ein Milieu, wo alles erlaubt war und Alpträume Wirklichkeit wurden. Dort wurden andere Emotionen – Mitleid, Abstoßung und zugleich unbedingtes Hinsehen-Wollen – provoziert. Die Missgestalt ließ sich nicht kategorisieren. Sie konnte zwischen den Geschlechtern, zwischen Mensch und Tier, Erwachsenem und Kind stehen. Im Gegensatz dazu standen Exoten zwischen Kultur und Natur, bekamen jedoch eine kulturähnliche Existenz zugestanden. Völker, die in einem kolonialen Kontext auftraten, erregten überwiegend angenehme Empfindungen und beflügelten die europäischen Phantasien von wunderbaren Besitztümern.

Am Beginn der europäischen Leidenschaft, Afrikaner zu präsentieren, steht die als „Hottentotten-Venus" bekannt gewordene Sarah Baartmann. Aufgrund ihrer aus europäischer Perspektive deformierten Gestalt wurde die Südafrikanerin Anfang des 19. Jahrhunderts als Kuriosität ausgestellt. Als solche reiste sie von London über die englische Provinz bis nach Paris. Noch anziehender wirkte sie, nachdem Wissenschaftler in ihr den erhofften „missing link" gefunden zu haben glaubten. Hinter dieser Bezeichnung sollte sich das fehlende Glied in der Kette zwischen Affen und Menschen verbergen. Baartmann schien nicht nur in die Nähe der Affen zu gehören, sondern bildete das „Negativspiegelbild" (Corbey) zum weißen Europäer. Organisatoren forderten das Publikum auf, sich durch Anfassen ihrer scheinbar abnormen Geschlechtsteile von deren Echtheit zu überzeugen. Das hinter diesem Publikumsmagneten liegende kommerzielle Interesse ist ähnlich klar ersichtlich wie Schaulust und Erotik unter dem Deckmantel der Wissenschaft. Mit dem Beginn der Entdeckung und Eroberung der letzten „weißen Flecken" auf der Landkarte folgten diesem Einzelfall zahlreiche schwarzafrikanische Gruppierungen. Sie stellten je nach Wunsch – einfache Primitive, Amazonen, Kannibalen oder allgemein Wilde – den Gegensatz zur europäischen Zivilisation dar.

Sonderformen des Genres

Die so genannten Kolonialausstellungen bildeten eine Sonderform der Zurschaustellungen. Der Unterschied lag weniger in der Komposition der Veranstaltung, sondern in deren Vermittlungsziel, den Beteiligten und Organisatoren. War die Ausstellung in eine größere nationale Rahmenveranstaltung integriert, konnte die jeweilige Regierung beteiligt oder verantwortlich sein. Seit Ende der 70er Jahre des 19. Jahrhunderts bildeten koloniale Abteilungen einen festen Bestandteil innerhalb von Weltausstellungen. Damit drückte die einladende Nation ihre Fortschrittlichkeit und Vorherrschaft aus und formulierte vor internationalem Publikum ihren Weltmachtanspruch. Nicht selten kam auch die eigene Bevölkerung erstmalig mit den transozeanischen Besitzungen und deren Bevölkerung in Kontakt. Dadurch sollte sie die Notwendigkeit der Expansion und die eigene Verantwortlichkeit gegenüber diesen weniger begünstigten Menschen erkennen. Später veranstalteten einige europäische Länder aufwendig gestaltete Kolonialausstellungen, die keinen übergeordneten Rahmen mehr benötigten. Neben Indigenen wurden komplexe Rekonstruktionen fremdartiger Bauten angefertigt, so dass Besucher während ihres Aufenthalts das Gefühl vermittelt bekamen, exotische und vielversprechende Regionen zu besichtigen. Selbst Expansionskritiker – so die Hoffnung der Verantwortlichen – mussten diese idealisierten Versionen eigener paradiesischer Besitzungen mit Stolz erfüllen. Mehrfach gingen die Darsteller nach Schließung der Kolonialausstellung auf Europatournee, wodurch sie fließend zu Teilnehmern einer Zurschaustellung wurden. Den Anreiz des eigenen Fremden tauschten sie gegen unspezifischere Stereotype des personifizierten Wilden ein. Reisen einzelner Gruppierungen sind bis in die 30er Jahre des 20. Jahrhunderts nachweisbar.

Neben dieser sehr häufig in Szene gesetzten Sonderform sind zwei weitere sehr verbreitete und publikumswirksame zu nennen, die oft mit kolonialen Veranstaltungen, aber auch miteinander verschmolzen: Orientalische Zurschaustellungen und Wild West Shows. In Gestalt von Kolonialausstellungen beschrieben solche Zurschaustellungen mit so genannter „orientalischer" Prägung einzelne Länder, vor allem nordafrikanische oder indische Besitzungen. Gemein war allen, dass die Europäer hier auf anders stereotypisierte Fremde trafen. Diese waren immerhin monotheistische, wenn auch muslimische Kulturvölker. Der Glaube wurde zum vereinenden Element und schien von der Kleidung über die Gebäude bis hin zur Gesellschaftsstruktur alles zu prägen. Entstanden waren diese Vorstellungen aufgrund der Reiseliteratur, Märchen und Bildbänden. Dieser „Orient" war eine Welt europäischer Phantasien, in der der sagenumwobene Harem, geheimnisvolle weibliche Schönheiten, glutäugige und temperamentvolle Araber, fremde Gerüche und Geräusche vor passend dekoriertem Hintergrund eine wichtige Rolle spielten. Das scheinbar von Lethargie durchzogene Treiben stand wiederum im Kontrast zum arbeitsamen europäischen Alltag. Der gestresste moderne Mensch fand hier, fern strenger Moralvorstellungen seiner Kultur, Ruhe und Erholung von seinem industriell geprägten Leben.

Wild West Shows entstanden in Amerika nach dem Bürgerkrieg und bildeten einen wichtigen Teil der zeitgenössischen Populärkultur. Gleichzeitig können sie als Kolonialausstellung betrachtet werden. Schließlich bildeten indianische Ureinwohner den Großteil der Darsteller, die während der Vorführung von mutigen amerikanischen Pionieren unterworfen wurden. William F. Cody prägte diese Shows nicht nur entscheidend in ihrer Konstellation, sondern verkörperte selbst die binnen kurzem weltberühmte Heldenfigur Buffalo Bill.

Der größte Gegensatz zu den geschilderten europäischen Zurschaustellungen lag darin, dass Wild West Shows nicht mit Authentizität, sondern bekennend mit Stereotypen und ihrem Unterhaltungswert warben. Anders als die „primitiven" Exoten hatten diese Ureinwohner die Gelegenheit, ihre außergewöhnlichen Fähigkeiten vorzustellen, obgleich sie natürlich grundsätzlich zu den gefallenen Helden zählten. Berühmtheiten des indianischen Widerstands bereicherten das Ensemble. Über die Veranstaltung hinaus erhielten die Indianer Gelegenheit, dem Publikum ihre Kultur näher zu bringen und zu zeigen, dass es durchaus möglich ist, sich in einer Gesellschaft zu behaupten, die eigentlich ihre Ausrottung beschlossen hatte. Mitunter konnten angrenzende Wohnlager besichtigt werden, die sicherlich echter waren als die in Europa zur Schau gestellten „Eingeborenendörfer". In kürzester Zeit überschritt der Bekanntheitsgrad der Wild West Shows die Grenzen Amerikas, und das sensationshungrige europäische Publikum erfreute sich gesellschaftliche Klassen überschreitend an den konstruierten Legenden. Innerhalb dieser Shows wurden Bilder und Szenen etabliert, die bis heute mit dem „Wilden Westen" verbunden werden: Sie reichen von überfallenen Postkutschen und Indianern mit Federhaube bis hin zu mutigen Cowboys.

Die Perspektive der Ausgestellten

Die Überlieferung lässt Zurschaustellungen als sehr einseitiges Phänomen erscheinen. Es existieren ausreichend Informationen über unterschiedliche Formen, Veranstaltungsorte, Vermittlungsziele und deren Rezeption. Schwieriger gestaltet sich im Gegenzug die Rekonstruktion der Darstellerposition einschließlich der genaueren Hintergründe ihrer Anwerbung. Obwohl es mitunter vorkam, wurden Indigene keinesfalls grundsätzlich gegen ihren Willen verschleppt. Immer wieder begaben sie sich aus Interesse am Warenaustausch, an europäischer Kriegstechnik und Ausrüstung sowie Neugierde und Abenteuerlust auf die lange Reise. Ob sie nach ihrer Rückkehr aufgrund ihrer Erfahrungen oder Mitbringsel eine höhere Stellung einnahmen, kann bislang nur vermutet werden. Sicherlich variierte das von Fall zu Fall. Vor allem für Kolonialisierte erwies sich langfristig eine gute Schul- und Ausbildung förderlicher als der nicht selten enttäuschende Aufenthalt in ihrem so genannten Mutterland. Andere fanden in der Tätigkeit als professionelle Schausteller eine einträgliche Beschäftigung. Sie zogen einzeln, als eigenständige Gruppe oder unter Leitung eines Impresarios durch Europa und spielten ihrem Publikum scheinbar Wilde verschiedenster Entwicklungsstufen und Herkunft vor. Den Indianern Nordamerikas bot das Showgewerbe eine würdevollere Existenz als das Leben in Abhängigkeit innerhalb der Reservate. Als Darsteller verfügten sie über ein Einkommen, konnten ihre Traditionen pflegen und erhielten von Seiten des Publikums Anerkennung für ihre Fähigkeiten.

Literaturhinweise

Nicolas BANCEL u. a. (Hrsg.), Zoos humains de la venus hottentote aux reality shows. Paris 2002.

Robert DEBUSMANN/János RIESZ (Hrsg.), Kolonialausstellungen – Begegnungen mit Afrika? Frankfurt 1995.

Anne DREESBACH, Gezähmte Wilde. Die Zurschaustellung „exotischer" Menschen in Deutschland 1870–1940. Frankfurt 2005.

Robert W. RYDELL/Rob KROES, Buffalo Bill in Bologna. The Americanization of the World, 1869–1922. Chicago/London 2005.

Michael Werner SCHWARZ, Anthropologische Spektakel. Zur Schaustellung „exotischer" Menschen, Wien 1870–1910. Wien 2001.

Balthasar STAEHELIN, Völkerschauen im Zoologischen Garten Basel 1879–1935. Basel 1993.

Andrew Zimmerman

Kolonialismus und ethnographische Sammlungen in Deutschland

Die deutsche Ethnologie unterschied sich vor dem Ersten Weltkrieg deutlich von den bekannteren, der Evolutionstheorie zugewandten Schulen der Ethnologie. Besonders kennzeichnend war ihre Haltung, Kolonisierten Vergangenheit zu verweigern. Während britische Evolutionswissenschaftler wie E. B. Tylor die meisten Nicht-Europäer als „primitiv" beschrieben, als Menschen, die sich noch nahe des Ausgangspunkts der kulturellen Entwicklungskurve befanden, deren Höhepunkt der moderne Europäer war, beschrieben deutsche Ethnologen und Anthropologen wie Adolf Bastian und Rudolf Virchow die meisten Nicht-Europäer als „Naturvölker", also als Menschen, die sich außerhalb der historischen und kulturellen Welt befanden, die die Europäer als „Kulturvölker" definierte. Vor diesem Hintergrund verwundert es nicht, dass der deutsch-amerikanische Ethnologe Johannes Fabian später einen großen Teil der ethnologischen Forschung als „allochronisch" bezeichnete; damit griff er den empirisch falschen Ansatz an, wonach viele Nicht-Europäer, obgleich Zeitgenossen von Europäern, als Menschen einer anderen, früheren Zeit verstanden wurden. Die deutsche Ethnologie war aber noch radikaler und vertrat die Meinung, dass „Naturvölker" überhaupt keine Geschichte hatten. Hier wurde die Natur einfach der Geschichte gegenübergestellt und der Natur alle evolutionären Eigenschaften aberkannt. De facto lehnten deutsche Ethnologen und Anthropologen am Anfang des 20. Jahrhunderts den Darwinismus fast einstimmig ab. Das machte ethnographische Museen, die damals führenden Institutionen ethnologischen Wissens in Deutschland, zu einzigartigen Erinnerungsorten, deren Aufgabe es nicht war, die Erinnerung an die Geschichte der Menschen zu bewahren, deren Körper und Besitztümer sie ausstellten, sondern deren Geschichte zu unterdrücken. Derartige Eingriffe, wie wir von Freud wissen, sind aber immer zum Scheitern verurteilt. Die ethnographischen Sammlungen des deutschen Kaiserreichs stellen daher eine Art des Erinnerns dar, die für den gescheiterten Versuch des Vergessens stehen.

Ethnologie als Gegensatz von Geschichte

Ende des 19. und Anfang des 20. Jahrhunderts erforschten Ethnologen vor allem Gesellschaften, die, wie es deutsche Historiker seit Leopold von Ranke ausdrückten, als geschichtslos und der wissenschaftlichen Untersuchung als nicht würdig galten. Mit diesen Historikern teilten die Ethnologen die Meinung, dass die Gesellschaften, die sie erkundeten, keine Geschichte hatten. Von den Historikern übernahmen sie den Unterschied zwischen „Naturvölkern" und „Kulturvölkern", wobei sie, im Gegensatz zu den Historikern, die „Naturvölker" als wertvoller für die wissenschaftliche Forschung erachteten als die „Kulturvölker". Die Ethnologen vertieften hiermit einen schwerwiegenden Bruch in den Geisteswissenschaften: Nämlich, dass „Kultur" keine den Menschen universell gegebene Eigenschaft sei. Darüber hinaus verweigerten sie sich, die Entwicklung von „Kultur" näher zu erklären, was dazu führte, dass sie, während sie sich für die Gleichheit der Menschen einsetzten, den historischen Bogen, der alle Menschen hätte verbinden können, zerbrachen. Die Natur wurde hier ihrer Geschichte beraubt und zu einem ahistorischen Phänomen reduziert. In „Zur Kenntniss Hawaii's" (1883) schrieb Adolf Bastian, der führende ethnologische Theoretiker der Kaiserzeit und Leiter des Berliner Museums für Völkerkunde, dann auch: „Was also wäre hier alt? was jung? im Ewig-Alten oder Ewig-Jungen der Natur?".

Trotz des grundlegenden Unterschieds, der zwischen „Naturvölkern" und „Kulturvölkern" gemacht wurde, gingen die Berliner Ethnologen davon aus, dass alle Menschen physikalisch wie psychisch grundsätzlich gleich waren. Ihrer Ansicht nach war der Erwerb von Wissen über angeblich einfache Menschen der effizienteste Weg, alle Menschen zu verstehen.

Deutsche Ethnologen definierten ihre Methoden wie ihre Materie, indem sie bewährten Formen der Geschichtsschreibung ein naturwissenschaftliches Modell gegenüberstellten. So wiesen sie darauf hin, dass Historiker sich auf historische Dokumente beriefen, diese aber von den Gesellschaften, die sie untersuchten, selber verfasst worden waren und selbstgefällige Übertreibungen und irreführende Lügen beinhalten konnten. Anstatt sich auf schriftliche Quellen zu verlassen, verließen sich Ethnologen lieber auf materielle Quellen, genauer gesagt die Körper und Besitztümer der Menschen, die sie erforschten. Diese, so führten sie aus, untersuchten sie nicht anhand von historischen, sondern naturwissenschaftlichen Methoden. In der ersten Ausgabe der „Zeitschrift für Ethnologie" (1869) verkündete Bastian, es sei Ziel der Ethnologie, einen „Total-Eindruck" der Menschheit einschließlich all ihrer Variationen zu erstellen. Die meisten der anderen Ethnologen in Berlin zogen dem „Total-Eindruck" der Menschheit aber eine auf ausgewählten Erzählungen aufbauende, der Geschichtsschreibung näher stehende Ethnologie vor. Während die Ethnologie in der Praxis den Eindruck eines hirnlosen Positivismus erwecken konnte, basierte sie in der Theorie auf einer philosophischen Kritik des Historismus. Genauer gesagt stellte die Ethnologie einen auf die Naturwissenschaften gestützten Angriff auf die in den Geisteswissenschaften privilegierte Disziplin der Geschichte – und damit der Erinnerung – dar.

Das Königliche Museum für Völkerkunde

Das Königliche Museum für Völkerkunde, das 1886 in Berlin eröffnet wurde, sollte den Humanwissenschaften ihre Zeitleiste nehmen (Abb. 1). Die einzelnen Ausstellungsstücke sollten demzufolge nicht als historische Dokumente fungieren, die im Rahmen einer Erzählung erschlossen werden sollten, sondern zeitlose Exponate sein, die – so hofften die Ethnologen – es ermöglichen würden, die Menschheit unabhängig von historischem Wandel zu verstehen. Das Museum war folglich ein Ort des dreifachen „Misserinnerns": Erstens erinnerte es an Kolonisierte als Menschen ohne Vergangenheit; zweitens erinnerte es an die Entstehung des Menschen anhand von Kolonisierten, denen jegliche Vergangenheit verweigert worden war; und drittens erinnerte es an die koloniale Begegnung als das Aufeinandertreffen von Kultur und Natur.

Ermöglicht wurde dieses „Misserinnern" durch speziell angefertigte, aus Eisen und Glas hergestellte Museumsschränke, so genannte „Berliner Eisenschränke", die ab der Jahrhundertwende im Museum für Völkerkunde und anderen ethnographischen Sammlungen Verwendung fanden. Die Kombination von Eisen und Glas, wie sie Ende des 19. Jahrhunderts in Städten die Gestaltung von Innenräumen revolutioniert hatte, ermöglichte auch eine neue Art der musealen Inszenierung. Genau wie der für die erste Weltausstellung 1851 errichtete Crystal Palace in London und die in der zweiten Hälfte des 19. Jahrhunderts in ganz Europa errichteten Einkaufsarkaden eine Flut an Licht in Innenräume fallen ließen, erlaubten die „Berliner Eisenschränke", ethnographische Ausstellungsstücke in neuer Zusammenstellung und unter gänzlich neuartigen Lichtverhältnissen zu präsentieren (Abb. 2, 3).

Abbildung 1: Das Museum für Völkerkunde

Diese Art, ethnographische Exponate in großen Mengen auszustellen, sollte – so hofften die Ethnologen – dem Auge erlauben, die Objekte verschiedener „Naturvölker" rasch zu erfassen und zu vergleichen; dem Besucher sollte dies ermöglichen, im Unterschied zu einem historischen Verständnis einen „Total-Eindruck" der Menschheit zu gewinnen. In der Tat verwehrte diese Art der Präsentation dem Auge, anders zu sehen. So konnte es sich nicht auf ein Objekt konzentrieren, sondern wurde vielmehr dazu gezwungen, von einem Objekt zum nächsten zu wandern. Im Museum waren es also nicht mehr einzelne Objekte, die in den Vordergrund gestellt wurden, sondern Ansammlungen von Objekten, die beeindrucken sollten. Der geschlossene Raum der akademischen Geschichtsschreibung wurde auf diese Weise durch den offenen Raum der von Überfluss geprägten „Einkaufsarkaden" ersetzt.

Das Museum war so zu einem Instrument geworden, das – so hofften die Ethnologen – ihnen und auch den Besuchern die Möglichkeit geben würde, die Idee der Menschheit ungetrübt von historischer Erzählung und literarischer Interpretation zu erfassen. Durch die Ausstellung im Museum wurden ethnographische Ausstellungsstücke Exponate einer angeblich natürlichen, ahistorischen Menschheit. Sie wurden weder als historische Kuriositäten noch als künstlerische Meisterwerke, sondern als naturwissenschaftliche Objekte ausgestellt. Die Existenzberechtigung des Museums war gewissermaßen, dass diese Objekte dort hingehörten. Menschen, insbesondere Kolonisierte, konnten so, wie der Rest der Natur, einer Art von Klassifizierung unterworfen werden. Die Menschheit zu verstehen, war damit nicht mehr Aufgabe humanistisch ausgebildeter Historiker, die Individuen im Rahmen einer historischen Erzählung zu verstehen versuchten, sondern die Aufgabe von Naturwissenschaftlern, die in Individuen Objekte sahen, die klassifiziert werden mussten. Das Museum setzte sich demnach für eine Beziehung zwischen Menschheitsforschern und Menschen ein, die auf distanzierter Objektivität beruht, wie sie nur ein panoptischer Blick gewährleisten kann. Das Museum und insbesondere die „Berliner Eisenschränke" verwandelten Kulturgegenstände

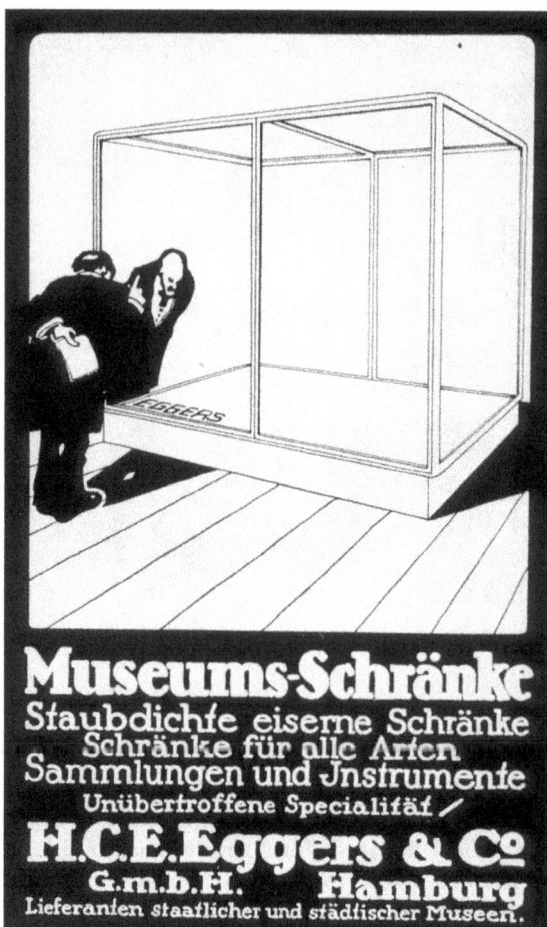

Abbildung 2: Anzeige für Museums-Schränke. Quelle: Anzeigen zu der Museumskunde 10, 3 (1914), ohne Seitenangabe.

dadurch in Naturgegenstände. Diese einfache, an „Einkaufsarkaden" angelehnte Inszenierung stellte die institutionelle Grundlage dar, von der aus Ethnologen die an den Universitäten propagierte, auf historischen Grundsätzen aufbauende Interpretation der Menschheit anfochten und den Gesellschaften, die sie untersuchten, Vergangenheit verweigerten.

Kolonialer Austausch und ethnographische Sammlungen

Diese die Ahistorizität der Menschheit betonende Präsentation ethnographischer Exponate war aber nicht allein das Werk von Ethnologen. Vielmehr waren die Exponate Zeugnis eines Austauschs, wie er zwischen Europäern und ihren kolonialen Untertanen in vielerlei Formen bestand. Tatsächlich reisten Ethnologen eher selten, um Sammlungen zu erweitern; wenn sie dies taten, dann zumeist, um aus bereits bestehenden Sammlungen, wie sie vor Ort lebende Europäer bereits zusammengetragen hatten, zu kaufen. Viel häufiger wurden dem Museum für Völkerkunde in Berlin Objekte, die deutsche Beamte, Händler und Soldaten in den Kolonien erworben hatten, auf dem Postweg zugestellt. Die Kolonien lieferten aber

Abbildung 3: Museumsschränke mit Inhalt im Museum für Völkerkunde Berlin. Quelle: Anzeigen zu der Museumskunde 10, 3 (1914), ohne Seitenangabe.

nicht nur Objekte, sondern trugen auch dazu bei, dass deren Bezug zur Vergangenheit unterdrückt wurde. Diese Verweigerung einer Vergangenheit war genauso Teil der angewandten Kolonialpolitik wie sie Teil des ethnologischen Diskurses war. Grund hierfür war, dass die Kolonialverwaltung ein Interesse daran hatte, Kolonisierte so weit wie möglich von den Europäern abzugrenzen und sie ihnen als eindeutig minderwertige Menschen unterzuordnen. Die Objekte kolonisierter Menschen auszustellen war Teil einer weit gefassten Kolonialpolitik, der es darum ging, Kolonisierten ihre Vergangenheit, ja ihre Menschlichkeit zu nehmen. Ethnologen und Kolonialbeamte waren damit Partner in einem umfangreich angelegten Prozess, der die Beziehungen zwischen Europa und dem Rest der Welt definierte.

Der Austausch, ob von Geschenken, Waren oder Feuerwechseln, prägte den Kolonialismus und versorgte ethnographische Sammlungen mit Ausstellungsstücken; er war zugleich aber auch Ausgangspunkt des Prozesses, der Objekten ihre Vergangenheit nahm. Dieser Austausch brachte, wie vielleicht alle Kontakte dieser Art, für die teilnehmenden Parteien eine gewisse Instabilität mit sich, die gerade für die Kolonialverwaltung eine Gefahr darstellen konnte. Auch wenn die Kolonialverwaltung eindeutig die Übermacht hatte, stellten die Kolonisierten – absichtlich oder unabsichtlich – die europäischen Auslegungen von Austausch immer wieder in Frage. Allein schon die Vorstellung eines Austauschs zwischen Kolonialbeamten und Kolonisiertem stellte eine gefährliche Annäherung zwischen dem europäischen „Kulturvolk" und dem kolonisierten „Naturvolk" dar. Im Folgenden wird auf drei Austausche eingegangen, die die Sammlung des Museums für Völkerkunde bereicherten, auf verschiedene Art und Weise aber auch die Stabilität von kolonialer und ethnologischer Praxis gefährdeten. Während die Kolonialverwaltung und die Ethnologen sich letztlich dieser Gefahr widersetzen konnten, spiegelt die Geschichte des Sammelns die Grenzen wider, die bei dem Aufbau des Museums für Völkerkunde berücksichtigt werden mussten.

Wechselwirkungen zwischen „Natur" und „Kultur"

Einer der wichtigsten Beweggründe für deutsche Beamte, Händler und Soldaten, in den Kolonien ethnographische Materialien zu sammeln, war die Hoffnung, dafür den Preußischen Rothe Adler-Orden oder den Königlichen Kronen-Orden verliehen zu bekommen. Der Grund, warum Schenkungen an das Museum für Völkerkunde in Berlin mit einem Orden gewürdigt werden konnten, lag darin, dass das Museum ein königliches Museum war und Schenkungen als Dienst an der Monarchie angesehen wurden. Die Verleihung eines Ordens brachte Ansehen und erlaubte dessen Träger, bei offiziellen Anlässen – und davon gab es in den Kolonien viele – Ordensband und Medaille zu tragen. Schon bald wurde die Schenkung von ethnographischen Materialien mit der Verleihung von Orden in Verbindung gebracht; es dauerte nicht lange, bis dies zu reiner Routine wurde. In der Praxis bedeutete das, dass deutsche Beamte, Händler und Soldaten relativ günstige Handelswaren gegen ethnographische Materialien und diese dann gegen königliche Orden eintauschten.

Ein gutes Beispiel für diese Art von Tausch ist der Erwerb von ethnographischen Materialien für das Museum für Völkerkunde, wie ihn Unterzahlmeister Max Braun von der S.M.S. Möwe im Mai 1898 in Deutsch-Neuguinea tätigte. Im Tausch für ein Beil, einen Hobel und vier Packungen Tabak erwarb er eine Holzfigur, die ursprünglich dazu gedient hatte, Kokospalmen vor Dieben zu schützen. Selbst dieser einfache Tausch, der ohne nennenswerte Vorkommnisse verlief, zeigt, was es bedeutete, wenn der Vertreter eines „Kulturvolks" ein Objekt eines „Naturvolks" als Sammlerstück erwarb. Im ersten Moment mag man den Tausch als Ausdruck der Modernisierung begrüßen oder aber verurteilen. Der Papua, so könnte man behaupten, hat sich von einer auf der magischen Manipulation der Welt beruhenden, traditionellen Form des ökonomischen Handelns zu einer von technologischer Intervention geprägten, modernen Form des ökonomischen Handelns hin orientiert. Dem könnte man hinzufügen, dass der Papua sich durch sein Handeln von dem System des Geschenkaustauschs distanziert und sich in das System des Warenaustauschs integriert hat. Der Tausch war jedoch nicht so sehr Ausdruck der Modernisierung, sondern stellte die Abgrenzung von „primitiver" und „moderner" Welt radikal in Frage. De facto endete der Tausch darin, dass ein „Naturmensch" ein aus Metall gefertigtes Beil und einen Hobel und ein „Kulturmensch" eine Holzfigur mit angeblich okkulten Kräften erwarb. Noch wichtiger war, dass diese Art von Tausch für Sammler wie Unterzahlmeister Braun der erste Schritt zum Erwerb eines Ordens war. Zum Zeitpunkt des Tauschs hatten die Tauschobjekte noch eine Reihe von nicht immer eindeutigen, intersubjektiven Bedeutungen, die die Ethnologen fortan aus ihren Studien zu eliminieren hofften. Sobald die Tauschobjekte aber in die Sammlung des Museums für Völkerkunde eingereiht waren, war der Tausch abgeschlossen und jegliche Magie und Vergangenheit der Natur-wissenschaftlichen Erkenntnis untergeordnet.

Dass der Kontakt zwischen „Kulturvölkern" und „Naturvölkern" immer eine gewisse Instabilität mit sich brachte, beunruhigte auch die Ethnologen. Allein die Tatsache, dass ein „Naturmensch" nach dem Kontakt mit einem „Kulturmenschen" mit einem Beil, einem Hobel und Tabak weiterleben konnte, war für sie unerklärlich. Anstatt historischen Wandel bei den „Naturvölkern" zu akzeptieren, gingen sie davon aus, dass jeder Kontakt zwischen „Naturvölkern" und „Kulturvölkern" die indigenen Bevölkerungsgruppen zerstören musste. Diese Annahme beruhte darauf, dass die Ethnologen nicht nur davon ausgingen, dass schon der erste Kontakt zwischen einem „Kulturvolk" und einem „vormals unbekannten Naturvolk" Letzterem seinen natürlichen, ahistorischen Charakter nehmen würde, sondern es möglicherweise sogar vernichten könnte. Ethnologen vertraten folglich die Meinung, dass die Bedingungen, die es Europäern erlaubten, mit „vormals unbekannten Naturvölkern" in Kontakt zu treten und von diesen zu sammeln, zugleich die Bedingungen waren, die diese Völker zerstören würden. Dies sollte keine Kritik am Kolonialismus als vielmehr die Aufforderung sein, so schnell wie möglich ethnographische Materialien zu sammeln. In der Tat zogen Ethnologen, die den historischen Wandel von „Naturvölkern" als ein pathologisches Phänomen betrachteten, deren Tod der Verschmelzung von Forschung und Subjekt, wie sie die Geschichtsschreibung charakterisierte, konzeptuell vor. Da jeder Kontakt mit „Naturmenschen" doch Hinweise auf deren Geschichte und Kultur mit sich brachte, zogen Ethnologen es letztlich vor, sich lieber mit Materialien als Menschen zu befassen.

Koloniale Kriegführung und die Waffen der „Naturvölker"

Kaum ein Beispiel veranschaulicht die Widersprüche zwischen ethnographischen Materialien und deutschem Kolonialismus so deutlich wie das Sammelverhalten, das der Maji-Maji-Aufstand in den Jahren 1905 bis 1908 in Deutsch-Ostafrika (heute Tansania) auslöste. Der Aufstand war der gemeinsame Kampf von ungefähr zwanzig ostafrikanischen Völkern gegen die deutschen Kolonialherrschaft und wandte sich insbesondere gegen die Rekrutierung von Zwangsarbeitern für die Baumwollproduktion. Eine wichtige Rolle bei dem Aufstand spielte der Maji-Maji-Kult, dessen Maji-Zauber (Wasser-Zauber) angeblich die Kraft hatte, Aufständische vor deutschen Gewehrkugeln zu schützen. Während die Afrikaner anfangs einige Siege verzeichnen konnten, konnten ihre Pfeile, Speere und Vorderlader den Maschinengewehren der Deutschen aber auf Dauer nichts entgegensetzen. Dem Aufstand fielen bis zu 300 000 Afrikaner zum Opfer, zwei Drittel von ihnen dem Hungertod, der auf von deutschen Soldaten abgebrannte Felder zurückzuführen war.

Im Jahre 1906 erhielt das Museum für Völkerkunde in Berlin mehr als 4000 von den Deutschen im Maji-Maji-Aufstand erbeutete Waffen, darunter Hunderte von Bögen, Pfeilen, Speeren und Vorderladern. Felix von Luschan, einer der leitenden Kustoden des Museums, zeigte sich gleichwohl enttäuscht, da die Speere, die den größten Teil der erbeuteten Waffen ausmachten, nicht in traditioneller Weise hergestellt, sondern schnell für den Krieg produziert worden waren. Seit Ankunft der Europäer in Afrika waren Waffen wahrscheinlich noch nie so nachlässig gefertigt worden. Der koloniale Kontakt, der es einem Wissenschaftler in Berlin ermöglicht hatte, über 1200 Speere zu erwerben, hatte zugleich aber auch zu einem Krieg geführt, der die indigenen Bevölkerungsgruppen dazu gezwungen hatte, sich Techniken anzueignen, die es ihnen erlaubten, Waffen in Massen zu produzieren. Derartige Sammelobjekte aber, die die moderne Geschichte von „Naturvölkern" dokumentierten, hatten für Luschan keinen wissenschaftlichen Wert. Zunächst erwog er, die Speere nach Ostafrika zurückzuschicken, damit sie dort an Touristen verkauft werden könnten. Zum Schluss entschied er sich, sie zu verbrennen und damit die unerwünschten Spuren von Vergangenheit zu vernichten.

König Kabua und der 50. Geburtstag Kaiser Wilhelms II.

Wie die beiden vorangegangenen Beispiele veranschaulichten, brachte das Zusammentragen von ethnographischen Ausstellungsstücken fragwürdige Transaktionen mit sich, die das Grundverständnis der Ethnologie gefährden konnten. Als abschließendes Beispiel soll hier auf einen Austausch eingegangen werden, der in den Archiven des preußischen Geheimen Zivilkabinetts dokumentiert ist und auf exemplarische Weise darstellt, wie Kolonialisierte den Austausch gegen die Kolonialherrschaft einzusetzen wussten. Transnationale politische Identitäten und Praktiken konnten häufig erst rückwirkend und aufgrund von nachweisbaren Missverständnissen und Fehlinterpretationen, zu denen die Ethnologie entscheidend beitrug, in europäische und nicht-europäische unterschieden werden.

Im Jahr 1909, als die Marshallinseln deutsches Schutzgebiet waren und Kaiser Wilhelm II. seinen 50. Geburtstag feierte, ehrte König Kabua den deutschen Kaiser mit einem Feiertag. Fast drei Jahrzehnte waren vergangen, seitdem die Deutschen Kabua zum König gekrönt und ihm geholfen hatten, sich gegen einen politischen Rivalen durchzusetzen. Wie in vielen anderen Kolonien hatten die Deutschen militärische Unterstützung geboten, um einen ihnen zuneigenden führenden Politiker an die Macht zu bringen und damit die weitere Herrschaft über die Kolonie zu vereinfachen. Sowohl Kabua als auch Wilhelm II. wurden in der archaischen Sprache feudaler Herrschaft als König beziehungsweise Kaiser bezeichnet, waren streng genommen aber beide das Produkt einer neuen, transnationalen Staatsform – im Fall Wilhelms des 1871 begründeten Deutschen Reichs.

Die Geburtstagsfeier begann mit einer Predigt in der protestantischen Missionskirche, die auf einem Text aus dem Römer-Brief des Paulus aufbaute: „Jedermann sei untertan der Obrigkeit, die Gewalt über ihn hat. Denn es ist keine Obrigkeit ohne von Gott; wo aber Obrigkeit ist, ist sie von Gott verordnet" (Röm 13,1). Der Predigt folgten Bootsrennen zwischen den Deutschen und den Marshallesen. Nach einem Empfang für die vor Ort lebenden Europäer und Vertreter der einheimischen politischen Elite führten Untertanen König Kabuas verschiedene Tänze auf. Zum Andenken an die Feierlichkeiten sandte der König dem Kaiser eine Trommel, einen der Speerschafte, wie sie während der Tänze benutzt worden waren, und zwei Schlafmatten. Er schickte dem Kaiser außerdem noch einen handgeschriebenen Brief, der in Marshallese verfasst war, die Feierlichkeiten beschrieb und den Wunsch äußerte, dass die Herrscher sich demnächst zu einem informellen Gespräch treffen sollten. Ein vor Ort lebender Missionar übersetzte König Kabuas Brief aus grammatikalisch einwandfreiem Marshallese in grammatikalisch falsches Deutsch. Mit der fehlerhaften Übersetzung begann ein Prozess, der die zwei Monarchen, deren Legitimität zum Teil auf erfundenen Traditionen beruhte, als Vertreter moderner Kultur und ahistorischer Natur gegenüberstellte.

Die deutsche Verwaltung der Marshallinseln hatte, wie die Predigt erkennen ließ, die Geburtstagsfeier als Ritual der Unterordnung inszeniert. In seinem Brief ordnete sich Kabua aber nicht als „untertan der Obrigkeit" ein, wie es der Paulusbrief vorgesehen hatte, sondern stellte sich dieser gleich, was er, rein formal gesehen, auch war. Wilhelm II. war folglich, unter dem ehrwürdigen Gesetz der Reziprozität, verpflichtet, Kabua gleichwertige Geschenke einschließlich eines handgeschriebenen Briefes zu übermitteln. Dieser Geschenkaustausch verkörperte die wechselseitigen Verpflichtungen der beiden Herrscher und bestätigte ihre politische Allianz. Des Weiteren signalisierte er ihren Untertanen ihre Überlegenheit: Nur sie, die Herrscher, verfügten über die entsprechende Würde, gleichwertige Geschenke auszutauschen. Es wird deutlich, dass Kabua die Gegensätze zwischen dem alten feudal-monarchischen System und der modernen kaiserlichen Administration geschickt zu manipulieren wusste.

Hätte Wilhelm II. Kabuas Überlieferung der Festlichkeiten akzeptiert, hätte dies die Macht der deutschen Verwaltung auf den Marshallinseln geschwächt. Kabua wäre als Monarch im gleichen Rang mit Wilhelm II. Oberhaupt der deutschen Kolonialbeamten geworden, die aber Untertanen des Kaisers waren. Um diese Entwicklung zu unterbinden, setzte sich die deutsche Kolonialverwaltung dafür ein, dass Wilhelm II. Kabuas Brief und Geschenke nicht erwiderte. Da Wilhelm II. zunächst an dem ehrwürdigen Gesetz der Reziprozität festhielt, beriet das Reichskolonialamt ihn dahingehend, Kabuas Brief und Geschenke zu erwidern, dem König der Marshallinseln aber nicht als Herrscher, sondern als Untertan zu begegnen. Das Reichskolonialamt vertrat zudem die Meinung, dass Kabua eines handgeschriebenen Briefs des Kaisers nicht würdig sei; sein niedriger „Bildungsstand", so argumentierte man, würde ihm nicht erlauben, dem Brief die angemessene Achtung entgegenzubringen. Wilhelm II. stimmte daraufhin dem Vorschlag zu, Kabua ein Porträt von ihm, das sich bereits in einem der Landratsämter auf den Marshallinseln befand, überbringen zu lassen. Diese Vorgehensweise, dem König der Marshallinseln ein minderwertiges Geschenk und keinen Brief zu übermitteln, wies darauf hin, dass König Kabua kein gleichrangiger Monarch, sondern ein wenig bedeutender Untertan des deutschen Kaisers war. Unter der Leitung des Reichskolonialamts wurden so Geschenke, die Zeichen des gegenseitigen Respekts sein sollten, in Zeichen der kolonialen Unterdrückung verwandelt. Am Ende überließ Wilhelm II. Kabuas Geburtstagsgeschenke dem Museum für Völkerkunde in Berlin, wo sie vom kolonialen Tribut zu ethnographischem Objekt wurden.

Derartige Transformationen beruhten auf und waren zugleich fester Bestandteil des kolonialen Austauschs. Die einzelnen Gegenstände hatten ohne Frage eine wichtige Funktion in der Festigung der deutschen Kolonialmacht, definierten und repräsentierten sie doch die politischen Beziehungen zwischen Kolonialherrschaft und Kolonialisierten. Sowohl Kabua als auch Wilhelm II. verstanden den Austausch von Geschenken zunächst als reziproke Interaktion zwischen zwei (historisch gleichgestellten) Personen. Dieses Verständnis wurde von der Kolonialverwaltung korrigiert, die in diesem Austausch einen Angriff auf ihre Autorität sah. Ein wichtiger Aspekt dieser Auslegung war, dass die Objekte in die Sammlung des Museums für Völkerkunde integriert wurden. Hier repräsentierten sie ein „Naturvolk", wie es in einer unüberbrückbaren Kluft dem deutschen „Kulturvolk" gegenüberstand. Ethnologen unterstützten und profitierten von dieser Interpretation, indem sie König Kabuas Geburtstagsgeschenke im Museum für Völkerkunde entgegennahmen. In diesem Prozess trugen sie dazu bei, den König der Marshallinseln zu schwächen und den deutschen Kaiser zu stärken.

Jedes dieser drei Beispiele veranschaulicht, wie Instabilität Teil des kolonialen Austauschs war und wie Kolonialbeamte und Ethnologen zusammenarbeiteten, um ethnographisches Material zum Zeichen einer ahistorischen, der Natur – und nicht Kultur – nahe stehenden Menschheit zu machen. Der wenig spektakuläre Austausch zwischen Unterzahlmeister Braun und einem Papua gefährdete die starke Abgrenzung, die zwischen Natur und Kultur gemacht wurde und auf der sowohl die deutsche Ethnologie als auch die deutsche Kolonialherrschaft beruhte. Die Integration ethnographischer Objekte in den musealen Kontext fixierte sowohl die koloniale als auch die ethnologische Interpretation dieses Austauschs. Die Speere, die zurzeit des Maji-Maji-Aufstands erbeutet wurden, waren jedoch so sehr von Geschichte gekennzeichnet, dass sie nicht im Museum für Völkerkunde ausgestellt werden konnten. König Kabua wiederum versuchte den Gegensatz zwischen dem alten feudal-monarchischen System und der modernen kaiserlichen Kolonialherrschaft geschickt zu seinem Vorteil zu nutzen. Während seine List ohne Erfolg blieb, unterstrich sein Versuch, dass selbst Objekte ohne Geschichte immer das Produkt von umstrittener Geschichte sind.

Das Museum für Völkerkunde unter dem Druck der Geschichte

Das Museum für Völkerkunde in Berlin war außerordentlich erfolgreich im Zusammentragen von ethnographischem Material. Einem im Jahr 1899 von dem amerikanischen Anthropologen George Dorsey verfassten Artikel nach beinhaltete das Museum „die größte Ansammlung von ethnographischen Materialien, die man weltweit in einem Museum finden" konnte. Wahrscheinlich, so fuhr er spekulierend fort, „beinhaltete es mehr ethnographische Objekte als zwei andere Museen zusammen". Je mehr Ausstellungsstücke aber das Museum aus allen Ecken der Welt erreichten, desto schwieriger wurde es, sie so auszustellen, dass sie einen „Total-Eindruck" der „Naturvölker" vermitteln konnten. Tatsächlich stellte sich bald heraus, dass die Idee des „Total-Eindrucks" ein widersprüchliches Konzept war; privat beklagte sich Bastian, dass jeder Fortschritt, den das Museum machte, um seine Sammlung zu vervollständigen, zugleich auch ein Rückschritt sei gegenüber dem Ziel, dem Besucher einen zusammenfassenden Überblick über die Menschheit zu gewähren.

Am Anfang des 20. Jahrhunderts war die Sammlung von solch einem Überfluss und Wirrwarr geprägt, dass sich Bastian privat bei der Generalverwaltung der Königlichen Museen beschwerte: „Die Schränke sind überfüllt, so daß jede instructive Aufstellung der Sammlung ausgeschlossen bleibt" (Abb. 4). Während das Museum für Völkerkunde einen bemerkenswerten Fortschritt hinsichtlich der Vollständigkeit seiner Sammlung vorweisen konnte, war es nicht mehr in der Lage, sie so zu präsentieren, dass deren Wert voll zur Geltung kam. Oft hatten sogar Kustoden Probleme, sich in der Unmenge an ethnographischen Materialien zu orientieren und einzelne Objekte zu identifizieren. Für die Öffentlichkeit war dies noch viel schwieriger, hatte sie doch häufig derartige Exponate noch nie gesehen. Als eine Gruppe von Schulkindern das Museum besuchte, bemerkte Luschan, dass es „zweifellos sehr viel mehr im Interesse der Jugend gelegen [hätte], wenn sie die Zeit etwa mit Ballspielen im Freien zugebracht hätte". Genauso erkannte er, dass die meisten Menschen „ein überfülltes Museum ebenso unwissend und ununterrichtet [verlassen], als sie es betreten haben".

Dass die Öffentlichkeit von ihren Besuchen im Museum für Völkerkunde enttäuscht war, interessierte die Ethnologen eher weniger. Grund hierfür war, dass für sie das Museum Platz der akademischen Forschung und nicht der populären Unterweisung war. Ausschlaggebender war, dass die Ethnologen selber von dem Museum enttäuscht waren. Bastian, dessen Idee es war, einen „Total-Eindruck" der Menschheit im Rahmen eines Museums zu vermitteln, überließ die praktische Umsetzung des Katalogisierens und der Präsentation der Sammlung meist jüngeren Kustoden. Diese aber verübelten Bastian, dass er sich weigerte, an dieser aufwendigen Arbeit mitzuwirken. Der junge Fritz Graebner beklagte sich dann auch, dass die Kustoden „wie Handlanger Gegenstände aus allen beliebigen Teilen der Erde, wie sie gerade eingingen, inventarisieren sollten". Kurz: Ethnologen waren Opfer ihres eigenen Erfolgs geworden.

Die jüngeren Kustoden – insbesondere Graebner und Bernhard Ankermann – rebellierten schließlich gegen die Art, wie Bastian in Berlin Ethnologie umzusetzen versuchte. Anstatt einen „Total-Eindruck" der „Naturvölker" zu vermitteln, verstanden sie Ethnologie als eine Art der Kulturgeschichte und setzten sich dafür ein, ausgewählte Objekte, die eine besondere Bedeutung für die Entwicklung einer Kultur oder den Kontakt zweier Kulturen hatten, einzeln zu untersuchen und auszustellen. Diese „kulturhistorische Methode" bot zugleich eine praktische Lösung, die Flut an ethnographischen Materialien, die für eine naturwissenschaftliche Darstellung der Menschheit zusammengetragen worden waren, nach neuen Kriterien zu ordnen und zu präsentieren. Dieser neue ethnologische Ansatz setzte sich nicht sofort in der musealen Inszenierung ethnographischer Sammlungen durch, unterminierte

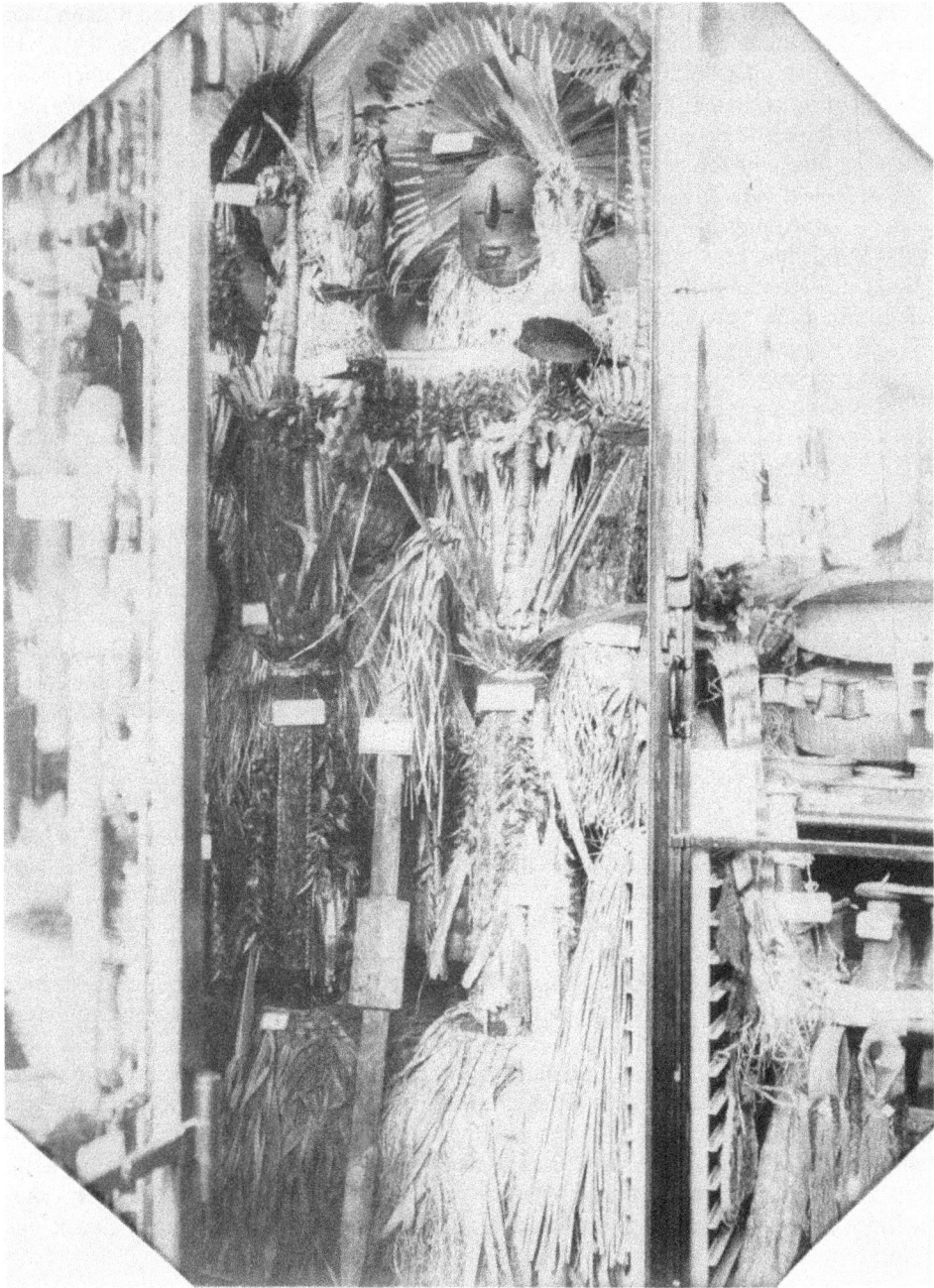

Abbildung 4: Überfüllter Ausstellungsschrank. Quelle: Archiv des Museums für Völkerkunde, Berlin.

aber das ursprüngliche Projekt der deutschen Ethnologie. Es bedeutete indes nicht, dass die Ethnologie gleich zu einem Teil der Geschichtswissenschaften wurde, ein Ansatz, dem Historiker sicher vehement widersprochen hätten. Trotzdem war der Einschnitt groß, und 1913 verkündete der österreichische Anthropologe und Missionar Wilhelm Schmidt dann auch voller Zustimmung: „Niemand hegt mehr die Bastianische Hoffnung, bei den Naturvölkern noch die ganz unbeeinflusste ‚reine' Naturseele zu finden". Während Schmidt sicher übertrieb, begann zu diesem Zeitpunkt zumindest unter Kulturhistorikern ein Austausch über die Ethnologie und deren Manifestation im Museum, ein Austausch, der sich während der Weimarer Republik fortsetzen sollte.

Das Projekt der deutschen Ethnologie im 19. Jahrhundert beruhte auf zwei sich ergänzenden Verneinungen der Geschichte. Ausgehend von dieser Gegebenheit präsentierten Völkerkundemuseen ethnographische Materialien nicht als historische Dokumente, sondern als naturwissenschaftliche Proben, die dem Besucher die Möglichkeit geben sollten, einen „Total-Eindruck" von der Menschheit zu gewinnen. Die für die Präsentationen benötigten Objekte wurden hierbei im Rahmen verschiedener Formen des kolonialen Austauschs zusammengetragen, wobei es ein grundlegendes Element der deutschen Kolonialherrschaft war, den Kolonisierten eine autonome Vergangenheit zu verweigern. Die einzelnen Objekte von ihrer Geschichte zu trennen, bedurfte ständiger Arbeit und unbeirrter Neubeurteilung ihrer Bedeutung – ein Vorgang, der so verschiedene Maßnahmen wie die Intervention des Reichskolonialamts oder Luschans Zerstörung der Maji-Maji-Speere beinhalten konnte. Die Museen spielten in diesem Prozess eine zentrale Rolle, waren sie doch dafür verantwortlich, dass die kulturhistorisch bedeutenden Objekte kolonisierter Menschen in naturwissenschaftliche Proben von – bald ausgestorbenen – „Naturmenschen" verwandelt wurden. Obwohl es den Ethnologen zunächst gelang, die Geschichte einzelner Objekte aus dem Museum herauszuhalten, drang die Geschichte als solche schließlich doch in das Museum ein. Selbst das Verbrennen „schwieriger" Objekte wie etwa der Maji-Maji-Speere konnte dieser Entwicklung nichts entgegensetzen. Während kulturhistorisch orientierte Ethnologen sich nicht mit einzelnen Personen und Ereignissen, wie dem Austausch zwischen König Kabua und Kaiser Wilhelm II., auseinandersetzten, sondern sich eher für so einschneidende historische Entwicklungen wie Völkerwanderungen und Eroberungszüge interessierten, ahnten sie, was König Kabua und Kaiser Wilhelm II. bereits wussten: Dass die Besitztümer kolonisierter Menschen nie neutral, sondern immer in eine Geschichte gegensätzlicher Interpretationen eingebettet waren und dass jedes ethnographische Objekt immer zugleich Spiegel des kolonialen Machtkampfs war. Die Frage, welche Beziehung zwischen ethnographischen Sammlungen und Geschichte bestand, war nicht nur eine theoretische Frage, die die Humanwissenschaften beschäftigte, sondern bewegte bald einen immer weiteren Kreis. Neben der europäischen Konstruktion des imaginären „Anderen" stand hier insbesondere das Entstehen eines globalen Systems im Vordergrund, das die europäische Vorherrschaft in Politik und Wissenschaft langsam, aber sicher in Frage stellte. Ethnographische Sammlungen, wie sie in Deutschland an erster Stelle in Berlin existierten, trugen entscheidend dazu bei, dass kolonisierten Menschen ihre Vergangenheit genommen wurde; als ein gescheitertes Museum diente das Museum für Völkerkunde in Berlin zugleich aber auch als ein – unbeabsichtigter – Erinnerungsort an den europäischen Kolonialismus, dessen politische Unterdrückung, wirtschaftliche Ausbeutung und nachhaltige Wissensverzerrung.

Übersetzung: Uta Protz

Literaturhinweise

Adolf BASTIAN, Zur Kenntniss Hawaii's. Berlin 1883.

George A. DORSEY, Notes on the Anthropological Museums of Central Europe, in: American Anthropologist N.S. 1 (1899), S. 462–474.

Johannes FABIAN, Time and the Other. How Anthropology Makes its Object. New York 1983

Fritz GRAEBNER, Adolf Bastian's 100. Geburtstag, in: Ethnologica 3 (1927), S. IX–XII.

Felix VON LUSCHAN, Ziele und Wege eines modernen Museums für Völkerkunde, in: Globus 88 (1905). S. 238–240.

Jürgen Osterhammel, ,Peoples without History' in British and German Historical Thought, in: Benedikt STUCHTEY/Peter WENDE (Hrsg.), British and German Historiography, 1750–1950: Traditions, Perceptions, and Transfers. Oxford 2000, S. 265–287.

H. Glenn PENNY, Objects of Culture. Ethnology and Ethnographic Museums in Imperial Germany. Chapel Hill 2002.

Wilhelm SCHMIDT, Kulturkreise und Kulturschichten in Südamerika, in: Zeitschrift für Ethnologie 45 (1913), S. 1014–1130.

Andrew ZIMMERMAN, Anthropology and Antihumanism in Imperial Germany. Chicago 2001.

John M. MacKenzie
Museen in Europa

Die Geschichte der Museen in Europa ist eng mit dem Bestreben verbunden, die noch in weiten Teilen unentdeckte Welt zu erfassen. Schon in der Zeit der Wunderkammern bauten Sammlungen auf den ebenso wunderbaren wie wundersamen Schätzen der Kontinente und Meere auf. Da sich der Aufbau dieser Sammlungen im Zeitalter der großen Entdeckungsreisen vollzog, überrascht es nicht, dass sich zahlreiche Kuriositäten aus der „Neuen Welt" – Nord- und Südamerika, Afrika und Asien – in ihren Beständen befinden. Seefahrer brachten diese Schätze aus der Ferne mit, immer wissend, dass sie in ihren Heimathäfen reißenden Absatz finden würden. In der Tat dauerte es nicht lange, bis adlige und forschende Sammler Kapitäne und andere Reisende damit beauftragten, die verschiedensten Dinge, aber auch gezielt bestimmte Objekte aus Übersee mitzubringen. Im späten 17. Jahrhundert war es dann sogar üblich, dass Reisen, die der Entdeckung der Welt und der Sicherung von Handelsinteressen dienten, zugleich auch Sammelreisen waren. Während die zurückgebrachten Kuriositäten zunächst lediglich Bewunderung, Erheiterung und Verwunderung hervorrufen sollten, wurden sie bald nach Kategorien – wie naturhistorische und ethnographische Materialien – geordnet. Von der Entwicklung von systematischen Kategorien kann jedoch erst im 18. Jahrhundert die Rede sein.

Als die Wunderkammern schließlich einer neuen Ordnung unterworfen wurden, nahm auch das Reisen eine neue Form an. Mit dem Beginn des 18. Jahrhunderts sollte es in Form von Forschungsreisen die wissenschaftliche Erkundung der Welt vorantreiben. Von Regierungen und Forschungsgesellschaften finanziert, sollten diese zu neuen Erkenntnissen in der Astronomie führen, aber auch Pflanzen, Gesteinsproben, exotische Tiere (sowohl lebende als auch tote), deren Produkte – wie Häute, Pelze, Elfenbein und Horn –, ethnographisches Material und zuweilen sogar „exotische Menschen" sammeln und zurückbringen. Fast alle europäischen Länder ließen derartige Forschungsreisen durchführen, insbesondere aber Frankreich, Großbritannien, die Niederlande, die größeren deutschen und italienischen Staaten sowie Spanien und Portugal. Im Fall der letzten beiden Königreiche standen Forschung und Sammeln unter königlicher Obhut. Andernorts fand dieses eher mit der ideellen und finanziellen Unterstützung von Handelsunternehmen wie der Englischen oder Niederländischen Ostindien-Kompanie, Universitäten, wissenschaftlichen Gesellschaften und einzelnen Forschern und Sammlern statt. Die wissenschaftlichen Ziele waren hierbei oft von kommerziellen und politischen Interessen überdeckt, galt es doch in dem sich entfaltenden Wettbewerb der Kolonialmächte Getreidevorkommen, Vieh und Bodenschätze zu lokalisieren und auszubeuten, um die eigenen wirtschaftlichen Vorteile zu sichern. Von entscheidendem Einfluss waren zudem die Ideen der Aufklärung, wie sie sich in dem Interesse an Geographie, Umwelt und anderen Völkern sowie dem Drang, die Welt systematisch zu erfassen, niederschlugen. Die Entstehung des modernen Museums ist mit diesen Entwicklungen eng verbunden.

Botanische Gärten waren früher sicher eine Form von Museum, ähnlich wie die katalogisierten Sammlungen sorgsam getrockneter Pflanzen in Herbarien. In manchen Ländern, wie zum Beispiel Frankreich, wurden sie später in Naturhistorische Museen integriert und mit Menagerien und Zoologischen Gärten in Verbindung gebracht. Dass das Studium der Botanik vielfache Wurzeln hatte, zeigt sich daran, dass der Botanische Garten in Florenz (1545) von Herzog Cosimo I de' Medici gegründet wurde, während er in Bologna (1568) immer zur Universität gehörte. Angemerkt sei, dass Universitätsgärten – ob in Leiden (1587), Heidelberg (1593), Amsterdam (1638), Uppsala (1655) oder Edinburgh (1670) – fast immer als medizinische Lehrgärten – *hortus medicus* – angelegt wurden. Der Jardin des Plantes in Paris, später Teil des Musée National d'Histoire Naturelle, wurde im Jahre 1626 gegründet, erlangte aber erst 1759, als der Naturforscher Comte de Buffon zum Direktor ernannt wurde, große Bedeutung. Ähnlich verhielt es sich mit dem Botaniska Trädgård der Universität Uppsala, der bereits 1655 gegründet wurde, aber erst im 18. Jahrhundert unter der Leitung des Naturwissenschaftlers Carl von Linné zu einer wichtigen Forschungseinrichtung wurde. Linné galt als Begründer der binominalen Nomenklatur, mit der er die Grundlagen der modernen biologischen Systematik schuf, als einer der führenden Wissenschaftler seiner Zeit. Kew Garden nahe London wiederum, der wohl wichtigste Botanische Garten des 19. Jahrhunderts, wurde überhaupt erst 1757 – lange nach den Universitätsgärten in Oxford (1621) und Edinburgh (1670) – gegründet. Ähnlich verhält es sich mit dem Jardin Botanico de Madrid, der im Jahre 1755 als königlicher Garten gegründet wurde, aber nach einer Zeit der Vernachlässigung erst in der Mitte des 19. Jahrhunderts wiederbelebt wurde. Der Botanische Garten in München (1808) wurde kurz nach der Entstehung des Königreichs Bayern gegründet, diejenigen in Rom (1883) und Berlin (1897) jeweils kurz nach der nationalen Einigung des Landes. Im 19. Jahrhundert hatte dann fast jede bedeutende Stadt einen Botanischen Garten, hierunter auch Glasgow (1817), wo sich Vater William und Sohn Joseph Hooker als Botaniker einen Namen machten. Die Gärten dienten der medizinischen und naturwissenschaftlichen Forschung, zugleich aber auch der Öffentlichkeit, der dort Wissen vermittelt werden sollte und die sich dort vergnügen konnte. Gerade nachdem den Arbeitern in der zweiten Hälfte des 19. Jahrhunderts mehr Rechte eingeräumt worden waren, wurden öffentliche Gärten immer mehr zu Oasen der Erholung. In jedem Fall aber waren sie Orte, an denen Pflanzen aus aller Welt angepflanzt und wissenschaftlich untersucht wurden. Nicht zu unterschätzen ist in diesem Zusammenhang die Bedeutung der Gewächshäuser, die als eines der architektonischen Merkmale des 19. Jahrhunderts bezeichnet werden können.

Zahlreiche Botaniker, die auf der Suche nach Pflanzen die Welt bereisten, setzten sich auch für die Gründung von Botanischen Gärten in den Kolonien ein. Viele dieser Gärten entwickelten sich später zu bedeutenden Museen. Diese frühen Wissenschaftler interessierten sich jedoch nicht nur für Pflanzen, sondern auch für Tiere. Viele von ihnen waren Universalgelehrte, die über Pflanzen und Tiere hinaus auch ethnographische Materialien wie Skulpturen, Textilien und Waffen zusammentrugen. Dieses breit angelegte Interesse spiegelte den Geist der Aufklärung wider, deren Gelehrte als erste versucht hatten, eine allgemein gültige Evolutionstheorie aufzustellen. Die einflussreichste von ihnen war eine in wirtschaftliche Stadien unterteilte Theorie, wonach die menschliche Entwicklung sich vom Jäger und Sammler über den Viehhirten und den Landwirt zum städtischen Händler und Handwerker vollzog. Das Sammeln und die Organisation von ethnographischen Materialien folgte dieser Theorie, wobei die europäischen Handels- und Forschungsreisen nicht nur dazu dienten, die Welt zu entdecken und zu erfassen, sondern auch dazu, die verschiedenen Entwicklungsstufen und den anderswo unerreicht hohen Entwicklungsstand der Europäer zu bestätigen.

Die Geschichte der Museen in Europa ist sowohl mit den Ideen der Aufklärung als auch der Vorstellung, dass man verschiedene Wissenszweige – wie zum Beispiel prähistorische und klassische Archäologie, Kunstgeschichte, Ethnographie, Geologie, Paläontologie und Zoologie – in einer Institution vereinen kann, verbunden. Das erste Museum dieser Art, das in England der Öffentlichkeit seine Türen öffnete, war das im Jahre 1683 gegründete Ashmolean Museum in Oxford. Schon bald wurden weitere Universitätsmuseen, deren Hauptziel es war, Forschung und Lehre zu unterstützen, auch in anderen Städten Europas errichtet. Die Idee, große staatliche Museen zu gründen, verbreitete sich hingegen erst zu einem späteren Zeitpunkt. Im Fall des British Museum in London, das 1759 eröffnete wurde, ging der

Gedanke auf das Vermächtnis von Sir Hans Sloane, zugleich Arzt, Naturforscher, Reisender und Sammler, zurück. In den 1820er Jahren wurde dann das von dem Architekten Sir Robert Smirke entworfene und uns heute bekannte klassizistische Gebäude erbaut, in dessen Nähe sich 1836 die Universität London ansiedelte. Ab Mitte des 19. Jahrhunderts befanden sich zudem die Nationalbibliothek sowie die Bibliothek König Georgs III. im British Museum; Bibliothek und Museum wurden erst Ende des 20. Jahrhunderts wieder voneinander getrennt. Bis zum heutigen Tage ist der klassizistische Bau des British Museum ein Beispiel dafür, wie sehr große staatliche Museen für nationalen Stolz stehen.

Mit der Ausdehnung der europäischen Kolonialinteressen wurden die großen staatlichen Museen zum kulturellen Symbol von politischer, militärischer und technischer Vorherrschaft, die sich ebenso auf Reiche und Kulturen der Vergangenheit wie auf Kolonien und ihre Bewohner in der Gegenwart ausdehnte. Die Kolonialmächte fühlten sich demnach befugt, Kulturschätze aller Epochen, einschließlich großer Skulpturen und bedeutender Baudenkmäler, allerorts abzutragen und in ihren Hauptstädten auszustellen. Das spiegelte sich in dem raschen Erwerb von herausragenden Kulturschätzen aus dem alten Griechenland und Rom sowie dem alten Ägypten, Assyrien, Persien, Indien und vielen anderen Orten. Dieser Sammeldrang, im 18. Jahrhundert häufig noch Teil der „Kavalierreise", wurde im 19. Jahrhundert zur offiziellen Politik. Diese stellte zugleich auch Europas Überlegenheit auf dem Gebiet der Ingenieurwissenschaften zur Schau. In der Tat wäre der Transport von großen Skulpturen und bedeutenden Baudenkmälern ohne den technischen Fortschritt des späten 18. und frühen 19. Jahrhunderts gar nicht möglich gewesen. Parallel zu diesem Fortschritt entwickelte sich die Idee des Ethnographischen Museums weiter, wobei dessen Sammlungen koloniale Macht zugleich verkörperten als auch weiter ausdehnten. Nicht zu vergessen sei zudem, dass im Rahmen kolonialer Eroberungen immer wieder Kulturschätze als Kriegsbeute verschleppt wurden. Am Ende des 19. Jahrhunderts verfügte das British Museum, um nur ein Beispiel zu nennen, über bemerkenswerte Sammlungen bedeutender Bronzeskulpturen aus Westafrika sowie unschätzbarer Kunstwerke aus Äthiopien und China.

Wenn sich der Wandel von privater Sammlung zum öffentlichen Museum im Fall von Großbritannien vielleicht am deutlichsten darstellt, so war das eine Entwicklung, die sich auch in anderen Ländern Europas vollzog. Auch hier setzte sich sukzessive die Idee durch, königliche und wissenschaftliche Wunderkammern in der Form von staatlichen, städtischen oder universitären Museen der Öffentlichkeit zugänglich zu machen. Eine holländische Privatsammlung, die schon früh in ein öffentliches Museum umgestaltet wurde, ist die des Haarlemer Bankiers und Tuchhändlers Pieter Teyler van der Hulst. Als Nachfahre schottischer Großhändler und von den Ideen der schottischen Aufklärung geprägt, entschloss er sich noch zu seinen Lebzeiten, seine Sammlung für die Öffentlichkeit zu öffnen. Nachdem die Sammlung zunächst in seinem Privathaus gezeigt worden war, wurde sie im Jahr 1784 in einen Museumsbau transferiert. Dieser – Teylers Museum – war mit Mitteln aus dem Vermächtnis Teylers errichtet worden und gilt heute als das älteste Museum der Niederlande. Eine andere Privatsammlung, die schon früh der Öffentlichkeit zugänglich gemacht wurde, ist die des deutschen Arztes Philipp Franz von Siebold. Ursprünglich aus Würzburg stammend, folgte er im Jahre 1822 einem Ruf nach Den Haag und trat als Militärarzt in die niederländisch-indische Armee ein. In ihrem Auftrag verbrachte er viele Jahre in Japan, wo er an der niederländischen Handelsvertretung in Nagasaki tätig war und japanische Ärzte in westlicher Medizin unterwies. Daneben baute Siebold eine bedeutende Sammlung an botanischen, zoologischen und ethnographischen Materialien auf, die er aufgrund verschiedener politischer Unruhen später nach Leiden verbrachte. In Leiden zeigte er seine Sammlung in seinem Privathaus, ermutigte andere Sammler, sie zu erweitern, und schuf das so genannte

Museum Japonicum. Dieses wurde im Jahre 1837 vom niederländischen Staat gekauft und gab den Anstoß, das heute als Museum Volkenkunde bekannte Ethnographische Museum zu gründen. Während eines zweiten Japanaufenthalts legte Siebold eine weitere Sammlung an; sie wurde im Jahre 1874 von der bayerischen Regierung für die damalige der Öffentlichkeit zugängliche Königliche Ethnographische Sammlung, das heutige Staatliche Museum für Völkerkunde in München, gekauft. Auf diese Art und Weise wandelten sich private zu öffentlichen Sammlungen und trugen sowohl zu städtischem als auch nationalem Stolz bei. Die Vielfalt von Siebolds Sammlungen zeigt zudem, wie im 19. Jahrhundert gesammelt wurde und dass es zu diesem Zeitpunkt unmöglich war, botanische, zoologische und andere naturhistorische Sammlungen von ethnographischen Sammlungen zu trennen. Sie alle standen repräsentativ für die exotisch-unbekannte Welt: Sie alle spiegelten den europäischen Drang wider, die Welt in all ihrer Vielfalt, einschließlich der ihrer Menschen, zu verstehen.

Die großen Berliner Museen gehen auf die Kunst- und Kuriositätenkammer der Kurfürsten von Brandenburg zurück. Aus dieser im 17. Jahrhundert zusammengetragenen Sammlung ging später die Königlich-Preußische Kunstkammer hervor, die 1829 neben anderen Schätzen auch eine umfangreiche Sammlung von ethnographischen Materialien beinhaltete. Sie wurde im Jahre 1873 aus der nunmehr kaiserlichen Sammlung herausgelöst und in das Ethnologische Museum eingebracht, welches 1886 einen Prachtbau in Berlin-Mitte erhielt und in Königliches Museum für Völkerkunde umbenannt wurde. Dieses Museum – seit 2000 wieder unter dem Namen Ethnologisches Museum bekannt und in wiedervereinigter Form in Berlin-Dahlem beheimatet – entwickelte sich im späten 19. und frühen 20. Jahrhundert zu einer der namhaftesten ethnographischen Sammlungen der Welt, die Ende des 20. Jahrhunderts nicht weniger als 500 000 Objekte zählte. Die Qualität und der Umfang der Sammlung sind darauf zurückzuführen, dass während der deutschen Kolonialzeit zahlreiche Expeditionen in die afrikanischen und pazifischen Kolonien geschickt wurden, um ethnographisches Material zu beschaffen. Es besteht wenig Zweifel, dass diese Unternehmen eng mit dem nach der deutschen Reichsgründung empfundenen Nationalstolz und dem Ausleben der neuen Rolle als Kolonialmacht in Verbindung standen. Gleichermaßen verhielt es sich mit dem Museo Nazionale Preistorico Etnografico Luigi Pigorini in Rom, das 1876 kurz nach der italienischen Einigung gegründet wurde. Was die älteren Kolonialmächte angeht, wurde das portugiesische Museu Etnográfico im Jahre 1875 von der Sociedade de Geografia de Lisboa gegründet; wie so viele geographische Gesellschaften engagierte auch sie sich für das Sammeln und Ausstellen ethnographischer Materialien in Europa. 1892 wurde die Sammlung der Gesellschaft einer sachkundigen Administration unterstellt, im Jahre 1907 in ihr heutiges Museumsgebäude überführt. Im Gegensatz dazu wurde das Museo de América in Madrid erst sehr viel später, 1941, gegründet. Das vergleichsweise späte Gründungsdatum täuscht jedoch, da ein großer Teil der Museumssammlung älteren Sammlungen, wie zum Beispiel der Schatz- und Waffenkammer des spanischen Königshauses, entstammte. Einige Wissenschaftler haben das Engagement europäischer und amerikanischer Sammler in Afrika, dem kanadischen Westen, in Südamerika und im Pazifik als einen kulturellen „Wettbewerb" um die Welt interpretiert, der sich noch weit ins 20. Jahrhundert fortsetzen sollte.

Ein anderer Impuls, Museen zu gründen, waren die internationalen Ausstellungen des 19. und 20. Jahrhunderts. Als herausragendes Beispiel sei hier die Weltausstellung in London im Jahr 1851 genannt, aus deren Gewinn das Victoria & Albert Museum finanziert und errichtet wurde. Das Museum, das im Interesse von ästhetischer Qualität einen Dialog zwischen Kunsthandwerk und Industriedesign schaffen sollte, ermöglichte zugleich, ethnographische Schätze, die für die Weltausstellung nach London gebracht worden waren, in Großbritannien zu halten. Der Weltausstellung wurde so ein dauerhaftes Denkmal gesetzt.

Um die Sammlung des neuen Museums noch weiter aufzuwerten, wurden in Asien, insbesondere Indien, dessen Kunsthandwerk in Großbritannien hoch geschätzt wurde, umfangreiche Ankäufe getätigt. Auf wenig Interesse hingegen stieß das Kunsthandwerk aus Afrika; hier wurde praktisch nichts erworben. Der Grundgedanke war, britischen Industriellen, beziehungsweise deren Formgestaltern und Musterentwerfern, Zugang zu dem besten Design zu geben. Diese Idee scheint in der Praxis jedoch wenig Widerhall gefunden zu haben. Ein anderes Museum, das auf eine große Ausstellung zurückgeht, ist das Kelvingrove Museum in Glasgow, das aus dem Gewinn aus der internationalen Ausstellung von 1888 finanziert und errichtet wurde. Es entwickelte sich zu einem der größten städtischen Museen Europas und unterstreicht, wie europäische Städte architektonisch dominante, im Stadtbild markant platzierte Museen als Symbol städtischen Stolzes und Orte der Bildung und des Vergnügens verstehen.

Am eindringlichsten stellt sich jedoch die Beziehung zwischen Ausstellung und Museum im Fall von Belgien dar. Dort ging das heute als Musée Royale de l'Afrique Centrale bekannte Musée du Congo im Jahre 1898 direkt aus dem Palais des Colonies hervor, in dem während der internationalen Ausstellung in Brüssel im Jahre 1897 ethnographische Schätze ausgestellt worden waren. Neben einzigartigen Holzskulpturen aus Zentralafrika und anderen Objekten aus den ehemals belgischen Kolonien bewahrt das Musée Royale de l'Afrique Centrale auch ein wichtiges Archiv mit Aufzeichnungen zur kolonialen Vergangenheit Belgiens auf. So sehr das Museum durch seine Architektur und Sammlung besticht, ist es dennoch eine Institution, die bis heute deutlich Schwierigkeiten hat, sich von ihrer kolonialen Vergangenheit zu lösen.

Das Musée de la France d'Outre-Mer ist ein weiteres Museum, das aus einer Ausstellung, der Pariser Kolonialausstellung im Jahre 1931, hervorging. Im Jahre 1960 wurde das Museum in Musée des Arts Africains et Océaniens, 1990 in Musée National des Arts d'Afrique et d'Océanie umbenannt. Die Sammlung ist heute in dem 2006 eröffneten Musée du quai Branly zu sehen. Diesen ethnographischen Museen gingen jedoch frühere Museen mit ethnographischem Profil voraus. Hierzu zählen das im Jahre 1878 gegründete Musée d'Ethnographie de Trocadéro und das im Jahre 1905 aus dem Musée d'Artillerie und dem Musée Historique de l'Armée entstandene Musée de l'Armée, in dem regelmäßig Abbilder nicht-europäischer Menschen sowie nicht-europäische Waffen ausgestellt wurden. Wie in den anderen Ländern Europas wurde so auch in Frankreich das Bild des „Anderen" während der Kolonialzeit geprägt. Doch auch ohne koloniale Interessen entstand das eine oder andere ethnographische Museum, wie etwas das 1901 von dem Schweizer Anthropologen Eugène Pittard ins Leben gerufene Musée d'Ethnographie de Genève.

Am Ende des 19. Jahrhunderts wurde das Museum in Europa und Nordamerika zu einer der wichtigsten städtischen und nationalen Institutionen, ein Prestigeobjekt, das keinem bereits etablierten oder aufstrebenden Nationalstaat fehlen durfte. In der Tat wurden das Sammeln und Ordnen der natürlichen und künstlerischen Schätze der Welt schon bald als ein die Moderne definierender Aspekt verstanden. Anders ausgedrückt, sollte jeder moderne Staat in der Lage sein, seinen Bürgern die Welt und deren Völker in einem großen Museum nahe zu bringen; dass dies mit einer bestimmten Vision der Welt einher ging, braucht nicht weiter erläutert zu werden. Ab Ende des 19. Jahrhunderts hatte das Museum folglich mehrere Funktionen zu erfüllen: Zum ersten sollte es internationale Stärke dokumentieren; zum zweiten sollte es seine Sammlungen wissenschaftlich erfassen; zum dritten sollte es seinen Besuchern, aber insbesondere Schülern und Studenten, Wissen vermitteln; und zum vierten sollte es eine Art „rationale Erholung" bieten, die von einigen Wissenschaftlern aber inzwischen als eine Form der sozialen Kontrolle scharf kritisiert worden ist.

Die Gründung von Museen außerhalb von Europa wurde als Ausdruck der Verbreitung moderner Kultur verstanden. Hiermit verband man die Möglichkeit, sowohl die Vergan-

genheit als auch die Gegenwart anderer Kulturen in einem nach modernen Kriterien eingerichteten Museum erforschen zu können. Interessanterweise wurden die meisten neuen
Museumsbauten damals jedoch nicht in einem modernen, sondern im klassischen oder go-
tischen Baustil errichtet. Wie es für die Moderne so typisch ist, hatte hier die Vergangenheit
der Gegenwart zu dienen. Eines der ersten Museen, das im europäischen Stil in einer Kolonie
erbaut wurde, ist das 1814 von Briten gegründete Indian Museum in Kalkutta, das wiederum
auf die im Jahre 1784 in Kalkutta – der damaligen Hauptstadt Indiens – gegründete Asiatic
Society zurückgeht.

Die Smithsonian Institution in Washington wurde 1846 gegründet und zählt heute zu einer der größten Museums- und Forschungsinstitutionen weltweit. Das American Museum
of Natural History wurde im Jahre 1869 in New York gegründet und eröffnete zwei Jahre später in einem eindrucksvollen Bau nahe des Central Park. Ein weiteres Museum, das
aus einer internationalen Ausstellung hervorging, ist das Field Museum in Chicago. Es geht
auf die Weltausstellung zurück, die zum 400. Jahrestag der Entdeckung Amerikas 1893 in
Chicago stattfand. Ein Großteil der Exponate wurde anschließend in dem Christoph Columbus gewidmeten Columbian Museum of Chicago ausgestellt, welches wiederum im Jahre
1905 als Dank an den Warenhausbesitzer und Kunstmäzen Marshall Field in Field Museum
umbenannt wurde. Fortan zeigte es vor allem archäologische Funde, verschiedene Kunstwerke sowie historische und naturwissenschaftliche Exponate. Am Ende des 19. Jahrhunderts
waren Museen sowohl in Australien, Indien, Kanada, Neuseeland, Südafrika als auch in Lateinamerika und Südostasien gegründet worden.

Diese Flut an Museumsgründungen, aus der zwischen der Mitte des 19. und dem Anfang
des 20. Jahrhunderts Hunderte von Einrichtungen hervorgingen, kann als ein Ausdruck der
Verbreitung europäischer Werte, ja der Globalisierung interpretiert werden. Sichtbar wurde
das vor allem dadurch, dass sie von dem Aufblühen einer bürgerlichen Gesellschaft abhängig waren. Im Gegensatz zur Vergangenheit, in der es Könige, Aristokraten, kirchliche und
universitäre Institutionen gewesen waren, die Museen gegründet hatten, waren es im späten
19. Jahrhundert Bürgerliche, die mit der Gründung von Museen das Ansehen ihrer Städte oder gar Länder steigern wollten. In einigen Fällen bedeutete dies, dass Personen, die
Unsterblichkeit erlangen wollten, große Geldbeträge oder wertvolle Sammlungen stifteten.
Während die Institutionen zunächst ihre Stifter in den Vordergrund stellten, dauerte es nicht
lange, bis sie selber eine entscheidende Rolle in der nationalen Identitätsbildung einnahmen.
Als Basis dienten hierbei oftmals ethnographische Sammlungen, die es den (weißen) Europäern ermöglichten, sich gegenüber „primitiven" oder zumindest „anderen" Menschen, die
noch am Anfang der Evolution und vor allem der „Zivilisation" standen, zu definieren. Später
jedoch wuchs das Verständnis, dass die Identität großer Teile Afrikas, Nord- und Südamerikas, Asiens und Australiens auf der Kultur seiner Ureinwohner beruhte, Menschen, die bei
Ankunft der Europäer unterdrückt worden waren. Vor dem Hintergrund dieser Erkenntnis nahm daraufhin die Bedeutung von Archäologie, Anthropologie, lokalen Kunstformen,
Geologie, Paläontologie, Botanik und Zoologie hinsichtlich der Identitätsbildung deutlich
zu.

Das Museum veränderte sich Ende des 19. Jahrhunderts aber auch noch in anderer
Hinsicht. Wie bereits erläutert, war es in der Frühen Neuzeit eine der Hauptaufgaben des
Museums gewesen, „die Welt" zu sammeln und wissenschaftlich zu erfassen. Als es offensichtlich wurde, dass dies, gerade für kleinere Institutionen, ein schlichtweg unmögliches
Unterfangen war, begannen viele Museen, sich auf ihre Region zu spezialisieren. Nachdem
die Evolutionstheorie von Charles Darwin die wissenschaftliche Welt erobert hatte, fingen
zahlreiche Museen zudem an, ihre Sammlungen entlang evolutionstheoretischer Ideen auszustellen. Eine andere Entwicklung Ende des 19. Jahrhunderts war, dass Museen sich immer

weiter spezialisierten. Dieses zeigte sich insbesondere daran, wie deren Mitarbeiter eingesetzt wurden. Während die ersten Museen meist von Universalgelehrten – wie etwa Ärzten,
die sich aufgrund ihres Berufes für Botanik, aber vielfach auch Archäologie, Anthropologie,
Geologie und Zoologie interessierten – gegründet und geleitet wurden, war es im späten
19. Jahrhundert nicht mehr möglich, für Museumsmitarbeiter derart viele Wissensbereiche
abzudecken. Je größer die jeweiligen Institutionen wurden, in umso mehr Spezialgebiete
wurden sie gegliedert, die wiederum von immer weiter spezialisierten Kustoden betreut
wurden. Dieser Grad der Spezialisierung spiegelte den immer höheren Grad der fachlichen
Differenzierung an den Universitäten und in der Zivilgesellschaft wider. Die hoch qualifi-
zierten Kustoden wiederum verwandelten die Museen in Forschungsinstitutionen. Während
sich die Forschung im späten 19. und frühen 20. Jahrhundert jedoch noch weitgehend auf
das Sammeln und Katalogisieren konzentriert hatte, verlagerte sie sich in den 1920er Jahren
immer weiter zu Bibliotheken und Laboratorien, in anderen Worten in die Universitäten.
Hatten Museen die Forschung einst dominiert, so rückten sie – weniger was Archäologie
und Anthropologie angeht, aber sicher was die Geowissenschaften, Chemie und Physik
angeht – langsam, aber sicher in den Schatten der universitären Forschung.

Im 20. Jahrhundert hat sich das Museum zudem immer mehr mit seinem eigenen Image
befasst. Mit der Zeit hat es sich so zu einem Ort des informellen Lernens und kultivierten
Vergnügens gewandelt, was sicher auch darauf zurückzuführen ist, dass Museen heute meist
nationale, regionale oder städtische Mittel beziehen oder diese von der Öffentlichkeit einwer-
ben müssen. Vor diesem Hintergrund verwundert es auch nicht, dass es eher die nationale
und nicht die globale Identitätsbildung ist, die bei diesen Institutionen im Vordergrund steht.
Im postkolonialen Zeitalter haben sich die meisten Museen, wie man es bereits am Namen
so vieler dieser „nationalen" Institutionen ablesen kann, folglich eher mit sich selbst als mit
dem „Anderen" beschäftigt.

Trotzdem fiel es vielen Museen lange schwer, sich aus dem kolonialen Kontext zu lösen.
In den letzten Jahren aber konnte mit der Rückgabe von geraubten Kulturgütern, Objekten
ritueller und spiritueller Bedeutung und insbesondere menschlicher Überreste ein gewisser
Fortschritt erreicht werden. Derartige Gesten sind für ehemalige Kolonien, aber auch Griechenland, das im späten 18. und frühen 19. Jahrhundert umfangreiche Kulturgüterverluste
hinnehmen musste, von großer Bedeutung. In der Hoffnung, Friesplatten vom Parthenon
aus London und Berlin zurückzuerhalten, hat man in Athen sogar vorab ein neues Museum
gebaut. Trotz dieser über nationale Grenzen hinausreichenden Spannungen bleiben Museen
eines der ausdruckstärksten Symbole von nationalem und städtischem Stolz, sowohl in als
auch außerhalb von Europa.

Übersetzung: Uta Protz

Literaturhinweise

Tim BARRINGER/Tom FLYNN (Hrsg.), Colonialism and the Object. Empire, Material Culture
and the Museum. London 1998.

Annie E. COOMBES, Reinventing Africa. Museums, Material Culture and Popular Imagination. New Haven 1994.

Kate HILL, Culture and Class in English Public Museums, 1850–1914. Aldershot 2005.

Eilean HOOPER-GREENHILL, Museums and the Shaping of Knowledge. London/New York 1992.

Kenneth HUDSON, Museums of Influence. Cambridge 1987.

John M. MACKENZIE, Museums and Empire. Natural History, Human Cultures and Colonial Identities. Manchester 2009.

Carla YANNI, Nature's Museum. Victorian Science and the Architecture of Display. New York 2005.

Thomas Duve
„Deutscher Geist", „Deutsche Wissenschaft" und die Lateinamerika-Forschung

Am 1. Juni 1932 wurden im Festsaal des Ibero-Amerikanischen Instituts in Berlin in einer feierlichen Zeremonie die in Erz gegossenen Bildnisse Ernesto Quesadas und seines Vaters Vicente G. Quesada aufgestellt. Die Übergabe der Porträtbüsten war der Abschluss langer Verhandlungen, durch die ein einzigartiger Bibliotheksbestand aus Buenos Aires nach Preußen gelangte: Über 80 000 Bände, Archivalien und mehr als 11 000 Seiten *memorias*, Erinnerungen des Politikers, Diplomaten, Intellektuellen und langjährigen Direktors der Nationalbibliothek in Buenos Aires, Vicente G. Quesada, fanden nun ihren Platz in Berlin.

Aber auch viele deutsche Werke kamen mit dieser Sammlung nach Deutschland zurück. Vor allem Vicente Quesadas Sohn Ernesto hatte sich intensiv mit der deutschen Kultur und Wissenschaft beschäftigt. Hunderte von Seiten hatte er über deutsche Rechtswissenschaft und Soziologie geschrieben, über deutsche Geschichte und Geschichtswissenschaft; in seiner Bibliothek in Buenos Aires veranstaltete er Seminare nach deutschem Vorbild, man las und diskutierte über deutsche Autoren und Themen. Zusammen mit ca. 25 000 Bänden der sog. Mexiko Bücherei, einer in den 1920er Jahren mit Unterstützung des mexikanischen Präsidenten zusammengestellten Sammlung, und einem ca. 12 000 Bände umfassenden Bestand aus Bonn wurde die Quesada-Bibliothek zum Grundstock des 1930 gegründeten Ibero-Amerikanischen Instituts in Berlin. Die heute größte Forschungseinrichtung zu Ibero-Amerika

Abbildung 1: Büste Ernesto Quesadas (Deut ba 61.2) © Ibero-Amerikanisches Institut Preußischer Kulturbesitz, Berlin

in Europa, die drittgrößte der Welt, war entstanden. Im gleichen Jahr 1930 schlossen sich einige universitäre und außeruniversitäre Institutionen in der Arbeitsgemeinschaft der Ibero-Amerikanischen Institute Deutschlands zusammen. Die auf Lateinamerika bezogene „Auslandskunde", Teil der in den 1920er Jahren aufblühenden „Auslandswissenschaften", nahm institutionelle Gestalt an.

Diese und die zahlreichen anderen Gründungen von Instituten für Auslandskunde oder Auslandswissenschaften der Zwischenkriegszeit markieren einen Einschnitt in der Wissenschaftsgeschichte. Eine neue Disziplin entstand, bald zunehmend politisch ausgehöhlt, nach dem Zweiten Weltkrieg unterbrochen, eine frühe Form der späteren *area studies* der Bundesrepublik. Viele historische Umstände trugen zur Institutionalisierung dieser vor allem auf außereuropäische Regionen gerichteten Disziplin bei: Die Gründung historischer, rechts- und sozialwissenschaftlicher Forschungsinstitute allgemein war die Konsequenz einer Methodendebatte um die Jahrhundertwende, in der die kulturvergleichende empirische Forschung neue Bedeutung gewonnen hatte. Zugleich waren Institutsgründungen Teil des Umbaus der Wissenschaft zum „Großbetrieb", der bereits im Kaiserreich begonnen hatte und in dessen Rahmen die Rolle der nicht-universitären Forschungseinrichtungen gestärkt wurde. Gerade die auslandswissenschaftlichen Institute hatten nach dem Ende des Ersten Weltkriegs schließlich eine wichtige Funktion in der neuen auswärtigen Kulturpolitik gewonnen, und Regionen wie Lateinamerika waren für Deutschland nach dem Ersten Weltkrieg ein besonders interessanter Partner geworden. Anhand eines Ereignisses wie der Gründung des Ibero-Amerikanischen Instituts ließe sich also problemlos eine Wissenschaftsgeschichte Deutschlands in den Jahrzehnten um 1900 schreiben.

Doch die kleine Feier im Ibero-Amerikanischen Institut verweist noch auf etwas anderes – auf einen zentralen Erinnerungsort für die bürgerlichen Eliten der wilhelminischen Epoche und noch der Weimarer Zeit, auf den man sich gerade im Kontakt mit dem nicht-europäischen Ausland gut besinnen konnte: die ‚Deutsche Wissenschaft' und den ‚Deutschen Geist', deren Weltbewusstsein und Weltgeltung.

Mit den Büsten der beiden Quesadas wurden nämlich nicht allein die Stifter geehrt – sie waren bei der Feier nicht einmal anwesend. Man stellte mit ihnen vielmehr zugleich zwei exemplarische Verkörperungen der Weltgeltung ‚Deutschen Geistes' und ‚Deutscher Wissenschaft' auf. Auch diese war nun „in Erz gegossen" und für die Nachwelt aufbewahrt, gleich dem Ölgemälde Alexander von Humboldts, das dem Institut bereits zur Gründung geschenkt worden war und das „in seiner erhabenen Ruhe und Klarheit täglich grüßt, wenn unsere Arbeit beginnt" und „den Versammlungen, die hier in diesem Saale der engen Verknüpfung deutschen und ibero-amerikanischen Geistes dienen sollen, seine besondere Weihe gibt", wie der Institutsdirektor, der frühere Preußische Kultusminister Otto Boelitz, bei der Übergabe der Büsten hervorhob.

„Erz", „Geist", „Weihe" – hier ging es offenbar um Großes. Tatsächlich zielte die Tätigkeit des Instituts, so führte Boelitz weiter aus, auf Höheres: „In einer Zeit, in der Schranken wie Mauern die Staaten trennen, wollen wir bekennen, dass wir uns den Weg zur Höherentwicklung der Menschheit nur vorstellen können, wenn die Völker der Welt sich stärker aneinanderschließen, wenn nicht Meere uns trennen sondern verbinden, wenn wir in echter Solidarität einander nehmen und geben, was immer an Gütern des Geistes einfluten will in den Strom geistiger Beziehungen, dessen lebensspendende Kraft heute die Besten der Nationen der Neuen Welt und die Verehrer und Bewunderer einer großen, neu aufblühenden Kultur Iberoamerikas immer stärker anzieht".

Nimmt man diese Worte ernst – und man sollte sie nicht leichtfertig als Festrhetorik zur Seite schieben –, so ging es bei der Institutsgründung um mehr als um nüchterne, pragmatisch-wissenschaftspolitische Ziele. Auch diese gab es natürlich. Doch man erinnerte sich bei dieser und vielen vergleichbaren Gelegenheiten eben lieber an Höheres, an etwas, das man selbst gerne glauben wollte, an einen Selbstentwurf, etwas Identitätsstiftendes: Nämlich, dass ‚Deutscher Geist' und ‚Deutsche Wissenschaft' etwas Besonderes seien und dass sie eine wichtige Aufgabe bei der Höherentwicklung der Menschheit hatten – und auch weiter haben würden. Sich daran zu erinnern, war vielleicht noch nie so wichtig gewesen wie nach dem Ersten Weltkrieg, und wenige Orte eigneten sich zu einer solchen Erinnerung so gut wie Institute, die sich dem Austausch mit dem nicht-europäischen (und überwiegend nicht-verfeindeten) Ausland widmeten: Weltregionen, in denen ‚Deutscher Geist' und ‚Deutsche Wissenschaft' noch immer und trotz allem geschätzt und gebraucht wurden.

Zeugen der Weltgeltung Deutscher Wissenschaft und Deutschen Geistes

Konnten aber zwei Argentinier die Weltgeltung ‚Deutscher Wissenschaft' und ‚Deutschen Geistes' bezeugen? – Natürlich waren die Quesadas keine Humboldts, sie waren nicht die einzigen und sicher auch nicht die bedeutendsten lateinamerikanischen Intellektuellen ihrer Zeit. Das dürften auch die Festredner nicht anders gesehen haben. Aber an ihrem Leben und ihren Werken wurde exemplarisch deutlich, dass und wie sehr ‚Deutsche Wissenschaft' und ‚Deutscher Geist' auch noch in weitester Ferne, jenseits der Ozeane, geschätzt wurden – „sogar in Argentinien", wie mancher vielleicht gedacht haben mag, als ob sich Bedeutung in Reichweite messen ließe.

Ein Blick auf die Biographie des Stifters, Ernesto Quesada, und die Geschichte der Übergabe der Bibliothek kann illustrieren, was damit gemeint ist. Quesadas Bindung an Deutschland reichte bis in die Kindheitstage zurück, als er seinen Vater auf mehrmonatigen Reisen durch Europa begleitet hatte. 1879/80 kehrte er nach Europa zurück und studierte in Berlin, Leipzig und Paris. In Leipzig hörte er Wilhelm Wundt, dessen Sozialpsychologie er noch 1917 in einem seiner Beiträge in der argentinischen Universitätszeitschrift „den Höhepunkt philosophischen Denkens" nannte – eine aus heutiger Sicht vielleicht überraschende, damals aber keineswegs abwegige Einschätzung. Seit den 1890er Jahren verfolgte Quesada die deutsche Diskussion um die historische Methode, den sog. „Lamprecht-Streit", publizierte über deutsches Zivil- und Strafrecht, deutsche Kultur und Geschichte, natürlich auch über Goethe und Bismarck.

Durch zahlreiche Verbindungen, nicht zuletzt über seinen Vater, der 1902–1905 argentinischer Gesandter in Berlin war, und durch viele Reisen blieb er eng mit der deutschen wissenschaftlichen Diskussion verbunden. Bei seinen Vorlesungen an der Universidad de Buenos Aires und der Universidad de La Plata und in seinen umfangreichen Publikationen kam er immer wieder auf deutsche Autoren zurück, in den *tertulias*, nach dem Vorbild deutscher Seminare gestalteten abendlichen Zusammenkünften in der immensen Privatbibliothek, sprach man über Neuerscheinungen nicht zuletzt aus Deutschland (vgl. Abb. 2). Zielsicher wählte er dabei die Denker und Diskussionen aus, die seinem eigenen Methodenprogramm entsprachen, und präsentierte sie, nicht ganz ohne Verzerrungen, als führende Tendenzen in der deutschen Debatte – im Bereich der Rechtswissenschaften etwa das Denken der sog. Freirechtsschule.

Um die Jahrhundertwende hatte ihn vor allem Karl Lamprechts Geschichtsdenken in seinen Bann gezogen. In Lamprecht sah er den Begründer einer neuen, gerade in Argentinien dringend benötigten Sozialwissenschaft, ihm widmete er 1910 einen 1300-seitigen Bericht über die Methode der Geschichtswissenschaften in Deutschland, den er anlässlich eines Aufenthalts 1908/9 erstellt hatte. Quesada empfahl darin Lamprechts Methode – die 1909 in Leipzig ihren institutionellen Ausdruck in der Gründung des Instituts für Kultur- und Universalgeschichte gefunden hatte – als Leitbild der Ausgestaltung des sozialwissenschaftlichen Unterrichts in Argentinien. Auch mit dieser Hochschätzung Lamprechts stand er nicht allein, hatte der in Deutschland vielfach angefeindete Kulturhistoriker doch gerade im Ausland – nicht zuletzt in den USA – große Anerkennung gefunden. Der Ausbruch des Ersten Weltkriegs, Lamprechts Tod und eine Reihe weiterer Faktoren führten zwar dazu, dass sich Quesadas Pläne nicht umsetzen ließen; doch man kannte und diskutierte nun auch in Argentinien über die Argumente Lamprechts und seiner Gegner.

Auch im Ersten Weltkrieg setzte sich Quesada in zahlreichen Publikationen für deutsche Positionen ein, was zu einer weiteren Entfremdung von seinem argentinischen Umfeld beitrug; in Deutschland würdigte man seinen Einsatz gegen die Vorstellung von der ‚deutschen Gefahr' natürlich sehr. 1920 regte ihn die Begegnung mit Oswald Spenglers „Untergang des Abendlandes" zu einer Reihe von Vorträgen an verschiedenen Orten in Südamerika an. Hunderte von Seiten publizierte er nun über das Denken Spenglers, einen „der größten Denker Deutschlands", mit dem ihn bald eine enge Freundschaft verband – dessen Werk aus seiner Sicht freilich in manchem anders ausgefallen wäre, hätte dieser die mesoamerikanischen Kulturen gekannt. Quesada war beeindruckt von dem „genialen" Wurf, doch man korrespondierte und diskutierte auf Augenhöhe. Spenglers Bekanntheit in Lateinamerika dürfte neben der Vermittlung durch Ortega y Gasset nicht zuletzt auf Quesada zurückzuführen sein.

Abbildung 2: Deutschland in Argentinien: Die Quesada Bibliothek in Buenos Aires (Nachlass Quesada NQ 40).
© Ibero-Amerikanisches Institut Preußischer Kulturbesitz, Berlin

Vor allem aus persönlichen Gründen beschloss Quesada, inzwischen mit einer Deutschen verheiratet, in den 1920er Jahren, nach Europa umzuziehen. Die Vergabe der Bibliothek an Preußen, die gegen die Erteilung einer Honorarprofessur an der Humboldt-Universität, monatliche Zahlungen und weitere Zusicherungen erfolgt war, war deswegen kein rein altruistischer Akt der Völkerverständigung. Sie entsprach einer testamentarischen Verfügung des Vaters und löste das praktische Problem des Verbleibs der riesigen Bestände. Berlin war dabei – trotz späterer anderslautender Bekundungen Quesadas – wohl nicht erste Wahl, und die Verhandlungen waren nicht einfach. Bereits Jahre zuvor hatte Quesada mit der Catholic University of America Absprachen getroffen, um die Bibliothek zusammen mit der bedeutenden Sammlung des brasilianischen Diplomaten Manoel de Oliveira Lima nach Washington zu geben, was erst im letzten Moment scheiterte.

Für Preußen kam die Bibliothek dagegen sehr gelegen, kämpfte man doch auch wissenschaftlich um die Rückkehr zur Normalität. Auch nach dem Versand der Bücher nach Berlin kam es allerdings zu Unstimmigkeiten. Als die Buchbestände dort zunächst nicht zugänglich waren, protestierte Quesada von seinem neuen Wohnsitz am Thuner See, dass er nun seine Vorlesungen in Berlin nicht halten könne; auch der Übergabe der Büsten blieb er fern, weil man aus seiner Sicht die Vereinbarungen nicht eingehalten hatte. Man vertrug sich aber wieder, zum 75. Geburtstag Quesadas wurde Heft 7 des „Ibero-Amerikanischen Archivs" (1933/34) als Festschrift für Quesada gestaltet, der wenig später starb – in seinem Haus in der Schweiz, dessen Name Villa Olvido vielleicht auch auf die Ortlosigkeit eines Vermittlers zwischen den Kulturen anspielt.

In Argentinien als germanophiler Freigeist, in Deutschland als exzentrischer reicher Argentinier angesehen, geriet Quesada tatsächlich bald in Vergessenheit. Erst in jüngerer Zeit wird seine Rolle in der Geschichte der historischen, der Rechts- und Sozialwissenschaften Argentiniens wieder herausgestrichen.

Was blieb, sind seine und seines Vaters Bücher, trotz Umlagerungen – und entsprechender Verluste – im Zweiten Weltkrieg und während der Besatzungszeit. Wer heute Vicente Quesadas „Memorias", Dokumente aus dem Umfeld der ersten Verfassung Argentiniens, Aufzeichnungen über Gebietsstreitigkeiten zwischen Argentinien und Chile und deren diplomatische Beilegung oder Quellen zur Sozialwissenschaftsgeschichte Argentiniens um 1900 braucht, kann diese – und muss es in manchen Fällen sogar – im Ibero-Amerikanischen Institut suchen. Ein Stück argentinischer Geschichte liegt seitdem in Berlin, so wie die Quesadas ein Stück ‚Deutsche Wissenschaft' und ‚Deutschen Geistes' nach Argentinien gebracht hatten.

Auslandswissenschaften im Kaiserreich

Vater und Sohn Quesada personifizierten damit die „Verknüpfung deutschen und ibero-amerikanischen Geistes", den „Strom geistiger Beziehungen", die Präsenz Deutschlands in der Welt, um die es auch am Ibero-Amerikanischen Institut gehen sollte – und auf die man sich auch auf breiterer Ebene bei den neuen Auslandswissenschaften und den anderen Instituten für Auslandskunde berief, die sich bereits im ausgehenden Kaiserreich als Disziplin konstituierten und deren Teil die nach dem Ersten Weltkrieg entstehende Lateinamerika-Forschung war.

Diese neuen, auf nicht-europäische Regionen gerichteten Disziplinen konnten auf einer ganzen Reihe von Traditionen aufbauen. Ein wichtiger Traditionsstrang liegt in der sog. klassischen Geographie oder Erdkunde. Bereits in den ersten Jahrzehnten des 19. Jahrhunderts hatte man sich bemüht, dieses Fach zu einer umfassenden, auch geistes-, human- und sozialwissenschaftliche Felder einbeziehenden Wissenschaft von der Welt auszugestalten. Gerade hier zeigten sich exemplarisch ‚Deutsche Wissenschaft' und ‚Deutsches Weltbewusstsein'. Die – auf die 1828 mit Beteiligung Alexander von Humboldts gegründete Geographische Gesellschaft zu Berlin zurückgehende – Gesellschaft für Erdkunde hatte schon seit 1853 eine „Zeitschrift für allgemeine Erdkunde" herausgegeben, in der ausführlich über geographische, und das hieß nach dem damaligen Verständnis: geologische, aber auch wirtschaftliche, politische, rechtliche und kulturelle Entwicklungen in verschiedenen Teilen der Welt berichtet wurde; in diesem Kreis hatte man auch die Entwicklung im La-Plata-Raum sehr aufmerksam verfolgt. Man pflegte ein weit gespanntes Netz an Korrespondenz, auch deutsche Diplomaten sandten Informationen über Bodenschätze, Hydrographie, Handelsverträge, Verfassungsentwicklungen oder die rechtliche, wirtschaftliche und soziale Lage der Auswanderer. Manche Beiträge hätten von ihrem thematischen Zuschnitt auch problemlos in die späteren Hefte des „Ibero-Amerikanischen Archivs" gepasst, viele der Mitarbeiter aus dieser erdkundlichen Tradition wirkten später auch an den Lateinamerika- oder Afrika-Studien mit, die ebenfalls unter dem Dach der Auslandswissenschaften zusammengefasst wurden.

Von ganz unterschiedlichen Seiten war in den Jahrzehnten nach 1850 das Interesse am Ausland gewachsen und in wissenschaftliche Bahnen gelenkt worden. Die nicht zuletzt mit der gescheiterten Revolution 1848 in Verbindung gebrachte Blüte der Populärwissenschaften in Deutschland, der ebenfalls gerade um 1850 mit der Veröffentlichung des „Kosmos" und dessen baldigem Tod ansteigende Kult um Alexander von Humboldt, die große Zahl der Auswanderer, vielleicht auch frühe koloniale Phantasien, hatten die schon in enzyklopädischer Tradition verwurzelte oder mit schlichten Handelsinteressen verbundene Beschäftigung mit fremden Welten in Deutschland noch gesteigert und professionalisiert. Es waren dieselben Jahrzehnte, in denen Zoologische Gärten exotische Tiere und Menschen präsentierten, Reiseberichte und Fluten von wissenschaftlichen oder populären Publikationen über ferne Länder erschienen und in Gesellschaften und wissenschaftlichen Zirkeln Nachrichten über die Welt gesammelt wurden – was nun alles auch angesichts der leichteren Kommunikation immer einfacher wurde. Dahinter steckte ein ganzes Motivbündel, zum Ende des 19. Jahrhunderts nicht zuletzt eine (populär-)wissenschaftliche Begleitung des aufblühenden politischen Imperialismus, aber auch ein großer Erkenntnisoptimismus, der noch aus einer anderen Zeit stammte: „Was in einem engeren Gesichtskreise, in unserer Nähe, dem forschenden Geiste lange unerklärlich blieb, wird oft durch Beobachtungen aufgehellt, die auf einer Wanderung in die entlegensten Regionen angestellt worden sind" – dieser Satz aus Humboldts „Kosmos" dürfte charakteristisch sein für die auch jenseits des politischen Kalküls gehegten ehrlichen Hoffnungen auf eine Entschlüsselung der Welt durch die Erforschung gerade besonders ferner Regionen. Es ist dieses Methodenprogramm, das sich mit dem Humboldtschen Weltbewusstsein verband und es ermöglichte, auch die spätere Auslandskunde in eine Tradition des Dienstes an etwas Höherem zu stellen, Teil der in Deutschland ohnehin in bürgerlichen Kreisen geradezu sakralisierten ‚Deutschen Wissenschaft'.

Diese Hoffnung auf eine Entschlüsselung der Welt richtete sich nun nicht mehr allein auf ein besseres Verständnis der Natur, sondern auch der Kulturerscheinungen. Auch hier war man in das „Zeitalter der Vergleichung" eingetreten, man hielt es um 1900 für unabdingbar, in die Ferne zu schauen. Das intensive weltweite Kommunikations- und Transfergeschehen hatte auch in den Geisteswissenschaften zu einer regen Zirkulation von Büchern, Gesetzesentwürfen, Materialien und Korrespondenzen geführt, die nicht mehr nur innerhalb Europas, sondern auch über die Kontinente hinweg ausgetauscht wurden. Als schließlich in den letzten Jahrzehnten des 19. Jahrhunderts mit der imperialistischen Wende in der deutschen Außenpolitik aus den kolonialen Phantasien politische Wirklichkeit wurde, blieb dies nicht ohne Wirkung auf die Wissenschaften. Die Beschäftigung mit fremden Kulturen,

Gesellschaften, Religionen und Rechten hatte nun auch eine ganz pragmatische Dimension gewonnen, denn die koloniale Expansion bedurfte der wissenschaftlichen oder auch nur berufsvorbereitenden Begleitung. In diesem Umfeld etablierten sich die Kolonialwissenschaften, besonders wichtig am Seminar für Orientalische Sprachen in Berlin oder am Hamburger Kolonial-Institut.

War damit bereits viel – wenn auch recht diffuses und institutionell nicht im Kern der wissenschaftlichen Institutionen angesiedeltes – Wissen über die Welt präsent, so kam um 1900 ein wissenschaftstheoretischer Impuls hinzu, der dieser Beschäftigung mit dem Ausland nicht nur eine neue methodische Grundlage gab, sondern für die Gesellschafts- und Sozialwissenschaften die Zuwendung zum Ausland auch methodisch geradezu notwendig erscheinen ließ. Denn im Umfeld der mit dem Namen Karl Lamprechts verbundenen grundlegenden Debatte um die historische Methode wurden nun von verschiedenen Seiten sozialwissenschaftliche Programme formuliert, die aus der erkenntnistheoretischen Aporie der Erfahrungswissenschaften des späten 19. Jahrhunderts herausführen wollten – und dabei dem vergleichenden Blick auf nicht-europäische Gesellschaften einen entscheidenden Stellenwert einräumten. Wissenschaftler wie Wilhelm Roscher, Wilhelm Wundt oder Friedrich Ratzel verband die Hoffnung, durch empirische, vergleichende kulturwissenschaftliche Studien zu allgemeinen Aussagen über Staat und Gesellschaft zu kommen. Alle drei Vertreter dieses wissenschaftlichen Positivismus hatten besonderen Einfluss auf das Denken Karl Lamprechts, der diese Ansätze an seinem 1909 gegründeten Leipziger Institut zusammenführen wollte. Lamprecht war einer der ersten, der seine Kulturgeschichte auch in den Dienst der auswärtigen Kulturpolitik stellen wollte. Die positivistisch-naturalistische Wissenschaftstheorie und Weltsicht und die wilhelminische Weltpolitik ließen sich tatsächlich gut verbinden: „Der neue weltpolitisch statt national orientierte Imperialismus gründet auf einer positivistisch-naturalistischen Einstellung. Es ist ein freiheitlicher und naturalistischer Imperialismus, weil er auf dem freien Wettbewerb der (nationalen) Kräfte beruht, die nunmehr in einem vollkommen natürlichen politischen Raum agieren, der sich über den gesamten Erdball erstreckt" (Schiera).

Lamprechts Methodenprogramm einer Universalgeschichte ist viel kritisiert und in Deutschland akademisch marginalisiert worden. Im Ausland fand es – Quesada ist nur ein Beispiel von vielen – dagegen große Beachtung. Aber auch aus dem etablierten Feld der historischen, politischen und juristischen Disziplinen, etwa der Allgemeinen Staatslehre, kamen Juristen und Historiker trotz aller Kritik an Lamprecht – vor allem dem ontologischen *status* seiner historischen Gesetze – zu ähnlichen wissenschaftspolitischen Schlussfolgerungen. Auch sie setzten viel stärker als bisher auf die Erforschung fremder Kulturen und Völker, allerdings nicht mehr spekulativ, wie im 19. Jahrhundert, sondern empirisch. So zeichnete Otto Hintze in einer Kritik an Roscher und Lamprecht 1897 das Bild einer Wissenschaft, in der „auch die staatliche Entwicklung innerhalb des Kreises der weltgeschichtlichen Kulturvölker in Vergleich gesetzt werden [müßte] mit dem, was man von der Staatenbildung in anderen Kultur- und Völkerkreisen weiß oder in Erfahrung bringen kann", und bei seiner Antrittsrede in der Preußischen Akademie der Wissenschaften in Berlin im Juli 1914 hielt er es für „möglich und notwendig […] die Ergebnisse einer vergleichenden historischen Betrachtung der neuern Völker in einen systematischen Zusammenhang zu bringen, wie es von Historikern und Juristen in immer neuen Versuchen geschehen ist" (Hintze). Auch Max Weber hatte seine Vorstellung von Sozialwissenschaft im Umfeld dieser Debatten entwickelt, vor allem in der kritischen Auseinandersetzung mit Roschers Werk, und auch für Weber war die vergleichende Beschäftigung mit außereuropäischen Gesellschaften ein tragendes Element – man denke nur an seine Religionssoziologie oder seine Studien zur Wirtschaftsethik.

Für die Durchführung dieser anspruchsvollen Programme bedurfte es neuer institutioneller Bedingungen auch für die geisteswissenschaftliche Forschung – darin war man sich ebenfalls einig. Die neuen empirischen Möglichkeiten benötigten neue Formen der Arbeitsorganisation. Auch für die Rechts-, Geistes- und Sozialwissenschaften waren damit die Zeiten des „Großbetriebs" gekommen. Die vor allem im Blick auf die Naturwissenschaften vorangetriebene Umgestaltung der Wissenschaftslandschaft durch die Schaffung von nicht-universitären Instituten, mit denen die Hochschulen und Akademien um eine dritte Säule ergänzt werden sollten, bot diese Möglichkeit. Auch dabei konnte man sich auf einen Humboldt berufen: Für die nicht zuletzt im Blick auf das Ausland geforderte Einführung von nicht-universitären Forschungsinstitutionen führte man nun Wilhelm von Humboldts Dreigliederung von Akademien, Universitäten und daneben stehenden selbständigen sog. Hilfsinstituten ins Feld. Die Gründung der – auch im Blick auf die Royal Society so benannten – Kaiser-Wilhelm-Gesellschaft 1911 war der wohl wichtigste Schritt auf diesem Weg zur Stärkung nicht-universitärer Forschungsinstitute. Noch im Ersten Weltkrieg wurde 1917 nach ersten naturwissenschaftlichen Instituten auch ein Historisches Institut gegründet, in den 1920er Jahren dann zwei dezidiert dem Ausland gewidmete Juristische Institute, mit durchaus pragmatisch-politischer Zielsetzung. Deutsche Wissenschaft sah sich als „global player".

Auslandskunde nach dem Ersten Weltkrieg

Die Niederlage im Ersten Weltkrieg und die anschließenden innen- und außenpolitischen Entwicklungen waren ein traumatisches Erlebnis für weite Teile der bürgerlichen Elite – sie hatten für die Etablierung von Auslandswissenschaften, oft nun auch „Auslandskunde" genannt, aber auch eine katalysierende Wirkung. Hatte Reichskanzler von Bethmann Hollweg vor dem Ersten Weltkrieg noch an Karl Lamprecht geschrieben, dass für „Deutschland [...] das Behaupten einer wissenschaftlichen Vormachtstellung eine ebensolche Staatsnotwendigkeit" sei „wie die Überlegenheit seiner Armee" (Schiera), so blieb nun allein die Wissenschaft. Diese galt es jetzt zu stärken, als Teil der auswärtigen Kulturpolitik und aus ganz pragmatischen Gründen – hatte man im Krieg doch gesehen, wie wichtig es gewesen wäre, möglichst viel über das Ausland zu wissen und intensiv mit den Eliten zu kommunizieren. Auch hier lag eine wichtige Motivation der Zuwendung zur „Auslandskunde" und den „Auslandswissenschaften".

Deren Institutionalisierung ist eng mit einer zentralen Figur der Weimarer Wissenschaftspolitik verbunden: Carl Heinrich Becker. An Beckers eigener Biografie zeigen sich die enge Verbundenheit von Kolonialwissenschaften und Auslandskunde, die besondere Verbundenheit von Wissenschaft und Politik – und auch die Überlagerung ganz unterschiedlich scheinender Motivlagen in der Wissenschaftspolitik. Von Haus aus Islamwissenschaftler, hatte Becker einige Jahre am Hamburger Kolonialinstitut gearbeitet, bevor er 1916 in das Preußische Kultusministerium eintrat. Seinen Wechsel hatte er damit begründet, „die Organisation der von der neuen Zeit geforderten Auslandsstudien" voranzubringen, bei denen es „nicht allein um die Heranbildung von Spezialbeamten" gehe, „sondern um eine Politisierung der ganzen deutschen Bildungsschicht der Zukunft". Im Januar 1917 legte er eine programmatische Denkschrift über die Förderung der Auslandsstudien vor, 1919 sprach er sich für die „bewusste Einsetzung geistiger Werte im Dienste des Volkes und des Staates zur Festigung im Innern und zur Auseinandersetzung mit anderen Völkern nach außen" aus. In der Weimarer Zeit setzte er viele seiner Pläne um: 1920 wirkte er entscheidend an der Gründung der

Deutschen Hochschule für Politik mit, 1923 an der Reform des Seminars für Orientalische Sprachen in Berlin.

Auch die Förderung der Lateinamerika-Studien war ihm ein Anliegen. Seit 1925 Preußischer Kultusminister, war er auch mit der Übernahme der Quesada-Bibliothek und der Gründung des Ibero-Amerikanischen Instituts befasst. Ende des Jahres 1927 ließ er die Modalitäten der Übergabe der Bibliothek aushandeln, zu Beginn des Jahres 1928 korrespondierten Becker und Quesada über die Ziele der mit der Übergabe der Bibliothek zu gründenden Institution. Quesada stellte sich das Institut vor wie ein „zentrales Schaltwerk, in dem alle zwischen Deutschland und Südamerika kreisenden wissenschaftlichen Energien so geformt, um- und eingeschaltet werden können, dass sie bei kleinstem Verbrauch an Geld und Menschen den größtmöglichen Nutzeffekt für die Wissenschaft beider Länder haben" – eine pragmatische Vorstellung, die er auch anlässlich eines Frühstücks mit Becker in Berlin im Mai 1928 wiederholte. In Lateinamerika, so führte er in seiner Tischrede aus, bildeten sich „nicht eines, nein, eine ganze Reihe von ‚Ländern mit unbegrenzter Möglichkeit' heran", für Deutschland vielleicht einer der „wichtigsten Faktoren in der Neubelebung seiner Zukunft, sei es im Sinne des Absatz-, sei es im Sinne des Rohstoffgebiets". Deutschland habe, so Quesada weiter, die wirtschaftliche Bedeutung Lateinamerikas bereits vor dem Ersten Weltkrieg erkannt. Doch: „Was damals nicht in gleichem Maße begriffen wurde, das war, dass Völker nicht nur wirtschaftliche Interessen und Möglichkeiten, sondern auch Seelen und Intelligenzen haben, und dass vielleicht gerade die jung aufstrebenden Nationen besonders empfindlich sind gegen die Übergehung oder Nichtbeachtung ihrer kulturellen Anstrengun-

Abbildung 3: Argentinien in Deutschland: Otto Boelitz beim Auspacken der Quesada Bibliothek (Deut be :IAI: 1930-41:19). © Ibero-Amerikanisches Institut Preußischer Kulturbesitz, Berlin

gen und Ehrgeize". Die Konsequenzen „dieser Verkennung auf psychologischem Gebiet" habe sich dann bei Kriegsausbruch in einer „für Deutschland so katastrophalen Weise" gezeigt. Man müsse gerade für die Zukunft auf einen „tieferen seelischen Kontakt" setzen. „Die Keime einer lebendigen kulturellen Wechselbeziehung zwischen den beiden großen und reichen Welten, der germanischen und der lateinamerikanischen, müssen deshalb in gleichgerichteten Wünschen, Zielen und Idealen der beiderseitigen Jugend wurzeln".

Vieles von dem dürfte Becker genauso gesehen haben. In einem Schreiben an den Preußischen Finanzminister aus dem Jahr 1928 unterstreicht er jedenfalls neben praktischen Aufgaben der Betreuung der immer zahlreicheren Besucher und Delegationen aus Lateinamerika, der Vermittlung von Kontakten und Ressourcen, also dem Bemühen um die „Seelen", auch die kulturpolitische Bedeutung des Instituts – bei „dem erwachenden Interesse Südamerikas für Deutschland ist eine solche Stelle unbedingt notwendig, im Interesse einer kulturellen Einwirkung Deutschlands auf die lateinamerikanische Welt kann sie von allergrößter Bedeutung sein". Auch wirtschaftlich werde es vorteilhafte Folgen haben: „Der kulturelle Einfluß würde naturgemäß den wirtschaftlichen nach sich ziehen, und so ist es nicht zu verwundern, dass andere europäische Großmächte, vor allem Frankreich, versuchen, ihren Einfluß in jeder Weise sicherzustellen. Die Errichtung des Instituts würde eine Durchkreuzung dieser Absichten bedeuten". Weitere Ausführungen über die politische Bedeutung schloss er mit dem Hinweis auf die „Wichtigkeit, die ich der Institutsgründung im Rahmen der deutschen Kulturpolitik zuschreibe", ab.

Diese pragmatischen Ziele – Förderung der Außenwirtschaft, Beeinflussung der Eliten, Durchkreuzung politischer Absichten der europäischen Gegner – waren Teil des Motivbündels, das zur Institutionalisierung der Auslandskunde und Auslandswissenschaften, konkret hier der Lateinamerika-Forschung, beigetragen hatte. Auch die politische Wirkung nach innen und außen war sicherlich ein wichtiger Zweck. „Das deutsche Volk muss wissen, dass es sich um Länder handelt, die unsere wissenschaftlichen Einrichtungen schätzen, und unsere geistigen Errungenschaften gern anerkennen", hob Boelitz in einem Aufsatz zur Eröffnung des Instituts hervor. „Es muß mehr als bisher wissen, dass diese Länder in den letzten hundert Jahren eine erstaunlich schnelle Entwicklung genommen haben, ferner, dass Deutschland zu ihrer geistigen Formation unendlich viel beigetragen hat. Den Anteil Deutschlands an dieser Kulturentwicklung herauszustellen ist unser Recht und unsere Pflicht", setzte er hinzu, nicht ohne anschließend auf die Beiträge auch anderer europäischer Staaten hinzuweisen.

Letztlich stand aber hinter allem, so versicherte man sich bei diesen Gelegenheiten, die Hoffnung auf „volle Erkenntnis", zu der man beitragen und gelangen wollte: „Die Kenntnis des riesigen Raumes und seiner Bewohner, ihrer Geschichte und ihrer Kultur [...] das alles soll in allen seinen Einzelfragen von uns in engster Verbindung mit den Wissenschaftlern der ibero-amerikanischen Staaten der vollen Erkenntnis näher gebracht werden".

Wenn es um volle Erkenntnis ging, hatten der ‚Deutsche Geist' und die ‚Deutsche Wissenschaft' eine besondere Aufgabe: „Wir wollen mit den unserem Volke eigenen Kräften an dieser Aufgabe mitarbeiten; jeder ist uns willkommen", schloss Boelitz seinen Eröffnungsaufsatz. Eine durchaus selbstbewusste Einladung. Gerade im Spiegel der Wertschätzung außerhalb Europas konnte man sich dieser „unserem Volke eigenen Kräfte", des ‚Deutschen Geistes' und der ‚Deutschen Wissenschaft' besonders gut erinnern; man stellte ‚deutschen' und ‚lateinamerikanischen' Geist gegenüber, Europa war keine Bezugsgröße der eigenen Identitätsbildung. Auch dazu dienten Institute für Auslandskunde in der Zwischenkriegszeit.

Literaturhinweise

Carl Heinrich Becker, Internationale Wissenschaft und nationale Bildung. Ausgewählte Schriften, hrsg. von Guido Müller. Bonn 1997.

Otto Boelitz, Aufbau und Ziele des Ibero-Amerikanischen Instituts in Berlin, in: Ibero-Amerikanisches Archiv 4 (1930/31), S. 6–10.

Otto Boelitz, Quesada-Feier. Reden gehalten am 1. Juni 1932 im Festsaal des Ibero-Amerikanischen Instituts, Berlin, bei der feierlichen Übergabe der Büsten von Ernesto Quesada und Vicente G. Quesada. Berlin 1932.

Oliver Gliech, Lateinamerikanische „Multiplikatoren" im Visier. Kulturpolitische Konzeptionen für das Ibero-Amerikanische Institut zum Zeitpunkt seiner Gründung, in: Ein Institut und sein General. Wilhelm Faupel und das Ibero-Amerikanische Institut in der Zeit des Nationalsozialismus, hrsg. von Reinhard Liehr/Günther Maihold/Günter Vollmer, Frankfurt/M. 2003, S. 17–66.

Falk-Thoralf Günther, Afrika- und Lateinamerikaforschung in Deutschland zwischen Kaiserreich und Drittem Reich. Leipzig 2008.

Otto Hintze, Roschers politische Entwicklungstheorie [1897], in: Soziologie und Geschichte, Gesammelte Abhandlungen zur Soziologie, Politik und Theorie der Geschichte, hrsg. von Gerhard Oestreich. Göttingen 1964, S. 7–67.

Guido Müller, Weltpolitische Bildung und akademische Reform. Carl Heinrich Beckers Wissenschafts- und Hochschulpolitik 1908–1930. Köln 1991.

Ernesto Quesada, Die Quesada-Bibliothek und das Lateinamerika-Institut, in: Ibero-Amerikanisches Archiv 4 (1930/31), S. 11–18.

Stefan Rinke, Der letzte freie Kontinent: deutsche Lateinamerikapolitik im Zeichen transnationaler Beziehungen, 1918–1933. Teilband 2, Stuttgart 1995.

Pierangelo Schiera, Laboratorium der bürgerlichen Welt. Deutsche Wissenschaft im 19. Jahrhundert. Frankfurt/M. 1992.

Reinhard Wendt
Kolonialwaren

Fremdes und Eigenes

Nürnberger Lebkuchen, Aachener Printen und Lübecker Marzipan haben drei Dinge gemeinsam: Sie sind – erstens – Produkte, deren Herkunftsbezeichnung durch die Europäische Union geschützt ist. Sie dürfen nur in den Städten erzeugt werden, deren Namen sie tragen. Für Nürnberg, Aachen und Lübeck besitzen diese Back- und Konfiseriewaren – zweitens – eine symbolische Bedeutung, die weit über ihre gegenständlichen Eigenschaften hinausreicht. Zu den Zutaten dieser Produkte gehören Gewürze, Zucker und Schokolade, Ingredienzien, die aus der überseeischen Welt importiert werden mussten und die mit Ausnahme des Zuckers, den mittlerweile heimische Rüben liefern, immer noch von dort stammen. Diese dritte Parallele zeigt, wie pflanzliche Rohstoffe außereuropäischer Herkunft – Kolonialwaren – lokale Identitäten entscheidend formten und die Selbst- und Fremdwahrnehmung Nürnbergs, Aachens und Lübecks nachhaltig prägten.

Nicht nur auf dieser lokalen deutschen Ebene stellen Kolonialwaren Erinnerungsorte materieller Natur dar, die Europa zur übrigen Welt in Bezug setzen. So gehören zu den Symbolen, die mit der Schweiz assoziiert werden, nicht nur die Alpen, sondern auch die Schokolade. Gleichfalls als Import aus der Neuen Welt, als koloniale Ware, kam der Paprika nach Europa, und aus getrockneten Schoten gemahlenes Gewürzpulver wurde zu einem ähnlichen Identitätsmerkmal Ungarns wie die Puszta. Das Rot in der italienischen Trikolore soll der Farbe reifer Tomaten entsprechen, die in der italienischen Küche eine konstitutive Rolle spielen. Traumatisch erinnern sich Iren an die Kartoffel: Mitte des 19. Jahrhunderts war sie wichtigstes Grundnahrungsmittel auf der Insel geworden. Knollenfäule ließ die Ernten ausfallen, brachte Hungersnot und Tod mit sich und zwang zur massenhaften Auswanderung. Spanier und Belgier dagegen verbinden Kartoffeln mit Tortillas beziehungsweise Pommes Frites, Gerichten nationalen Charakters, mit denen sich die Menschen identifizieren oder identifiziert werden.

In allen diesen Fällen wurden Kolonialwaren zu Markenzeichen, die im Bereich von Lebensweise und Alltagskultur im Innern Kohärenz stiften und nach außen abgrenzen. Sie tragen dazu bei, Städte, Regionen und Länder einerseits unverwechselbar und andererseits wiedererkennbar zu machen. Fremdes wurde zu etwas Eigenem, mehr noch: zu etwas, was als charakteristisch für das Eigene gilt.

Kolonialwaren, weltweiter Pflanzentransfer und frühe Globalisierungsprozesse

Kolonialwaren sind ein europäischer Begriff, lassen sich der Sache nach aber auch auf den übrigen Kontinenten finden. Man versteht unter ihnen Güter, die aus anderen Teilen der Erde stammen, im Fall Europas aus der überseeischen Welt. Sie können in verschiedene Gruppen sortiert werden. An erster Stelle sind Nahrungs- und Genussmittel zu nennen, die auch im Mittelpunkt dieses Beitrags stehen. Sie gliedern sich weiter in Gewürze – Zucker als „süßes Salz" eingeschlossen –, in die Grundstoffe für Heißgetränke, in Gemüse, Feldfrüchte und Obst. Einige blieben stets Importware, andere konnten in Europa heimisch gemacht werden. Nicht nur Pfeffer oder Kakao sind somit Kolonialwaren, sondern auch Kartoffeln oder Tomaten. Zur zweiten Großgruppe gehören gewerblich nutzbare pflanzliche, tierische und mineralische Rohstoffe wie Heilmittel, Fasern, Farben, Lacke, Harze, Hölzer, Elfenbein und Erze. Die dritte und letzte Gruppe bilden Fertigwaren, zu denen besonders Luxusgüter aller Art zählen.

Kolonialwaren sind ein Produkt früher Globalisierungsprozesse. Es gehörte zu den zentralen Triebkräften der europäischen Expansion, Cash Crops direkt und kostengünstig bei den Erzeugern einzukaufen oder auf neu erschlossenen Anbauflächen selbst zu produzieren oder produzieren zu lassen. Diese Interessenlage brachte eine Vernetzung der Kontinente hervor und ermöglichte einen raschen botanischen Austausch zwischen klimatisch verwandten Zonen, den die Expansion möglich machte, der aber auch autochthon getragen wurde. Kaffee etwa wurde von den Holländern aus dem Jemen geschmuggelt, auf Java und Ceylon kultiviert und dann nach Amerika gebracht, wohin mit den Europäern auch Rohrzucker, Bananen, Ingwer und später andere asiatische Gewürze gelangten. Tabak, Paprika, Ananas, Cashew-Nüsse oder Kautschuk nahmen dagegen den umgekehrten Weg. Amerikanische Vanille gelangte nach Java und auf die Inseln des Indischen Ozeans, wo auch die Nelken und Muskatnüsse gediehen, die Franzosen von den Molukken entwendet hatten. Kakao, Maniok und Mais überquerten den Atlantik von der Neuen Welt Richtung Afrika, von wo wiederum die Ölpalme nach Südostasien gelangte. Eine Reihe überseeischer Feldfrüchte, Gemüsearten und Obstsorten konnte auch in Europa heimisch gemacht werden: Kartoffeln, Mais, Tomaten, verschiedene Bohnensorten, Kürbisse oder der „Apfel aus China", die Apfelsine.

Keineswegs ausschließlich, aber doch zu guten Teilen kamen Handel mit Cash Crops und globaler Pflanzentransfer Europa zu Gute. Allerdings lieferte auch Europa der Welt Nahrungs- und Genussmittel – Wein, Oliven, Weizen und andere Getreidearten beispielsweise. Zunächst dienten sie dem Konsum europäischer Siedler und dem Erhalt ihrer gewohnten Lebensweise in überseeischen Welten. Später fanden manche als Re-Importe ihren Weg zurück. Weine aus Neuseeland, Australien, Südafrika, Kalifornien, Argentinien oder Chile stehen europäischen heute in der Reputation nicht nach. In manchen Szenekneipen ist es schick, Cerveza Corona aus Mexiko oder australisches Foster's Lager zu trinken, und in kaum einem Chinarestaurant fehlt auf der Karte Qingdao-Bier, dessen Ursprünge in einem Kulturtransfer aus Deutschland in das ostasiatische Schutzgebiet des Reiches liegen.

Anverwandlung

Auf die ersten Einfuhren von Kolonialwaren und die Impulse, die sie auslösten, folgte eine Kette von Multiplikationseffekten, die eine ökonomische und kulturelle Transformation bewirkten. Was einst unbekannt und exotisch war, wurde zunehmend etwas Alltägliches. Die Menschen machten sich die Importe zu eigen und fügten sie in ihre Lebenswelt ein. Bauern, Handwerker, Gewerbetreibende und Industrielle pflanzten sie an, passten sie den Gegebenheiten von Klima und Boden an, verarbeiteten sie weiter, verfeinerten sie, gaben ihnen neue Formen, kombinierten sie mit Traditionellem zu innovativen Mischungen, veränderten und transformierten dadurch Herkömmliches auf kreative Weise. Die Kolonialwaren wurden „indigenisiert". Eigenes und Fremdes verschmolz zu etwas Hybridem, und nicht selten rückte das Mischprodukt in das Zentrum von Selbst- und Fremdwahrnehmung.

Den Nahrungs- und Genussmitteln kam nicht nur eine kulinarische Rolle zu. Anfangs schätzte man vor allem ihre Heilkräfte. Weit verbreitet war zudem die Überzeugung, dass diese Pflanzen als Aphrodisiaka gute Dienste leisteten. Die Tomate etwa hieß nicht umsonst häufig auch „Liebes-" oder „Paradiesapfel". Schließlich eigneten sich die Nahrungs- und Genussmittel aus Übersee dazu, sozialen Status hervorzuheben. Wer bei Festessen verschwenderisch Gewürze verwendete, rare Südfrüchte reichte und die Tafel mit Aufsätzen aus Zuckerwerk in Gestalt von Figuren, Tieren, Pflanzen oder Gebäuden dekorieren ließ, demonstrierte sicht- und auch „schmeck"bar Reichtum und Rang.

Da die Prinzipien merkantilistischer Wirtschaftspolitik verlangten, Handelsbilanzen nicht durch den Kauf von Luxusprodukten wie Zucker oder Kaffee zu belasten, wurde die Suche nach billigeren Ersatzstoffen offiziell gefördert. Die Neuerungen und Zugewinne, die die Importe hervorgebracht hatten, blieben erhalten, das einstige Original jedoch wurde ausgetauscht durch heimische Erzeugnisse mit gleicher geschmacklicher Wirkung oder durch Ersatzstoffe, die lediglich Ähnlichkeit suggerierten. Etwas ursprünglich Fremdes, auf das man nicht verzichten konnte oder wollte, wich einer identischen oder ähnlichen Eigenentwicklung.

Diese Anverwandlung brachte neue Konsumgewohnheiten und Lebensformen hervor. Gewürze etwa machten die übliche Kost, zu der zu Beginn der Frühen Neuzeit noch viel Fleisch gehörte, oft besser genießbar, meist zumindest geschmacklich abwechslungsreicher. Kartoffeln ernährten immer weitere Bevölkerungskreise, Tee und Kaffee lösten die morgendliche Biersuppe ab. Getränke, die nicht berauschten, sondern stimulierten, waren nicht nur den Protagonisten der protestantischen Ethik willkommen, um Alkoholmissbrauch zu begegnen und eine bessere Volksgesundheit zu erreichen. Die Industriebetriebe des 19. Jahrhunderts kamen ebenfalls nicht ohne nüchterne, ausdauernde Arbeitskräfte aus. Soziokulturelle und ökonomische Veränderungen – Reformation, Aufklärung, Industrialisierung – begünstigten die Akzeptanz der Heißgetränke als stimulierende „Muntermacher". Kaffee, Tee oder Kartoffeln wurden zu wesentlichen Begleitern der Menschen Europas auf dem Weg in eine rationale, arbeitsame, partizipatorische Industriegesellschaft.

Kolonialwaren als Erinnerungsorte

Symbolgesättigte Kolonialwaren erinnern in der Regel an europäische Leistungen, sie betonen den Pioniergeist und die Innovationen, die mit Adaption, Verfeinerung oder Substitution der Importe verbunden waren, mit den Vorgängen der Anverwandlung, die Fremdes zu Eigenem machten. Erinnert wird an etwas, das den Alltag farbiger, lebendiger und auch reicher machte, das sogar identitätsstiftend wirken konnte. Die äußeren Anstöße, die die Neuentwicklungen erst ermöglichten, rückten in den Hintergrund. Die Erinnerung an die fremden Wurzeln verblasste oder verlor sich völlig.

Kolonialwaren geben in Europa Erinnerungsorte auf nationaler, regionaler und lokaler Ebene ab. Manche sind mit bestimmten sozialen Gruppen, ihren Vorlieben und Milieus verbunden, doch hat ihr Konsum nirgends exklusiven Charakter. Zumindest haben sie sich im Lauf der Zeit soweit verankert und verbreitet, dass ihre symbolische Kraft in den verschiedenen geografischen Räumen schichtenübergreifend wirkt. Alle Arten von Kolonialwaren – Gewürze, Feldfrüchte und Gemüse, Genussmittel und Heißgetränke – rückten in die Rolle von Erinnerungsorten, gelegentlich einzeln, häufig in Symbiose mit anderen und stets adaptiert an die jeweiligen ökonomischen und kulturellen Kontexte. Eine Auswahl wird hier vorgestellt.

Als besonders flexibler Identitätsstifter wirkte die Kartoffel. Sie galt lange Zeit als Armeleuteessen, das in Notzeiten auf den Tisch kam und dort, wo man sich nichts anderes leisten konnte. Doch die soziale Akzeptanz der Kartoffel wurde nach und nach größer. Ende des 18. Jahrhunderts war sie in vielen Ländern und Regionen Europas zu einem Grundnahrungsmittel geworden. Trotz ihrer Alltäglichkeit gewannen einige Kartoffelgerichte eine Bedeutung, die weit über den Aspekt der Ernährung hinausgeht. So erreichte die *tortilla de patatas* in Spanien nationalen Status. Obwohl neben Kartoffeln nicht mehr als Olivenöl, Eier und Salz benötigt werden, um sie zuzubereiten, gilt sie als eine der größten „Erfindungen" der spanischen Küche. Sie hat etwas von der Kargheit und der Kraft des Landes, ist gleichzeitig einfach und doch voller Geschmack. Belgier empfinden Kartoffeln in Form von Pommes Frites als wesentliches Distinktionsmerkmal. *Moules frites* gelten als Nationalgericht. Auf regionaler Ebene verhält es sich in Bayern mit Knödeln ähnlich, die so zubereitet werden, wie es vor den Kontakten nach Übersee mit Getreidebrei geschehen war. „Pommes Rot-Weiß" oder „Schranke" stehen mit ihrem Dekor aus Ketchup und Mayonnaise für das Proletarische, Derbe und Ungekünstelte des Ruhrgebiets.

Tomaten wurden in Italien nicht nur zu einem kulinarischen Markenzeichen, sondern auch zu einer Art nationalem Symbol. Sie stehen für das Rot in der Trikolore des Landes und repräsentieren es auch in einer Reihe von Gerichten mit besonderer identitätsstiftender Wirkung, etwa in der Pizza Margherita, die angeblich 1889 in Neapel anlässlich eines Besuchs von Königin Margherita kreiert wurde: Die Tomate fügt dem Grün des Basilikums und dem Weiß des Mozzarella die dritte Farbe hinzu. Eine ähnliche Rolle spielt der Paprika für Ungarn. Das Gewürzpulver, das aus ihm gewonnen wurde, lieferte Europa während Napoleons Kontinentalsperre einen preiswerten Ersatz für asiatischen Pfeffer. Ungarn wird in besonderer Weise mit Paprika in Verbindung gebracht, der an Gulasch denken lässt, an Schärfe und auch an Zigeunerromantik. Paprikapulver wird oft auch „Spanischer Pfeffer" genannt, und ähnlich wie in Ungarn verleiht dieses Gewürz vielen Gerichten auf der Iberischen Halbinsel eine pikante Note. In spanischer Selbstwahrnehmung gelten Chorizos als besonders landestypisch, Hartwürste, die ihre Farbe und ihr Aroma dem Paprika verdanken, die einfach, geradlinig und intensiv schmecken – Merkmale, die auch als nationale Charakteristika gesehen werden.

Gewürze sind neben anderen Exotika überseeischer Herkunft integraler Bestandteil von Lebkuchen und Printen, aber auch von Wurstwaren. Nicht als Zutat, sondern als geschmackbringende Beigabe veredelt eine indische Gewürzmischung eine Wurst zur Currywurst. In ihr drücken sich eine Reihe von Facetten deutscher Alltagskultur der zweiten Hälfte des 20. Jahrhunderts aus. Rasch zubereitet und mit Plastikgabeln von Papptellern schnell konsumiert, verbreitet sie einen Hauch schicken „Proletentums", steht für einen immer kürzeren Zeittakt im Alltag, für Genuss quasi im Vorübergehen auf Wochen- oder Jahrmärkten, aber auch für die Inszenierung einer gewissen lässig-modernen Bodenständigkeit.

Im Zuge seiner Expansion in die überseeische Welt lernte Europa den Konsum von Heißgetränken kennen und schätzen. Besonders rasch verbreitete sich der Genuss von Kaffee. Zuerst wurde er in Kneipen serviert, die auch Schnaps ausschenkten und in denen Glücksspiele oder Prostitution betrieben wurden. Nach und nach konzentrierte sich sein Konsum jedoch auf Orte, an denen sich Menschen entspannt begegneten und unterhielten oder Zeitung lasen; Orte, die man besuchte, um zu sehen und gesehen zu werden, die Künstler, politische Avantgardisten oder verkrachte Existenzen ebenso frequentierten wie Geschäftsleute und Durchschnittsmenschen. Besonders das Wiener Kaffeehaus ist als symbolischer Ort im Gedächtnis verankert, in dem geistreiche Gespräche ebenso wie exzentrische Selbstdarstellung gepflegt werden. Das „Kännchen", dessen Bestellung in den Gärten oder auf den Terrassen deutscher Cafés lange Zeit unumgänglich war, steht dagegen heute für Behäbigkeit und Biederkeit.

Der Konsum von Trinkschokolade war lange Zeit gesellschaftlich auf den Adel begrenzt. Lediglich in Spanien fand Kakao rasch Eingang in die Ernährungsgewohnheiten auch breiterer Bevölkerungskreise. Das mag damit zu tun haben, dass Spanien lange Zeit die wichtigsten Anbaugebiete von Kakao kontrollierte. Obwohl in ganz Spanien bekannt, gilt der morgendliche Genuss von *chocolate y churros*, von dickflüssiger Schokolade mit frittiertem Spritzgebäck, ganz besonders als *desayuno madrileño*, als Madrider Frühstück. Nach einer langen Nacht kehren dabei die Lebensgeister wieder, doch auch zum genussvollen Frühstück im Familienkreis werden Churros in Tassen getunkt, um mit ihrer Hilfe die dicke, süße Schokolade aufzunehmen, ja beinahe herauszustreichen.

Zucker lieferte der Trinkschokolade und den anderen Heißgetränken die Süße, die ihnen das Herbe und Bittere nahm und sie europäischem Geschmack anpasste. Damit unterstützte Zucker ihren Integrationsprozess und profitierte gleichzeitig selber davon, dass Ernährungsprodukte immer beliebter wurden, die die Menschen gerne gesüßt konsumierten. Als dazu nicht mehr teurer Rohzucker eingeführt werden musste, sondern mit der Süße heimischer Rüben substituiert werden konnte, gewannen diese Entwicklungen an Dynamik.

Zuckerbäcker, Konditoren und Patissiers nutzten kreativ die Möglichkeiten, die ihnen die außereuropäische Welt mit Zucker, Schokolade, Vanille und anderen Gewürzen bot. Etliche ihrer Produkte wuchsen in die Rolle von Erinnerungsorten. Spanien mag auch hier als ein Beispiel dienen. Überall im Land werden Törtchen, Biskuitrollen, Blätterteigteilchen, Gebäckkringel, Mandelplätzchen, Eigelbkonfekte oder Nougatkreationen angeboten, die Lokalkolorit vermitteln und Unverwechselbarkeit begründen. Für Toledo hat Marzipan eine ganz besonders identitätsstiftende Wirkung. Es ist arabischen Ursprungs, aber während der Reconquista soll es christlichen Kriegern Kraft gegeben haben. Schon im frühen 17. Jahrhundert wurde in einer Art Reinheitsgebot festgeschrieben, dass edles Toledo-Marzipan nur aus Zucker, Mandeln und Honig bestehen dürfe.

In Deutschland stehen Nürnberger Lebkuchen, zu denen Kubebenpfeffer, Muskat, Zucker und bei manchen Sorten ein Überzug aus Schokolade gehören, Aachener Printen, die neben Zucker Anis, Zimt, Koriander und Nelken als geschmackbringende Zutaten benötigen, und Lübecker Marzipan, das aus süßen Mandeln, Zucker und Rosenöl gemischt wird, für eine ausgesprochen enge Verbindung zwischen Städten und kolonialwarenbasierten Produkten. Schweizer, die eigentlich besonders küsten- und damit auch überseefern lebten, erwarben einen herausragenden Ruf im Umgang mit Zucker und Schokolade. Vor allem Graubündner wurden zu meisterhaften Konditoren. Söhne kinderreicher Familien erlernten in Oberitalien das Handwerk des Zuckerbäckers und gingen mit diesem Wissen in die Welt. Im 18. und 19. Jahrhundert betrieben sie Patisserien und Cafés nicht nur in Venedig und Florenz, sondern auch in Spanien, Deutschland und Russland. Vor diesem Hintergrund verwundert es nicht, dass gerade Schweizer zu den führenden Veredlern von Schokolade wurden. Seit den ersten Jahrzehnten des 19. Jahrhunderts verfeinerten Schweizer Chocolatiers ihre Erzeugnisse mit Zimt, Vanille, Haselnüssen und Kondensmilch sowie selbstverständlich mit Zucker. Die Produktion von Schokolade wurde zu einem wichtigen Teil des Bildes, das die Schweiz von sich selbst wahrnimmt und das sich andere von dem Land machen.

Besonders deutlich und auch besonders bewusst eingesetzt wurde der symbolische Bezug zwischen Land und Schokolade bei der Toblerone und ihren Vermarktern. Diese dreieckige Schokolade wird in aller Welt als Schweizer Produkt gesehen. Löst man einen ihrer Zacken und bleibt an ihm etwas Silberpapier hängen, dann sieht man nicht Verpackungsreste an Schokolade, sondern erkennt gletscherbedeckte Berge, sieht das Matterhorn, das ohnehin jede Toblerone-Packung ziert, und hat die Schweiz vor Augen.

Gedächtnislücken

Kolonialwaren, die den Rang von Erinnerungsorten einnehmen, stehen in unterschiedlichen regionalen und sozialen Kontexten für Kreativität, Lebensgefühl und Einzigartigkeit. Allerdings gibt es Ausnahmen. Die Kartoffel erinnert Iren an eine nationale Katastrophe. Bei anderen, die zu stark mit rassistischen Stereotypen und kulturellen Hierarchisierungen aufgeladen waren, wurden Assoziationen bewusst unterbrochen. Das war etwa beim Negerkuss der Fall, der Erinnerungen an den gutmütigen, kindlichen, auch exotischen Afrikaner transportierte. Er hat seinen Namen mittlerweile verloren und wird oft Schaumkuss genannt. Ähnliche Bilder ruft bis heute der Sarotti-Mohr wach, der allerdings in jüngster Zeit ebenfalls auf politische Korrektheit getrimmt wurde. Der Mohr, der auch auf die Berliner Mohrenstraße anspielte, in der die Firma einst ihren Sitz hatte, mutierte zu einem Magier, der mit Sternen jongliert.

Generell macht jedoch der Blick auf Kolonialwaren deutlich, dass zum Gedächtnis nicht nur Erinnerung, sondern auch Vergessen und Verdrängen gehören. Ausgeblendet werden die Globalisierungsprozesse, die die Kolonialwaren nach Europa brachten, die Bedingungen, zu denen Zucker, Kaffee oder Kakao in Übersee produziert wurden, sowie die Folgen, die der Anbau von Cash Crops nach sich zog. Kolonialwaren als europäische Erinnerungsorte übergehen Sklaverei, Kontraktarbeit, Plantagenwirtschaft, Monokulturen, abhängige Integration in den Weltmarkt oder ökologische Schäden.

Plantagenökonomien kombinierten moderne kapitalistische Wirtschaftsweise mit unfreier Arbeit. Mit beträchtlichem Kapitaleinsatz bei möglichst rationaler Betriebsführung, arbeitsteiliger Produktion und mit einem erheblichen Grad an Mechanisierung wurden durch Sklaven Cash Crops erzeugt. Feld und Fabrik verbanden sich. Plantagen veränderten weltweit nicht nur Kultur-, sondern auch Naturlandschaften ganz erheblich, vor allem wenn sie sich zu Monokulturen entwickelten. Sie zerstörten die indigene Flora und laugten die Böden aus. Raubbau führte dazu, dass immer wieder neue Anbauflächen erschlossen werden mussten und alte Produktionszentren ihre Bedeutung verloren, während neue aufstiegen.

Plantagenökonomie und transatlantischer Sklavenhandel waren bis ins frühe 19. Jahrhundert eng aneinander gebunden. Zwischen 1450 und 1850 wurden schätzungsweise 12 Millionen Menschen aus Afrika verschleppt. Rund zwei Millionen starben während des Marschs zur Küste und vor allem während der Überfahrt. Als die Sklaverei abgeschafft wurde, benötigten die Plantagen neue Arbeitskräfte. Sie wurden in den „indentured labourers" gefunden, die vor allem aus China und Indien stammten. Diese hatten sich verpflichtet, zu bestimmten Konditionen in einem fremden Land in den Dienst eines Unternehmers zu treten. Dabei wurden Überfahrt, Arbeitsbedingungen, Lohn, Unterkunft und Rückkehrmöglichkeit vertraglich festgeschrieben, mindestens auf dem Papier.

Kolonialwaren als Erinnerungsorte in Übersee sind mit Traumata und Verlusten verbunden, mit Zwangsmigration, Ausbeutung, mit kultureller Transformation und naturräumlicher Zerstörung, mit ökonomischer wie politischer Abhängigkeit. Im Bewusstsein verankert sind aber auch die Geschenke, die der Welt gemacht wurden. In Äthiopien oder im Jemen weiß man von der verändernden Kraft des Kaffees, der als Genussmittel und Teil einer speziellen Lebensform einen globalen Siegeszug durchlief. Inder und Indonesier kennen den Reichtum, den ihre Gewürze der Welt schenkten. Amerika verwandelte mit seinen Pflanzen die landwirtschaftliche Produktion ebenso wie den Konsum in Asien, Afrika und Europa von Grund auf. Nahuatl-Namen wie „Xocoatl", „Cacauatl" oder „Tomatl" sind in viele Sprachen eingegangen. Der globale Siegeszug neuweltlicher Kolonialwaren findet einen zukunftsgewandten Gedächtnisort im Centro Internacional de la Papa in Lima. Es erinnert nicht nur an den Ursprung einer der wichtigsten Kulturpflanzen der Welt, der Kartoffel. Seine Gendatenbank sucht auch die Sortenvielfalt zu bewahren, die das präkolumbische Amerika kannte, und in seinen Forschungslaboren werden neue Sorten gezüchtet, die unterschiedlichsten klimatischen Bedingungen standhalten und einen Beitrag leisten sollen, den Hunger auf der Welt zu überwinden.

Literatur

Thomas Hengartner/Christoph Maria Merki (Hrsg.), Genussmittel. Ein kulturgeschichtliches Handbuch. Frankfurt/M./New York 1999.

Christian Hochmuth, Globale Güter – lokale Aneignung. Kaffee, Tee, Schokolade und Tabak im frühneuzeitlichen Dresden. Konstanz 2008.

Annerose Menninger, Genuss im kulturellen Wandel. Tabak, Kaffee, Tee und Schokolade in Europa (16.–19. Jahrhundert). Stuttgart 2004.

Helmut Ottenjann/Karl-Heinz Ziessow, Die Kartoffel. Geschichte und Zukunft einer Kulturpflanze. Cloppenburg 1992.

Wolfgang Protzner/Christiane Köglmaier-Horn, Culina Franconiae. Stuttgart 2007.

Hans-Jürgen Teuteberg/Günter Wiegelmann, Unsere tägliche Kost. Geschichte und regionale Prägung. Münster 1986.

Marion Trutter (Hrsg.), Culinaria España. Spanische Spezialitäten. Köln 1998.

Elisabeth Vaupel, Gewürze. Acht kulturhistorische Porträts, München 2002.

Reinhard Wendt, Vom Kolonialismus zur Globalisierung. Europa und die Welt seit 1500. Paderborn u. a. 2007.

Ulrike Zischka/Hans Ottomeyer/Susanne Bäumler (Hrsg.), Die anständige Lust. Von Esskultur und Tafelsitten. München 1993.

Lars Amenda
Das chinesische Restaurant

Wer heute durch eine beliebige europäische Stadt schlendert, wird früher oder später auf ein chinesisches Restaurant stoßen. Internationale Küche ist im Zeitalter der Globalisierung so selbstverständlich geworden, dass sie zumeist kaum noch „fremd" oder „exotisch" erscheint. Als vor rund 100 Jahren das erste nachweisbare chinesische Restaurant in Europa – das „Chang Choy's" in London – eröffnete, sah dies erheblich anders aus. Im Laufe des 20. Jahrhunderts veränderte sich der historische Kontext beträchtlich – chinesische Lokale wirkten zu unterschiedlichen Zeitpunkten sehr verschieden.

Dies wirft Fragen auf: Wie sahen Chinesen „ihre" Lokale in Europa, fernab von der Heimat, und welche Rolle spielte Ernährung für die chinesische Migrationserfahrung? Was machte das chinesische Lokal in den Augen der nichtchinesischen Gäste attraktiv, und wie lässt sich die massenhafte Ausbreitung in den 1950er und 1960er Jahren erklären? Kann die Geschichte und Entwicklung der chinesischen Gastronomie in Europa etwas über den Prozess der Globalisierung und seine Rückwirkungen aussagen?

Chinesische Migration und die chinesische Küche

Auswanderung galt in China lange Zeit als Makel. Dennoch gingen Chinesen bereits vor Jahrhunderten nach *nanyang* („das südliche Meer"), in Länder und Regionen wie Siam (Thailand) und Niederländisch-Indien (Indonesien). Gegen Ende der Qing-Dynastie stieg die Migration deutlich an, nachdem die Briten China während des Opiumkriegs (1839–1842) gewaltsam für den Handel geöffnet hatten und mit Hongkong seit 1842 zudem über eine eigene Kolonie in China verfügten. Mitte des 19. Jahrhunderts gingen Zehntausende chinesischer Arbeitsmigranten, in der westlichen Welt als Kuli (englisch *coolie*) bezeichnet, nach Nord- und Südamerika und arbeiteten hier in häufig unfreien Verhältnissen im Bergbau, Eisenbahnbau und der Landwirtschaft. In San Francisco entwickelte sich um 1850 eine „Chinatown", die schnell auf rund 30 000 chinesische Migranten anwuchs, für die *Dabu* (die „Erste Stadt") die Anlaufstelle schlechthin in den USA wurde. Gewerkschaften und US-amerikanische Politiker brandmarkten in den folgenden Jahrzehnten die chinesische Einwanderung, was in den offiziellen Ausschluss chinesischer Arbeiter von der Einwanderung im Zuge des Chinese Exlusion Act 1882 mündete. Das Einwanderungsland schlechthin schloss damit erstmals eine ganze ethnische Gruppe aus. Dies wirkte sich direkt auf das Bild aus, das sich Ausländer von Chinesen machten, denn im Zeitalter des Imperialismus mit seinem Rassedünkel erschien für viele eine mögliche Industrialisierung Chinas und die massenhafte Auswanderung chinesischer Arbeiter als „gelbe Gefahr" (*yellow peril*).

Chinesische Migranten richteten sich trotz des Ausschlusses weiterhin in den USA ein und verteilten sich allmählich, von Kalifornien ausgehend, über das Land. In den Chinatowns entstand eine eigene ethnische Infrastruktur, mit Unterkünften, Geschäften, Spielcasinos und Restaurants. Sonntags gingen chinesische Arbeitsmigranten, die in den USA sehr häufig als Wäscher arbeiteten, in der Regel nach Chinatown, speisten in einem Lokal und trafen Freunde und Bekannte. Gemeinsames Essen nimmt in der chinesischen Kultur eine wichtige soziale Funktion ein. Für die Migranten erzeugte das Essen in einem chinesischen Lokal ein (wenn auch flüchtiges) kulinarisches Heimatgefühl, das nach einer arbeitsreichen Woche eine willkommene Abwechslung war. Da die meisten Migranten aus dem Süden Chinas stammten, aus der Provinz Guangdong und insbesondere dem Delta des Perlflusses, war auch die angebotene Küche zumeist kantonesisch und durch scharfe Gewürze und viele Meeresfrüchte gekennzeichnet.

Seit dem späten 19. Jahrhundert gingen auch die ersten „weißen" Amerikaner in chinesische Lokale, um ihren kulinarischen Horizont zu erweitern. Als Inbegriff chinesischen Essens setzte sich das Gericht „Chop Suey" durch, das aus Reis mit Gemüsestreifen und geschnetzeltem Fleisch besteht. Das vermutlich in den USA erfundene Gericht erleichterte den Besuch eines chinesischen Lokals, da es weniger fremd als andere, authentische kantonesische Gerichte wirkte. Zu den ersten nichtchinesischen Kunden gehörten in New York insbesondere jüdische Migranten, da chinesisches Essen im Einklang mit ihren Speisevorschriften war und es zudem ebenfalls von einer ethnischen Minderheit zubereitet wurde.

Das chinesische Lokal als Erinnerungsort

Als in den 1890er Jahren europäische und auch deutsche Reedereien begannen, chinesische Heizer für ihre Dampfschiffe anzuheuern, gelangten Chinesen vermehrt in die bedeutenden europäischen Hafenstädte. Im Osten Londons, in Limehouse nahe der West India Docks, entstand sogar zu dieser Zeit ein Chinesenviertel (*Chinese quarter*), in dem ehemalige chinesische Seeleute eine Herberge (*boarding house*), ein Geschäft oder ein Lokal betrieben. Wie in den US-amerikanischen Chinatowns dienten die sehr einfach eingerichteten Lokale, die keinerlei Spuren hinterlassen haben, als wichtige Treffpunkte für Migranten und vorübergehend in der Stadt befindliche Seeleute. Neben der Nahrungsaufnahme und Kommunikation wirkten die Gaststätten als Erinnerungsorte für Chinesen in Europa, denn hier befanden sie sich wie auf einer kleinen ethnischen Insel und empfanden ein flüchtiges Gefühl von Vertrautheit. Die eigene Sprache (oder genauer: der heimatliche, kantonesische Dialekt) bildete eine akustische Heimat, ebenso wie es die Speisen in kulinarischer Weise vermochten. Dies alles versetzte die Migranten und seemännischen Gäste in eine Art von Miniatur-China, inmitten des in ihren Augen feindlichen Abendlands mit seinen kolonialen Ambitionen auch in China und seinen halbkolonialen Beschäftigungsverhältnissen in der Schifffahrt. Die Lokale bedurften in ihrer Ausstattung keinerlei besonderer Hinweise auf China, da die große Mehrzahl der Gäste Chinesen waren und aufgrund ihrer kulturellen Prägung selbst eine „chinesische" Atmosphäre herstellten.

Über diese ersten chinesischen Lokale ist nur wehr wenig bekannt, da sie keinerlei Werbung machten und von den chinesischen Migranten und Seeleuten lebten, die sich vorübergehend in der Stadt aufhielten. Der Betrieb einer Gaststätte bot die willkommene Möglichkeit, der harten Arbeit als Heizer auf See zu entrinnen und wirtschaftlich sein eigener Herr zu werden. Chinesische Seeleute kommunizierten wirtschaftliche Chancen untereinander und halfen sich damit gegenseitig zumeist entlang familiärer und persönlicher Kontakte. Als etwa in den frühen 1920er Jahren die Inflation in Deutschland herrschte, führte dies für Ausländer im Besitz von Valuta zu einem sehr günstigen Preisniveau. Chinesische Seeleute in englischen Hafenstädten wie London und Liverpool hörten davon und gingen nach Hamburg-St. Pauli, um hier eine eigene Gaststätte zu erwerben. In der Schmuckstraße in St. Pauli eröffneten mehrere chinesische Lokale, weshalb die Einheimischen auch hier bald von einem „Chinesenviertel" sprachen. In dieser kleinen Straße existierte „ein ständiges Kommen und Gehen chinesischer Crews" (Jürgens) in den 1920er Jahren. Die chinesischen Mannschaften von 20-30 Personen gingen nach ihrer Ankunft sofort ins Chinesenviertel und suchten nach den wochen- oder gar monatelangen Strapazen an Bord nach Ablenkung, ebenso wie ihre europäischen Kollegen. Wie auch europäische Seeleute außerhalb Europas in Hafenstädten ein Stück Heimat finden konnten, erging es chinesischen Seeleuten in Europa. Der Journalist Philipp Paneth beschrieb 1930 die chinesische Seeleute in den Lokalen St. Paulis ein wenig herablassend: „Diese armen Kreaturen hier [...] sind froh, wenn sie einmal ihr Heimatgericht verabreicht bekommen, an das sie von Kindheit auf gewöhnt sind".

Doch nicht nur chinesische Seeleute gelangten nach Europa. Nach dem Ende der chinesischen Monarchie und ihrer klassischen Beamtenausbildung gewann das Auslandsstudium für chinesische Studenten an Attraktivität. Die Mehrzahl der Studenten ging nach Japan, aber auch die USA, England und Frankreich waren beliebte Ziele. In den 1920er Jahren lebten rund 500 chinesische Studenten in Berlin und genossen neben dem Studium die Reize der pulsierenden Metropole. Für chinesische Studenten in Europa dienten die chinesischen Lokale ebenfalls als wichtige Treffpunkte. Ähnlich wie für die Seeleute bedeuteten diese Orte einen gewissen Heimatersatz. Für die Studenten nahmen die Lokale aber auch eine Repräsentationsaufgabe wahr. Sie sollten die hohe Zivilisation und lange Geschichte Chinas verdeutlichen und – angesichts der erheblichen politischen Turbulenzen der 1920er und 1930er Jahre – an die ehemalige Größe Chinas erinnern. Vor dem Hintergrund des Bürgerkriegs und der politischen Instabilität des Landes schärften die meisten ihre nationale Gesinnung und versuchten auch aus der Ferne, beim Aufbau des Landes mitzuwirken. Die regelmäßigen Treffen in chinesischen Lokalen beflügelten diese politischen und nationalen Ambitionen, erinnerte das „Chinesische" eines chinesisches Lokals sie doch ganz direkt an ihre Heimat und deren damalige Probleme. In Berlin eröffnete beispielsweise 1923 das „Tientsin" in der Kantstraße im Stadtteil Charlottenburg und entwickelte sich schnell zum Versammlungsort chinesischer Studenten. Ein chinesisches Lokal bedeutete für chinesische Studenten in Europa einen politischen und politisierenden Erinnerungsort, an dem die Verbindung zum Heimatland gefestigt wurde.

In vielen westeuropäischen Großstädten eröffneten seit den 1920er Jahren chinesische Lokale. Im Amsterdam bestand seit 1928 das erste chinesische Restaurant in der Binnen Bantammerstraat, einer Straße, die sich in der Folgezeit zu einer kleinen chinesischen Kolonie entwickeln sollte und bis heute als zentral gelegene „Chinatown" existiert. In London entstanden mehrere chinesische Lokale in Soho, einem Amüsier- und Theaterviertel inmitten der Stadt. Etwa zehn chinesische Restaurants gab es zu Beginn des Zweiten Weltkriegs, wobei die jeweiligen Lokale durchaus unterschiedliche Kundschaft anlockten. „Chief resort of the Chinese colony is the least ostentatious Shanghai restaurant in Greek Street" (Whittingham-Jones). Ein anderes Lokal („Ley On") wurde von dem gleichnamigen chinesischen Filmdarsteller betrieben, was dazu führte, das sich dort regelmäßig Schauspieler und Künstler einfanden. Die wenigen chinesischen Restaurants stellten wirtschaftliche und ethnische Nischen dar, die während der ersten Hälfte des 20. Jahrhunderts sehr ungewöhnlich blieben und gerade deshalb als Sammelpunkte und Kontaktstellen der jeweiligen lokalen chinesischen Community und chinesischen Gästen in Europa dienten. Neben dem kulinarischen Angebot übten die Lokale somit eine wichtige soziale und kommunikative Funktion für chinesische Migranten und Besucher aus. Sie waren „ein Stück China" inmitten der westlichen Zivilisation und riefen gerade deswegen Erinnerungen an und Reflexionen über China hervor.

Das Chinesische Lokal als Imaginationsraum

Chinesische Lokale wirkten selbstverständlich sehr verschiedenartig auf chinesische oder europäische Gäste. Während Chinesen sich in diesen seltenen Stätten in Europa in eine künstlich geschaffene kulinarische Heimat-Enklave versetzt sahen, brachten Europäer das Lokal entweder mit ihren eigenen Erfahrungen oder mit populären Vorstellungen von China in Verbindung. In Europa lebten Kaufleute und Kolonialbeamte, die eine Zeit lang in China geweilt hatten und dort Gefallen an chinesischer Küche gefunden hatten. Nach der Rückkehr nach Europa gingen Personen aus dieser Gruppe gerne in eins der neuen chinesischen Lokale und beflügelten damit ihre ganz eigenen Erinnerungen an ihre Zeit in Übersee. In einem solchen mehr oder minder starken kolonialen Kontext repräsentierte chinesische Küche sowohl koloniale Herrschaft als auch die Aneignung bestimmter Praktiken, mit denen sich Kaufleute und Beamte weltgewandt geben konnten. Ein ganz ähnliches Muster existierte in England in Bezug auf indische Küche und britische Kolonialoffiziere.

Bereits in den 1920er Jahren wurden einige chinesische Lokale als visuelle Repräsentationen Chinas und seiner Kultur ausgestaltet. Über das Londoner „Chinese Café" hieß es etwa 1924: „The characteristic Chinese pictures embroidered in needlework; the silken embroidered curtains and draperies; the glass cases containing wax figures and miniature landscape settings illustrating incidents in Chinese history proved so interesting that discussion of food threatened to lag" („Diner Out"). Also nicht nur das chinesische Essen stellte in solchen Stätten einen großen Reiz dar, auch die Inneneinrichtung und die verschiedenen Einrichtungsgegenstände gehörten zum Gesamterlebnis eines Besuchs.

Diese Gestaltung wirkte auf chinesische und europäische Kunden sehr unterschiedlich. Eine zunehmend große Gruppe europäischer Kunden bestand aus Personen, die über keinerlei direkte Erfahrungen mit und in China verfügten. Sie bedienten sich aus dem Fundus volkskundlichen und kolonialen Wissens, in dem China als sehr ambivalentes Land zwischen alter Geschichte und gegenwärtiger Stagnation und Rückständigkeit schwankte. Auf sie wirkte ein chinesisches Gericht spektakulär, das sie aus ihrem gewohnten kulinarischen Alltag herausriss.

In einigen Lokalen verschmolz die moderne Kultur der 1920er Jahre mit einem chinesischen Ambiente. In Hamburg öffnete beispielsweise 1921 das Lokal „Peking" seine Tore und pries sich in einer Anzeige als „First and Only Chinese Restaurant in Germany". Zudem bot es die seinerzeit moderne Tanzmusik des Jazz an. Zwar schloss das Lokal recht bald wieder, dafür entstanden in Hamburg-St. Pauli aber weitere chinesische Gaststätten, die vom wachsenden Städtetourismus gerade in diesem Hafen- und Vergnügungsviertel profitierten. In der Großen Freiheit eröffneten Mitte der 1920er Jahre mit dem „Neu-China" und dem „Café und Ballhaus Cheong Shing" zwei wichtige chinesische Unterhaltungsbetriebe mit Gastronomie. Hier trafen sich chinesische Migranten und Gäste, Seeleute aus aller Welt und deutsche Künstler und Intellektuelle. Kurt Tucholsky feierte 1927 das „Cheong Shing" in einem Bericht über St. Pauli geradezu frenetisch: „Im chinesischen Restaurant sangen sie beim Tanzen, die ganze Belegschaft, einstimmig und brausend – eine kleine hatte eine Kehle aus Blech – es klang wie aus einer Kindertrompete. Südamerikaner tanzten da und Siamesen und Neger. Die lächelten, wenn die kleinen Mädchen kreischten". In diesen chinesischen Lokalen erschien eine „multikulturelle" Zukunftsvision, die selbst auf manchen Berliner berauschend wirkte. Diese Lokale dienten als Imaginationsraum gerade für deutsche Gäste, die hier in Verbindungen mit der Welt die Globalisierung ganz handfest und direkt erleben konnten. Diese Stätten erinnerten daran, dass es eine weite Welt jenseits der eigenen Stadtgrenzen gab, die manch junger Erwachsener später irgendwann einmal zu entdecken hoffte. Hier, im „Cafè

Cheong Shing" und ähnlichen Etablissements, konnten sie bereits „China" und damit die Welt erfahren, was den großen Vorteil hatte, dass sie bequem erreichbar war und „um die Ecke" in der eigenen Stadt lagen.

Das China-Restaurant in der Nachkriegszeit

Nach dem Ende des Zweiten Weltkriegs wandelte sich die chinesische Migration in Europa grundlegend. Dampfschiffe wurden zunehmend durch motorbetriebene Schiffe ersetzt, weshalb das Betätigungsfeld chinesischer Heizer wegbrach und folglich auch die maritim geprägten Chinesenviertel in westeuropäischen Hafenstädten verschwanden. Mit der Ausrufung der Volksrepublik China 1949 und der Flucht der Kuomintang unter Chiang Kai-shek nach Taiwan endete der jahrzehntelange Bürgerkrieg im krisengeschüttelten Land. Viele chinesische Flüchtlinge sammelten sich deswegen in der britischen Kolonie Hongkong und suchten nach einem Ausweg aus der überfüllten Metropole. Da bis 1961 keinerlei Zugangsbeschränkungen für Chinesen aus Hongkong in Großbritannien existierten, gingen im Zeitraum von 1949 bis 1961 rund 30 000 Personen dorthin und arbeiteten vor allem in der Gastronomie in größeren Städten, insbesondere in London. In den 1950er Jahren setzte ein regelrechter Boom chinesischer Küche ein, der eine Kettenmigration von Chinesen aus Hongkong und insbesondere dem Dorf San Tin in den „New Territories" ermöglichte. In der britischen Gesellschaft breitete sich der Wunsch nach internationalen Speisen aus, was in der Presse gezielt unterstützt wurde. Der erstmals 1951 erschienene „Good Food Guide" stellte neben vielen anderen auch chinesische Lokale vor und versuchte, den Lesern deren kulinarisches Angebot schmackhaft zu machen. Als ein wichtiges Erfolgsrezept chinesischer Restaurants wirkten große Portionen bei moderaten Preisen; lange Öffnungszeiten stärkten die Position chinesischer Lokale und ließen sie vom Nachtleben in Großstädten profitieren. Als zentrale Voraussetzung des Booms chinesischer Küche diente aber auch die Anpassung der angebotenen „chinesischen" Speisen an den englischen Geschmack. Dies bedeutete, dass die Köche das Gemüse länger garten und üppigere Saucen beigaben. Während in den 1950er Jahren noch an die kantonesische Küche angelehnte Speisen beherrschend waren, erweiterte sich die Palette seit den 1960er Jahren und umfasste nun auch andere regionale Küchen, etwa die nordchinesische (*Pekinese*). Restaurants entstanden nun auch zunehmend in weniger zentral gelegenen Stadtvierteln und kamen den englischen Kunden damit bewusst entgegen. Mitte der 1960er Jahre existierten rund 200 chinesische Lokale in London und ca. 1000 in ganz Großbritannien.

Eine weitere Entwicklung setzte im Herzen Londons ein. In der Gerrard Street öffneten in den 1960er Jahren mehrere Lokale und begründeten damit eine „suprising new Chinatown" – „London might be 10,000 miles away" (Good Food Guide, 1968). Anders als bei ihren US-amerikanischen Vorläufern handelte es sich hier jedoch nicht um eine Wohngegend, sondern um ein Zentrum chinesischer Lokale, Geschäfte und Spielstätten. Die Londoner Behörden begleiteten die Entstehung der neuen Chinatown, erkannten sie doch sehr früh das touristische Potential, das bis heute Schaulustige dorthin lockt. Die Chinatown in der Gerrard Street bedeutete demnach für chinesische Migranten und europäische Besucher etwas ganz Unterschiedliches: Für Erstere dienten einzelne Stätten als Treffpunkte und die Chinatown an sich als sichtbares Symbol der chinesischen Migration im ganzen Land. Für Letztere war es ein Stück China, das den kosmopolitischen und globalen Charakter Londons (neben vielen anderen Dingen) nahezu perfekt spiegelte.

Mit ein wenig Verspätung setzte der Trend der chinesischen Lokale auch auf dem europäischen Kontinent ein. In den Niederlanden entstanden in allen größeren Städten Lokale, die zumeist aufgrund der kolonialen Traditionen chinesische und indonesische Küche vereinten (*Chinees Indisch Restaurant*). Das Rotterdamer Telefonbuch verzeichnete 1957 bereits 27 chinesische Lokale, die nun mehrheitlich in der Innenstadt und nicht im ehemaligen Chinesenviertel lagen. 1960 existierten in Amsterdam bereits 44 chinesische Lokale, die vor allem im Zentrum der Stadt und der Chinatown lagen. Der Gang in ein chinesisches Lokal entsprach in den 1960er Jahren dem neuen Gefühl großstädtischer Modernität und sorgte vor dem Hintergrund des beginnenden Massentourismus für eine neue Form des „kulinarischen Kurzurlaubs". In den Niederlanden begünstigte die koloniale Erfahrung in und mit Niederländisch-Indien (das 1949 als Indonesien seine Unabhängigkeit erlangte) die Aneignung chinesischer Küche.

Der Wunsch nach Internationalität und „Verfeinerung" (Wildt) der Essensgewohnheiten etablierte sich auch in der jungen Bundesrepublik. „Gelbe Küche wird modern", titelte der „Rheinische Merkur" 1961 und stellte fest, in westdeutschen Großstädten schössen China-Restaurants geradezu wie „Pilze" aus dem Boden. Eine Vorreiterrolle in Westdeutschland spielte Hamburg, wo 1950 fünf Lokale von chinesischen Migranten betrieben wurden, die die NS-Verfolgung ihrer kleinen Gruppe überlebt hatten. 1956 eröffnete das „Tunhuang" in den Colonnaden in der Hamburger Innenstadt und sollte aufgrund seiner exquisiten Aufmachung und den professionell ausgebildeten Köchen stilbildend werden. Stadtführer aus den 1960er Jahren listeten rund 20 „China-Restaurants" auf, wie die Lokale in Deutschland seit ca. 1950 genannt wurden (und damit recht präzise darauf hinwiesen, dass eine steigende Zahl dieser Stätten China abbilden sollten). In Hamburg setzten sich Politiker seit den 1960er Jahren bereits für chinesische Gastronomen ein, da diese große Probleme hatten, angesichts der Abschottung der Volksrepublik ausgebildete Köche und geeignetes Personal zu bekommen. Lediglich als „Fachkräfte", die nicht auf dem westdeutschen Arbeitsmarkt verfügbar seien, wurden chinesische Arbeitskräfte in der Gastronomie toleriert.

Die von James L. Watson für London untersuchte Kettenmigration lässt sich auch in anderen westeuropäischen Ländern erkennen. Zumeist arbeiteten chinesische Köche drei bis fünf Jahre in einem Anstellungsverhältnis und erwarben dann mit ihren Ersparnissen ein eigenes Restaurant. Oft wurden dann Familienangehörige nachgeholt, die im eigenen Lokal arbeiteten. Dieses Muster führte dazu, dass China-Restaurants sich seit den frühen 1970er Jahren in westdeutschen Städten im gesamten Stadtgebiet ausbreiteten und anschließend auch in mittleren und schließlich Kleinstädten aufmachten. Das chinesische Lokal, „der Chinese", entwickelte sich auf diese Weise zu einem allgegenwärtigen Phänomen, das einen Aspekt der kulinarischen Globalisierung darstellt. In den vielen chinesischen Restaurants und seit den 1980er Jahren auch zunehmend chinesischen Imbissen konnte und kann man auch einem Stück deutscher Geschichte begegnen: Das vielerorts angebotene Tsingtao-Bier ging aus der 1903 gegründeten Germania-Brauerei in der deutschen Kolonie Kiautschou (Jiaozhou) in Nordchina hervor.

Literaturhinweise

„Diner Out", London Restaurants, London o.J. (1924).

Donna GABACCIA, We are what we eat. Ethnic Food and the Making of Americans. Cambridge/London 1998.

Colin MACKERRASS, Western Images of China. Oxford/New York 1989.

Philipp PANETH, Nacht über St. Pauli. Ein Bildbericht. Leipzig 1931.

Raymond POSTGATE (Hrsg.), The Good Food Guide. London 1951/1968.

J. A. G. ROBERTS, China to Chinatown. Chinese Food in the West. London 1992.

Kurt TUCHOLSKY (Peter Panter), „Auf der Reeperbahn nachts um halb eins", in: Vossische Zeitung 19. August 1927.

James L. WATSON, Emigration and the Chinese Lineage. The Mans in Hong Kong and London. Berkeley u. a. 1975.

Barbara WHITTINGHAM-JONES, China Fights in Britain. A factuel Survey of a fascinating Colony in our Midst. London 1944.

Michael WILDT, Am Beginn der ‚Konsumgesellschaft'. Mangelerfahrung, Lebenshaltung, Wohlstandshoffnung in Westdeutschland in den fünfziger Jahren. Hamburg 1994.

Diethelm Knauf
Auswanderung nach Amerika

Migration ist nicht nur ein historisches Thema. Das Bremer Überseemuseum nennt für 2010 eine Zahl von 214 Millionen Menschen, die nicht da leben, wo sie geboren wurden. Kulturelle Erfahrungen mit Fremdheit und Anderssein, die zunehmende Diversität der Gesellschaft in ethnischer, religiöser, kultureller, politischer und sozialer Hinsicht werden das Leben in den reichen industrialisierten Länder bestimmen, die auch in Zukunft Zielpunkt vielfältiger Wanderungsbewegungen sein werden.

Aus der sicheren (?) Distanz der Geschichte lassen sich möglicherweise negative Voreinstellungen leichter thematisieren und durch einen Perspektivwechsel nach dem Motto „Als die Deutschen Ausländer waren" vielleicht auch revidieren. Eine Betrachtung des Themas „Auswanderung von Europa nach Amerika" könnte strukturelle Parallelen zwischen historischer und gegenwärtiger Migration offen legen: Die Verquickung von wirtschaftlichen und politischen Motiven im Geflecht der Auswanderungsgründe, die Mühsal und die Gefahren der Reise, die Diskriminierungs- und Ausgrenzungsstrukturen der aufnehmenden Gesellschaften gegenüber einwandernden Minderheiten, den typischen Verlauf von Integrationsprozessen und die migrationsbedingten Veränderungen in der aufnehmenden Gesellschaft. Die USA waren ihrem Selbstverständnis eines klassischen Einwandererlandes nach immer „a nation of immigrants", sie folgten dem Motto „e pluribus unum", betrachteten das gesellschaftliche, kulturelle, staatliche, politische Gemeinwesen als ein sich aus vielen Quellen speisendes Ganzes, wobei je nach Zeitgeist und hegemonialen Denkstrukturen manchmal mehr das „unum" (das Amerikanische), manchmal mehr das „pluribus" (der ethnische Pluralismus) betont wurden. Dabei sind den USA und den Amerikanern Fremdenfeindlichkeit und Rassismus durchaus nicht fremd. Schon Benjamin Franklin, einer der Unterzeichner der Amerikanischen Unabhängigkeitserklärung, artikuliert seine Ängste vor einer deutschen (!) Überfremdung der angelsächsischen Bevölkerung 1783 mit der Diffamierung deutscher Einwanderer als „Palatine boors", als pfälzische Bauerntrottel. Mit dem absoluten Anstieg der Einwandererzahlen um 1900 und dem vermehrten Zustrom von ost- und südeuropäischen Immigranten sowie aus dem pazifischen Raum (Chinesen und Inder) macht sich eine zunehmende Fremdenfeindlichkeit breit. Anhänger einer schärferen Einwanderungsrestriktionspolitik malen das Bild einer fremdländisch übervölkerten USA, in der der „Yankee" zu einer Seltenheit würde. Gefordert werden neben Einwanderungsbeschränkungen vor allem strenge Amerikanisierungsprogramme. Mobilisiert werden in

Tabelle 1: Auswanderung 1820–1978

Herkunftsland	Gesamtzahl der Auswanderer	Prozentanteil	Jahr der größten Auswanderung
Deutschland	6.987.000	14,3	1882
Italien	5.394.000	10,9	1907
England	4.898.000	10,0	1888
Irland	4.723.000	9,7	1851
Österreich-Ungarn	4.315.000	8,9	1907
Russland	3.374.000	6,9	1913
Skandinavien	2.525.000	5,2	1882

diesem Kontext alle klassischen Stereotype fremdenfeindlicher Weltanschauung: Einwanderer sind kriminell, unmoralisch, dumm, katholisch oder sozialistisch, trinken, leben in Städten und sind vor allem keine Amerikaner. Lohnend und lehrreich ist eine Betrachtung der klassischen Phase der europäischen Massenauswanderung in die USA in der Zeit von 1815 bis zum Ersten Weltkrieg also allemal.

Die europäischen Ausgangskulturen: Wirtschaftliche und soziale Missstände

Die Dinge stehen schlecht in Europa. Die Kriege gegen Napoleon sind zu Ende. Nun ist die Not groß, überall. Verwüstete Landstriche, Missernten, Hungerkatastrophen, Tyrannei, Unterdrückung. Die Menschen leiden, sehnen sich nach einem besseren Leben ohne materielle Not, nach Sicherheit und Freiheit. Die von Brockhaus herausgegebene „Allgemeine Deutsche Real-Enzyklopädie" formuliert schon 1822, dass die Gründe für das „Auswanderungsfieber" nicht allein in einer Überbevölkerung zu sehen seien, auch nicht in dem Trieb, ein ungewisses Glück zu suchen, vielmehr werde die Auswanderung durch „die Aussichtslosigkeit, daß es je besser werde", und einen gänzlichen Mangel an Vertrauen in die Regierungen veranlasst. Ein Gefühl der Verzweiflung habe die Völker ergriffen, dass es keine Freiheit mehr für den Armen gebe, dass die arbeitende Klasse, der größte Teil des Volkes, nicht für sich arbeite, sonder nur für Hof, Heer und Staat – das alles veranlasse viele Menschen, nach einer anderen Perspektive zu suchen: nach Amerika.

Die Bevölkerungszahlen steigen in fast allen europäischen Ländern, zwischen 1800 und 1900 wird sich die Zahl der Menschen von 200 auf 400 Millionen verdoppeln, in Großbritannien von 10 auf 36 Millionen fast vervierfachen, in den deutschsprachigen Gebieten steigt die Bevölkerungszahl von 25 auf 59 Millionen. Die Wirtschaftsstrukturen halten kein den explodierenden Bevölkerungszahlen entsprechendes Erwerbsangebot bereit. Die Menschen arbeiten hart, doch die Früchte ihrer Arbeit eignen sich andere an: Junker, Großgrundbesitzer und Spekulanten. Im Dürrejahr 1842 muss in dem 500-Seelen-Dorf Winzel im Bezirk Oberndorf in Württemberg wegen Futtermangel der gesamte Viehbestand unter Wert verkauft werden. Da den Bauern im folgenden Jahr die Mittel zum Wiederankauf fehlen, leihen sie sich das Geld, ohne jedoch in der Lage zu sein, ihren Schuldverpflichtungen nachzukommen. So geraten sie in Abhängigkeit von ihren Gläubigern. Es kommt zu Zwangsversteigerungen. Die Gemeinde muss, wie auch anderswo in Deutschland, durch die Errichtung einer öffentlichen Suppenanstalt helfend eingreifen. Da es keine Arbeits- und Verdienstmöglichkeiten gibt, entschließen sich viele Personen zur Auswanderung. Nach Angaben der Ortsbehörde wandern im Jahre 1855 500 Einwohner nach Amerika aus. Da die Auswanderer zum Teil völlig verarmt sind und die Überfahrt nicht bezahlen können, beschließt die Gemeinde unter Aufnahme einer beträchtlichen Schuldenlast, jedem Bedürftigen 100 Gulden Unterstützung zu gewähren, um sich so der schweren Armenlast zu entledigen.

Starre Zunftordnungen verhindern, dass fleißige Handwerker sich einen bescheidenen wirtschaftlichen Aufstieg erarbeiten. Kommen dann Missernten, steigen auch die Brotpreise in den Städten, die Löhne für Handwerksgesellen und Tagelöhner jedoch bleiben gleich. Unter den ländlichen und städtischen Unterschichten grassiert eine ungeheure Verarmung, besser: eine galoppierende Verelendung.

In der Kammer manch eines armen Bauern steht ein Webstuhl oder ein Spinnrad, denn man ist auf den kleinen Nebenerwerb angewiesen. Jahrhunderte lang ging das gut. Nun aber überschwemmen billige industriell produzierte Textilwaren aus England den Markt.

Die Heimweber können damit nicht mithalten. Berühmte Dichter beklagen das erbarmungswürdige Schicksal der Weber: In Schlesien, so Heinrich Heine 1845 in seinem Gedicht „Die schlesischen Weber", weben sie das Leichentuch, in das sie den dreifachen Fluch hinein arbeiten, den auf Gott, König und Vaterland, und in England, dem Mutterland der Industrie, heißt es: „Stitch – stitch - stitch, in poverty, hunger and dirt, / Sewing at once, with a double thread, / A Shroud as well as a Shirt" (Thomas Hood, 1843).

In Irland grassiert schon seit 1845 in drei aufeinander folgenden Jahren und bis 1852 immer wiederkehrend die Kartoffelfäule, und das, wo doch die Kartoffel das Hauptnahrungsmittel vor allem der Armen ist. *The Great Famine* – die große Hungersnot wird man diese Katastrophe nennen. Die Menschen sterben wie die Fliegen, fast eine Million werden es sein. Der Bevölkerungsverlust durch Tod und Auswanderung beträgt 20 – 25 Prozent. Die *landlords* sind ohne Gnade: Können die Tagelöhner und kleinen Pächter ihre Abgaben nicht zahlen, werden sie aus ihren Häusern vertrieben. „Weary men, what reap ye? Golden corn for the stranger. / What sow ye? Human corpses that wait for the avenger", schreibt unter dem Pseydonym Speranza Jane Fransesca Elgee, alias Lady Wilde, die Mutter von Oscar Wilde, eine populäre Dichterin der Zeit, und beklagt, dass Schiffe voll Getreide Irland in Richtung England verlassen, obwohl die Menschen hier verhungern, und dass Soldaten die Kornspeicher der Reichen vor den hungrigen Händen der Armen bewachen.

Religiöse und politische Motive

Wer kennt sie nicht, die so genannten Pilgrim Fathers, die nach einer wahren Odyssee in Massachusetts einen Ort finden, wo sie ihre Kolonie gründen und nach ihren religiösen und sozialen Vorstellungen leben können? Besonders in den frühen Phasen der Auswanderung spielen religiöse Motive eine große Rolle. Auch die erste deutsche Ansiedlung wird 1683 von religiösen Außenseitern, von Mennoniten gegründet: Germantown, heute ein Stadtteil von Philadelphia. Waldenser, Herrnhuter, Mormonen und andere – in Europa sind sie verfolgt, Amerika erlaubt allen in Toleranz ihren Glauben.

Die amerikanische Unabhängigkeitserklärung garantiert das Recht auf Leben und das Recht auf Freiheit, die individuellen Menschenrechte sind Bestandteil der amerikanischen Verfassung. Erstmals gründet sich ein politisches System nicht auf das monarchische Gottesgnadentum, sondern auf das Prinzip der Volkssouveränität. Die USA sind eine Republik. Es ist nur folgerichtig, dass sich politische Visionäre, Radikale aller Couleur viel von Amerika versprechen: Gottfried Duden gründet im Missouri Valley seine freiheitliche Siedlung der *Latin Farmers*, der englische Utopist Robert Owen praktiziert in New Lanark einen genossenschaftlichen Sozialismus, der deutsche Kommunist Wilhelm Weitling agitiert in New Yorks Lower East Side für seine Ideen, Carl Schurz und andere Flüchtlinge der gescheiterten 1848er Revolution prägen über Zeitungen, politische Vereine und Bildungszirkel nachhaltig die amerikanische politische Kultur. Einige werden zu führenden Politikern des Landes. Ein „Stückchen Unabhängigkeit" von feudalen Obrigkeiten ist auch für die „kleinen Leute" ein starkes Motiv, den Ständegesellschaften im alten Europa mit ihren ungerechtfertigten Privilegien den Rücken zu kehren.

Zum Ende des 19. Jahrhunderts steigen die Auswanderungszahlen gewaltig: Zwischen 1815 und 1860 gehen 5 Millionen Menschen in die USA, von 1860 bis 1890 10 Millionen und zwischen 1890 und 1910 15 Millionen. Und es setzt ein struktureller Wandel ein: Im Jahre 1882 beispielsweise kommen 87 % der Migranten aus Deutschland, Irland und Skandinavien und nur 13 % aus Süd- und Osteuropa. 1907 hingegen stammen 19 % aus West-, Mittel- und Nordeuropa und 80 % aus Süd und Osteuropa.

Armut, Existenzprobleme und Perspektivlosigkeit kennzeichnen nämlich auch die Lage der Menschen in Osteuropa. Bis 1865 existiert in Russland sogar noch die Leibeigenschaft. In dem Vielvölkerstaat haben Angehörige nichtrussischer ethnischer Gemeinschaften keinerlei Rechte, sie dürfen ihre Sprache nicht sprechen und ihre Religion nicht ausüben. Gefürchtet ist der Militärdienst in der zaristischen Armee, für viele Jahre werden die jungen Männer von ihren Familien getrennt und in entlegene Gegenden abkommandiert. Despotisch ist das Zarenregime: Zeitungen werden zensiert, Organisationen und Parteien verboten, Meinungsfreiheit unterdrückt.

In Polen haben der Adel, die *szlachta*, und die katholische Kirche die Menschen fest im Griff. Es gibt ein riesiges Heer besitzloser Landarbeiter, die auf den großen Gütern nur saisonweise Arbeit finden. Die Intellektuellen beklagen, dass Polen kein eigenständiger Staat sei, die Nation ist aufgeteilt zwischen Preußen, Österreich-Ungarn und Russland.

Eine Gruppe hat besonders zu leiden: die Juden. Ihnen begegnete das christliche Europa schon seit vielen Jahrhunderten mit Feindschaft und zwang sie in Berufe hinein, die die Christen als minderwertig, entehrend oder verboten ansahen. Die Juden wurden zum Sündenbock und Hassobjekt. Immer wieder gibt es vor allem in Russland blutrünstige Pogrome gegen die jüdische Bevölkerung; Attentate auf den Zaren und seine Familie sind immer wieder Anlass für Plünderungen, Verfolgungen, Deportationen und Mord. 1882 leiten die sog. Mai-Gesetze eine systematische Verarmung der Juden ein: Sie werden aus den Dörfern und Städten verbannt, ihr Handel wird eingeschränkt, sie dürfen sich nur in bestimmten Gebieten niederlassen, keine höheren Schulen besuchen und nicht studieren. 1903 werden im Kischinow-Pogrom, von der Polizei und dem Militär angestachelt, mehr als 300 Juden umgebracht.

Der Entschluss

Überall in Europa also Elend, Unzufriedenheit und Aussichtslosigkeit – kein Wunder, dass sich die Hoffnung der Menschen auf Amerika richtet: Amerika wird als das gelobte Land, das Land, wo Milch und Honig fließen, als das Paradies auf Erden gepriesen – „do pample einem die Goldorange ins Maul", heißt es in einem pfälzischen Mundartgedicht von Franz von Kobell 1862, und eine sächsische Flugschrift verkündet bereits 1820: „Leb wohl, du undankbares Vaterland, wir ziehen freudig mit vereinter Hand, dorthin, nach jenen viel gepriesenen Auen, um uns ein irdisch' Paradies zu bauen".

Ein wahres Auswanderungsfieber grassiere, beschwert sich überall die Obrigkeit. Die Menschen machten sich ganz falsche Vorstellungen von ‚Amerika'. „In Amerika, do hunzt mer sich nit so", sagen die Pfälzer, „I am bound for to cross o'er the wild swelling ocean in search of fame, fortune and sweet liberty", singen die Iren, „to Amerike, to Amerike", lautet die Parole im galizischen Polen, und für die Juden nimmt Amerika die traditionelle Rolle Jerusalems beim Passahfest ein – jetzt verspricht man sich: „Nächstes Jahr in Amerika".

Auf Marktplätzen, in Wirtshäusern und vor und nach der Kirche erörtern die Menschen, ob man nach Amerika gehen oder lieber im Lande bleiben solle und sich redlich nähren, wie es Kirche, Großgrundbesitzer und Militär verlangen, denn diese brauchen Gläubige, Arbeitskräfte und Soldaten.

Die Reedereien der großen Hafenstädte allerdings, der Norddeutsche Lloyd und die Hapag in Deutschland, die White Star Line in England, die französische Compagnie Générale Transatlantique, wittern ein lukratives Geschäft. Deshalb stellen sie Wirte, Pfarrer und Lehrer in auch den kleinsten Orten als Agenten an, damit die Auswanderungswilligen sich dort informieren und vor allem Fahrkarten kaufen können.

Alle Auswanderungsagenten verdienen gut an den Auswanderern, deshalb schüren sie das ‚Fieber'. Rund 50 Taler kostet Mitte des 19. Jahrhunderts die Passage nach Amerika, dafür muss ein Handwerker fast drei Monate arbeiten. Immerhin drei bis vier Taler fallen für den Agenten dabei ab. Auch später in Osteuropa ist es in den allermeisten Fällen so, dass die Familie mehrere Jahre sparen muss, um das Passagegeld von 160 Mark für den Postdampfer aus Bremen oder Hamburg aufzubringen, dann braucht man auch noch 25 Dollar, die man bei der Einreise in die USA vorweisen muss, Reisegeld ist nötig und eine kleine Summe für den Neuanfang in Amerika... Auswandern ist keine leichte Entscheidung, und schon gar keine, die man schnell revidieren kann.

Der Abschied von zu Hause und die Reise

Ist der Entschluss gefallen, feiert man Abschied. Dann legt man die besten Kleider an, betet um Gottes Segen und macht sich auf den Weg. Freunde und Verwandte bringen die Auswanderer auf Leiterwagen noch bis zum Nachbarort, dann heißt es ade und viel Glück. Im Jahr 1858 etwa müssen sich Auswanderer aus dem hessischen Vogelsberg auf dem Weg nach Bremen von mehr als dreißig verschiedenen Grenzposten kontrollieren lassen, sechs Wochen kann die Reise zum Hafen dauern, zu Fuß, manchmal auf einem Fuhrwagen, das ist gut, denn der Fuhrmann kennt den Weg, weiß, wo man übernachten und essen kann, welches Geld gerade gültig ist und wie man Dieben und Halsabschneidern aus dem Wege geht.

In den Auswanderungshäfen

Die wichtigsten Auswanderungshäfen bis zum Ersten Weltkrieg sind Liverpool für Iren, Engländer, Schotten und Skandinavier, Antwerpen, Le Havre, Rotterdam für West- und anfangs für Mitteleuropäer, Bremen und Hamburg für Deutsche, Ost- und Südosteuropäer.

Zu Zeiten der Segelschiffe sind die Abfahrten unregelmäßig, groß ist die Enttäuschung, wenn das nächste Schiff erst in zwei Monaten ausläuft. Der Lebensunterhalt für diese Zeit würde weitere zehn Taler kosten, und außerdem brauchen die Auswanderer noch eine Matratze, Kochgeschirr, amerikanisches Geld und so manch andere Dinge für die Reise. Überall lauern Gauner, wollen den Auswanderern falsches Geld andrehen, sie beim Kartenspiel ausnehmen, einer will sogar alte Bibeln verkaufen. Bremen hat in Auswandererkreisen einen ausgesprochen guten Ruf. In der Stadt hilft das sog. Nachweisungsbüro, eine Amtsstelle, die informiert, wann das Schiff nach Amerika geht, wie viel die Passage kostet, in welchen Gasthäusern man übernachten kann, wie viel Dollar man braucht usw.

In der Öffentlichkeit Bremens sind die Auswanderer dagegen weniger gern gesehen. Nach Ankunft am Bahnhof werden sie unverzüglich zu Kolonnen zusammengestellt und von Polizei zu den für sie reservierten Quartieren geleitet. Im Stadtteil Findorff, 10 Minuten Fußweg vom Bahnhof entfernt, werden 1907 die sog. Auswandererhallen gebaut, um die wachsende Zahl osteuropäischer Auswanderer unterbringen zu können. Hier ist Platz für 2400 Menschen; dazu gibt es Kochgelegenheiten und Kirchen der verschiedenen religiösen Gruppen. Eine kleine Welt für sich, mit der die Bremer wenig zu tun haben.

So scheint der Umgang Bremens mit den Auswanderern geradezu paradigmatisch gewesen zu sein: Als „Geschäftsmasse" werden sie zuvorkommend behandelt, ansonsten aber werden sie reglementiert, selektiert, kaserniert, vom Leben der Stadt ferngehalten.

Dennoch: Bremen kümmert sich um die Auswanderer. Schon ab 1832 erhalten die Passagiere von den Reedereien Proviant auf der Überfahrt, Schiffslisten werden angelegt und ein Arzt fährt an Bord mit. Das Nachweisungsbüro überwacht Leistungsstandards und Preisgestaltung der Gasthöfe, Expediteure und Reedereien. Die Polizei schützt die Auswanderer vor Betrug und Übervorteilung. „Bremen ist eine sehr lebhafte Handelsstadt, und es ist hier wohlfeiler zehren als man wohl glaubte", berichtet ein deutscher Auswanderer schon 1833, und der Königlich-Bairische Minister Resident zu Bremen warnt 1839 vor den „Hamburger Schwindlern", die Passagen um die Hälfte teurer verkauften, „als wozu sie hier von Bremen aus nach dem eigentlichen Platz ihrer Bestimmung in Amerika hätten kommen können".

Die Überfahrt

Eine eigenartige Stimmung zwischen Trauer, Wehmut, Freude und Optimismus liegt über dem letzten Abend an Land. Im Hafengewimmel sieht man die Auswanderer auf ihren Kisten sitzen, Männer, Frauen, Kinder, die meisten sind rechte Landratten, haben noch nie so große Schiffe gesehen und so viel Wasser. Der Schriftsteller Hermann Allmers schreibt in seinem Marschenbuch 1892 über die Szenerie in Bremerhaven, dass vor allem die Männer „ein gewisses Bewußtsein der Unabhängigkeit, der Losgebundenheit" zur Schau stellten, dass „das Scheideweh längst überwunden" sei. Doch nun geht es an Bord, das große Abenteuer kann beginnen.

Die armen Auswanderer sind im Zwischendeck untergebracht, direkt über dem Frachtraum. Hier hat man einfache Kojen eingebaut, auf der Rückfahrt werden sie wieder entfernt, um Platz zu machen für Wolle, Baumwolle, Tabak, Tee, Kaffee. Auswanderer sind eine gute ausgehende ‚Fracht' für die Reedereien, denn aus Deutschland gibt es wenig zu exportieren – früher fuhren die Schiffe häufig nur mit Ballast nach Amerika. Die Auswanderer bezahlen die Passage sogar im Voraus – so können die Reedereien auf dem amerikanischen Markt günstige Frachttarife anbieten, ein doppeltes Plus. Die Reedereien profitieren nachhaltig vom Auswanderergeschäft. Zwischen 1885 und 1923 verdient der Norddeutsche Lloyd daran 325 Millionen Mark.

Das Zwischendeck ist 1,90 Meter hoch, die Kojen knapp 50 cm breit und 1,80 Meter lang, in jeder Koje liegen zwei Personen, ein knapper Quadratmeter steht dem Zwischendeckpassagier zu, dann noch die Koffer, Kisten und Bündel. „Denke dir nur in diesem Raum bei schlechter Witterung 100 und ungefähr 10 bis 15 Auswanderer eingeschlossen, denke dir ihre Ausdünstung, das Lachen, Toben, Übergeben, Lamentiren, Kinderschreien etc. etc.", so schreibt der Schriftsteller Friedrich Gerstäcker über das Zwischendeck. Er hatte mit der Constitution 1837 noch ein relativ kleines Schiff erwischt, manchmal sind auf den Segelschiffen über 500 Auswanderer zusammen gepfercht, dazu einige hundert Mann Besatzung. Und neben Übergeben und Lamentieren vollzieht sich auch alles andere im Zwischendeck: Geburt und Tod, Seuchen, Gewalttätigkeiten, Plünderungen, Liebe, Zärtlichkeit.

Die Segelschiffe sind im Schnitt drei Monate unterwegs, je nach Wind- und Strömungsverhältnissen. Man hörte auch schon von längeren Passagen, die längste war wohl neun Monate! Das Essen ist eintönig: Bohnen, Linsen, Schiffszwieback, das Wasser abgestanden und faulig. Die Sterblichkeitsrate beträgt noch um 1850 drei Prozent, 10 Dollar müssen die Reedereien für jeden Toten bezahlen.

Mit den Dampfern bessern sich die Bedingungen der Überfahrt erheblich, in zwölf bis vierzehn Tagen überqueren die Ozeanriesen den Atlantik, das Essen ist besser, die Bequemlichkeit sowieso. Seekrankheit und Langeweile sind das Hauptproblem. „Himmel und Wasser, immer nur Himmel und Wasser", klagt ein Auswanderer, dem es im Zwischendeck, direkt bei den Maschinenräumen, furchtbar schlecht geht.

Eine richtige Kleinstadt ist an Bord der Vier-Schornsteine-Dampfer versammelt, 2500 Passagiere und 800 Mann Besatzung sind die Regel. Für den gesamten Proviant bräuchte man 40 Eisenbahnwaggons.

Die meisten Auswanderer kommen nun aus Osteuropa, die Zahlen sind gewaltig gestiegen – war in Bremen bisher 1854 das Spitzenjahr mit rund 75 000 Auswanderern, sind es nun 1907 und 1913 jeweils um die 250 000. Das sind auf den Tag umgerechnet 660 Menschen, die in Bremerhaven an der Columbuskaje, symbolisch „Kaje der Tränen" genannt, die großen Ozeandampfer besteigen, um den alten Kontinent zu verlassen.

Die Ankunft in der Neuen Welt

Die beschwerliche und gefährliche Reise nähert sich ihrem Ende. Im fernen Dunst tauchen die Wolkenkratzer von Manhattan auf. Die Freiheitsstatue ist für die Ankömmlinge „the lady with the lamp", die das Goldene Tor symbolisiert. Dahinter liegt „The promised land", „The land of plenty", das Land der Freiheit und der unbegrenzten Möglichkeiten. Unbeschreibliche Szenen spielen sich an Bord der Schiffe ab. Die Strapazen der Reise sind vergessen, die Menschen umarmen sich, beten, singen, tanzen. Die Lichter Manhattans erscheinen wie Perlenketten.

Doch bang wird den Einwanderern beim Anblick von Ellis Island – „the island of hope, the island of tears" – Antipode der Freiheitsstatue. 1892 ist die Einwandererstation gegründet worden. Hier werden die Menschen registriert, selektiert, medizinisch kontrolliert und durch Immigration Officers ausgefragt. „Hier würde es sich entscheiden, ob wir Amerikaner werden durften, oder ob man uns zurückschicken würde. Angst hatten wir alle", so erinnert sich eine Irin. Eine andere Frau dachte, sie würde im Himmel landen, und war über die Kälte, die Ellis Island ausströmte, so entsetzt, dass sie wieder nach Hause wollte, „dorthin, wo ich wußte, daß es warm war".

Für 17 Millionen Einwanderer ist Ellis Island das Tor zur Neuen Welt. Zwei von hundert werden wieder zurückgeschickt. Wer die Einwanderungsprozeduren überstanden hat, kann durch die Tür mit der Aufschrift „Push to New York" gehen und nach Manhattan übersetzen.

Im Land der unbegrenzten Möglichkeiten

Ethnische Nachbarschaften

In New York angekommen, orientieren sich die meisten erst einmal dorthin, wo sie hoffen, Landsleute zu treffen: sie ziehen in die ethnischen Viertel.

Sie gibt es in allen Großstädten, und auch im ländlichen Amerika lassen sich bestimmte Einwanderergruppen vorzugsweise in bestimmten Regionen nieder.

In Manhattan geht es zu wie in einem globalen Dorf: Hier leben die Iren zusammen, dort ist Little Italy, gleich nebenan Chinatown, Klein-Deutschland am East River ist nach Berlin und Wien die drittgrößte deutschsprachige Stadt, dort liegt das jüdische Viertel – „a patchwork of ethnic neighborhoods" nennen die Amerikaner das, einen Flickenteppich ethnischer Nachbarschaften.

Kein Wunder: Alle Einwanderer ziehen erst einmal dahin, wo sie in einer völlig fremden Umgebung auf Vertrautes stoßen. Hier kann man leichter eine Wohnung oder Arbeit bekommen, Landsleute helfen einem über die ersten Schwierigkeiten hinweg. Einwanderer fangen in der Regel ziemlich schnell an, ihr Aussehen entsprechend der neuen Umwelt zu gestalten, sich so zu kleiden, wie es in Amerika Mode ist. Auch Arbeitstechniken und Bewirtschaftungsweisen, die den vorgefundenen natürlichen und ökonomischen Bedingungen entsprechen, werden rasch übernommen. Sie lernen notgedrungen den Umgang mit staatlichen und gesellschaftlichen Institutionen, die für ihren Aufenthaltsstatus und ihr wirtschaftliches Vorankommen wichtig sind. Anderes ändert sich langsamer, oft nur in einem Prozess, der mehrere Generationen dauert: Essensgewohnheiten, kirchliche und religiöse Praktiken, Feste und Feiertage. Wieder anderes, wie die Sprache, behält eine Zwitterstellung. Wo man muss, wird Englisch gesprochen: bei der Arbeit, in der Schule, bei den Behörden, im Kontakt mit anderen Einwanderergruppen. Zu Hause, in der Familie und der ethnischen *community*, wird oft bis in die dritte und vierte Generation die Sprache der alten Heimat gepflegt. Alle Einwanderergruppen bringen ihr „cultural baggage", ihr Kultur im Gepäck mit. Das schützt sie vor Identitätsverlust in einer neuen, fremden, oft als feindlich empfundenen Umgebung. Amerika respektiert das, die Immigranten können die kulturellen Muster aus „the old country" pflegen, sich mit Wehmut und Hingabe an ihre alte Heimat erinnern, sie können Tempo, Bereiche und Formen ihrer Integration in die neue Gesellschaft weitgehend selbst bestimmen. Die ethnischen Viertel fungieren als eine Art „Kulturschleuse". Hier findet sich kulturell Vertrautes: Kirchen, Synagogen, Tempel, von der ethnischen Gemeinschaft oft in harter Eigenarbeit errichtet und vom kargen Lohn abgespart. Läden, Vereine, Wirtshäuser, Handwerkerstuben, Selbsthilfeorganisationen folgen. Über die Generationen setzt eine Differenzierung in Arm und Reich ein, der wirtschaftliche Aufstieg hat oft seine geographische Entsprechung, man zieht aus dem alten Viertel fort, in eine bessere Gegend, und überlässt das Territorium nachdrängenden Immigrantengruppen.

Der Erste Weltkrieg hat mit dem immensen Loyalitätsdruck, der auf die Deutschamerikaner ausgeübt wurde, den Integrationsprozess der Einwanderer in die amerikanische Gesellschaft wesentlich beschleunigt und erheblich zum Erosionsprozess der deutschen Kultur in den USA beigetragen. Die Schule, die Medien, die moderne Freizeitgestaltung, der American Way of Life sind bedeutende integrationsfördernde Instanzen. In der Schule lernen auch deutsche Kinder patriotische Hymnen, auch deutschstämmige Familien hören US-amerikanisches Radio, deutsche Jugendliche sehen sich amerikanische Filme an und tanzen nach den Swing-Klängen von Duke Ellington und Benny Goodman. Bald gehören auch Hamburger, Ice Cream und Coca Cola zu ihrem Alltag.

Die gleichen Akkulturationsmuster lassen sich im jüdischen Viertel Williamsburg in Brooklyn, in Little Italy und Chinatown an der Südspitze Manhattans und in Klein-Odessa in Brighton Beach finden.

Siedler im amerikanischen Westen

Viele Einwanderer ziehen weiter nach Westen, da hoffen sie, Land zu bekommen. Doch die guten Zeiten sind vorbei, der Staat hat den großen Eisenbahngesellschaften viel Land umsonst überlassen, damit sie die transkontinentale Eisenbahn bauen. „Die Tat des Jahrhunderts" nennt man dann die sog. Hochzeit auf Schienen, als sich 1869 am Promontory Point in Utah die Central Pacific Railroad mit der Union Pacific vereinigt. Der Kontinent ist damit erschlossen. Die Eisenbahngesellschaften verkaufen nun das Land teuer an die Siedler weiter. Die meisten fangen ganz klein an, in Erdlöchern, die aus Grassoden aufgeschichtet werden, oder in einfachen Blockhütten.

Das Bild des klassischen Auswanderers ist das vom Siedler im amerikanischen Westen, der mit dem Conestoga Wagon die Prärie überquert, mit Indianern und Gangstern kämpft, die *frontier*, die Siedlungsgrenze immer weiter nach Westen vorantreibt, den Wald rodet, Felder anlegt, Vieh züchtet, die Rocky Mountains überquert und schließlich zum Goldrausch nach Kalifornien aufbricht. Tatsächlich sind nur ca. 6 Millionen Einwanderer solche Siedlungswanderer gewesen, die klassischerweise aus ländlichen Regionen in Europa kamen und sich als Farmer in den USA niederlassen konnten. Dies trifft insbesondere für die sog. „old immigration" zu, Einwanderer aus England, Deutschland, Irland und Skandinavien. Bedeutender, auch zahlenmäßig, ist die Arbeitsmigration, die Anwerbung von Arbeitskräften für die sich entwickelnde Industrie. Etwa 25 Millionen Menschen kommen aus ländlichen Regionen vorwiegend in Süd- und Osteuropa in die urbanen industriellen Zentren der USA. Dort spricht man nun von „new immigration".

Arbeiter für die amerikanische Industrie

Bei den meisten Einwanderern reicht das Geld nicht, um sich ein Stück Land zu kaufen. Was bleibt, ist, sich als Lohnarbeiter zu verdingen, beim Holzfällen, Eisenbahnbau, Straßen-, Kanal- und Brückenbau. Nach dem amerikanischen Bürgerkrieg braucht die boomende Industrie der Neuen Welt Arbeitskräfte für die Stahlfabriken in Detroit, die Bergwerke in Pennsylvania, die Schlachthöfe in Chicago und die Textilmanufakturen in New York. Oft sind dies Einzelwanderer, durchaus auch Frauen, die mit der Intention auswandern, in Amerika genug Geld zu verdienen, um sich dann in der alten Heimat einen sozialen Aufstieg leisten zu können: einen kleinen Bauernhof, eine eigene Handwerkerstube. In dieser Gruppe liegen Hoffnungen und Erfahrungen besonders weit auseinander. So verwundert es nicht, dass die Rückwandererquote beträchtlich ist, im Durchschnitt 34 Prozent.

Was ist vom Amerikanischen Traum der Einwanderer geblieben? Das meiste war Illusion. Auf Amerika wurde der Traum von einem besseren Leben projiziert, so wie man das mit dem Garten Eden in der Bibel tut. In Amerika kann man ein Leben ohne Pogrome führen, in Sicherheit, jeder kann denken, was er will – ein Stückchen Unabhängigkeit für alle: „Man hat hier keinen Kaiser!", oder „Hier muß man nicht dauernd den Hut quetschen!", sagen die Deutschen. Natürlich gibt es eine große Kluft zwischen Arm und Reich, aber nicht diese Privilegien, diese Standesdünkel, diese auf Geburt beruhende Hierarchie. Die Menschen glauben an ihre Chance für sich und vor allem für ihre Kinder, einen sozialen Aufstieg zu realisieren, „to seek opportunities" antworten die meisten auf die entsprechende Frage der Immigration Officer auf Ellis Island, was sie sich von den USA versprächen. Der Soziologe Stephen Thernstrom hat nachgewiesen, dass soziale Mobilität in den USA im Wesentlichen horizontal verläuft, also geographische Mobilität ist. Er hat belegt, dass nur ca. ein Drittel der Personen, deren Väter Arbeiter waren, in nicht-manuelle Berufe aufsteigen konnten, zwei Drittel blieben also Arbeiter oder stiegen sogar sozial ab. Außerdem heißt nicht-manueller Status nicht automatisch materielle und soziale Besserstellung. Der Aufstieg vollzog sich graduell, z. B. in Positionen von kleinen Angestellten, Kleinhändlern und Kleineigentümern. Nicht mehr als einem von zehn gelang es, in einen freien Beruf hineinzukommen oder ein bedeutender Geschäftsmann zu werden – ein Aufstieg bis zur Spitze der Berufshierarchie war für sie weit weniger wahrscheinlich als für Söhne aus Familien der oberen Mittelklasse. Wie heißt es in einer italienischen Einwandereranekdote: Ich ging nach Amerika, weil ich dachte, dass dort die Straßen mit Gold gepflastert seien. Als ich ankam, stellte ich fest, dass sie gar nicht gepflastert waren und dass ich sie pflastern sollte.

„Amerika" war das Land, in dem über 90 % der Menschen ihre Träume von einem besseren Leben ohne Not und in Freiheit hofften verwirklichen zu können. Doch für die meisten stellte sich die Idee von den „unbegrenzten Möglichkeiten" als Illusion heraus. Die Rückwanderungsquote von durchschnittlich über einem Drittel, die in wirtschaftlichen Krisenzeiten wie den 1930er Jahren in manchen ethnischen Gruppen (Polen, Italiener) auf über 60 % ansteigen konnte, zeugt davon, dass sich auch in den USA viele Hoffnungen nicht erfüllten. Dennoch boten die USA in politischer Hinsicht ein Leben in Freiheit und persönlicher Sicherheit, ein Stück Unabhängigkeit von obrigkeitlicher Willkür und Standesprivilegien. Einwanderer waren keineswegs kulturell entwurzelt, sondern pflegten und bewahrten eine Erinnerungskultur an die alte Heimat, weil diese sie vor Identitätsverlust schützte. Entsprechend ihrem Selbstverständnis als einer „Nation von Einwanderern" respektierte Amerika das, und Konzepte wie „ethnischer Pluralismus" oder „kulturelles Mosaik" künden von der Wertschätzung kultureller Diversität.

Migration prägte über Jahrhunderte das Geschehen in den Ländern Europas; das Deutsche Auswandererhaus in Bremerhaven nennt eine Zahl von 70 Millionen Menschen, die die Alte Welt in Richtung Amerika verließen. Damit war die Massenauswanderung zwischen dem Ende der napoleonischen Kriege und dem Ersten Weltkrieg eine „Völkerwanderung" bisher unbekannten Ausmaßes. Die Ausgangskulturen verloren einen beträchtlichen Teil ihrer produktiven, gesunden und aufstiegsorientierten Bevölkerung.

Die Themen „Auswanderung nach Amerika" und „Migration" haben in den letzten Jahrzehnten in der *public history* eine gewaltige Aufwertung erfahren. Widmeten sich früher eher Heimatmuseen, etwa die Heimatstelle Pfalz oder der nordirische Ulster American Folk Park, in den europäischen Abwanderungsgebieten dem Thema „Auswanderung" und versuchten so die Erinnerung an ein wichtiges Kapitel der Regional- und Heimatgeschichte wach zu halten, so gibt es mittlerweile eine Reihe namhafter Museen, die als Erinnerungsorte fungieren. Das Auswanderermuseum im schwedischen Vexjö, das Liverpool Maritime Museum, das Deutsche Auswandererhaus in Bremerhaven und das Museum BallinStadt in Hamburg sind an historisch bedeutsamen und mit dem Thema Auswanderung verknüpften Orten angesiedelt. Diese Einrichtungen bedienen von ihrer Ausrichtung her vor allem auch die „Erinnerungen" einer amerikanischen Klientel, die sich auf der Suche nach ihren „roots", ihren Wurzeln, befindet. Für viele amerikanische Familien ist es wichtig, die Herkunft ihrer Vorfahren ausfindig zu machen, um ihre Identität abzurunden. Dafür sprechen der gewaltige Zulauf von genealogischer Forschung und sog. *heritage*-Reisen nach dem Motto „Routes to the Roots" – so der sprechende Name eines Reiseveranstalters. Natürlich pflegen auch die USA ihre Tradition als einer Einwanderungsnation: Ungezählte *historical societies* kümmern sich um die regionale Geschichte der Immigration, Open-Air-Museen wie die Plymouth Plantation in Massachusetts, der Erinnerungsort an die Pilgrim Fathers, bieten nach dem Prinzip der *living history* „Erlebnisreisen" in die Vergangenheit, und im nationalen Einwanderermuseum auf Ellis Island kann man sich am historischen Ort authentisch über alle Aspekte des Wanderungsgeschehens informieren.

Literaturhinweise

Klaus J. BADE u. a. (Hrsg.), Enzyklopädie Migration in Europa vom 17. Jahrhundert bis zur Gegenwart. Paderborn/München 2007.

John BODNAR, The Transplanted. A History of Immigrant in Urban America. Bloomington 1985.

Dirk HOERDER/Leslie Page MOCH (Hrsg.), European Migrants. Global and Local Perspectives. Boston 1996.

Diethelm KNAUF/Barry MORENO (Hrsg.), Aufbruch in die Fremde. Migration Gestern und Heute. Bremen 2010.

Patrick MANNING, Migration in World History. New York 2005.

Edith Hanke
Max Weber und Japan

Warum Japan? Unwillkürlich denkt man seit dem Frühjahr 2011 an die dreifache Katastrophe – Erdbeben, Tsunami und Fukushima – und kann die langfristigen Folgen für das Selbstverständnis moderner, hochtechnisierter Gesellschaften heute noch nicht abschätzen. Sicher ist, dass der 11. März 2011 sich als ein Datum in die japanische wie die globale Geschichte eingraben wird. Die deutsche Öffentlichkeit und Politik reagierten bislang empfindlicher als die direkt Betroffenen auf die Erkenntnis, dass die Atomtechnologie sich in Extremsituationen nicht mehr beherrschen lässt. Die Skepsis gegenüber den Folgewirkungen überwiegt in Deutschland. Wir sind hineingestellt in „jenen mächtigen Kosmos der modernen, an die technischen und ökonomischen Voraussetzungen mechanisch-maschineller Produktion gebundenen, Wirtschaftsordnung [...], der heute den Lebensstil aller einzelnen, die in dies Triebwerk hineingeboren werden [...], mit überwältigendem Zwange bestimmt und vielleicht bestimmen wird, bis der letzte Zentner fossilen Brennstoffs verglüht ist". Dies ist der skeptische Ausblick des deutschen Soziologen Max Weber am Ende seiner berühmten „Protestantischen Ethik", geschrieben 1904/05. Insbesondere dieses Werk machte Weber weltweit zu einem Klassiker der modernen Sozial- und Kulturwissenschaften. In Japan gehört Weber zu den Spitzenreitern der „importierten" westlichen Theoretiker mit den weltweit meisten Übersetzungen und Tausenden von wissenschaftlichen Arbeiten über ihn. Warum konnte Max Weber in Japan eine solche Berühmtheit erlangen? Wer sind die Vermittler? Wo begegnen sich deutsche und japanische Wissenschaftler? Was kommt von der japanischen Weberforschung zurück nach Deutschland?

Ist Max Weber „schuld"?

Die Frage ist suggestiv, bildet aber die kritische Anfrage eines japanischen Weberforschers an Max Webers „Die protestantische Ethik und der ‚Geist' des Kapitalismus". Tatsuro Hanyu interessiert, ob Max Weber bei der Untersuchung des lutherischen Berufsbegriffs wirklich die von ihm angegebenen Bibelausgaben des 16. Jahrhunderts benutzt hat, und macht dies zu einer Frage des wissenschaftlichen Ethos. Der Titel „Max Webers Verbrechen" (Kyoto 2002) enthält seine Antwort.

Webers übergreifendes Anliegen ist die Frage: Warum hat sich nur im Abendland (er bevorzugt den Ausdruck „Okzident") ein rationaler Kapitalismus ausgebildet? Neben ökonomischen und sozialen Gründen führt Weber vor allem die durch den strengen Puritanismus beeinflusste Arbeitsethik als maßgeblichen Entwicklungsfaktor an. Aus dieser Grundidee entsteht sein großes Arbeitsprogramm: Warum hat es nur im Okzident einen rationalen Kapitalismus, ein rationales Recht, eine rationale Bürokratie, eine rationale religiöse Ethik, eine rationale Wissenschaft, eine rationale Vergesellschaftung von Bürgern zu einem städtischen Verband gegeben? Weber will das „So-und-nicht-anders-Gewordensein" der europäischen Moderne erklären und weitet seinen Blickwinkel zunehmend aus, indem er außereuropäische Kulturen vergleichend einbezieht. Auf die „Protestantische Ethik" folgen die „Studien zur Wirtschaftsethik der Weltreligionen". Konfuzianismus und Taoismus, Hinduismus und Buddhismus sowie das antike Judentum werden unter der Fragestellung beleuchtet, welche fördernden und welche hemmenden Faktoren sie im Hinblick auf die Ausprägung einer modernen kapitalistischen Wirtschaftsordnung enthalten. Ein Mammutprogramm, das durch den Blick auf den Islam und das frühe Christentum hätte abgerundet werden sollen. Methodisch war ein solch breit angelegter universalhistorischer Vergleich nur möglich durch die Bildung von Idealtypen, Gedankenkonstrukten, die es Weber ermöglichten, historische Entwicklungen in ihrem strukturellen Gehalt miteinander zu vergleichen. Japan spielt in diesem monumentalen Kulturvergleich nur eine Nebenrolle. Es hat keine eigene Weltreligion ausgebildet, so dass Weber den Einfluss des Konfuzianismus und Buddhismus in Japan kurz berührt und zu der wichtigen Aussage gelangt: „Japan konnte den Kapitalismus als Artefakt von außen relativ leicht übernehmen, wenn auch nicht seinen Geist aus sich schaffen". Der Soziologe Shmuel N. Eisenstadt beschreibt die Fähigkeit der Japaner, fremde Religionen und Theorien aufzunehmen, ohne die kulturelle Eigenheit zu verlieren, als „immanentistische Ontologie".

Was hat Max Weber an Japan interessiert? Es gibt nur wenige Stellen im Werk außer der gerade genannten, an denen sich Weber direkt mit Japan befasst. Eine untersucht den japanischen Geschlechterstaat der Frühzeit als Beispiel für das Erbcharisma von Familien. Die andere, heute aktuellere Stelle verknüpft die „permanente Erdbebengefahr in Japan" mit der politischen und religiösen Ordnung. Trotz dieser naturbedingten Dauergefährdung hätten „im japanischen Staatswesen die feudalen Geschlechter keinerlei Hierokratie dauernd aufkommen" lassen. Die Stelle ist typisch für Webers Blickwinkel. Ihn interessieren die außereuropäischen Kulturen an den Punkten, in denen sie sich signifikant von europäischen Institutionen und Entwicklungen unterscheiden. Im Vergleich zu Japan schärft Weber seinen Begriff des spezifisch europäischen Lehnsfeudalismus; der japanische kenne zwar den hochgespannten Ehr- und Treuebegriff der Samurai, ihm fehle aber die Verknüpfung mit der Vergabe von Grundherrenrechten. Ein Ständestaat wie im Okzident als eine Form der traditionalistischen politischen Gewaltenteilung konnte daher in Japan nicht entstehen. Auch eine eigenständige Kirche, die als autonome Ordnung bestanden hätte, gab es nicht. Dies veranschaulicht Webers Grundverständnis der modernen europäischen Kultur, in der Ordnung gegen Ordnung steht und jede Lebenssphäre ihren eigenen Gesetzlichkeiten folgt. Dies ist ein kämpferisches, polytheistisches Grundmodell, das – im positiven Fall – dynamisch ist und Wahlfreiheit ermöglicht. Erstarren kann es von innen, wenn der Rationalismus seine eiskalten Hände ausstreckt und alles zum „Gehäuse" wird.

Für die Weberforschung in Japan hätten die genannten Stellen im Werk Max Webers einen Anknüpfungspunkt bilden können. Sie waren es aber nicht, denn Weber nahm das alte, traditionale Japan nur bis zur Schwelle der Modernisierung in der Meiji-Zeit in den Blick. Die Japaner interessierten sich hingegen für Webers Theorie der Moderne, wie sie in der „Protestantischen Ethik" und der „Wirtschaftsethik der Weltreligionen" enthalten ist.

Makkusu Wēbā

Max Weber und seine Ideen waren seit den 1920er Jahren die Begleiter Japans auf dem Weg in die Moderne. Im Fall Japans kann man von einer wahren „Weber-Industrie" sprechen. Seit der ersten Übersetzung des unbekannteren Aufsatzes über die „Grenznutzlehre und das psychophysische Grundgesetz" 1925 folgten bis heute mehr als 170 Übersetzungen des Weberschen Œuvres. Japan ist damit das Land, das Webers Werk am umfassendsten übersetzt hat, teils auch in konkurrierenden Übersetzungen. Einige Webertexte sind sogar vor der deutschen Veröffentlichung zuerst in japanischer Sprache erschienen, etwa § 7 von Webers Vorlesung „Allgemeine ‚theoretische' Nationalökonomie" oder die Knabenaufsätze. Die genannten Titel zeigen, dass die Weberforscher in Japan Spezialisten und Sammler sind, die eine Vorliebe auch für randständigere Texte haben. Diesen Aspekt machte Yoshiaki Uchida 1981 vor allem gegen die US-amerikanische Forschung geltend. In den USA sei Weber unvollständig und auf das „ahistorische, aktualitätsbezogene Interesse" hin übersetzt worden. Und neben den Direktvergleich der Übersetzungszahlen stellte er die beachtliche Anzahl der japanischen Forschungsarbeiten über Max Weber, im Jahr 1978 bereits 1952 Stück. Wenn es damals schon ein internationales Weber-Ranking gegeben hätte, so wäre es auf jeden Fall zugunsten Japans ausgefallen. Die Aufstellung erinnert an die Fortsetzung der wirtschaftlichen Konkurrenz zwischen beiden Weltmächten auf dem Gebiet der Wissenschaft. Auch gegenüber den anderen ostasiatischen Staaten behauptete Japan eine Vorrangstellung, indem sich hier eine weitgehend von der US-Soziologie unabhängige Weberforschung habe etablieren können. In der Tat bildeten die Anhänger eines „amerikanisierten", durch Talcott Parsons geprägten Weber eine Minderheit in Japan. Als Land mit einer reichen „Übersetzungskultur" liegen fast alle europäischen Klassiker der Moderne übersetzt vor – dennoch blieb Weber „*der* große Interpret der modernen Welt" (Schwentker). Und man übersetzte Weber aus dem deutschen Original, auch ein Grund, weshalb die historisch-kritische Max Weber-Gesamtausgabe in Japan einen guten Abnehmerkreis fand – zwei Drittel der Auflage wurden seit 1984 bis zum Einbruch des Yen nach Japan verkauft.

„Wer Weber studiert, verdirbt sich die Augen", lautet eine japanische Redensart. Mit der Übersetzungsarbeit findet zugleich auch eine Wissenstransformation statt. Aus Max Weber wurde Makkusu Wēbā, der japanische Weber. Für die „Anverwandlung" Max Webers bildete die Frage nach Japans Weg in die Moderne den entscheidenden „Resonanzboden". Danach lässt sich die Weber-Rezeption in vier Hauptphasen unterteilen.

Die erste Phase von ca. 1925 bis 1945 war von der unter Wirtschaftswissenschaftlern und Marxisten ausgetragenen Debatte um die Entstehung des japanischen Kapitalismus dominiert. Dabei kam es zu der für Japan einzigartigen Amalgamierung Weberscher und marxistischer Erklärungsansätze. Später machte der Wirtschaftshistoriker Sumiya daraus die spielerische Formel „Ma(r)x Weber". Die radikalen Marxisten der so genannten Kōza-Gruppe interpretierten Japans Weg in die Moderne als einen Sonderweg: wirtschaftliche Modernisierung unter Beibehaltung eines semifeudalen Herrschafts- und Gesellschaftssystems. Während des japanischen Faschismus diente Weber als Ersatz für die verbotenen Marx-Studien.

Die zweite Phase von 1945 bis in die 1970er Jahre war durch die so genannten „Modernisten" um Hisao Ōtsuka geprägt, den „Nestor der Weber-Rezeption in Japan". Von Marx und einem freikirchlichen Christentum beeinflusst, stand bei ihm die Interpretation der „Protestantischen Ethik" im Vordergrund. Das Anliegen seiner Schule war es, mit Weber die japanische Gesellschaft zu modernisieren und zu demokratisieren. Bei dem von ihm im Dezember 1964 veranstalteten Weber-Symposium forderte er ein „neues Ethos", das den japanischen Kapitalismus auch durch die entsprechenden geistigen Grundlagen stärken sollte. Sein Buch „Die Methoden der Sozialwissenschaften. Weber und Marx" erreichte bis 1989 eine Auflage von über einer halben Million Taschenbücher. Das Symposium in Tokyo, das 500 Teilnehmer besuchten, löste einen wahren „Weber-Boom" aus und gilt als Höhepunkt der japanischen Weber-Rezeption. Führend beteiligt war dort die nächste Generation der Weberianer, der Soziologe Yoshiaki Uchida, der Wirtschaftshistoriker Kazuhiko Sumiya und der Ideen- und Wirtschaftshistoriker Hideharu Andō. Seit 1964 ist Weber einer breiten japanischen Öffentlichkeit – weit mehr als in Deutschland – ein Begriff. Parallel zu dieser dominanten Richtung, die die traditional-feudalen und magischen Reste in der japanischen Gesellschaft bekämpfte, kam es durch Robert N. Bellahs „Tokugawa Religion" (1957) zu einer positiven Umwertung der japanischen Vormoderne. In kritischer Fortschreibung von Webers Programm suchte Bellah nach „funktionalen Äquivalenten" zur protestantischen Ethik und fand sie insbesondere im japanischen Buddhismus.

In der dritten Phase der 1980er und 1990er Jahre kam es zu einem Paradigmenwechsel in der Weber-Rezeption. Begleitet von einem Aufstand der jüngeren Generation gegen die Übermacht der Altweberianer mit ihrer Idealisierung der Moderne, rückte nun ein skeptischer und an der Moderne leidender Max Weber in den Vordergrund. Der postmoderne, kulturkritische Diskurs lief über den Vergleich Weber-Nietzsche, so in dem erfolgreichen Buch von Yasushi Yamanouchi 1993. Zugleich mehrten sich kritische Stimmen an dem Klein-Klein der Weberforschung, die sich nach dem Wegfall des marxistischen Gegenpols totgelaufen habe.

In einer vierten Phase bis heute löst man sich zunehmend vom Modell der europäischen Moderne und erklärt den wirtschaftlichen Erfolg Japans und der Tigerstaaten (Südkorea, Taiwan, Hongkong, Singapur) durch einen spezifisch „konfuzianischen Kapitalismus". Publikumswirksam wurde diese These durch Michio Morishima 1982 unter Rückgriff auf Webers Konfuzianismus-Studie vertreten. Loyalität, Nationalstolz und soziales Gemeinschaftsempfinden als genuin asiatische Werte bilden die Schlagworte eines neokonservativen Denkens, das von Mishima als „japanischer Ethnozentrismus" gegeißelt wird.

Die Dichotomie von Tradition und Moderne in Japan beschreibt Wolfgang Schwentker in seiner Rezeptionsgeschichte als typisches Charakteristikum, das die Auseinandersetzung mit Weber über Jahrzehnte geprägt habe. Ausgeschöpft wurde Webers wissenschaftliches Analysepotential zur Erklärung der japanischen Modernisierung; durch „creative misinterpretations" (Roth) wurde es anschlussfähig gemacht. Darüber hinaus hatte Weber als „ritterlicher Modernisierer" auch als Person Vorbildcharakter. Durch den Spiegel seines Werks war es japanischen Wissenschaftlern möglich, eigene Entwicklungen kritisch zu betrachten und dies öffentlich zu bekunden.

Wer sind die Vermittler?

Nach der Öffnung des Landes 1854 und besonders während der Meiji-Zeit 1868–1912 hat die japanische Regierung Wissenschaftler nach Europa geschickt, um durch das Institutionenstudium den Anschluss an die westliche Welt zu finden. Deutschland als verspätete Industrienation wurde bevorzugt aufgesucht; so ist etwa das japanische Rechtssystem stark vom preußischen beeinflusst. Von allen außereuropäischen Ländern weist Japan die größte strukturelle Ähnlichkeit zu Europa auf, trotzdem ist der Kulturaustausch wegen der Sprachbarriere ein schwieriges Unterfangen. Umso mehr bedarf es der Institutionen, die den Austausch fördern und verstetigen, und der Menschen, die reisen, übersetzen und zwischen den Kulturen vermitteln. Der gefühlte Weg von Deutschland nach Japan ist immer noch weit. Kennzeichnend für den deutsch-japanischen Austausch ist es, dass wesentlich häufiger japanische Wissenschaftler nach Deutschland kamen und kommen als umgekehrt.

In Japan wurde Max Weber 1905 durch den Wirtschaftswissenschaftler Tokuzō Fukuda bekannt gemacht, der über eine Tagung des Vereins für Sozialpolitik in Mannheim berichtete und dabei Max Webers Statement zur Kartellpolitik wiedergab. Fukuda war Doktorand von Max Webers Kollegen Lujo Brentano gewesen. Die nächsten großen Vermittler waren umgekehrt Kurt Singer, der Lehrer von Ōtsuka, und Karl Löwith, der mit seinem Aufsatz über Max Weber und Karl Marx die japanische Weberforschung entscheidend befruchtet hat. Beide, durch den Nationalsozialismus heimatlos geworden, lehrten in Japan, Singer zuerst in Tokyo, dann von 1934–1939 in Sendai, und Löwith von 1936–1941 ebendort. Nach dem Zweiten Weltkrieg pflegte vor allem Johannes Winckelmann, der 1960 an der Universität München ein Weber-Archiv aufgebaut hatte, den Kontakt zu den japanischen Weberforschern. Die Einträge im Gästebuch sind bis in die 1980er Jahre hinein besonders zahlreich, genauso wie die aus Japan verschifften Weber-Übersetzungen und -Monographien. Als Pendant zu der das Winckelmannsche Institut fördernden Weber-Gesellschaft wurde eine entsprechende Gesellschaft in Tokyo ins Leben gerufen.

Zu einem direkten Austausch japanischer und deutscher Weberforscher kam es 1985 beim Internationalen Historikertag in Stuttgart in der von Jürgen Kocka geleiteten Sektion „Max Weber, der Historiker". Yoshinobu Shiba referierte über China als Beitrag Max Webers „zur Geschichte nicht-europäischer Gesellschaften", und Toru Yuge gab einen kritischen Kommentar zu Finleys Thesen über Webers Altertumsforschungen. Ein Höhepunkt war die deutsch-japanische Weber-Konferenz im März 1993 in München, die von Wolfgang J. Mommsen geleitet und von Wolfgang Schwentker konzipiert worden ist. Hier begegneten sich 30 Weberforscher aus beiden Ländern, vor allem zum Informationsaustausch. Inhaltlich kreisten die Beiträge um „Max Weber und das moderne Japan". Der Tagungsband ist bis heute eine Fundgrube. Zum Verständnis der japanischen Weberforschung hat Wolfgang Schwentker durch seine grundlegende Arbeit „Max Weber in Japan" wesentlich beigetragen. Von den Soziologen, die in Deutschland die Weberforschung entscheidend prägten, waren Wolfgang Schluchter und das Heidelberger Soziologische Institut des öfteren Gastgeber für japanische Weberforscher, so 1993 für Hiroshi Orihara. Institutionalisiert ist die Kooperation mit der Japanischen Arbeitsgemeinschaft für deutsche Soziologie. An der ersten Tagung 1990 nahm noch der Tübinger Weberspezialist Friedrich H. Tenbruck teil; über die zweite Tagung im März 2001 in Iwaki berichtete der Kasseler Soziologe Johannes Weiß. Dort ging es um die Frage, weshalb sich in Japan keine historische Soziologie ausgebildet habe, die in Deutschland für die Rezeption Webers bedeutsam war. Am 17. Februar 2011 wurde dem japanischen Sozialphilosophen Ken'ichi Mishima von der Freien Universität Berlin die Ehrendoktorwürde verliehen. Jürgen Habermas wies in seiner Laudatio darauf hin, dass Mishima durch Max Weber zum Kulturvergleich über die Frage nach den „kulturellen Bedingungen der gesellschaftlichen Modernisierung" angeregt worden sei. Mishima ist ein sehr guter Weber-Kenner, aber zugleich einer seiner schärfsten japanischen Kritiker. Als Vertreter der Kritischen Theorie und als unabhängiger Intellektueller wagte er auch, die Verkrustungen in der japanischen Weberforschung an den Pranger zu stellen.

Die japanische Weberforschung in Deutschland

Die in Japan vorliegenden Übersetzungen bieten ein wahres „Who is Who" der deutschen Weberforschung, u. a. mit Tenbruck, Schluchter, Mommsen und Hennis. Das kann man umgekehrt nicht behaupten. Das Hauptwerk des berühmten Weberianers Ōtsuka liegt in einer englischen Übersetzung, aber nicht in Deutsch vor. Nüchtern betrachtet kann man von einem asymmetrischen Verhältnis sprechen, etwas wertender von einem beschämenden Umstand. Es stellt sich die Frage, ob die Sprachbarriere wirklich der entscheidende Grund dafür ist. Japanische Forscher investieren viel, um von der westlichen Forschung zu profitieren, während man hier sehr zurückhaltend ist und die Mühen scheut. Zumeist sind es die Japaner selbst, die in Deutsch schreiben oder ihre Beiträge ins Deutsche übersetzen lassen, um auf ihre Forschungen aufmerksam zu machen und über die umfassende Weberforschung in ihrem eigenen Land zu informieren.

Was von der japanischen Weberforschung zurückkommt, sind vor allem Detailstudien zu Werk und Biographie. Einer der ersten war Hideharu Andō, der Ende der 1960er Jahre als Gastprofessor durch Deutschland und Europa reiste, um alle wichtigen Lebensstationen Max Webers aufzusuchen. Er machte Fotographien von Webers Geburtshaus in Erfurt, damals noch in der DDR, oder von seiner Wiener Pension, und er besuchte systematisch die noch lebenden Zeitzeugen. Daraus entstanden ist ein Reisebuch auf Japanisch, „Wēbā kikō". Ein weiteres bleibendes Zeugnis sind die Interviews, die Andō führte, konserviert auf neun Kassetten, die sich heute im Nachlass Andō an der Seikei-Universität in Tokyo befinden und in einer Druckfassung von Hajime Konno 2003 in der „Kölner Zeitschrift für Soziologie und Sozialpsychologie" nachzulesen sind. Eindrucksvoll ist die feste Stimme der über 90-jährigen Else Jaffé, die über ihre Studienzeit bei Max Weber vor 1900 berichtet. Aber ja, Max Weber habe ihr für die Semesterferien das „Kapital" von Marx als Lektüre empfohlen – eine Aussage, die Andō überraschte und erfreute. Als Geschenke erhielt Andō Originale und Briefe Max Webers, aber auch eine Zeichnung von Marianne Weber auf dem Totenbett. Noch vor seinem eigenen Tod 1998 hat Andō die meisten Originale zurück nach Deutschland gegeben, sein Archiv war in der Tat ein Erinnerungsort für die deutsche Weberforschung.

Mit unglaublichem Spürsinn ist es einigen japanischen Weberforschern gelungen, unbekannte Weber-Texte zu finden, so etwa Akira Hayashima, der im Universitätsarchiv in Ost-Berlin Originalbriefe Max Webers über die Handelshochschulen zutage brachte. Andere betrieben mit großer Ausdauer Studien zu Webers Quellen (Hanyu) oder seinem Werk (Orihara). Diese Forschungen sind in deutscher Sprache veröffentlicht worden, aber eine eigentliche Diskussion hat es nur zwischen Hiroshi Orihara und Wolfgang Schluchter in der „Kölner Zeitschrift" 1998/99 gegeben. In mehrjährigen Studien hat sich Orihara mit dem Aufbau von Max Webers hinterlassenem Hauptwerk „Wirtschaft und Gesellschaft" befasst und in minutiöser Kleinarbeit über 500 Textverweise systematisch ausgewertet. Sein Anliegen war es, zu einer fundierten Rekonstruktion des Werks zu gelangen. Über diese Editionsfragen hat sich Orihara mit Schluchter, auch in dessen Funktion als Mitherausgeber der Max Weber-Gesamtausgabe, ausgetauscht. Letztlich ist die Gesamtausgabe dem Rekonstruktionsvorschlag Oriharas nicht gefolgt, worüber er in dem international verbreiteten Organ der Weberforschung, den „Max Weber Studies", seine Enttäuschung äußerte. Er habe alle seine Studien bewusst in deutscher Sprache veröffentlicht, um die Edition der Gesamtausgabe im ‚richtigen Sinne' zu beeinflussen. Vielleicht hatte er die Hoffnung, dass die historisch-kritische Weber-Gesamtausgabe das japanische Know-how ähnlich nutzen würde wie die Marx-Engels-Gesamtausgabe, die sich auch auf Spezialisten an der Tohoku-Universität in Sendai stützt. Durch die hohe philologische Kunstfertigkeit ist Japan ein Ort der Pflege europäischer Klassiker geworden. Lebendig bleibt ein Klassiker aber nur dann, wenn er uns für die Lösung unserer eigenen Probleme noch etwas zu sagen hat (Scaff, Hübinger).

Provincializing Max Weber?

Dipesh Chakrabarty kommt in seiner Kritik am Eurozentrismus fast ohne Max Weber aus. In dieselbe Richtung zielt die Mahnung des jungen japanischen Weberforschers Masahiro Noguchi, Max Webers Theorie der Moderne auf den eigentlich europäischen Kern zurückzufahren und deren Universalitätsanspruch zu streichen. Kann Max Weber, nachdem seine Theorie einmal die Welt umkreist hat, nun ins Archiv verbannt werden? Die Soziologen Eisenstadt und Schwinn halten daran fest, dass er trotzdem noch ein Stichwortgeber für die aktuelle, global geführte Modernisierungsdebatte sein kann – mit Abstrichen allerdings. „Out" ist Weber, weil sein Fokus auf die Entstehungsphase der modernen Kultur gerichtet war, aber nicht auf die entwickelten und global verbreiteten Formen moderner Gesellschaften. Eisenstadt setzt mit seiner „Vielfalt der Moderne" auf die Dynamik in Webers Konstruktion, Schwinn auf das „unverzichtbare Analysegerüst" der Zwischenbetrachtung für die aktuell anstehenden Konstellationsanalysen. Mishima betont als japanischer Intellektueller einen ganz anderen Aspekt der Modernisierungsdebatte: den inneren Zusammenhang von persönlicher Autonomie und republikanischer Politik; als Ziel aller Modernisierung schwebt ihm die globale Zivilgesellschaft vor.

Literaturhinweise

Max Weber-Gesamtausgabe, hrsg. von Horst BAIER u. a. Tübingen 1984ff. (2011: 32 Bde.).

Wolfgang J. MOMMSEN/Wolfgang SCHWENTKER (Hrsg.), Max Weber und das moderne Japan. Göttingen 1999 (darin u. a. MISHIMA).

Wolfgang SCHWENTKER, Max Weber in Japan. Eine Untersuchung zur Wirkungsgeschichte 1905–1995. Tübingen 1998.

Wolfgang SCHWENTKER, The Spirit of Modernity. Max Weber's Protestant Ethic and Japanese Social Sciences, in: Journal of Classical Sociology 5 (2005), S. 73–92.

Ilja SRUBAR/Shingo SHIMADA (Hrsg.), Development of Sociology in Japan. Wiesbaden 2005.

Yoshiaki UCHIDA, Max Weber in den japanischen Sozialwissenschaften, in: Bochumer Jahrbuch für Ostasienforschung 4 (1981), S. 71–109.

Das Weber-Paradigma. Studien zur Weiterentwicklung von Max Webers Forschungsprogramm, hrsg. von Gert ALBERT u. a. Tübingen 2003 (darin: EISENSTADT und SCHWINN).

Ulrich Mücke
Che Guevara

Che Guevara – das ist ein Bild, das jeder kennt. Es findet sich auf Hunderttausenden von T-Shirts, auf Taschen, Jacken, Hosen, Socken, Unterwäsche, Bikinis und sogar auf Babykleidung. Das Porträt ziert Bettwäsche, Bierflaschen, Speiseeis, Zigarettenpackungen, Uhren, Tassen, Handyhüllen und Kondomverpackungen. Es gibt Kneipen, die sich mit Ches Konterfei schmücken, Busse, deren Fahrer sich von Ches Bild Schutz erhoffen, und Menschen, die zu Che beten. Che begegnet einem überall – vor allem natürlich auf Kuba, aber auch in den anderen lateinamerikanischen Ländern, in den USA und Kanada und in Europa. Selbst in vielen asiatischen und afrikanischen Ländern sieht man das berühmte Bild.

Obwohl das Bild in Havanna aufgenommen wurde, begann seine Erfolgsgeschichte erst, als es in Europa verbreitet wurde. Aufgenommen wurde das Porträt von dem kubanischen Fotografen Alberto Korda bei einem offiziellen Staatsakt der Revolutionsregierung 1960 (Abb. 1). Ein Jahr nach der Revolution war das neue Regime noch nicht gefestigt, aber schon ein Magnet für die europäische Linke, die anfing, nach Kuba zu pilgern. Das Foto entstand anlässlich eines Besuchs von Jean-Paul Sartre und Simone de Beauvoir, die ihre Unterstützung für den Kurs der neuen Machthaber zum Ausdruck brachten. In den Pres-

Abbildung 1: Das Originalfoto von Alberto Korda

seberichten der folgenden Tage erschien das Foto von Che daher nicht, denn sie stellten natürlich die illustren Gäste und Fidel Castro in den Mittelpunkt. Erst ein Jahr später griff man auf das Foto zurück, um in einer kubanischen Zeitung einen Vortrag von Guevara anzukündigen. Danach wurde das Foto vergessen, bis es schließlich der italienische Verleger Gian-Giacomo Feltrinelli 1966 nach Italien brachte und Che-Plakate druckte. Als Guevara ein Jahr später starb, war es daher dieses Bild, welches zur Darstellung des revolutionären Helden verwendet wurde.

Dabei verwendete man zwei Versionen. Die erste ist eine relativ exakte Wiedergabe des Originalfotos, wobei man den linken und rechten Rand abschnitt und sich auf das Konterfei Guevaras konzentrierte (Abb. 2). In der zweiten ist dieser Ausschnitt stark verfremdet: alle Grautöne sind verschwunden, das Gesicht besteht nur noch aus Schwarz und Weiß und wirkt stilisiert wie ein Scherenschnitt (Abb. 3). Dieses stilisierte Bild setzte sich in den folgenden Jahrzehnten durch. Heute ist das ursprüngliche Porträt kaum noch bekannt.

Vor seinem Tod war Che zwar ein bekannter Revolutionär. Zum Mythos wurde er aber erst, als er 1967 in Bolivien gefangen genommen und erschossen wurde. Die Popularität Ches ergab sich sowohl in Lateinamerika als auch in Europa aus seiner Vorbildlichkeit. Jean-Paul Sartre vertrat gar die Ansicht, dass Che Guevara der vollkommenste Mensch unserer Zeit gewesen sei. Die Bewunderung für Che bezog sich dabei nicht auf einen spezifischen Aspekt seines Wesens oder seiner Biographie, sondern auf sein gesamtes Leben. In einem großen Teil der Biographien wird Che bis heute als ein Mensch beschrieben, der in jeder Hinsicht außergewöhnlich und bewunderungswürdig war.

Abbildung 2: Das beschnittene Porträt-Foto

Che – der sportliche Körper

Dies beginnt mit seiner Kindheit. Ernesto Guevara de la Serna wurde 1928 in Rosario in Argentinien geboren. Seine Eltern gehörten der oberen Mittelschicht des Landes an, das damals eines der reichsten Länder der Welt war. Che war das erste Kind der Eheleute Guevara und stammte mütterlicherseits vom letzten spanischen Vizekönig Perus ab. Aufgrund einer Asthmaerkrankung besuchte Ernesto die Grundschule nicht, sondern wurde von seiner Mutter unterrichtet. Die Asthmaerkrankung, die ihn ein Leben lang plagte, ist bis heute ein bedeutendes Element der Che-Bewunderung. Denn die großen körperlichen Leistungen, die Che als Jugendlicher beim Fußball, als junger Erwachsener auf seinen langen Lateinamerikareisen oder als revolutionärer Kämpfer in den Guerillakriegen auf Kuba, im Kongo und Bolivien erbrachte, geschahen im Kampf mit und letztlich im Triumph über sein schweres körperliches Leiden. Ja, erst durch das Asthma erscheinen Ches Aktivitäten als besondere körperliche Leistungen. Che zu bewundern bedeutete immer auch, seine physische Leistungsfähigkeit zu bewundern. Che war in diesem Sinn nicht einfach ein Revolutionär, sondern eine Art Leistungssportler, der bei den Menschen Bewunderung entfachte, weil er zu solchen Höchstleistungen im Stande war.

Che – der Globetrotter

Nach Abschluss der Schule begann Ernesto Guevara ein Medizinstudium, das er 1953 im Alter von 25 Jahren abschloss. Der junge Che hatte sich bis dahin in keiner Weise als politischer Aktivist hervorgetan. Er war ein Bürgersohn in einem wohlhabenden Land, der seine Privilegien genoss. Dazu gehörte auch, dass er es sich leisten konnte, während und nach seinem Studium längere Reisen zu unternehmen. Zunächst fuhr er durch Argentinien, 1951/52 reiste er über ein Jahr lang durch Bolivien, Peru, Ecuador, Kolumbien und Venezuela. 1953 brach er nach Abschluss des Studiums zu einer dritten großen Reise auf, die ihn über Bolivien, Peru, Ecuador und Guatemala nach Mexiko führte, wo er sich schließlich Fidel Castros Gruppe anschließen sollte. Die langen Reisen durch Lateinamerika wurden von Che selbst und von manchen seiner Biographen als eine Art politische Erweckung erzählt. Der bisher unpolitische junge Mann lernte demnach auf den Reisen die brutale Wirklichkeit Lateinamerikas kennen und wurde dadurch zum Revolutionär. So setzte er an den Beginn seines Reisetagebuchs über die erste lange Lateinamerikareise das Bekenntnis: „Dieses ziellose Streifen durch unser riesiges Amerika hat mich stärker verändert, als ich glaubte". Doch diese Veränderung drückte sich offenkundig nicht nur in der Formierung politischer Überzeugungen aus. Mit dem Reisen hatte Che Guevara eine Lebensform entwickelt, die später zu einem Merkmal seines revolutionären Handelns werden sollte. Denn Che war eben jener Kämpfer, der nach dem Sieg nicht blieb, sondern immer weiter zog, um neue Länder zu befreien. Die Popularität Ches gerade bei der reichen Jugend Europas und Nordamerikas mag auch damit zusammen hängen, dass Che als revolutionärer Prototyp des Globetrotters in der zweiten Hälfte des 20. Jahrhunderts wahrgenommen werden kann. Der Boom von Outdoor-Kleidung, Backpacker-Führern und vermeintlichen Geländewagen zeigt bis heute die Attraktivität des Erkundens unbekannter Gebiete. Che praktizierte dies als junger Student, aber auch als erwachsener Mann, und konnte auch in diesem Sinn zu einem bewunderten Vorbild der Jugend im letzten Drittel des 20. Jahrhunderts werden.

Che – der kubanische Revolutionär

Eng verbunden mit dem Mythos des die Wildnis erkundenden Entdeckers ist die offizielle und vielfach geglaubte Darstellung der kubanischen Revolution als der Heldentat einer kleinen Gruppe von mutigen und entschlossenen Männern. Sie hat ihren wahren Kern in der Tatsache, dass Fidel Castro 1956 mit rund 80 Mann auf einer Jacht nach Kuba aufbrach, um dort die Opposition gegen das Batista-Regime militärisch zu stärken. Mehr als zwei Drittel der Männer kam bei der Landung auf Kuba und den ersten Kämpfen um, so dass Fidels Truppe zunächst winzig klein war. Im Lauf der Jahre gewann sie aber an Größe und an Bedeutung. In der Selbstdarstellung der Revolutionäre waren es die castristischen Guerillaeinheiten, die schließlich das Batista-Regime militärisch besiegten und eine neue, revolutionäre Ordnung etablierten. Der Sturz Batistas war aber keineswegs allein den Aufständischen unter Castro geschuldet. Batista sah sich vielmehr einer breiten Oppositionsbewegung gegenüber, die alle Teile der Gesellschaft erfasste. Erst das Zusammenwirken von beidem stürzte das Regime, denn durch die zivile Opposition sahen sich die Guerilleros nur äußerst schwacher militärischer Gegenwehr gegenüber. Das Militär war für einen Guerillakrieg gar nicht ausgebildet und auch in keiner Weise gewillt, für den ungeliebten Präsidenten den Kopf hinzuhalten. Selbst die USA gaben kurz vor dem Sturz des Diktators ihre Unterstützung auf und setzten auf einen Wechsel an der Spitze Kubas.

Die eigentliche Leistung Fidel Castros und seiner Männer bestand daher weniger darin, 1959 innerhalb des breiten Oppositionsbündnisses an die Macht zu kommen, als vielmehr darin, sich nach und nach gegen alle ihre Bündnispartner durchzusetzen und vor den Toren der USA ein sozialistisches System zu errichten. Che Guevara spielte sowohl im Guerillakrieg als auch beim Aufbau des Sozialismus bis 1965 eine wichtige Rolle. Im Krieg wurde er schnell zu einem der wichtigsten Anführer der Aufständischen und schließlich in den Rang eines „Comandante" befördert, also der höchsten Stellung nach Fidel Castro innerhalb der Revolutionstruppen. Er befehligte als solcher eine Kolonne, die gerade in der Endphase des Kriegs wichtige Schlachten gewann. Nach der Revolution war Guevara zunächst Präsident der Nationalbank und dann Industrieminister. Er vertrat dabei einen klar sozialistischen Kurs, der unter anderem die Industrialisierung Kubas vorsah. Die Kubakrise war für die Führungsgruppe um Fidel Castro ein entscheidender Einschnitt. Nachdem die US-Amerikaner 1960 versucht hatten, die Revolution durch eine Invasion von Exilkubanern zu stürzen, hatte die kubanische Regierung die Sicherheit des Landes vom sowjetischen Schutz abhängig gemacht. Die auf Kuba stationierten sowjetischen Raketen banden die Sicherheit der Sowjetunion unmittelbar an jene Kubas und machten jede weitere US-amerikanische Invasion unmöglich. Die Sowjetunion gab aber schließlich US-amerikanischem Druck nach und zog 1962 die Raketen von Kuba ab. Damit war klar, dass die UdSSR für Kuba keinen Weltkrieg riskieren würde. Auch wenn die USA in einem Geheimprotokoll der Sowjetunion zugesichert hatten, nicht militärisch auf Kuba zu intervenieren, stand die Revolution doch nun in den Augen ihrer Führer weitgehend allein da. Die Verteidigung der Revolution und der Aufbau des Sozialismus waren also Mitte der 1960er Jahre angesichts der Opposition auf Kuba selbst, angesichts der großen exilkubanischen Gemeinde in den USA und angesichts der eindeutigen Gegnerschaft der USA keineswegs gesichert. In diesem Moment verließ Che Guevara Kuba, um sich am Guerillakampf im Kongo zu beteiligen. Es ist eines der großen Rätsel des Mythos Che, dass dieses Verlassen der kubanischen Revolution nicht nur nicht als Verrat gesehen wurde, sondern geradezu als Nachweis eines vorbildlichen revolutionären Charakters. In Wolf Biermanns Übersetzung eines berühmten Lieds von Carlos Puebla wird Che für diesen Schritt mit den Worten gefeiert: „Und bist kein Bonze geworden / Kein hohes Tier, das nach Geld schielt / Und vom Schreibtisch aus den Held spielt / in feiner Kluft mit alten Orden".

Che – revolutionärer Missionar

Sowohl die Guerilla in Kongo wie jene in Bolivien stellten sich als ein Desaster heraus. Im Kongo schloss sich Guevara mit seinen Leuten kämpfenden Gruppen an, die ihn weder gerufen hatten noch von seinem Verständnis des Guerillakriegs überzeugt waren. Da man außerdem nicht wollte, dass der illustre lateinamerikanische Kämpfer im Kongo fiel, versuchte man ihn von größeren oder riskanteren Einsätzen fernzuhalten. Guevara zog daraus aber nicht den Schluss, dass er sich nicht anmaßen dürfe, Anderen den rechten Weg der Guerilla zu oktroyieren, sondern kritisierte in seinem Tagebuch und in anderen Texten vielmehr die afrikanischen Kämpfer. Sie seien nicht an der Revolution interessiert, wollten sich lieber vergnügen und herumhuren und seien im Kampf abergläubisch und nicht hart genug. Die Enttäuschung in Afrika war ohne Zweifel ein wichtiger Grund dafür, dass Guevara sein nächstes Guerillaabenteuer wieder in Lateinamerika startete, in Bolivien. Dort hatten zwischen 1952 und 1964 linksgerichtete Regierungen zahlreiche Reformen durchgeführt. Als Guevara mit seinen Leuten 1966 bewaffnete Aktionen begann, stieß er folglich auf keinerlei Unterstützung innerhalb der armen Landbevölkerung oder den linksradikalen Parteien. Für die Regierung war es daher ein Leichtes, mit Hilfe US-amerikanischer Berater die Gruppe um Guevara zu isolieren, einzukreisen und schließlich zu töten bzw. gefangen zu nehmen. Che Guevara wurde nach seiner Gefangennahme am 7. Oktober 1967 ohne jeden Prozess und gegen geltendes bolivianisches Recht erschossen.

Che – Held der Jugend

Der Tod des 39-Jährigen machte ihn zum Helden der Jugendlichen, die in den 1960er und 1970er Jahren in Europa und den USA auf die Straße gingen. Keiner – so schien es – hatte seine revolutionären Ideale mit solcher Konsequenz verfolgt wie er. In Lateinamerika selbst wurde Che vor allem von jenen bewundert, die den bewaffneten Kampf propagierten. Dies war in Kuba Staatsdoktrin, in allen anderen Ländern des Subkontinents aber war die Linke gespalten, und nicht selten zogen es protestierende Studierende vor, sich nicht auf Che zu berufen, um nicht mit einem politischen Projekt in Verbindung gebracht zu werden, dem sie aufgrund seiner Gewalttätigkeit kritisch gegenüberstanden. Che konnte auch deshalb zum bewunderten Vorbild werden, weil er sich für Jugendliche als Identifikationsfigur anbot wie ein Popstar. Er sah nicht nur gut aus und war jung gestorben – so dass er bis heute als junger Mann erinnert wird –, er hatte auch viele Dinge getan, die junge Leute – unabhängig von ihrer politischen Überzeugung – bewunderten. Er hatte ein wildes Leben im Hier und Jetzt geführt, zunächst auf seinen Reisen, dann als reisender Guerillero. Er verkörperte damit Freiheit und Unabhängigkeit. Gleichzeitig stand er für Männlichkeit, rauchte Zigarre und hatte Frauen, die er – für die Revolution natürlich – immer wieder sitzen ließ. Che war aber kein stumpfer Macho, sondern vielmehr ein feiner, gebildeter Mensch. Schließlich war er Arzt, und er schrieb Tagebücher während seiner Abenteuer, von denen einige hohe Auflagen erzielten. Zahlreiche Fotos zeigen Che, wie er unter widrigsten Umständen anspruchsvolle Bücher liest. So konnte Che recht schnell zum Symbol für jugendliche linksradikale Rebellion und Freiheit werden, mit dem sich gerade Studierende mit bürgerlichem Hintergrund gut identifizieren konnten, auch wenn sie gar nicht daran dachten, zur Waffe zu greifen. Dabei lag sowohl in Lateinamerika als auch in Europa eine Attraktivität Ches gerade darin, aus Lateinamerika zu stammen. Für die lateinamerikanische Jugend bedeutete dies, dass sie ihn als einen der ihren sehen konnte, für die europäische Jugend dagegen hieß es, dass sie sich mit dem Kampf der unterdrückten Völker in der so genannten Dritten Welt solidarisierte. Gerade weil Che als Bürgersohn in so vielen Hinsichten den protestierenden Jugendlichen in Europa und den USA ähnelte, erlagen sie umso leichter der Illusion, sie würden sich mit einem Repräsentanten der Menschen aus einer anderen Welt identifizieren. In ihrer Vorstellung war es der revolutionäre Kampf, der sie mit Che verband – und nicht die Ähnlichkeit der Milieus, die Che wie sie geprägt hatten.

Che – der Theoretiker

Neben der Identifikationsmöglichkeit, die Che jungen Menschen bot, war es vor allem seine Theorie zum Guerillakrieg, die ihn zu einem wichtigen Referenzpunkt der neuen Linken machte. Die drei zentralen Thesen dieser Theorie brachen mit dem althergebrachten Verständnis von einer sozialistischen Revolution. Erstens ging Che Guevara davon aus, dass die Revolution von einer relativ kleinen Gruppe von Revolutionären in Gang gesetzt werden könne, die dazu den bewaffneten Kampf aufnehmen müssten. Sie müssten dies zweitens in einer ländlichen Region in einem armen Land der so genannten Dritten Welt tun. Und drittens sei es dann möglich, dass die Kampfeinheiten, welche aus der kleinen Gruppe der Revolutionären hervorgehen würden, eine reguläre Armee besiegen könnten. Eine solche Theorie brach mit fast allen Pfeilern des sozialistischen Revolutionsverständnisses. Denn Che Guevara zufolge musste man eben nicht abwarten, bis die so genannten objektiven Bedingungen herangereift waren. Eine kleine Gruppe entschlossener Männer konnte die Revolution praktisch jederzeit in Gang setzen. Im Lauf der Kämpfe – so die Vorstellung – würden dann die Bauern und Armen anfangen, die Revolution zu unterstützen. Anders als andere erfolgreiche Revolutionsführer etwa in Asien war Che auch nicht der Meinung, dass man eine (sozialistische oder kommunistische) Partei brauche, um die Revolution zu führen. In Guevaras Theorie spielt die Organisation der Revolution nur eine nachgeordnete Rolle. Wichtig sind der Kampf selbst und die Entschlossenheit der Revolutionäre. Es ist die Revolution selbst und nicht die Partei, die die Kämpfer erzieht und ihnen den Weg zum Sieg zeigt. Eine solche Theorie war für die Neue Linke in Europa, Nord- und Lateinamerika attraktiv, weil man sich nun den Beginn der Revolution vorstellen konnte, obwohl offenkundig weder die Masse der Arbeiter noch die der Landbevölkerung eine Revolution forderte oder gar in revolutionären Gruppen zusammengeschlossen war. Auch eine winzige Gruppe konnte die Revolution in Gang setzen, also eine welthistorische Bedeutung erlangen – unabhängig von der Frage, ob sie im Moment auch nur einen mikroskopisch kleinen Teil der Bevölkerung erreichte. Che Guevaras Guerillatheorie zufolge war Geschichte machbar, wenn man es nur wollte. Sie verbreitete die Hoffnung, dass jeder einzelne Mensch den Gang der Weltgeschichte ändern könne und dass es eben nicht die wirtschaftlichen, sozialen und politischen Strukturen waren, die die zukünftige Entwicklung bestimmen würden. In diesem Sinn entsprach seine Theorie genau dem Verständnis der westlichen Demokratien, in denen die Vorstellung herrscht, dass jeder Einzelne den Gang der Dinge mitbestimmt, wie es sich zum Beispiel im Wahlkampfslogan des 44. Präsidenten der USA ausdrückte: „Yes, we can".

Che – ein Bild

Während es unmittelbar einleuchtet, dass eine so schillernde Figur wie Che Guevara in der Zeit von Studentenprotesten, Dekolonisation und bewaffnetem Kampf zu einer wichtigen Referenz wird, ist es schwer zu erklären, warum das Konterfei Che Guevaras auch nach dem Ende des Ost-West-Konflikts und dem Ende der Träume einer bewaffneten sozialistischen Revolution allgegenwärtig ist. Die Annahme, dass dahinter eine weiterhin existierende – wenn auch nicht artikulierte – Sympathie mit einem sozialistischen Projekt steckt, trifft wahrscheinlich nur auf die Allerwenigsten zu, die sich mit dem Che-Bild schmücken. Insbesondere wenn Ches Konterfei auf Luxusprodukten oder bei steinreichen Popstars und Showgrößen zu sehen ist, darf mit Recht bezweifelt werden, dass sich dahinter ein ernsthaftes revolutionäres Engagement verbirgt. Der Erfolg des Bildes hat sich vielmehr in den letzten zwei Jahrzehnten von dem politischen Projekt gelöst. Das Bild steht für sich allein. Um seinen Erfolg zu verstehen, muss man daher zunächst das Bild selbst analysieren und dann fragen, welche Aussage mit dem Bild verbunden ist.

Auffällig ist dabei zunächst, dass das bekannte, verfremdete Che-Bild uns keinen eindeutig erkennbares individuelles Gesicht zeigt, sondern eher eine Reihe von Attributen. Am wichtigsten ist dabei das, was man als schwarzen Rahmen bezeichnen könnte: die Stirn mit dem darüber sitzenden Barett, links und rechts die Haare und unten der Bart. Weder das Barett noch die Haare und der Bart sind als solche erkennbar, und nur weil man sieht, dass es sich um ein Gesicht handelt, sieht man auch Barett, Haare und Bart. Während der obere Rand des Gesichts diesem einen markanten und damit männlichen Ausdruck verleiht, wirken die Haare ungekämmt und nach allen Seiten abstehend. Allerdings kann man nicht erkennen, ob es sich um wirklich lange oder eher um zerzauste Haare handelt, was im ursprünglichen Foto möglich ist. Der schwarze Rahmen des Gesichts markiert es also als zum einen männlich und zum anderen als frei, wild, unabhängig. Es handelt sich eindeutig um einen Mann. Und es handelt sich eindeutig um einen, der seine Haartracht nicht beruflichen Anforderungen anpassen muss. Dieser Mann hat – und das sind zwei weitere wichtige Elemente – schöne Augen und kräftige Lippen. Der Blick auf das Bild fällt zunächst unweigerlich auf die Augen, deren Größe durch die starken Augenbrauen betont wird. Der Mann ist also nicht nur männlich (Stirn), frei (Haare), sondern auch schön (Augen). Und schließlich ist er weich bzw. sensibel, denn dafür stehen die breiten Lippen (die Che lediglich auf der stilisierten Abbildung hat). Die Lippen relativieren den Eindruck der Stirn, so dass ein Typus eines wahren Mannes, der aber eine weiche Seele hat, entsteht. Das Bild wirkt dabei gerade aufgrund seiner Technik modern. Es ist kein Fotoabzug, sondern scheint eine künstlerische Verfremdung eines Fotos zu sein. Dies gibt dem Bild einen modernen, vielleicht sogar avantgardistischen Touch.

Das Bild stellt also ein Ideal von jugendlich-moderner Männlichkeit dar. Es gibt zwar unzählige Bilder von Pop- und Filmstars, die mit ähnlichen Attributen versehen sind. All diese Bilder sind aber gekoppelt an eine konkrete Person. Auf dem Che-Bild ist dagegen keine konkrete Person mehr zu erkennen, und es ist anzunehmen, dass viele, die es verwenden, gar nicht wissen, wessen Konterfei sie da bei sich haben. Denn Che symbolisiert mittlerweile die Jugend, verbunden mit einem Hauch Rebellion. Aber Rebellion ist eben Teil der Jugend, ja geradezu das Zeichen von Jugend. So wird Che heute nicht mehr als Bild eines revolutionären Projekts verwendet, sondern vielmehr als Symbol von Jugendlichkeit. Wer Che zeigt, meint, dass er (noch?) nicht zu denen da oben, den Arrivierten, den Alten gehört. Er zeigt, dass er frei ist oder sein will. Denn er lässt sich von seinen Eltern nichts mehr sagen und befindet sich noch nicht in den Zwängen des Erwachsenen, der sich um seine Kinder und seinen Beruf kümmert. Che ist auf dem Weg, ein Piktogramm zu werden, ähnlich wie der Smiley, das Kreuz oder das Frauenzeichen der Frauenbewegung. Es ist ein positiv besetztes Piktogramm, das überall auf der Welt verstanden wird, weil es ein Gefühl zum Ausdruck bringt, das mit einem bestimmten Altersabschnitt verbunden ist und daher in seinen kulturellen Varianten in sehr vielen Gegenden der Welt verstanden werden kann. Es ist auch deshalb so erfolgreich, weil es einfach zu erkennen und einfach zu reproduzieren ist. Schon wenige grobe Striche reichen, um es zu zeichnen. Che – das ist ein Bild.

Literaturhinweise

John Lee ANDERSON, Che. Die Biographie. München 1997.

Jorge G. CASTAÑEDA, Che Guevara. Biographie. Frankfurt/M. u. a. 1997.

Ernesto Che GUEVARA, Ausgewählte Werke in Einzelausgaben, hrsg. von Horst-Eckart GROS. Bonn 1992ff.

Ernesto Che GUEVARA, Das magische Gefühl, unverwundbar zu sein. Das Tagebuch der Lateinamerika-Reise, 1953–1956. Köln 2003.

Ernesto Che GUEVARA, Der afrikanische Traum. Das wieder aufgefundene Tagebuch vom revolutionären Kampf im Kongo. Köln 2000.

Ernesto Che GUEVARA, Latinoamericana. Tagebuch einer Motorradreise, 1951–1952. Köln 1994.

Gerd KOENEN, Traumpfade der Weltrevolution. Das Guevara-Projekt. 2. Aufl. Köln 2008.

David KUNZLE (Hrsg.), Che Guevara. Icon, Myth, and Message. Los Angeles 1997.

Stephan LAHREM, Che Guevara. Leben und Wirkung. Frankfurt/M. 2005.

Frank Niess, Che Guevara. Reinbek 2003.

Paco Ignacio Taibo, Che. Die Biographie. Hamburg 1997.

Trisha Ziff (Hrsg.), Che Guevara. Revoutionary & Icon. London 2006.

Felix Brahm
Tropenmedizin

In seinem 1972 erschienenen und weltweit bekannt gewordenen Buch „How Europe underdeveloped Africa" machte der guyanische Historiker Walter Rodney, der zu dieser Zeit an der Universität von Dar es Salaam lehrte, in seiner Anklage des Kolonialismus eine gewisse Ausnahme für „europäische Innovationen". Es sei absurd, wolle man positive Auswirkungen der modernen Medizin, der klinischen Chirurgie und des Impfwesens für Afrika bestreiten. Diese Wohltaten müssten jedoch den zahlreichen Rückschlägen gegenüber gestellt werden, die Afrika durch den Kolonialismus erfahren habe. Außerdem dürfe man nicht vergessen, dass die europäische Wissenschaft am Bedarf ihrer eigenen Gesellschaft orientiert gewesen sei.

Diese Aussage deutet an, wie zwiespältig die Erinnerung an die europäische Tropenmedizin ausfallen konnte. Mit ihr wurden und werden medizinischer Fortschritt und Entwicklung, Sicherheit und ein zivilisatorischer oder humanitärer Auftrag assoziiert und erinnert – gleichzeitig aber auch koloniale Herrschaft, Arroganz, Gewalt und eine Zerstörung des Überkommenen.

Die Tropenmedizin, deren konzeptionelle Ursprünge in Europa lagen, die aber sowohl außerhalb als auch innerhalb des Kontinents institutionell verortet war, bietet auch ein Beispiel dafür, wie *Europa* in Abgrenzung und Annäherung entworfen und erinnert wurde. Dass die Grenze des Europäischen auch durch das geographische Europa, mitten durch außereuropäische Städte und Regionen oder zwischen gesellschaftlichen Gruppen gezogen werden konnte, ist dabei kein Widerspruch.

Aufstieg einer Spezialdisziplin

Zeitlich vor der Tropenmedizin im engeren Sinn, existierte in den europäischen Metropolen und ihren außereuropäischen Kolonien bereits eine jahrhundertealte Schiffs-, Marine- und Kolonialmedizin. Doch erst um 1900 etablierte sich die Tropenmedizin als neues Fachgebiet, begleitet von einem Gründungsboom spezialisierter Institute, Abteilungen und „Außenstellen" an Orten sowohl innerhalb als auch außerhalb Europas. Hier seien lediglich einige genannt: 1898/99 Liverpool, 1899 London, 1899 Leopoldville, 1902 Khartoum, Lissabon und Manila, Letzteres unter US-amerikanischer Leitung. Das 1888 in Paris gegründete Institut Pasteur widmete sich zunehmend, aber nicht exklusiv der Tropenmedizin, mit Dependancen in Saigon 1891, Tunis 1893, Algier 1894, Nha Trang 1895, Madagaskar 1898 und Kasuali 1900 (unter gemeinsamer britischer und französischer Leitung). Im Jahr 1900 wurden zudem in Hamburg das Institut für Schiffs- und Tropenkrankheiten und in Rio de Janeiro das Instituto Soroterápico Federal gegründet – das erste unabhängige tropenmedizinisch orientierte Institut im globalen Süden.

Die rasche Formierung der Tropenmedizin erklärt sich sowohl aus dem wissenschaftlichen Zusammenhang als auch aus dem politischen Kontext. Den Boden zu ihrem Aufstieg bereiteten Erfolge der Mikrobiologie ab den späten 1870er Jahren, als es mit einer verbesserten Technik und einer strengen Methodik möglich wurde, Krankheiten einem spezifischen Erreger zuzuordnen, diesen möglichst in Reinkultur zu züchten, mikroskopisch nachzuweisen und auch gezielt Schutzimpfungen zu entwickeln; Letzteres gelang allerdings nur selten.

Der eigentliche *take off* der Tropenmedizin erfolgte nach dem Nachweis der Übertragung der Malaria durch Moskitos der Gattung Anopheles und der spektakulären (Teil-) Entschlüsselung des doppelten Entwicklungszyklus der Malariaplasmodien in der Mücke und im Menschen. Hieran waren zwischen 1880 und 1898 unter anderen der Franzose Charles Laveran, die Briten Patrick Manson und Ronald Ross und der Italiener Battista Grassi beteiligt. Die Identifizierung der Mücke als Überträger lieferte nicht nur einen weiteren Beweis gegen ältere Miasmen- und Akklimatisierungstheorien, sondern eröffnete auch neue Handlungsmöglichkeiten.

Der Gründungsboom der Tropenmedizin wird auch vor dem politischen Hintergrund des Kolonialismus verständlich. Die koloniale Herrschaft vor allem europäischer Nationen in Afrika, Asien und dem pazifischen Raum hatte in den letzten zwei Dekaden des 19. Jahrhunderts eine erhebliche Ausdehnung erfahren. Die Kolonialpolitik orientierte sich ab den 1890er Jahren überdies verstärkt auf die wirtschaftliche, infrastrukturelle und nicht zuletzt wissenschaftliche „Erschließung" der Kolonien zum Vorteil der Metropolen. Hierzu zählten auch die staatliche Förderung tropenmedizinischer Forschung sowie der Ausbau der medizinischen Versorgung in den Kolonien – in erster Linie für die dort tätigen Europäer.

Allerdings ließ sich die Tropenmedizin wissenschaftstheoretisch nie trennscharf von der allgemeinen Mikrobiologie, Pathologie oder Virologie abgrenzen. Rudolf Virchow benannte sie 1885 schlicht als „Medizin der exotischen Krankheiten". Doch konnte die Cholera Ende des 19. Jahrhunderts in Europa, nach zahlreichen schweren Ausbrüchen auf diesem Kontinent, noch als exotische Krankheit gelten? Selbst Malaria war bis weit in das 20. Jahrhundert hinein nicht nur in den „Tropen", sondern auch in Südeuropa und Nordamerika verbreitet. Ist AIDS eine exotische Krankheit? Wohl kaum – auch wenn in diesem Fall ein Ursprungsgebiet in Afrika gesucht wurde und afrikanische Gesellschaften gegenwärtig am stärksten von der weltweiten Pandemie betroffen sind. Genauso, wie Menschen immer Grenzen überschritten und sich im 19. und 20. Jahrhundert in einem bisher ungekannten Ausmaß global bewegten, globalisierten und wandelten sich auch verschiedene Krankheitserreger.

Die Schwierigkeit, die Tropenmedizin als Fach abzugrenzen, blieb zunächst eine auf das akademische Feld beschränkte Frage. Stärkerer Rechtfertigungsdruck entstand durch eine Skepsis, die gegenüber der Tropenmedizin in Europa von Beginn an formuliert wurde. Hierbei konnten unterschiedliche Beweggründe – kolonialkritische, nationalistische und gar rassistische – eine Rolle spielen und in das Argument münden, Mediziner sollten sich lieber um medizinische Probleme im eigenen Land kümmern. Dies erklärt ein Stück weit, warum Tropenmediziner argumentative Strategien zur Rechtfertigung ihrer Tätigkeit entwickelten; dabei stellte auch die Erinnerung – neben anderen Funktionen wie der Selbstvergewisserung und der Repräsentation in der Fremde – eine mobilisierbare Ressource dar. Auffällig ist, dass es Tropenmedizinern gelang, entsprechend des Kontextes sowohl lokal/globale, nationale und nicht zuletzt europäische Bezüge herzustellen, die ihre Existenz legitimierten.

Lokal konnten Tropenmediziner und die oft in Hafenstädten gelegenen Tropeninstitute an die Gefahr einer Einschleppung exotischer Krankheiten erinnern und somit als Kontrolleure verstanden werden. „Getreuer Wächter am Tor zur Welt", titelte beispielsweise 1950 eine Hamburger Zeitung anlässlich des 50-jährigen Bestehens des Hamburger Instituts für Schiffs- und Tropenkrankheiten. Bereits früh war von Tropenmedizinern betont worden, dass eine globale Verflechtung zwar Chancen für das Wirtschaftsleben eröffne, aber durch Infektionsketten gesundheitliche Risiken für das Lokale berge. „Das Wirtschaftsleben unserer größten deutschen See- und Auslandshafenstadt", so erklärte beispielsweise der Hamburger Tropenmediziner Peter Mühlens im Jahr 1930, „war seit jeher durch tausend Fäden mit den meisten Ueberseeländern aufs innigste verknüpft. [...] Naturgemäß bestand – wie in allen grossen Hafenstädten – durch den regen Ueberseeverkehr auch für uns in Hamburg die dauernde Gefahr der Einschleppung von gefährlichen, das Wirtschaftsleben lähmenden, Seuchen". Auch wenn an eine konkrete Epidemie erinnert werden konnte, wie im Fall von Hamburg an den schweren Choleraausbruch 1892, spielten die verborgenen Wege der Erreger, ihre Sichtbarmachung in Form von Kartierung und die Möglichkeiten einer zukünftigen Eindämmung solcher Bedrohungen des Fremden für das Heimische eine Rolle. Im Fall der Hamburger Choleraepidemie beispielsweise wurden auch von Medizinern trotz des Fehlens eindeutiger Beweise jüdische Auswanderer aus Osteuropa für die Einschleppung verantwortlich gemacht. Das ursprüngliche Herkunftsgebiet der „Kommabazillen" der Cholera war schon früher in Indien lokalisiert worden.

Die Erfolge der Tropenmedizin wurden auch *national* vereinnahmt beziehungsweise von Tropenmedizinern oder der pharmazeutischen Industrie in einen nationalen Rahmen gestellt. Beispiele hierfür finden sich in der Erinnerung an Entdeckungen von Erregern, wie zum Beispiel jenen der Cholera (1883) oder der Pest (1894), der Aufklärung von Übertragungswegen wie im Fall der Malaria (1897) und des Gelbfiebers (1881/1901), der Entwicklung erfolgreicher Impfungen (zum Beispiel gegen Gelbfieber in den 1930er Jahren) oder der Entwicklung von medizinischen Präparaten, wie das Bayer 205 zur Behandlung der Schlafkrankheit, das in den 1920er Jahren auch als Germanin vermarktet wurde.

Die nationale Erinnerung an die Tropenmedizin spielte im kolonialen Kontext eine Rolle, als eine internationale Zusammenarbeit vor allem von Europäern und Nordamerikanern als gemeinsames Projekt „zivilisierter" Nationen, die Tropenmedizin jedoch gleichzeitig als Teil eines prestigeträchtigen nationalen Wettstreits verstanden wurde. Auch im entwicklungs- und im kulturpolitischen Zusammenhang war eine national eingerahmte Erinnerung an die Tropenmedizin von Bedeutung. Speziell in Deutschland wurde nach dem Ersten Weltkrieg und dem Verlust der Kolonien die nationale Erinnerung an tropenmedizinische Erfolge auch zu einem trotzigen Beweis kolonisatorischer Befähigung und Berufung.

Einzelne Tropenmediziner wurden zu Nationalhelden stilisiert. In Brasilien werden frühe brasilianische Tropenmediziner, insbesondere Oswaldo Cruz und Carlos Chagas, bis heute in besonderem Maß national erinnert. Sie stehen für die frühe Leistungsfähigkeit und Wettbewerbsfähigkeit der brasilianischen Wissenschaft. Gleichzeitig ist mit ihnen auch eine Gegenerzählung zu einer europäischen beziehungsweise euroamerikanischen Erinnerung an die Erfolge der Tropenmedizin verbunden, in der die schon früh im 20. Jahrhundert bestehenden engen Austauschbeziehungen mit brasilianischen Wissenschaftlern nur selten Erwähnung gefunden haben.

Die Tropenmedizin als *europäischer* Erinnerungsort, um deren Varianten es im Folgenden schwerpunktmäßig geht, konnte in verschiedenen Kontexten und an verschiedenen Orten erscheinen. Zum einen immer dann, wenn Tropenmedizin als nationenübergreifendes zivilisatorisches, humanitäres oder entwicklungspolitisches Projekt verstanden wurde. Zum anderen wurde die Tropenmedizin gerade außerhalb Europas zu einem Erinnerungsort, mit dem Sicherheit, Selbstvergewisserung und Distinktion für Europäer verbunden waren. Gleichzeitig konnte die Tropenmedizin von Nicht-Europäern in Abgrenzung oder Annäherung als *europäisch* identifiziert und erinnert werden – insbesondere im Kontext von kolonialer Herrschaft und von Modernisierungsvorhaben.

Schutz in der Fremde

Von der älteren Kolonialmedizin ist im europäischen kollektiven Gedächtnis besonders das Chinin gegenwärtig geblieben. Das bittere Extrakt des Chinarindenbaums kommt auch heute durchaus noch zur Behandlung der *Malaria tropica* zum Einsatz. Es ist auch noch in einigen Limonaden enthalten, allerdings nicht aus medizinischen, sondern aus geschmacklichen und werbewirksamen Gründen. Wenig bekannt ist, dass das Chinin im 17. Jahrhundert von einem jesuitischen Apotheker von den Quechua in Peru übernommen wurde, auch wenn es für Europäer erst im 19. Jahrhundert in größerem Stil Anwendung fand. Ein gängiges Narrativ besagt, dass es das Chinin war, das den Zugang von Europäern zu tropischen Gebieten Afrikas – zuvor ein „Grab des weißen Mannes" – überhaupt erst ermöglicht habe. Das ist, wie wir heute wissen, übertrieben. Es stellt auch insofern ein eurozentrisches Mythem dar, als die Haltung von Afrikanern gegenüber diesem „Zugang" unterschlagen wird. Doch dividiert man die spätere imperiale Überhöhung heraus, konserviert die Erinnerung an das Chinin eine Erfahrung, die an einen anderen Ausgangspunkt der Kolonial- wie der Tropenmedizin führt: die Angst vor den tropischen Fiebern und dem Tod in der Fremde.

Das Präparat Chinin konnte einem ausgeprägten und nicht unbegründeten Bedürfnis nach gesundheitlicher Unversehrtheit in der Fremde dienen. Im Kontext europäischer Militärexpeditionen in tropische Regionen hatte es somit nicht nur eine physiologische, sondern auch eine psychologische Wirkung. Auch in der Erinnerung symbolisiert es einen Schutz vor

Abbildung 1: Idealbild kolonialer Ordnung und Sicherheit: Krankenhaus, Vorplatz und Brunnen in Bagamoyo. Aus: „Von der Wißmann'schen Expedition in Ostafrika: Das deutsche Krankenhaus in Bagamoyo. Nach einer Skizze unseres Specialzeichners und Berichterstatters C. Weidmann", um 1889. Bildbestand der Deutschen Kolonialgesellschaft, Universitätsbibliothek Frankfurt a. M., Bildnummer 002-0059-05, CD/3317/2014/0841/3317_2014_0841_0050

unsichtbaren Gefahren, sei es nach der älteren Vorstellung vor gefährlichen Dämpfen oder im Sinn jüngerer Erkenntnisse vor übertragbaren Mikroorganismen.

Für Forschungsreisende, die ab den 1850er Jahren verstärkt versuchten, in das „Innere" des afrikanischen Kontinents vorzudringen, konnten medizinische Ausrüstungsgegenstände noch eine andere als ihre technische Funktion haben. Die Präsentation von technischen Instrumenten konnte in einer wenig geschützten Umgebung des Reisenden, etwa während eines Karawanenzugs, zur Gewinnung von Respekt dienen, was überlebenswichtig sein konnte. Zunehmend allerdings repräsentierte die medizinische Ausrüstung vom Mikroskop bis hin zum mobilen Labor eine selbstbewusste Profession, mit der nicht nur technische Wunder und Modernität zum Ausdruck gebracht wurden, sondern gleichzeitig auch die Abgrenzung europäischer Medizin gegenüber anderer, „traditioneller" Medizin verbunden war. Wie die demonstrative Körperhygiene und besonders in Afrika die weiße Kleidung und der Tropenhelm, wurde die moderne Medizin Bestandteil einer europäischen Inszenierung, Selbstvergewisserung und Distinktion, die sich erinnerungskulturell sowohl innerhalb als auch außerhalb Europas niedergeschlagen hat. Die Kranken- sowie die Quarantänestation wurden gerade in afrikanischen und asiatischen Kolonien, aber auch in Australien, zu „Orten der Moderne", die in erster Linie medizinische Versorgung und Schutz für Europäer oder Weiße versprachen.

Mit der modernen Medizin erhielt die bereits ältere Symbolik des reinen Wassers als Lebensquelle eine Aufwertung. Dies schlug sich auch in der europäischen Memorialkultur in den Kolonien nieder: So ist es kein Zufall, dass in den deutschen Kolonien mehr Bismarck-Brunnen denn Bismarck-Steindenkmäler oder -Türme errichtet wurden. Der Bismarck-

Abbildung 2: Der Bismarck-Brunnen in Buea, errichtet 1897. Im Hintergrund der Kamerunberg. Zeitgenössische Fotografie. Bildbestand der Deutschen Kolonialgesellschaft, Universitätsbibliothek Frankfurt a. M., Bildnummer 043-3035-16, CD/7101/3162/3131/7101_3162_3131_0019.

Brunnen kombinierte erinnerungskulturell den politischen Schutz, den Bismarck den Kolonien gewährt hatte, mit dem gesundheitlichen Schutz der Europäer in den Kolonien.

Tropenmedizin und Kolonialismus: das Beispiel Ägypten

Als Evelyn Baring, 1st Earl of Cromer, 1908 auf seine Zeit als britischer Generalkonsul und *de facto* Gouverneur in Ägypten zurückblickte, malte er die einheimischen Heilmethoden als ein regelrechtes Panoptikum des Grauens aus, um danach festzustellen: „Modern medicine and surgery are essentially European sciences. The superiority of Western over Eastern therapeutic methods [...] are all so clear that it might well have been thought that, in this instance at all events, the beneficent co-operation of the Englishman would not only have been accepted without demur, but would even have been invited and welcomed. Such, however, was unfortunately not the case".

Nicht nur unkooperativ hätten sich ägyptische Ärzte gegenüber medizinisch überlegenen Europäern gezeigt, die School of Medicine in Kairo sei noch dazu für einige Zeit zu einem „hotbed of ultra-Mohammedan and anti-European feeling" geworden.

Das Medizinalwesen in Ägypten, das über eine ausgeprägte eigene Schulbildung und ein medizinisches Versorgungssystem verfügte, bietet eines von vielen Beispielen dafür, wie die einheimische Medizin im kolonialen Kontext zu einer Medizin zweiter Klasse degradiert wurde. In der genannten School of Medicine beispielsweise, der Kasr Al-Aini in Kairo, wurden nach dem Beginn des britischen Protektorats 1882 ägyptische Mediziner zunehmend aus leitenden Positionen verdrängt, von Europäern ersetzt und schließlich Englisch als Unterrichtssprache eingeführt.

Die Reaktion derart „kolonisierter" einheimischer Mediziner gegenüber der sich als modern inszenierenden europäischen Medizin konnte ambivalent ausfallen. Sie war einerseits von Widerstand geprägt, andererseits aber auch von Öffnung und der Auseinandersetzung mit europäischen Heilmethoden gekennzeichnet. Im Fall der ägyptischen Medizin reichte eine Aneignung europäischer medizinischer Erkenntnisse allerdings weit zurück. Insbesondere unter der Herrschaft des Khediven Mehmed Ali in der ersten Hälfte des 19. Jahrhunderts hatte eine umfassende Modernisierung des ägyptischen Gesundheitswesens nach europäischem Vorbild stattgefunden. Zu diesem Zweck waren nicht nur neue medizinische und sanitäre Institutionen und Einrichtungen gegründet worden, es waren auch Ägypter zur Ausbildung nach Europa entsandt und europäische Experten ins Land geholt worden.

Die Wahrnehmung der einheimischen Medizin als rückständig, wie in dem obigen Zitat Evelyn Barings zum Ausdruck kommt, verstärkte sich jedoch nicht allein durch das koloniale Machtverhältnis. Wenngleich die Forschung hier noch am Anfang steht, scheint es, dass es zwischen außereuropäischen und europäischen Medizinern in kolonial geprägten Kontexten vor der mikrobiologischen Wende mehr Austauschbeziehungen gegeben hatte als mit Vertretern der Tropenmedizin. Letztere verstanden sich ab dem späten 19. Jahrhundert in der Regel als Speerspitze des Fortschritts, sowohl außerhalb als auch innerhalb Europas, und hielten ihre Methoden für unvergleichlich modern gegenüber jeglicher als „traditionell" und „primitiv" markierter Medizin. Dies dürfte dazu beigetragen haben, dass selbst medizinische Einrichtungen, die Elemente der europäischen Heilkunde übernommen hatten, am Ende des 19. Jahrhunderts in den Augen der modernen Tropenmedizin keinen Bestand hatten.

Ägypten entwickelte sich regelrecht zu einem Mekka für europäische Tropenmediziner. Eine „Expedition" oder zumindest „Studienreise" in das Land am Nil fehlte in kaum einem tropenärztlichen Itinerar und wurde vielfach zu einem Aktivum in der persönlichen Erinnerung und repräsentativen Rückschau. Aufgrund seiner Verkehrslage als Zwischenstation für Mekka-Reisende und nach Fertigstellung des Suez-Kanals 1869 auch als Durchgangsstation des Schiffsverkehrs zwischen Indischem Ozean und Mittelmeer wurden hier neben endemischen Krankheiten nach medizinischer Deutung zahlreiche Erreger eingeschleppt. Das Land wurde auch als tropenmedizinische Gefahr für Europa angesehen. Insbesondere im Kontext der Choleraepidemien in Europa hatte sich bereits ab Mitte des 19. Jahrhunderts der kritische Blick von europäischen medizinischen Konferenzen auf das orientalische Land gerichtet und die Idee eines sanitären Interventionalismus Form angenommen. In Ägypten lag auch der Ausgangspunkt des Wettlaufs um die Identifizierung des Choleraerregers, den sich eine französische und eine deutsche Kommission „zum Schutze Europas" geliefert hatten. Es machte das Land am Nil zu einem Erinnerungsort für die europäische Tropenmedizin selbst.

Nüchterner betrachtet, erklärt sich die hohe Präsenz an europäischen Tropenmedizinern in Ägypten um 1900 allerdings auch damit, dass das Land zahlreiche Möglichkeiten für eine kürzere oder längere besoldete Beschäftigung bot, die in Europa nicht reich gesät waren – in Einrichtungen, die zum Großteil auf die eigene ägyptische Modernisierungspolitik vor Beginn der britischen Kolonialherrschaft zurückgingen.

Koloniale Ordnung und Widerstand

Doch wie weit eine Verbindung von tropenmedizinischer Rationalität und kolonialer Herrschaft in gesellschaftliche Realitäten der Kolonien hineinragen konnte, zeigt sich erst mit einem Blick auf Stadtplanungen und Sanierungsmaßnahmen. Ausgehend von einer tropenmedizinischen Argumentation fanden besonders in Afrika nicht selten Enteignungen, Zwangsvertreibungen und bevölkerungspolitische Segregationen statt. Insbesondere, aber nicht ausschließlich in den Siedlungskolonien konnte sich die Tropenmedizin eng mit Vorstellungen einer „Rassenhygiene" verkoppeln. Dabei ging es gleichzeitig um den medizinischen Schutz des *weißen* Körpers, die Aufrechterhaltung der visuellen Distinktion und körperlichen Nähe zur historischen Heimat, die Absicherung der Herrschaft und Existenz vor Ort und die Kontinuität der Lebensart.

Zwar waren Europäer schon vor der Jahrhundertwende 1900 bestrebt, sich in den Kolonien räumlich getrennt von der einheimischen Bevölkerung anzusiedeln. Doch während die Wahl der Europäerviertel in kolonialen Städten zunächst – wie medizinisch empfohlen – nach klimatischen und naturräumlichen Kriterien erfolgte und, soweit möglich, auf höher gelegene Wohnplätze fiel, ermöglichten die bakteriologischen Erkenntnisse und die Entdeckung des Übertragungswegs der Malaria Ende des 19. Jahrhunderts eine Neustrukturierung der Städte. So konnte es beispielsweise für Europäer möglich werden, sich im Zentrum der Städte anzusiedeln, auch wenn dieses topographisch und klimatisch ungünstig lag. Tropenmedizinische Empfehlungen gingen nicht mehr dahin, sich von einer ungesunden natürlichen Umgebung, sondern von bestimmten Menschengruppen, die zu „Keimträgern" wurden, fernzuhalten. Im Fall der Malariaprophylaxe ging eine der tropenmedizinischen Empfehlungen dahin, die Distanz zur *schwarzen* Bevölkerung mit einem *cordon sanitaire* von mehr als einem Kilometer (der ermittelten maximalen Flugweite einer Mücke) sicherzustellen, um sich nicht nur vor Afrikanern als potentiellen Krankheitsträgern, sondern auch vor den infizierten Mücken zu schützen. Drastische Beispiele für eine tropenmedizinisch begründete städtische Segregationspolitik finden sich unter anderem in Durban, Freetown, Douala, Dakar und Boma (Belgisch-Kongo).

Dass zeitgenössisch diskutierte Alternativen, wie eine umfassende Stadtsanierung unter Trockenlegung der Brutstätten der Anopheles-Mücke, wie sie in Rio de Janeiro verfolgt wurde, oder eine umfassende Chinin-Prophylaxe, im kolonialen Kontext nur selten Anwendung fanden, hängt neben den autoritären Machtstrukturen, die rigorose Maßnahmen erleichterten, auch damit zusammen, dass eine medizinische Empfehlung zur Segregation der einheimischen Bevölkerung sich oftmals mit wirtschaftlichen, kulturellen und sozialpolitischen Interessen und Vorstellungen der Europäer überschnitt. In Douala beispielsweise spielte die Möglichkeit zur Enteignung von afrikanischen Grundstücksbesitzern und ökonomischen Konkurrenten am zentral gelegenen linken Kamerunufer der Stadt eine erhebliche Rolle. Gegen diese Enteignungen und die Zwangsumsiedlung, noch dazu in traditionalistische Mattenhütten in einem mückenreichen Überschwemmungsgebiet, erhob sich scharfer Protest, der auch das tropenmedizinische Argument als Vorwand herausstellte und sich gegen die Entrechtung wandte. Mehrere Wortführer des Widerstands in Kamerun, unter ihnen King Rudolf Manga Bell und Martin Paul Samba, wurden hingerichtet; sie sind später als lokale oder nationale Helden erinnert worden.

Die autoritäre Machtstruktur in den Kolonien eröffnete Tropenmedizinern auch die Möglichkeit, die Kolonien als wissenschaftliches „Experimentierfeld" auszunutzen. Ein Beispiel hierfür bieten deutsche Tropenmediziner in der „Behandlung" der Schlafkrankheit (Afrikanische Trypanosomiasis). Nicht nur, dass Kranke oftmals gegen ihren Willen in Lagern interniert wurden. Bis zur Entwicklung und Markteinführung des weniger toxischen Bayer 205 im Jahr 1921 wurden Erkrankte in Ostafrika, Togo und Kamerun auch Opfer von Medikamentenversuchen mit schwersten Nebenwirkungen, wie irreversiblen Erblindungen; so auch zur Erprobung des Salvarsans, das zur Syphilistherapie entwickelt worden war. Sowohl gegen die Internierung als auch gegen die Medikamentenversuche entwickelte sich vielerorts passiver Widerstand.

Humanität und Entwicklung

Das koloniale Engagement der Europäer war im späten 19. Jahrhundert in der Regel mit einer Zivilisierungsmission verbunden, die allerdings weniger auf eine materielle denn auf eine moralische „Hebung" der „Eingeborenen" gerichtet war. Der materielle Ausbau der Infrastruktur in den Kolonien zielte sowohl in ihren ökonomischen als auch in ihren repräsentativen Absichten vor allem auf Europäer selbst. Auch die Tropenmedizin war sowohl in den Kolonien als auch in Europa zunächst überwiegend auf Europäer beziehungsweise *Weiße* bezogen. Wenn es dezidiert um medizinische Bedrohungen und um Therapiemaßnahmen für die einheimische Bevölkerung ging, wie beispielsweise in der Pockenimpfung, überwogen „menschenökonomische" Überlegungen zur Erhaltung der Arbeitskraft oder auch der Wehrkraft einheimischer Rekruten, nicht zivilisatorische oder humanitäre Absichten. Ausnahmen hierzu finden sich vor allem im missionsärztlichen Bereich, wo neben dem Motiv der Nächstenliebe freilich nicht zuletzt der physische Erhalt der christlichen Gemeinden ein besonderes Anliegen darstellte. Nichtsdestoweniger wurde eine Medizin in den Tropen, die auch die einheimische Bevölkerung einschloss, gerade in Europa und Nordamerika zu einem Erinnerungsort der Humanität und Barmherzigkeit. Besonders nach den apokalyptischen Erfahrungen der Weltkriege war die Medizin in den Tropen auch ein Erinnerungsort, mit der sich der eigenen und kollektiven Humanität vergewissert werden konnte. Dies zeigt sich wohl an keinem anderen Beispiel so deutlich wie am Albert-Schweitzer-Mythos, der in den

1950er Jahren in mehreren europäischen Ländern sowie in den USA seinen Höhepunkt erreichte.

Ansatzweise in den 1920er Jahren, besonders aber nach 1945 zeichnete sich ein Paradigmenwechsel in der Kolonialpolitik der meisten europäischen Metropolen ab. Diese setzte vor dem Hintergrund eines höheren Legitimationsdrucks verstärkt auf den Rückhalt der Herrschaft in der einheimischen Elite und gab auch in den Kolonien, die nicht zu europäischen Siedlungskolonien geworden waren, ein Versprechen auf „Entwicklung" des Landes ab. Dazu gehörten auch eine bessere medizinische Versorgung und der Zugang zur medizinischen Ausbildung. Letztere forderten einheimische Mediziner ein, die vielerorts eine einflussreiche Stellung in der (kolonial-)gesellschaftlichen Elite einnahmen. Bis zur Einrichtung von Ausbildungsstätten für moderne Medizin in den Kolonien – als frühes Beispiel sei hier das *Makerere College* (1924) in Uganda genannt – hatten sich einheimische Ärzte im subsaharischen Afrika Kenntnisse der europäischen Medizin oftmals ohne Anleitung beziehungsweise in der Stellung als „Hilfsassistent" europäischer Ärzte aneignen müssen. Im Zuge einer vor allem nach der Unabhängigkeit der meisten außereuropäischen Kolonien verstärkten Zulassung und Förderung von Studierenden aus den ehemaligen Kolonien wurden europäische Universitäten zu wichtigen Ausbildungsorten und letztlich auch Erinnerungsorten außereuropäischer Studierender. Medizin zählte stets zu den beliebtesten Fächern eines Studiums in Europa von Studierenden aus Afrika und Asien; für lateinamerikanische sowie Studierenden aus anderen, früher unabhängig gewordenen oder gebliebenen außereuropäischen Ländern galt dies schon deutlich länger und war in zahlreichen europäischen Ländern schon früher Teil der auswärtigen Kulturpolitik geworden.

Mit der Ausbildung und Professionalisierung außereuropäischer, ehemals kolonisierter Ärzte in „fortschrittlicher", europäisch oder westlich konnotierter Medizin setzte sich allerdings in der Regel eine strikte Unterscheidung zur „traditionellen" Medizin fort. Die Grenze ihrer Einflusssphären wurde nun oftmals zwischen Stadt und Land gesehen. Gleichzeitig war die Emanzipation ehemals „kolonisierter" Mediziner nicht selten mit einer erinnerungskulturellen Abgrenzung zu einer kolonial assoziierten, europäischen Tropenmedizin verbunden; teilweise ging damit auch eine nostalgische Verklärung „traditioneller" Medizin einher, die gleichsam als außerhalb von Entwicklung stehend angesehen wurde.

„Moderne" Medizin, einschließlich der Tropenmedizin, nahm einen wichtigen Platz in entwicklungspolitischen Programmen sowohl der unabhängig gewordenen Nationalstaaten als auch internationaler Organisationen ein. Eine besondere Rolle spielte hier die 1948 gegründete World Health Organization (WHO) der Vereinten Nationen. Hatte die Organisation zunächst mit ihrem Malariaprogramm, einschließlich großflächigen DDT-Einsatzes, noch stark auf eine kurzfristige technische Intervention und die Expertise westlicher Mediziner gesetzt, änderte sich dies ab den 1960er Jahren in Richtung langfristiger Entwicklung mit

Abbildung 3: Ersttagsbrief zur Polio-Schluckimpfung in Mali, Mai 1982. Original im Besitz von Wolfgang Ehrengut, Hamburg.

lokaler Kooperation sowie der Sicherstellung einer *primary health care* gerade in ländlichen Gebieten. Von besonderer erinnerungskultureller Bedeutung sind hier die großangelegten Impfprogramme gegen Pocken (1967-1977) und gegen Poliomyelitis (ab 1979). Obgleich hier die WHO sowie andere internationale Organisationen, Stiftungen und Hilfswerke von Beginn an mit einheimischen Institutionen und Ärzten eng zusammenarbeiteten, werden die Erfolge der Impfprogramme, wohl bedingt durch die Asymmetrie in der Finanzierung und dem Engagement westlicher „Entwicklungshelfer", erinnerungskulturell immer noch stark europäisch beziehungsweise nordamerikanisch verortet.

Zugleich jedoch stellte die zunehmende Globalisierung moderner medizinischer Verfahren die Sonderstellung und den Führungsanspruch einer *europäischen* beziehungsweise *westlichen* Medizin zusehends in Frage. Ein Kennzeichen dafür ist, dass sich die WHO ab den 1990er Jahren verstärkt im diversifizierten Feld von *Global Health* verortete. Auch die Tropenmedizinischen Institute in Europa, die akademisch verstärkt der Kritik ausgesetzt waren, ein zu enges und quasi künstliches Feld aufrechtzuerhalten und erneut ihre Existenz außerhalb der Tropen rechtfertigen mussten, lokalisierten sich zunehmend in einem globalen Netzwerk.

Eine Globalisierung des Erinnerungsortes „Tropenmedizin" ist allerdings erst in Ansätzen auszumachen. Während dieser in Europa und Nordamerika noch überwiegend positiv besetzt ist, ist er außerhalb dieser Weltregionen vor allem von Ambivalenzen geprägt, wie das folgende Beispiel noch einmal zeigt.

„Mitten in der lauen indischen Nacht stürzte jemand durch die Bambustür der einfachen Lehmhütte. Er war ein Impfbeauftragter der Regierung, der den Befehl hatte, den Widerstand gegen die Pockenschutzimpfung zu brechen. Lakshmi Singh erwachte mit einem Schrei und versuchte sich zu verstecken. Ihr Mann sprang aus dem Bett, griff nach einer Axt und jagte den Eindringling auf den Hof. Dort wurde Mohan Singh von einem Kommando von Ärzten und Polizisten rasch überwältigt. Als man ihn zu Boden gedrückt hatte, injizierte ihm ein zweiter Impfbeauftragter sofort Pockenimpfstoff in den Arm. Mohan Singh, ein drahtiger vierzigjähriger Führer des Ho-Stammes, zuckte vor der Nadel zusammen, was dazu führte, daß die Impfstelle blutete. [...] Lakshmi Singh biß einen der Ärzte tief in die Hand, aber es half ihr nichts" (zit. nach Chakrabarty).

Diese Schilderung einer Episode aus der Pockenimpfkampagne in Indien entstammt dem Erinnerungsbericht eines US-amerikanischen Ehepaars aus dem Jahr 1978. Sie ordnen die Erfahrung, die sie als Teil eines Impfkommandos machten, in ein Narrativ ein, das bereits aus dem Titel ihres Berichts deutlich hervorgeht: „Death of a Killer Disease. How an Army of Samaritans drove Smallpox from the Earth". Sie stellten ein Verhältnis zum weltweiten, heilbringenden Kampf gegen die Pocken her. In einer auf einem Interview mit dem Ehepaar basierenden Erzählung, die auf der Homepage der University of Michigan zu finden ist, wird dieses Narrativ bestätigt. Es findet sich hier allerdings auch die zusätzliche Information, dass das hippiebewegte Paar den Auftrag zur Teilnahme an der Impfkampagne von ihrem Guru in Indien erhalten habe: „A year passed, and their guru told them to go out into the world and do good. Specifically, he commanded them to join the United Nations campaign to vanquish smallpox" (Stainton).

Dass indes die Singhs die Impfung als eine Zwangsmaßnahme auffassten, geht aus der Schilderung eindeutig hervor. Welche Gründe sie für ihren Widerstand hatten und wie ihre spätere Erinnerung und Beurteilung dieses Vorfalls aussahen, darüber wissen wir jedoch nichts. Für den postkolonialen Historiker Dipesh Chakrabarty ist diese Episode ein Beispiel für den „Zwang, der im Namen der Nation und der Moderne immer noch ausgeübt wird".

Es müsse daher darum gehen, „in die Geschichte der Moderne die Ambivalenzen, die Widersprüche, die Gewaltanwendung und die Tragödien und Ironien einzuschreiben".

Literaturhinweise

Alison BASHFORD, Imperial Hygiene. A Critical History of Colonialism, Nationalism and Public Health. Basingstoke 2004.

Alison BASHFORD (Hrsg.), Medicine at the Border. Disease, Globalization and Security, 1850 to the Present. Basingstoke 2006.

Walter BRUCHHAUSEN, Medizin zwischen den Welten. Geschichte und Gegenwart des medizinischen Pluralismus im südöstlichen Tansania. Göttingen 2006.

Anne DIGBY/Waltraud ERNST/Projit B. MUHKARJI, Crossing Colonial Historiographies. Histories of Colonial and Indigenous Medicines in Transnational Perspective. Newcastle upon Tyne 2010.

Wolfgang U. ECKART, Medizin und Kolonialimperialismus – Deutschland 1884–1945. Paderborn 1997.

Andreas ECKERT, ,Unordnung' in den Städten. Stadtplanung, Urbanisierung und koloniale Politik in Afrika, in: Periplus. Jahrbuch für außereuropäische Geschichte 6 (1996), S. 1–20.

Douglas M. HAYNES, Imperial Medicine. Patrick Manson and the Conquest of Tropical Disease. Philadelphia 2001.

John ILIFFE, East African Doctors. A History of the Modern Profession. Cambridge 1998.

LaVerne KUHNKE, Lives at Risk. Public Health in Nineteenth-Century Egypt. Berkeley 1990.

Michael PESEK, Die Kunst des Reisens. Die Begegnung von europäischen Forschungsreisenden und Ostafrikanern in den Kontaktzonen des 19. Jahrhunderts, in: Winfried SPEITKAMP (Hrsg.), Kommunikationsräume – Erinnerungsräume. Beiträge zur transkulturellen Begegnung in Afrika. München 2005, S. 65–99.

Winfried SPEITKAMP, Kolonialherrschaft und Denkmal, in: Wolfram MARTINI (Hrsg.), Architektur und Erinnerung. Göttingen 2000, S. 165–190.

Megan VAUGHAN, Curing their Ills. Colonial Power and African Illness. Cambridge 1991.

Nils Ole Oermann und Thomas Suermann
Lambarene

Albert Schweitzer ist weltbekannt – als Theologe und Philosoph, als Organist und Bachinterpret, als Arzt, der in Afrika ein Tropenspital betrieb und im Jahr 1953 rückwirkend mit dem Friedensnobelpreis ausgezeichnet wurde. Weltbekannt wurde auch Lambarene, Schweitzers langjähriger Wirkungsort im ehemals französischen Teil des Kongo. Über seine bloße geographische Verortbarkeit hinaus haftet Lambarene eine symbolisch-geistige Dimension an. Das Dorf wurde zu dem, was mit Pierre Nora ein „Lieu de mémoire" genannt werden kann. Nora definiert einen Erinnerungsort als einen „materiellen wie auch immateriellen, langlebigen, Generationen überdauernden Kristallisationspunkt kollektiver Erinnerung und Identität, der durch einen Überschuss an symbolischer und emotionaler Dimension gekennzeichnet, in gesellschaftliche, kulturelle und politische Üblichkeiten eingebunden ist und sich in dem Maße verändert, in dem sich die Weise seiner Wahrnehmung, Aneignung, Anwendung und Übertragung verändert". Erinnerungsorte sind für Nora ein Ansatzpunkt für eine neue Historiographie, für eine Symbolgeschichte, die die Wiedererinnerung und ihre Integration in Gegenwartserfahrungen ins Zentrum stellt.

Vor Nora hatte bereits Maurice Halbwachs 1925 in seinem Werk „Les cadres sociaux de la mémoire" die Tendenz des Gedächtnisses zur Verräumlichung und Lokalisierung herausgestellt. Jede Gruppe schaffe sich zwecks ihrer Konsolidierung ihre eigenen Orte, die als „Symbole ihrer Identität" oder „Anhaltspunkte ihrer Erinnerung" wirken. Historische Deutungen und Wahrnehmungsweisen entstehen für Halbwachs aus dem Wechselspiel zwischen individueller und kollektiver Erinnerung. Das Milieu eines Individuums fungiert dabei als so genannter *cadre social*, als sozialer Bezugsrahmen der Erinnerung, der die Form und den Inhalt kollektiver Erinnerungen sowohl zu fixieren als auch wiederzufinden ermöglicht. Zwar verfügt nur der Einzelne über ein Gedächtnis, dieses Gedächtnis wird aber kollektiv geprägt und durch Kommunikations- und Interaktionsprozesse innerhalb seiner sozialen Rahmen und Gruppen reproduziert. In genau diesem Sinn ist Lambarene Ort kollektiver Erinnerung.

Eine weitere zentrale Komponente des Gedächtnisses – neben seiner sozialen Bedingtheit und Verräumlichungstendenz – stellt seine identitätsstiftende Wirkung dar. Eine Gruppe bildet auf der Basis ihrer kollektiven Erfahrungen ein Bewusstsein ihrer Identität aus, das eine Auswahl der Erinnerungen hinsichtlich Entsprechungen, Ähnlichkeiten oder Kontinuitäten und eine Perspektivierung erlaubt.

Mit seiner Idee der Sammlung der französischen Lieux de mémoire verband Nora das Programm, „an die Stelle einer allgemeinen, thematischen, chronologischen oder linearen Untersuchung eine in die Tiefe gehende Analyse der ‚Orte' – in allen Bedeutungen des Wortes – zu setzen, in denen sich das Gedächtnis der Nation Frankreich in besonderem Maße kondensiert, verkörpert oder kristallisiert hat". Während Nora programmatisch die französische Nation als geographischen Bezugsraum gewählt hatte, weiteten Étienne François und Hagen Schulze mit ihrem Projekt zu den deutschen Erinnerungsorten den Fokus über nationale Grenzen hinaus aus. Im Gegensatz zu Nora, der Frankreich als „in sich geschlossen" dargestellt habe, verstehen François und Schulze Deutschland als „zu seinen Nachbarn und nach Europa hin geöffnet" und unternahmen damit aus Sicht Buchingers, Gantets und Vogels „einen ersten Schritt über den engeren nationalen Rahmen hinaus", indem man „auch bi- und multinationale ‚geteilte Erinnerungsorte' aufnahm und auf die wechselseitige Konstruktion nationaler Stereotypen und Erinnerungsorte verwies". Gegenüber der bisherigen nationalstaatlichen Verortung der Erinnerungen lässt sich gegenwärtig eine fortschreitende

Ausweitung der Erinnerungsgeschichte hin auf eine transnationale Ebene beobachten, in die sich auch dieses Werk einordnet.

Dennoch mag es im besonderen Fall Lambarenes zunächst erstaunen, von ihm als einem *europäischen* Erinnerungsort zu sprechen. Denn dies erfordert, der Frage nachzugehen, was die Symbolkraft Lambarenes als der Wirkungsstätte Schweitzers für Europa ausmacht. Wer nach Orten sucht, die in der Erinnerung der Menschen bleiben, sucht damit nach Personen, die die Orte ins kollektive Gedächtnis brachten. Für das mitten im afrikanischen Urwald gelegene Lambarene ist das Albert Schweitzer gewesen.

Lambarene und das Verhältnis Europas zu Afrika

Wenn von Schweitzers Wirken die Rede ist, fallen weder vorrangig Ortsnamen wie Kaysersberg, sein Geburtsort, noch Günsbach, wo er seine Kindheit und Jugendzeit verbrachte, noch Straßburg, wo er studierte und wo seine Gemeinde war, sondern vor allem Lambarene. 1913 war Schweitzer zusammen mit seiner Frau Helene nach Lambarene ausgewandert, um dort in Zusammenarbeit mit der Pariser Mission als Arzt ein Tropenspital zu leiten. Sein persönliches Anliegen war es, mit seiner Arbeit die von ihm erkannten Verfehlungen des europäischen Kolonialismus zu sühnen. Mit diesem Anliegen schreibt Schweitzer Lambarene die gewichtige Funktion zu, als Ort der gelingenden Erfüllung dieses Selbstanspruchs zu wirken und damit über den singulären Status des Orts hinaus auf kolonialafrikanischer Ebene eine Wirkung zu entfalten, die weit über Lambarene hinausreichen sollte. Der vormals unbedeutende Ort geht aus dieser Bedeutungszuschreibung durch Schweitzer als ein Ort der Sühne hervor, dem die Rolle zukommt, Vergangenes wieder gut zu machen und für Zukünftiges gleichsam als ein positiv konnotiertes Gegenbeispiel zu dienen. Zugleich wird durch Schweitzers Selbstzuschreibung die Austauschbarkeit von Lambarene akzentuiert. Der Mediziner hätte auch einen anderen geographischen Ort für sein Vorhaben wählen können, vorausgesetzt er hätte innerhalb Kolonialafrikas gelegen. Das Entscheidende an dem Erinnerungsort, den Schweitzer etablierte, ist also nicht der geographische Ort als klar bestimmbare Position im Raum, sondern dessen Bedeutung.

Was aber war dann das Besondere an Schweitzers Lambarene gegenüber den vielen anderen afrikanischen Buschhospitälern, die bereits vor Schweitzers Ankunft existierten? Johannes Scholl erklärt dazu: „Humanitäre Arbeit in den Tropen wurde [...] um 1900 mit wenigen Ausnahmen nur von den Missionswerken der Kirchen geleistet, wobei die medizinische Versorgung der Eingeborenen meist hinter den missionarischen Zielen zurückstand. In diesem Sinne war Schweitzers Spitalgründung in Lambarene ein einzigartiges Zeichen transkultureller Solidarität, das sich bewusst gegen einen Zeitgeist stellte, der die Kolonien lediglich unter dem Gesichtspunkt ihrer wirtschaftlichen Ausbeutung zum Nutzen der ‚zivilisierten Nationen' betrachtete". Das Handeln Schweitzers färbte auf die Bedeutung des Ortes ab: Durch die medizinische Arbeit ohne wirtschaftliche Nutzenerwägungen oder Missionsbestrebungen wird auch Lambarene zum Ort einer transkulturellen Solidarität, wie sie sich in der Arbeit Schweitzers deutlich widerspiegelt. Aus einem kleinen Buschhospital wurde in nur wenigen Jahren ein weltweit bewunderter „humanitärer Leuchtturm". Die Bedeutung, die Schweitzer selbst Lambarene zuschrieb, wurde schon zu seiner Zeit von Zuschreibungen seiner Zeitgenossen überlagert. Mit steigender Bekanntheit in Europa – das Tropenhospital wurde als „zweitgrößte Attraktion Afrikas nach den Viktoriafällen" angepriesen – wurde Lambarene verstärkt zu einem Ort europäischer Identitätsbildung. Gerade Schweitzer bot sich wegen seines medizinisch-humanitären Wirkens und seiner Popularität als Legitimationsgröße an. Vor dem Hintergrund eines eurozentrischen Sendungsbewusstseins wurde das Wirken Schweitzers verstärkt als Altruismus der europäischen Missionsarbeit uminterpretiert und gezielt zur Legitimierung der kolonialen Präsenz im Herzen Afrikas herangezogen. Aus einem Ort, an dem Schweitzer seinem Selbstverständnis nach ein aufrichtiges Vorhaben realisiert wissen wollte, war ein Ort geworden, der als „Alibi" von Europa aus verschiedenen Instrumentalisierungen und Legitimationsstrategien zugeführt wurde, die Schweitzers Selbstanspruch vollkommen fremd waren. Nicht mehr die humanitäre Hilfe selbst stand dabei im Vordergrund, sondern eine nunmehr instrumentalisierte humanitäre Hilfe, die zur Legitimation vergangener kolonialer Verfehlungen beitragen sollte. Der Schweitzersche Ort der Sühne, der in seiner humanitärer Konnotation intentional kritisch auf die kolonialafrikanische Ebene verwies, wurde symbolisch zum *europäischen* Ort der (vorgeblichen) Sühne transformiert, von dem aus sich europäische Beobachter eine positive Ausstrahlung auf Europa erhofften.

Schweitzer und das Selbstverständnis der deutschen Öffentlichkeit

Zur Finanzierung seiner Mission reiste Schweitzer immer wieder nach Europa zurück, um dort Konzerte zu geben und Vorträge zu halten, was wiederum seine Bekanntheit und die Lambarenes förderte. 1928 wurde er mit dem Goethepreis der Stadt Frankfurt geehrt. Bezeichnend für die anhaltende europäische Vereinnahmung der humanitären Hilfe Schweitzers begründete das Kuratorium die Preiswürdigkeit Schweitzers damit, dass er seine Aufgabe darin sehe, „die geistige Erbschaft des humanitären Denkens" weiterzuführen, und sich – zu Lasten eines aussichtsreichen akademischen Werdegangs – als Arzt in den Dienst an notleidenden Menschen in Afrika gestellt habe. Neben der geistigen Verbundenheit, die üblicherweise im Rahmen eines solchen Anlasses hervorgehoben wird, betonte eine deutsche Zeitung auch den deutschen bzw. europäischen Geist Schweitzers, der vor allem in seiner Herkunft begründet sei. Folgt man dieser Sichtweise, müsste hier nicht Lambarene, sondern Günsbach als europäischer Erinnerungsort thematisiert werden. Indem der oben erwähnte Zeitungsbericht den Fokus von Lambarene auf das Elsass als angenommene „Heimat" Schweitzers verlagert, verstärkt er die Darstellung Schweitzers als einer zentralen Figur für die europäische Identitätsbildung der 1920er Jahre. Auffällig ist, dass Schweitzer nicht mehr nur für die europäische Identitätssuche als Leitfigur herangezogen wurde, sondern dass er zusätzlich für ein genuin deutsches Identifikationsbedürfnis von einem hohen Interesse war, das sich aus einer Parallelisierung des Schweitzerschen mit dem „deutschen Geist" speiste.

Andere Zeitungen stellten Schweitzer als einen Verteidiger der von den kolonialen Europäern unterdrückten Völker Afrikas heraus. So erkannte die „Frankfurter Zeitung" in Schweitzers humanitärem Wirken in Afrika „ein Memento für eine Zeit [...], die Menschenleben sinnlos hinopfert, um einen nationalwirtschaftlichen Moloch zu erhalten". Gleichzeitig wurde Schweitzer jedoch in den Zeitungen auch zum Verteidiger der Deutschen stilisiert, der in politisch instabilen Zeiten als Leitfigur Stabilität schaffte. Die regionalen Medien wiesen Schweitzer in dieser wirtschaftlich und politisch unsicheren Phase der noch jungen Republik auch eine politische Rolle zu, wurde doch betont, dass Schweitzer „in den schweren Monaten nach dem Verlust des Elsaß" ein „mutiger und unermüdlicher Fürsprecher der drangsalierten Deutschen" sei. Diese Kommentierungen der Regionalpresse belegen exemplarisch die Bedeutung, die Albert Schweitzer inmitten der Weimarer Republik zukam:

Nach dem verlorenen Krieg und dem von vielen Deutschen als ungerecht empfundenen Frieden von Versailles hatte die deutsche Öffentlichkeit nach einem moralischen Aushängeschild gesucht und in Schweitzer, dem „guten Deutschen" mit humanitärem Gewissen, ein solches gefunden, wobei geflissentlich übersehen wurde, dass der Protagonist nun kraft des Versailler Vertrags Franzose war. Schweitzer diente den Deutschen in jener Zeit als moralischer Gegenentwurf zu dem Bild, das von ihnen als den Hauptschuldigen des Kriegs gezeichnet worden war. Lambarene wurde mit der Vereinnahmung von Schweitzer als „gutem Deutschen" zunehmend ein deutscher Erinnerungsort, die Folie für ein „anderes Deutschland".

Dementsprechende Vereinnahmungsversuche wurden auch nach dem Ende des Zweiten Weltkrieges unternommen. Bereits Anfang der 1950er Jahre gab es in der deutschen Politik Bestrebungen, sich für die Vergabe des Friedensnobelpreises an Schweitzer einzusetzen. Kernmotiv dafür war, dass sich der politischen Klasse der noch jungen Bundesrepublik mit Schweitzer – der doch aus seiner Sympathie für Deutschland nie einen Hehl gemacht hatte – jemand bot, der mit Blick auf das humanitäre Projekt Lambarene ein „gutes Deutschland" symbolisieren und damit das Nachkriegsdeutschland moralisch entlasten konnte. Von deutscher Seite setzte sich mit diesen Gesten der Gedanke fort, Schweitzers Lambarene zur deutschen Identitätsbildung fruchtbar zu machen und Lambarene als einen Ort erscheinen zu lassen, der trotz geographischer Distanz in größter geistiger Nähe zu Deutschland stand. Dazu passt auch die Vergabe des Friedenspreises des Deutschen Buchhandels an Schweitzer, den er im September 1951 in der Frankfurter Paulskirche entgegengenommen hatte. Dieser Preis, die höchste Auszeichnung, die Schweitzer je in Deutschland widerfuhr, war von besonderer symbolischer Kraft, weil Schweitzer, so der Frankfurter Oberbürgermeister Walter Kolb, den „Wunsch und die Hoffnung von Millionen von Deutschen, die mit der Nachbarnation friedlich und freundschaftlich zusammenarbeiten wollen", spiegele. Schweitzer wird damit eine Rolle als Vermittler in den deutsch-französischen Beziehungen zugeschrieben, er wird zur Projektionsfläche für „Millionen von Deutschen".

Dass es vor allem um die politische und moralische Bedeutung Schweitzers für Deutschland ging, zeigt die Tatsache, dass sein humanitäres Wirken in Afrika damals nur wenig Erwähnung fand, Bundespräsident Theodor Heuss in seiner Laudatio vielmehr die Orientierung Schweitzers an sittlichen Idealen und Wertvorstellungen der christlichen Welt hervorhob. Schweitzer wurde auf diese Weise zu einem Inbegriff des geistigen Nachkriegsdeutschlands stilisiert. Mit dem friedliebenden und in humanistischer Überzeugung in Afrika wirkenden Arzt deutschen Ursprungs sah die Bundesrepublik nach den Erfahrungen des Dritten Reiches eine Möglichkeit, wieder ein anerkanntes Mitglied in der Völkergemeinschaft zu werden. So wurde Lambarene zum Ort für Humanität in und aus Deutschland, obwohl doch Schweitzer durch Versailles französischer Staatsbürger geworden war. Heuss dankte Schweitzer für dessen Bemühungen, „der abgesperrten Weltluft den deutschen Raum wieder weit zu öffnen" und „dem deutschen Geist draußen wieder die Achtung und Geltung zu erkämpfen". Ihm ging es dabei vor allem darum, die Erzfeinde Frankreich und Deutschland wieder geistig anzunähern: „Wem von uns das deutsch-französische Verhältnis zum europäischen Zentralproblem geworden oder, für manchen von uns, immer gewesen und geblieben ist, und zwar nicht nur eine diplomatisch-technisch gut durchformulierte Paragraphenrelation, sondern in der Aufhellung der Seelen, aller Seelen, dem ist Albert Schweitzer heute ein Symbol, das Symbol des Menschen, der von beiden Nationen geistig nahm, der beiden diente und beide reicher machte und der in beiden geliebt wird".

Schweitzer wurde auf diese Weise – und besonders in Deutschland – zu einer moralischen Leitinstanz und Integrationsfigur einer Nachkriegsgeneration, wogegen Lambarene nur am Rande erwähnt wird, da es in der Fokussierung Schweitzers als Elsässer keinen Platz hatte.

Genau diese Symbolkraft, die von Schweitzer ausging, war es, auf die er großenteils reduziert wurde und die einen wesentlichen Teil seines Denkens, nämlich seine Kulturkritik und die Entwicklung einer Ethik, deren Prinzip die Ehrfurcht vor dem Leben ist, in den Hintergrund treten ließ.

Lambarene als gelebte Kritik an der europäischen Kultur

In seiner Kulturphilosophie, die Schweitzer während des Ersten Weltkriegs in Afrika auszuformulieren begann, kritisiert er, dass mit der Mehrung materieller Errungenschaften und der Entwicklung des technisch-wissenschaftlichen Potentials ein Bedeutungs- und Einflussverlust des Ethischen verbunden gewesen sei, der dem Menschen sein Menschsein zu nehmen drohe. Die technische Entwicklung verändere die traditionelle Wirtschaftsstruktur, was immer mehr Menschen in Abhängigkeiten bringe und aus ihnen Unfreie mache. Zudem beanstandet er die „Überorganisation unserer öffentlichen Verhältnisse", in deren Rahmen der einzelne Mensch und seine Überzeugungen geringgeschätzt würden und zugunsten der Homogenität von Kollektiven verkümmerten; auch kritisiert Schweitzer die arbeitsbedingte Überbeschäftigung des modernen Menschen, der immer mehr zum „Nichtdenkenden" verkomme und „Begeisterungsfähigkeit für das Sinnlose" entwickele, der zur inneren Sammlung unfähig sei und statt Bildung vor allem Unterhaltung suche, „die den geringsten geistigen Aufwand erfordert". Diese kulturkritische Analyse Schweitzers, die sich für ihn in der Entwicklung der europäischen Gesellschaft im Lauf des 20. Jahrhunderts bestätigt, gerät jedoch innerhalb seines Werkes zunehmend in den Hintergrund. Die meisten Menschen bewunderten vor allem Schweitzers humanitären Idealismus und sahen in ihm weniger einen richtungsweisenden Denker.

Im Zeitalter der Globalisierung jedoch wird Schweitzers Ehrfurchtsethik im Rahmen des Nachhaltigkeitsdiskurses eine neue Aufmerksamkeit zuteil. Das Prinzip der Nachhaltigkeit verschreibt sich der „Gestaltung einer neuen Balance zwischen Mensch und Natur, zwischen den Kulturen der Welt und in den zwischenmenschlichen Beziehungen", einem „neuen zivilisatorischen Entwurf" (U. Grober). Nachhaltigkeit erfordert nicht nur die messbare Umgestaltung äußerer Lebensbedingungen, sondern verlangt eine Bewusstseinsveränderung, einen Mentalitätswandel und eine Umkehr in der Lebensführung, was letztlich die Konsequenz aus Schweitzers Kulturkritik bildet. Schweitzers Ehrfurchtsethik geht über die üblichen im Nachhaltigkeitsdiskurs erhobenen Forderungen hinaus, indem sie eine weitreichende ethische Verantwortung für die Erhaltung allen Lebens fordert. Und dieser Ruf eines Europäers nach Ehrfurcht ist mit einem Ort in Afrika verbunden, der für Generationen von Europäern von großer Symbolkraft ist.

Lambarene ist tatsächlich ein solcher europäischer Erinnerungsort, in dem sich zeitspezifisch variierende Erinnerungen und Erfahrungsinhalte kondensieren. So manifestiert sich in Lambarene das europäische Bedürfnis nach Identitätsfindung und Differenzierung. Auf eben dieser Ebene besaß und besitzt Albert Schweitzers Krankendorf für Europa eine identitätsstiftende Kraft. Das mit Schweitzer verbundene Repertoire an Erinnerungen ist jedoch keineswegs als statisches Gefüge zu verstehen. Vielmehr zeigt die Symbolgeschichte Lambarenes, dass die mit einem Ort verbundenen kollektiven Erinnerungen historischem Wandel unterliegen und jeweils in dynamischen Wechselwirkungen mit historischen Ereignissen von ihren Trägergruppen neu konstituiert, umgeformt oder im Vergessen getilgt werden. Ob im Kolonialismus, während der Dekolonisierung oder in Zeiten der Globalisierung: Lambarene reiht sich in diejenigen Erinnerungsorte ein, die nicht mehr einer nationalen Ebene verhaftet sind, sondern grenzüberschreitend ihre Wirkung entfalten. In der wechselhaften Geschichte und ihren sich wandelnden Bedeutungszuschreibungen schlägt sich eine grundsätzliche Diskrepanz zwischen dem Selbstanspruch Schweitzers und der Fremdzuschreibung seitens europäischer Akteure nieder. So bildet Lambarene in Anknüpfung an Schweitzers Selbstverständnis zunächst ein Symbol für den Gedanken der Sühne und der Wiedergutmachung vergangener kolonialer Vergehen der Europäer, gefolgt von einem Ausdruck globaler humanitärer Verpflichtung, grenzenlos für Menschen Verantwortung zu übernehmen.

Mit zunehmender Bekanntheit von Schweitzers Lambarene in Europa wurde er zur Legitimationsfigur kolonialer Bestrebungen stilisiert, die symbolische Ebene der Schweitzerschen Sühneabsicht durch den Prozess der europäischen Identitätsbildung überlagert, für den Schweitzer einen zentralen Anknüpfungspunkt bildete. Eigenschaften, die Schweitzer zukamen, wurden verstärkt auf Europa projiziert. Besonders nach den beiden Weltkriegen diente Lambarene als Beleg für das neue, dem Frieden verpflichtete Europa. Gerade in Deutschland wurde die Möglichkeit gesehen, mit dem Verweis auf ihn nach dem Zweiten Weltkrieg wieder zum Kreis der europäischen Völkergemeinschaft zu stoßen. Als Elsässer eignete sich gerade Albert Schweitzer, der fernab des europäischen Geschehens in äußerster Zurückgezogenheit lebte, dazu, verfeindete Länder einander wieder geistig anzunähern und ein Europa, dessen ethisch-politisches Selbstverständnis erschüttert worden war, zu versöhnen. Erinnerung ist dabei nicht geographisch an eine konkrete Lokalität gebunden, es zählt also weniger der konkrete Ort selbst als vielmehr seine symbolische Aufladung, die er zum einen durch den Protagonisten selbst – seine Philosophie der Ehrfurcht vor dem Leben und sein Handeln –, zum anderen durch Fremdzuschreibungen von verschiedenen Anspruchsgruppen mit verschiedenen Interessen erfahren hat. Erst mit seinem symbolischen Gehalt gewann Lambarene seine Spezifität und damit seine Wirkmächtigkeit als europäischer Erinnerungsort.

Literaturhinweise

Kirstin BUCHINGER/Claire GANTET/Jakob VOGEL (Hrsg.), Europäische Erinnerungsräume. Frankfurt/M. u. a. 2009.

Etienne FRANÇOIS/Hagen SCHULZE (Hrsg.), Deutsche Erinnerungsorte, Bd. 1. München 2003.

Sylvère MBONDOBARI, Archäologie eines modernen Mythos. Albert Schweitzers Nachruhm in europäischen und afrikanischen Text- und Bildmedien. Frankfurt/M. 2003.

Pierre NORA (Hrsg.), Erinnerungsorte Frankreichs. München 2005.

Pierre NORA, Zwischen Geschichte und Gedächtnis. Berlin 1990.

Nils Ole OERMANN, Albert Schweitzer (1875–1965). Eine Biographie. 3. Aufl. München 2010.

Johannes SCHOLL, Albert Schweitzer – von der Ehrfurcht vor dem Leben zur transkulturellen Solidarität. Weinheim 1994.

Albert SCHWEITZER, Gesammelte Werke in fünf Bänden, hrsg. von Rudolf GRABS. München 1974.

Albert SCHWEITZER, Werke aus dem Nachlaß, hrsg. von Johann ZÜRCHER u. a. München 1995 ff.

Madeleine Herren

Der Völkerbund –
Erinnerung an ein globales Europa

Welt ohne Gedächtnis?

1920 feierte Genf mit einem opulenten Feuerwerk die Eröffnung der Völkerbundversammlung. Nach Jahren eines grausamen Krieges gab es damit endlich ein hoffnungsvolles Zeichen für all jene, die an eine friedliche Gestaltung der Zukunft und damit an den in der Völkerbundsatzung niedergelegten Zweck der neuen Organisation glaubten, nämlich den Frieden und die internationale Sicherheit zu gewährleisten. Im wohl etablierten Takt der Zentenarfeiern wurde zehn Jahre später, am 7. September 1929, in Genf der Grundstein für ein eigenes Gebäude gelegt, das Palais des Nations. Der dazu ausgewählt Ort, ein Park am See mit Blick auf den Montblanc, bot eine angemessen überwältigende Kulisse. 1936 zog das Völkerbundsekretariat in den unterdessen von einem multinationalen Architektengremium errichteten neoklassizistischen Monumentalbau, der elegant und prunkvoll zugleich seither an den Gestaden des Genfer Sees steht und heute zum Komplex des europäischen Sitzes der Vereinten Nationen gehört.

Die hier beschriebene Entwicklung von der Gründung des Völkerbunds, der Errichtung des Völkerbundpalastes und dessen Übernahme durch die Vereinten Nationen macht erst rückblickend Sinn. Von solchen Kontinuitäten konnte in den 1930er Jahren nicht die Rede sein. Seit dem Moment, in dem das Völkerbundpalais Gestalt annahm, machten selbst wohlmeinende Kommentatoren deutlich, dass das Palais des Nations als Darstellung einer globalen Agora gescheitert war. Das Gebäude wurde in der internationalen Presse mit dem Schloss von Versailles verglichen, erst als bloßer Größenvergleich, aber auch in Verbindung zum Paradebeispiel monarchischer Prunksucht des Ancien Régime. Als endlich zumindest ein Teil des Gebäudes 1936 bezogen und ein Jahr später die neuen Räume der Völkerbundversammlung eingeweiht waren, verglich die internationale Presse das elegante Gebäude bereits mit einem Mausoleum. In der Tat hätte der zeitliche Rahmen der Einweihung fast nicht schlimmer kommen können: 1931 hatte in Asien der Zweite Weltkrieg begonnen und sich die Wirtschafts- und Bankenkrise zum globalen Problem erweitert. 1933 traten Japan und Deutschland aus dem Völkerbund aus. Im gleichen Jahr scheiterten die Abrüstungskonferenz und die internationale Wirtschaftskonferenz. Damit hatten zwei zentrale Anliegen des Völkerbunds Schiffbruch erlitten. Von diesem Moment an verlor der Völkerbund in einem atemberaubenden Tempo Mitgliedsländer und Glaubwürdigkeit – der von Zara Steiner so bezeichnete „Triumph of the Dark" war nicht mehr aufzuhalten. 1935 begann der Abessinienkrieg, dem der Austritt Italiens aus dem Völkerbund folgte, ein Jahr später besetzten deutsche Truppen das entmilitarisierte Rheinland. Zwischen 1935 und 1939 verlor der Völkerbund weitere zehn Mitglieder. Neben Italien und dem an das Deutsche Reich „angeschlossenen" Österreich sowie dem ins faschistische Lager gewechselten Ungarn kündigte eine ganze Reihe lateinamerikanischer Staaten: Chile, Venezuela, San Salvador, Peru. Als 1939 das zwanzigjährige Jubiläum des Völkerbunds anstand, hatte nach dem deutschen Angriff auf Polen auch in Europa der Weltkrieg begonnen. Die Völkerbundversammlung trat zwar zusammen, aber nur, um den Überfall der sowjetischen Armee auf Finnland zu diskutieren und immerhin den Ausschluss der Sowjetunion aus dem Völkerbund zu beschließen. Während des Krieges wurde es in Genf still – im schönen neuen Völkerbundpalast brannte das Licht nur noch in den Diensträumen des Generalsekretärs, die restlichen Büros blieben im Dunkeln. Die Experten des Völkerbunds waren teils bereits vor Kriegsausbruch emigriert, andere hatten Einladungen aus Princeton und New York angenommen, und auch dem Völkerbund unterstellte Institutionen wie die Internationale Arbeitsorganisation hatten ihren Sitz von Genf nach Übersee verlegt.

Der Völkerbund, so muss aus der eben dargelegten Entwicklung geschlossen werden, ist erinnerungspolitisches Niemandsland. Wie und ob die erste globale Organisation mit staatlicher Mitgliedschaft Erinnerung erfährt, wirft eher Fragen als Antworten auf: gibt es denn so etwas wie globale Erinnerungsorte oder ist Erinnerungspolitik ein primär nationales Konzept, vielleicht mit Ausnahme des Holocaust, der, wie Etienne François betont, grenzübergreifend erinnert werden muss? Trägt die negativ geprägte, als Geschichte des Scheiterns erzählte Erinnerungspolitik dazu bei, dass der Völkerbund in der Geschichtsschreibung keine zentrale Rolle spielt und auch in der Öffentlichkeit kaum erinnert wird? Oder müssen wir uns die Sache ganz anders vorstellen, nämlich als Verdrängungsprozess, in dem öffentliche Erinnerung für diese Zeitspanne bereits absorbiert wurde? In der Tat scheint es zwischen den endlosen Gräbern der Gefallenen des Ersten wie des Zweiten Weltkriegs und zwischen den in jedem noch so kleinen Dorf errichteten Mahnmalen für grenzübergreifende Vorstellungen keinen Erinnerungsraum mehr zu geben. Die Frage, ob globale Erinnerung keine Bedeutung hatte, keine Form und Sprache fand, oder ob vielmehr die Geschichtsschreibung als Meisterin der Erinnerung diese ausgeblendet hat, ist Gegenstand dieser Untersuchung.

Als erster Schritt gilt es, globale Erinnerung in der Zeitspanne zwischen 1919 und 1945 zu verorten. In dieser Zeit trifft sich die Welt nach wie vor in Europa. Allerdings hat das vormalige Zentrum des Imperialismus ein neues Profil gewonnen. Mit der Gründung des Völkerbunds mit europäischem Sitz, aber globaler Beteiligung lässt sich zwar nicht an die Tradition des Europäischen Konzerts anknüpfen – wohl aber an die vielen internationalen Organisationen unterschiedlichster Ausrichtung. Formate wie der Weltpostverein oder die Interparlamentarische Union hatten den vielschichtigen grenzübergreifenden Kontakten ein neues Profil verliehen. Dieser durchaus bürgerliche und staatsbejahende, im Vergleich zur sozialistischen Internationale stärker ausgeprägte Internationalismus hatte am Ende des Ersten Weltkriegs durchaus das Potential, als neues, globales Europa wahrgenommen zu werden. Schließlich sollten viele dieser Organisationen die Nähe des Völkerbunds suchen – einige, insbesondere die nichtstaatlichen Organisationen, verlegten ihren Sitz in den 1920er Jahren nach Genf. Neben der geopolitischen Verortung internationaler Organisationen in Europa hatten die Schöpfer des Völkerbunds auch die europäische Geistesgeschichte zitiert. Der südafrikanische Politiker Jan Smuts hatte sich bei der Entwicklung des Völkerbunds am Konzept des Ewigen Friedens orientiert und knüpfte damit an Immanuel Kant an, einen der bedeutenden Philosophen der europäischen Aufklärung. Es gibt daher genügend Gründe, mit dem Völkerbund ein europäisch eingefärbtes Webmuster internationaler Beziehungen zu diskutieren. Damit gewinnt allerdings die oben festgestellte Erinnerungslosigkeit grenzübergreifender Konzepte eine neue, europäische Dimension. Grund genug, die Rolle Europas in der Entwicklung des Völkerbunds und den Beginn eines globalen Europa im Auge zu behalten.

Unsere bisherige Schilderung der Völkerbundgeschichte basiert auf wohl bekanntem und gut dokumentiertem Handbuchwissen – noch haben wir uns nicht mit der eingangs erwähnten Möglichkeit auseinandergesetzt, dass eine national ausgerichtete Geschichtsschreibung bislang Internationalität der Vergessenheit anheim gab. Eine Übersicht über die geschichtswissenschaftliche Literatur signalisiert zunehmendes Interesse an einer Organisation, die noch vor wenigen Jahren kaum Beachtung fand. Im Licht der Globalgeschichte und dem zunehmenden Interesse an Dekolonisierungsprozessen gewinnen vormals kaum beachtete

Bereiche der Erinnerung an den Völkerbund außerhalb Europas und der westlichen Welt an Bedeutung. Das Museum of Australian Democracy verweist in der Liste der nationalen Gründungsdokumente auf den Versailler Vertrag und die Völkerbundsatzung. Das indische Ministry of Labour and Employment hebt bis zum heutigen Tag hervor, dass Indien zu den Gründungsmitgliedern der 1919 gegründeten und dem Völkerbund zugehörigen Internationalen Arbeitsorganisation zählt. In der Tat ist der Völkerbund als außereuropäischer Erinnerungsort nicht zu unterschätzen. Der indische Ökonom und Vertreter Indiens beim Völkerbund Jahangir Cooverjee Coyajee veröffentlichte 1932 mit „India and the League of Nations" ein typisches Beispiel patriotischer Literatur, in der die Völkerbundmitgliedschaft als Vorwegnahme staatlicher Souveränität gefeiert wurde. Dieser Verweis auf Genf und den von Erez Manela hervorgehobenen „Wilsonian Moment" als Teil eines nationalen Unabhängigkeitsdiskurses lässt sich auch in der autobiographischen Erinnerungsliteratur nachweisen – allerdings als Teil einer explizit nationalen Erinnerungskultur, in welcher der Völkerbund als Plattform und Zugang zur internationalen Öffentlichkeit gefeiert wurde, während dessen Bedeutung als globale Institution eher im Hintergrund stand.

Verfügt der Völkerbund über eine eigenständige, wenn auch negative Erinnerungskultur? Die Narrative des Scheiterns erweist sich aus der Sicht einer modernen Globalgeschichte zusehends als begründungsbedürftiges Konstrukt. Bislang galt mit dem Ausbruch des Zweiten Weltkriegs die Sicherheitspolitik des Völkerbunds als letztlich nicht nur gescheiterte, sondern auch unrealisierbare Vorstellung. Die jüngere, globalhistorisch orientierte Forschung versteht unter sicherheitspolitischen Maßnahmen nun aber weit mehr als scheiternde Kriseninterventionen mit traditionellen diplomatischen Mitteln. Sie schlägt vor, insbesondere die wirtschaftspolitischen Vorschläge und Maßnahmen des Völkerbunds zu berücksichtigen. Wie Patricia Clavin betont, entwickelten die vielen für den Völkerbund tätigen Wirtschaftsexperten Formen globaler Entscheidungsfindung und Muster gegenseitiger Konsultationen, die das 20. Jahrhundert bis zur heutigen Gegenwart prägen sollten. Unter dem Einfluss des Völkerbunds wurde, so die These, die Weltwirtschaft fassbar, verständlich und damit besser steuerbar.

In diesem Beitrag soll die Forderung nach einer neuen Völkerbundgeschichte sogar noch breiter formuliert werden. Ausgangspunkt dieser Darstellung ist die These, dass die Rolle des Völkerbunds in der Prävention von Krisen überschätzt und seine Bedeutung als Faktor der Gestaltung internationaler Politik unterschätzt wurde. Demnach hatte der Völkerbund eine eigenständige, globale Mechanik grenzübergreifender Kontakte etabliert. Sie erfasste weit mehr als konventionelle Außenpolitik, ging aber auch über die globale Steuerung der Weltwirtschaft hinaus. Wir gehen sogar so weit, im Völkerbund eine öffentlichkeitswirksame Form einer *Public Diplomacy* zu sehen und dessen politische Wirkung weniger in den großen Fragen der Friedenssicherung denn in den pragmatischen Bereichen einer Verständigung über gemeinsame Standards zu sehen. Genf als Sitz des Völkerbunds hatte bereits in der Zwischenkriegszeit den Ruf, ein Ort globaler Urbanität zu sein – und keineswegs war Historikern entgangen, dass globale Plattformen an Bedeutung zunahmen. Die Olympischen Spiele 1936 in Berlin und die Weltausstellung von 1937 in Paris mögen diese Tendenz verdeutlichen. Warum also ist der Völkerbund als globale Plattform bislang so wenig beachtet worden? Eine wesentliche Antwort besteht in der nationalen Verfasstheit der Geschichtsschreibung, dem in der Soziologie seit Längerem monierten und von Daniel Chernilo mehrfach betonten „methodischen Nationalismus". Demnach sind die nationalen Ordnungsvorstellungen so tief in die Strukturen wissenschaftlichen Denkens eingebettet, dass sie selbst in Bereichen, die mit der Nation thematisch wenig tun haben, unsere Wahrnehmung prägen. Auf unser Beispiel, den Völkerbund, angewendet, dominiert in der Tat eine nationale Narrative. Nach wie vor besteht eine eklatante Lücke zwischen modernen Forschungsarbeiten und der zeitgenössischen kosmopolitischen Völkerbundliteratur. Die Beziehungen zwischen dem Völkerbund und einzelnen Nationalstaaten sind auch jenseits europäischer Grenzen gut dokumentiert. Wer sich allerdings für den Völkerbund als eigenständigen, nicht nur internationalen, sondern globalen Akteur interessiert, wird zu jener Literatur zurückgreifen müssen, die noch aus der Feder von Egon Ranshofen-Wertheimer oder Francis P. Walters stammt, beides ehemalige Völkerbundbeamte. In dieser Literatur erscheint der Völkerbund im melancholischen Zwielicht der Rückschau, und deren detailreiche, bislang unübertroffene Präzision verbindet sich für heutige Historiker und Historikerinnen mit der Schwierigkeit, dass die Autoren allen Grund hatten, den Völkerbund als unvollkommenen Vorläufer ihres neuen Arbeitgebers, der Vereinten Nationen, zu beschreiben.

Wie aber wäre aus der Sicht einer modernen Historiographie eine Geschichte zu schreiben, welche im Völkerbund ein beispielhaftes Thema zur Überwindung des methodischen Nationalismus finden könnte und damit geeignet erscheint, die globalen Anfänge einer europäischen Geschichte im 20. Jahrhundert von den sie überlagernden Nationalgeschichten freizulegen? Wir beginnen mit der Frage nach völkerbundbezogenen Akteuren und benutzen dabei das Konzept der *entangled* oder *shared histories* mit einem allerdings bedeutsamen Vorbehalt: Methodischer Nationalismus wird nicht dadurch überwunden, indem eine Überlagerung von vielen Nationalgeschichten thematisiert wird. Verflechtungsgeschichten sind hier vornehmlich als methodisches Konzept zu verstehen, als spezifische Art und Weise der historischen Argumentation. Ein stabiles historisches Argument entsteht demnach aus einem Geflecht von Fakten, Ereignissen, Personen, die für sich allein genommen nicht überzeugen, sehr wohl aber dann, wenn sie in einer bestimmten Konstellation auftreten und aufeinander bezogen erscheinen. Damit ist ausdrücklich nicht gemeint, dass wir fein säuberlich alle völkerbundbezogenen Elemente als in sich geschlossenen und von der Außenwelt der Nationalstaaten abgetrennten eigenen Kosmos betrachten. Der Völkerbund wird vielmehr als Knotenpunkt grenzüberschreitender Netzwerke analysiert und diese Sichtweise als eine bereits in den dreißiger Jahren diskutierte Interpretation vorgestellt. Unser Zugang zur Frage, ob der Völkerbund erinnert wird und überhaupt erinnert werden kann, geht daher von einer zeitgenössischen Auseinandersetzung um dessen Deutung aus. Da für die Einschätzung des Völkerbunds der Zweite Weltkrieg ein zentrales Argument darstellt, beginnen wir unsere neue Geschichte des Völkerbunds dort, wo bislang deren Ende vermutet wurde: im *annus horribilis* des europäischen Kriegsbeginns, dem Jahr 1939.

1939 – Anfang vom Ende oder „very much alive"?

Im Jahr 1939 erschien eines der bislang international erfolgreichsten historischen Bücher, „The Twenty Years' Crisis", eine Geschichte der Internationalen Beziehungen, verfasst von dem britischen Historiker Edward H. Carr. „The Twenty Years' Crisis" ist ein Klassiker der historiographischen Literatur, der die Konsequenzen des methodischen Nationalismus besonders deutlich aufzeigt. Carr etablierte eine fortan weit verbreitete, später als Realismus ideologisierte Narrative. Demnach waren international organisierte Gremien prinzipiell Staaten unterlegen. Der Völkerbund basierte auf einem utopischen Konzept, das an der Realität scheitern musste. Carr sprach aus Erfahrung, seiner Karriere als Professor war eine Diplomatenkarriere vorausgegangen, die ihn an die Quelle der Entstehung des Völkerbunds, die Pariser Friedenskonferenzen von 1919, geführt hatte. Sein Buch zementierte die Ansicht, den Völkerbund als letztlich funktionslose Bühne für nationale Politik zu betrachten.

So überzeugend, ja prophetisch sich Carrs Thesen am Vorabend des Zweiten Weltkrieges anhörten, so erstaunlich instabil ist die in diesem Buch zementierte Behauptung der politischen Ergebnislosigkeit des Völkerbunds, wenn die Phase 1930/31–1945 nicht unter den Generalverdacht des Scheiterns gestellt wird. Diese Deutung hat dabei wenig mit einer (zu) freundlichen Einschätzung internationaler Organisationen aus der Sicht des 21. Jahrhunderts zu tun. Sie prägte vielmehr schon die öffentliche Meinung der späten dreißiger Jahre, wie ein Blick in die amerikanische Presse zeigt. Eigentlich hätte sich erwarten lassen, dass sich die Öffentlichkeit des wohl bekanntesten Nichtmitgliedlandes eher indifferent verhielt. Stattdessen sind zwischen 1939 und 1945 erstaunlich viele Berichte über den Völkerbund nachzuweisen. Dazu trugen unterschiedliche Gründe bei, die letztlich alle in zwei Bereichen zusammenliefen: Erstens delegierte der Völkerbund die Macht der national zusammengesetzten Generalversammlungen zusehends an ein Exekutivorgan und entwickelte eine Agenda technischer Zusammenarbeit, die Nichtmitglieder explizit einschloss. Und zweitens verpasste der Beginn des Zweiten Weltkrieges in Europa dem Völkerbund einen Globalisierungsschub, da bedeutende Völkerbundorgane und deren Mitglieder in die USA migrierten. Beide Merkmale forderten das ursprünglich etablierte Prinzip nationaler Repräsentation heraus, beides lässt sich mit nationalen Erinnerungsmustern nur schwer verbinden. Vielmehr erfordert diese Entwicklung einen historischen Analysemodus, der alternative, nicht national geprägte Erinnerungskulturen als Verflechtungsgeschichte zu erfassen imstande ist.

Eine Verflechtungsgeschichte des Völkerbunds gibt selbst auf den ersten Blick ein Bild, das sich bemerkenswert deutlich von Carrs Narrative des allmählichen Scheiterns unterscheidet. Der Kriegsbeginn veranlasste den Völkerbund zum Ausschluss der Sowjetunion als Mitgliedsstaat nach dem Angriff auf Finnland. Dieser Beschluss hatte eine beträchtliche Wirkung. Die amerikanische Presse, die die Eröffnung des Völkerbundpavillons auf der Weltausstellung in New York im Herbst 1939 nicht so recht kommentieren mochte, berichtete sehr wohl über den sowjetischen Ausschluss. Im Dezember 1939 machte also der Völkerbund nicht gerade den Eindruck des Zerfalls. Die letzte Sitzung des Völkerbunds im Jahr 1946 betätigt überdies, dass dessen Auflösung und Inkorporierung in die Vereinten Nationen von 45 Mitgliedsländern beschlossen wurde – Ländern, die auch während des Krieges die Mitgliederbeiträge bezahlt hatten, auch wenn das Budget des Völkerbunds empfindliche Einbußen erlitten hatte.

Mit fortschreitendem Kriegsverlauf erweiterte sich mit den Exilregierungen sogar der Kreis der Akteure. Ganz im Gegensatz zu Carrs These von der machtpolitischen Leere und dem utopischen Charakter internationaler Organisationen kompensierten diese die fehlende nationale mit einer immer noch bestehenden internationalen Legitimation auf mehreren Ebenen: Für Exilregierungen und Politiker im Exil behielt der Völkerbund eine große Bedeutung. Wie man sich Aktionen von Exilregierungen vorzustellen hat und unter welchen Bedingungen der Völkerbund als internationale Plattform wider alle Erwartungen auch während des Krieges agierte, lässt sich am Beispiel des norwegischen Politikers Carl Joachim Hambro aufzeigen. Hambro präsidierte jener Völkerbundversammlung im Dezember 1939, die zum Ausschluss der Sowjetunion führte. Nach der deutschen Eroberung Norwegens übte er weiterhin sein Völkerbundmandat als Mitglied der Supervisory Commission aus, wenn auch aus dem amerikanischen Exil in Princeton. Handlungsbedarf bestand nach wie vor, da Exilregierungen darauf achteten, dass ihre Staaten nicht austraten. Sie nutzten dabei eben jene grenzübergreifenden Kontakte, die 1919 zwar unter anderen Vorzeichen geschaffen worden waren, sich aber sehr wohl während des Krieges halten konnten. Als Vichy-Frankreich die Mitgliedschaft nicht mehr erneuern wollte, erklärten die Generäle Girauld und de Gaulle 1941 die Weiterführung der Mitgliedschaft. Der einsam in Genf verbliebene Generalsekretär des Völkerbunds, der Ire Sean Lester, übermittelte die Botschaft der Generäle nach Princeton an Hambro, und da dieser nach wie vor den Vorsitz über die Supervisory Commission hatte, wurde Frankreich nicht aus der Liste der Völkerbundmitglieder gestrichen.

Das legitimatorische Interesse der Exilregierungen wäre für sich allein wohl noch kein Grund, von politisch produktiven Beziehungen zu sprechen. Eher wäre von einem Schatteninternationalismus auszugehen, der angesichts der militärischen Eroberungen nicht überschätzt werden sollte. Zwei gewichtige Argumente sprechen allerdings dagegen, den Völkerbund der Kriegsjahre als isolierte Plattform von instabilen Exilregierungen zu betrachten. Erstens hatten die Netzwerke des Völkerbunds während des Krieges in einer für die angelsächsische Öffentlichkeit nachvollziehbaren Weise an Bedeutung zugelegt. Zweitens sorgte das Interesse der amerikanischen Universitäten an den Völkerbundexperten auch für institutionelle Kontinuität. In der Tat war es in Genf gespenstisch still geworden – nicht zuletzt als Konsequenz der schweizerischen Völkerbundpolitik, welche die Organisation aus neutralitätspolitischen Gründen möglichst nicht mehr auf ihrem Territorium sehen wollte. Jenseits des Atlantiks fand der Völkerbund allerdings zunehmende Aufmerksamkeit. Die Eliteuniversität Princeton wurde zu einem „League Sanctuary", wie die „Washington Post" am 20. Juli 1940 titelte. Die Universität hatte die Experten ins amerikanische Exil eingeladen und wurde dabei finanziell von der Rockefeller Foundation und vom mächtigen Meinungsbildungsinstitut Gallup unterstützt.

Im letzten Rechenschaftsbericht, den Sean Lester als Generalsekretär des Völkerbunds 1945 vorlegte, wird die Vorstellung eines zum politischen Stillstand führenden Exils deutlich korrigiert und bestätigt, dass die Exilierung eher zu einem Globalisierungsschub geführt hatte – statt beinahe ausschließlich in Genf waren die Institutionen des Völkerbunds, Völkerbundbeamte und internationale Organisationen über die ganze Welt verstreut. Lester betonte, dass die in den USA tätigen Völkerbundverwaltungen die nötige Unterstützung erhielten, um technische, aber eben auch offizielle, politische Kontakte zu knüpfen. Dabei blieb Princeton nicht der einzige Treffpunkt völkerbundzugewandter Akteure. In New York entwickelte sich die 1919 gegründete progressive „New School of Social Research" zur Exiluniversität. Finanziell unterstützt von der belgischen Exilregierung, zogen während des Krieges ganze Universitätsinstitute aus Belgien und Frankreich nach New York. Das amerikanische Interesse am Völkerbund während des Krieges hebt in der Tat eine von der Forschung bisher eher vernachlässigte Seite des Völkerbunds hervor, nämlich jene, die in Abgrenzung zur Sicherheitspolitik als technische oder gar ,unpolitische' Völkerbundaufgaben zu bezeichnen sind.

Diese technischen Organisationen stellen eine gute und stabile Begründung dafür dar, dass zumindest gewisse Teile des Völkerbunds auch während des Krieges ihre Bedeutung beibehalten konnten. Die Lage in den Kriegsjahren entspricht also nicht jenem Bild des allmählichen Verblassens, der Aktions- und Reglosigkeit. Aktivitäten beschränkten sich aber auch nicht darauf, den Völkerbund in der Eiseskälte des Krieges gut überwintern zu lassen. Der Völkerbund setzte während des Krieges vielmehr die Aufwertung seiner technischen Organisationen um, die bereits vor Kriegsbeginn als notwendige Maßnahme im so genannten Bruce Report ausgearbeitet worden waren. Der australische Politiker Stanley M. Bruce, langjähriger Ministerpräsident und Repräsentant Australiens in London, eleganter Repräsentant einer internationalen Völkerbundelite, schlug vor, internationalen Gremien unter dem Dach des Völkerbunds mehr Spielraum zu gewähren. Der nach ihm benannte Bruce Report sah unter anderem die Errichtung eines Central Committee for Economic and Social Questions vor. Dieses Gremium ist hier weniger wegen der nahe liegenden Verwandtschaft zum Wirtschafts- und Sozialrat der Vereinten Nationen von Bedeutung. Interessant ist vielmehr die vorgeschlagene Zielsetzung: dieses Gremium sollte explizit nach Möglichkeiten suchen, auch Nicht-Mitgliedsländer in Formen technischer Kooperation einzubeziehen.

276

Dies war etwa bei der zum Vorbild genommenen Gesundheitsorganisation bereits der Fall, die nicht zuletzt dank amerikanischer (Rockefeller) Mittel zu den wichtigsten und effizientesten Gremien des Völkerbunds gehörte. Die während des Krieges publizierte völkerbundfreundliche Literatur (etwa Ranshofen-Wertheimers Werk über das Völkerbundsekretariat) gab dem Bruce Report eine eher prospektive Bedeutung und war der Meinung, dieser geplante Richtungswechsel sei zu spät erfolgt. Doch diese nachträglich erfolgte Beurteilung wird der Dynamik nicht gerecht, welche der Report auszulösen vermochte. Immerhin unterrichtete die „New York Times" ihre Leser bereits im Februar 1939 darüber, dass die amerikanische Regierung Interesse an einer „Collaboration in Non-Political Actions" zeigte. Das Völkerbundsekretariat setzte die von der Generalversammlung 1939 angenommenen Leitlinien des Bruce-Berichts um. Noch im Februar 1940 tagte das mit der Umsetzung der im Bruce Report genannten Maßnahmen betraute Gremium in Den Haag. Wir sind also in der seltsamen Situation, von einer emsigen Weiterarbeit während des Krieges ausgehen zu können.

Während des Krieges trat demnach der Völkerbund in einer Weise in Erscheinung, die Zeitgenossen als „machine" bezeichneten. Die ‚Maschine' beschrieb einen tiefgreifenden Wandel in der Einschätzung der Diplomatie: Aus dem Diplomaten vorbehaltenen Bereich der Außenpolitik war ein Management grenzübergreifender Aufgaben geworden. Die Repräsentation von Staaten trat damit in den Hintergrund, der Völkerbund präsentierte sich als technisches Räderwerk, bedient von internationalen Beamten und bezogen auf eine breite Agenda von technischen Kooperationen. Dazu gehörten die Bereiche Ökonomie und Finanzen, eine Abteilung für soziale und rechtliche Fragen, für Transit, Kommunikation und Minoritäten, für die Mandate (also die Verwaltung der Kolonien der Verlierermächte des Ersten Weltkriegs), schließlich auch für Flüchtlinge und Staatenlose. Völkerbundabteilungen arbeiteten für Abrüstung und gegen die Verbreitung des Opiums, für Kinderschutz und intellektuelle Zusammenarbeit. Von jenen Organisationen nicht zu reden, welche formal zur Völkerbundfamilie gehörten wie die Internationale Arbeitsorganisation, markierten die erwähnten Aufgabenbereiche Schnittstellen von Kooperationen, die weit über die Institutionen des Völkerbunds hinausgingen und sich dabei als erstaunlich kriegs- und krisentauglich erwiesen. Die erwähnten Völkerbundabteilungen arbeiteten und publizierten mehr oder minder unbeirrt während des Krieges weiter. Das „Statistical Yearbook" des Völkerbunds erschien ebenso wie das monatliche Bulletin, das allerdings seit 1943 statt in Genf in Princeton publiziert wurde. Wie Lesters letzter Rechenschaftsbericht vermerkte, konnte der Völkerbund auch während des Krieges kontinuierlich Wirtschaftsdaten liefern. Ähnlich emsig war die mit Fragen der Gesundheit befasste Völkerbundverwaltung – sie kümmerte sich um den Schutz vor Epidemien, aber auch um technische Fragen wie die Standardisierung von Medikamenten. Auch wenn der Völkerbund zur Friedenssicherung gegründet wurde – der Krieg steigerte den Bedarf an effizienten Medikamenten und verlangte Maßnahmen zur Eindämmung von Seuchen, die unterschiedslos alle treffen konnten: Soldaten, Migranten, Flüchtlinge, Zivilbevölkerung. Von der vormals gut ausgestatteten Health Section in Genf war während des Krieges nicht mehr viel übrig geblieben. Dennoch funktionierte die Vermittlung von Informationen auch weiterhin. Zwar lieferte das Büro in Singapur nur Daten bis 1942, und die geschrumpfte Genfer Sektion konzentrierte sich auf den europäischen Kriegsschauplatz. Das Bulletin der Gesundheitsorganisation lieferte aber während des Krieges kontinuierlich Daten und Studien, selbst ohne stabile Institutionen.

Die seltsame Existenz einer Parallelwelt im Krieg, die aus persönlichen Netzwerken kooperierender Völkerbundexperten bestand, ist schwierig sichtbar zu machen oder auch nur als Leistung des Völkerbunds zu präsentieren – aber sie funktionierte ganz offensichtlich in sehr unterschiedlichen Bereichen.

Zeitgenossen legten Wert auf die Vorstellung einer kontinuierlich arbeitenden Maschine, besonders als es darum ging, die Nachkriegsordnung zu diskutieren – und solche Überlegungen beschränkten sich nicht auf die verschwiegenen Zirkel der beteiligten Regierungen. Als der Rotary Club im Januar 1945 in seiner Zeitschrift „The Rotarian" eine Serie über die Gestaltung der Nachkriegsordnung lancierte, betonte Hambro im Eröffnungsartikel, der Völkerbund sei „very much alive". Die Zeitschrift schob eine Literaturliste mit Werken nach, die sich mit den Kriegsaktivitäten des Völkerbunds beschäftigten und auch selbst während des Krieges erschienen waren.

Die Geschichtsschreibung hat also gute Gründe, dem Völkerbund weit mehr als eine Geschichte des Scheiterns zuzuweisen. Die politische Geschichte hat diese Annahme bislang verneint, dabei aber selbst nach ihren Kriterien bedeutungsvolle Entwicklungen der Völkerbundgeschichte zwischen 1930 und 1946 außer Acht gelassen.

Globale Erinnerung zwischen kosmopolitischer Urbanität und europäischem Faschismus

1939 hatte die Woodrow Wilson Foundation einen über fünf Tonnen schweren Himmelsglobus gestiftet, der noch heute vor dem Völkerbundpalast steht. Die Armillarsphäre, die ein motorenbetriebenes, in Rotation befindliches Sonnensystem darstellt, ist ein Monument von globaler Symbolkraft und großer Schönheit. Der Rotationsmechanismus fiel allerdings bereits in den vierziger Jahren aus. Bislang ist es der UNO nicht gelungen, einen Stifter für eine dringlich nötige Restaurierung zu finden – als mögliches Symbol globaler Erinnerung erscheint der Himmelsglobus potentiellen Geldgebern offenbar als wenig attraktiv. In der Tat ist heute ungewiss, was mit dem Völkerbund erinnert werden soll. Der ehemalige Sitz des Völkerbunds, Stadt und Kanton Genf, präsentieren sich zwar bis zum heutigen Tag als territoriale Verdichtung internationaler Beziehungen, als „Stadt des Friedens", als europäischer Sitz der Vereinten Nationen und des Internationalen Komitees vom Roten Kreuz. In der Selbstdarstellung von Genf als einer europäischen Metropole hat das Völkerbundpalais seinen Stellenwert, wenn auch eher als Museum und Ort des Archivs und der Bibliothek. Das Palais des Nations bedeutet geronnene Zeit im vornehmen Park, weitab vom Getöse der Stadt. Aus dieser Perspektive hat Globalität Patina angesetzt und ist die Welt buchstäblich zum Stillstand gekommen. Globale und europäische Erinnerungen überlagern sich und müssen für die sensible Zeitspanne zwischen 1919 und 1946 sorgsam unterschieden werden.

Die urbane Landschaft von Genf ist zwar in der Tat seit dem Ende des Ersten Weltkriegs nachhaltig von den Gebäuden internationaler Organisationen geprägt. Um das Seebecken haben sich früh internationale Quartiere gebildet und eine Anzahl von Konsulaten niedergelassen, wie sie bislang nur in Hauptstädten üblich waren. Genf stand in den 1920er Jahren für ein weltoffenes, globales Europa. Le Corbusiers nicht realisierte Stadtpläne knüpften an dieser Vorstellung an und wollten Genf auch formal zur extraterritorialen Welthauptstadt und einem globalen Verkehrsknotenpunkt umbauen. In den Krisen- und Kriegsjahren brach allerdings die Vorstellung eines globalen Europa zusehends auseinander. ‚Europäisch' und ‚global' transformierten sich zu zwei Konzepten, die sich zusehends zu Gegensätzen entwickelten. Austragungsbereich dieser Auseinandersetzung war jene technische Zusammenarbeit, welche der Völkerbund etabliert hatte, die nun aber zunehmend auch das Interesse totalitärer Staaten fand. In den späten 1930er Jahren hatte eine wachsende Anzahl internationaler Organisationen, die auf den ersten Blick der grenzübergreifenden technischen oder beruflichen Koordination dienten, ihren Sitz in den Einflussgebieten der Achsenmächte, in Berlin und Rom. Organisationen dieser Art bezeichneten sich als ‚europäische' Organisationen. Sie standen im deutlichen Gegensatz zu bereits bestehenden internationalen Organisationen, wiesen aber oftmals eine Struktur auf, die den globalen Organisationen zum Verwechseln ähnlich sah.

Die Deutsche Kongress-Zentrale (DKZ), als Unterorganisation des deutschen Reichspropagandaministeriums mit der Sammlung und Koordination von Informationen über internationale Organisationen betraut, gibt eine beeindruckende Übersicht über diese düstere Seite eines zwar internationalen, aber totalitären Europa. Die DKZ plante die Herausgabe eines Handbuches internationaler Organisationen nach dem Vorbild des Völkerbunds und war 1943 bis zu einem Manuskript fortgeschritten, das heute in den Hoover Institution Archives in Stanford aufbewahrt wird. Das Manuskript ist deshalb beachtlich, weil sich damit die Breite der ‚europäischen', faschistischen Organisationen darstellen lässt. Das Spektrum reichte weit über den etwas bekannteren Europäischen Postverein als faschistische Gegenorganisation des Weltpostvereins hinaus. Ein Internationales Olympisches Institut (gegründet 1938 mit Sitz in Berlin) gab die „Olympische Rundschau" als faschistische Kopie der seit 1901 erschienenen „Revue olympique" heraus. Auffallend war überdies die hochkarätige persönliche Beteiligung an ‚europäischen' Organisationen, selbst wenn deren Bedeutung eher marginal erschien. Vittorio Mussolini, Sohn des italienischen Diktators, saß dem Verein der europäischen Berufsboxer vor, SS-Mitglied und Leiter der Reichspressestelle der NSDAP, Freiherr Maximilian du Prel, stand der 1941 neu gegründeten Union nationaler Journalistenverbände vor. Reichssportführer Hans von Tschammer war im Olympischen Institut und der Münchner Oberbürgermeister im Europaschachbund engagiert. NS-Prominenz fand sich auch im Bund Europäischer Philatelistenverbände mit Oberregierungsrat Kurt Wohlfahrt, und der Reichsgesundheitsführer Dr. Leonardo Conti engagierte sich in verschiedenen, neu gegründeten internationalen medizinischen Organisationen. Weitere europäische Organisationen waren zum Zeitpunkt des Manuskripts in Planung. So sollte eine Europäische Arbeitsgemeinschaft des Gas- und Wasserfachs gegründet werden, ebenso eine europäische Studentenvereinigung. Zwar von der Forschung bislang wenig beachtet, entwickelten sich während des Zweiten Weltkriegs zwei gegensätzliche Muster grenzübergreifender Vernetzung. Während der Völkerbund seine ursprünglich europäische Standortbestimmung lockerte und die USA als künftiges Zentrum internationaler Organisationen erschienen, herrschte in Europa keineswegs Desinteresse. Berlin sollte Genf ablösen, und europäisch hießen nun jene Organisationen, die unter Vereinnahmung von Völkerbundstrukturen eine faschistische Form der globalen Vernetzung unter europäischer Führung beabsichtigten und damit die Erinnerung an ein globales Europa nachhaltig erschwerten.

Möglichkeiten und Grenzen eines globalen Europa

Ist der Völkerbund zum europäischen Erinnerungsort geeignet? Zumindest lässt sich sagen, dass der Völkerbund eine bislang wenig berücksichtigte Plattform der Auseinandersetzung um eine spezifisch nationenübergreifende Deutungsmacht darstellt. Im und durch den Völkerbund erschien ein globales Europa, dessen Haltung zur Welt vom Modus des Imperialismus zu einem Ansatz der globalen Kooperation gewechselt hatte. Mit diesem grundlegenden Perspektivenwechsel eng verbunden ist eine Neueinschätzung der Funktion des Völkerbunds. Zum einen wird der Völkerbund stärker als Exekutivgremium sichtbar, als Bienenstock, umschwirrt von Personen und internationalen Organisationen, die formal wenig, informell aber sehr viel über die Bedeutung von grenzübergreifenden Netzwerken, über *soft power* und extraterritoriale Macht aussagen. Zum anderen übte diese weniger sicherheitspolitische denn technische Funktion des Völkerbunds eine offensichtlich durch den Zweiten Weltkrieg wenig eingeschränkte Anziehungskraft auch auf die ideologischen Gegner der Völkerbundidee aus. In dieser Phase beanspruchten totalitäre Staaten ein Modell der grenzübergreifenden Kooperation, das sich eng am Vorbild des Völkerbunds orientierte, aber als europäisches Konkurrenzprodukt konzipiert war. Das wenig erforschte totalitäre Gegenmodell zum Völkerbund, das die DKZ anstrebte, zeigte ein hohes Interesse an Europa – und stellt in Frage, ob angesichts dieser Vorgeschichte der europäische Integrationsprozess weiterhin als Bruch und Neuanfang erinnert werden kann. Aus einer globalgeschichtlichen Perspektive betrachtet, ist der Völkerbund tatsächlich ein Erinnerungsort, allerdings einer mit ambivalenter Bedeutung für Europa: Während die Leistungen des Völkerbunds als Vorgeschichte der Vereinten Nationen erinnert werden, muss sich die Vorstellung eines globalen Europa (auch) mit seiner faschistischen Vereinnahmung auseinandersetzen..

Literaturhinweise

Edward CARR, The Twenty Years' Crisis. Neuaufl. Basingstoke 2001.

Daniel CHERNILO, A Social Theory of the Nation-State. The Political Forms of Modernity beyond Methodological Nationalism. London u. a. 2007.

Patricia CLAVIN/Kiran Klaus PATEL, The Role of International Organizations in Europeanization. The Case of the League of Nations and the European Economic Community, in: Martin CONWAY/Kiran Klaus PATEL (Hrsg.), Europeanization in the Twenthieth Century. New York 2010.

Madeleine HERREN, Internationale Organisationen seit 1865. Eine Globalgeschichte der internationalen Ordnung. Darmstadt 2009.

LONSEA: Searching the Globe through the Lenses of the League of Nations, http://www.lonsea.de/ (24.10.2011).

Erez MANELA, The Wilsonian Moment. Oxford 2007.

Mark MAZOWER, No Enchanted Palace. Princeton 2009.

Susan PEDERSEN, „Back to the League of Nations", in: The American Historical Review 112/4 (2007), S. 1091–1117.

Egon F. RANSHOFEN-WERTHEIMER, The International Secretariat. A Great Experience in International Administration. Washington 1945.

Zara STEINER, The Triumph of the Dark. European International History 1933–1939. Oxford u. a. 2011.

Iris Schröder

Die UNESCO und das Welterbe
als künftiger europäischer Erinnerungsort

2012 feiert das UNESCO-Welterbe seinen vierzigsten Geburtstag. Vom Aachener Dom über die Warschauer Altstadt, die Brücke von Mostar und die Insel Gorée vor Dakar bis zur tasmanischen Wildnis reicht die umfassende Liste der Welterbestätten. Allein in Europa werden aufgrund ihres „außergewöhnlichen universellen Werts" aktuell gut 400 Einträge verzeichnet – und die Liste wächst immer noch weiter an. Mit der 1972 verabschiedeten Welterbekonvention ist der UNESCO ein programmatischer Coup gelungen; besonders in Europa gilt das Welterbe oft als das erfolgreichste Programm, das die UNESCO je lanciert hat.

In der öffentlichen Wahrnehmung wird die UNESCO von Vielen inzwischen sogar mit dem Welterbe schlicht in eins gesetzt. Andere Aktivitäten der Sonderorganisation der Vereinten Nationen für Bildung, Wissenschaft und Kultur erhalten nur selten eine breitere Resonanz. Dabei ist die 1946 gegründete Weltorganisation deutlich aktiver, als Vielen geläufig ist. Aus ihrer weit gefassten Zuständigkeit für kulturelle Belange hat die von inzwischen knapp 200 Mitgliedsstaaten getragene UN-Sonderorganisation mit der Zeit eine Fülle von Tätigkeitsfeldern entwickelt. Insgesamt ist die UNESCO gleichwohl in erster Linie auch ein intellektuelles Projekt, vielleicht sogar ein Elitenprojekt geblieben, das nur gelegentlich die allgemeine Aufmerksamkeit auf sich zu ziehen vermag. Dazu kam eine kritische Presseberichterstattung, die die unterschiedlichen Initiativen und Aktivitäten häufig sehr skeptisch aufnahm.

Begonnen hatte die Unternehmung vor gut siebzig Jahren mit großen Idealen: „Since wars begin in the minds of men, it is in the minds of men that the defences of peace must be constructed" – so lautet der vielzitierte Anfang der Präambel, auf die sich die Vertreter aus 44 Staaten auf einer vorbereitenden Konferenz im November 1945 in London geeinigt hatten. Als Weltorganisation, die sich die Befestigung eines künftigen Weltfriedens und die Völkerverständigung auf ihre Fahnen geschrieben hatte, wollte die UNESCO in die Geschichte eingehen – das war das erklärte, ehrgeizige Ziel. Das daraus abgeleitete Handlungsprogramm war breit gefächert: Alphabetisierungskampagnen und Re-Education-Projekte (zuerst im besetzten Deutschland und in Japan), auf wissenschaftlicher Basis entwickelte Pläne zur Fruchtbarmachung arider Wüstengebiete sowie die Verständigung zwischen Orient und Okzident bestimmten die Arbeit in den ersten Jahrzehnten. Dazu kamen wissenschaftliche Studien zu einem umfangreichen Themenspektrum, die von einer neuen Zeitschrift für Weltgeschichte bis hin zu naturwissenschaftlich motivierten Expertisen zum Rassebegriff reichten. Auch in späteren Jahrzehnten wandte sich die UNESCO mehrfach historiographischen Großprojekten zu, ein Schwerpunkt lag ferner auf der Bildungsforschung und auf deren praktischer Umsetzung.

Auf der vorbereitenden Londoner Versammlung entschied sich die Organisation für Paris als Hauptsitz. Ausschlaggebend dafür war das taktisch erfolgreiche Vorgehen der französischen Delegation, deren Ziel es gewesen war, die französische Hauptstadt nach dem Krieg wieder als ein Zentrum der Weltpolitik zu etablieren. Als Sitz diente der Organisation anfangs noch ein Grandhotel im mondänen Pariser Westen; 1958 sollte dann der noch heute genutzte Gebäudekomplex an der Place de Fontenoy bezogen werden – auf der linken Seineseite, unweit vieler französischer Ministerien und zugleich direkt gegenüber der École Militaire gelegen. Die UNESCO-Gebäude waren das erste Ensemble moderner Architektur in Paris

– für viele traditionsbewusste Pariser ein Skandal. In der Stadt der Sandsteinfassaden erlaubte sich die UNESCO, einen Palast aus Beton zu errichten, der zunächst für Viele wie ein Fremdkörper wirkte. Damit versuchte die Organisation, auch im Medium der Architektur ein symbolhaftes Zeichen für die Hinwendung zur modernen Welt der Zukunft zu setzen. Der unweit des Eiffelturms gelegene Gebäudekomplex war so spektakulär, dass er in den ersten Jahren gut eine halbe Million Besucher anzog, die das Ensemble samt der dort ausgestellten Kunstwerke besichtigten. In den 1960er und 1970er Jahren fehlten die UNESCO-Gebäude in keinem guten Reiseführer.

Die UNESCO als europäischen Erinnerungsort anzusehen, bietet sich an – allerdings nicht auf den ersten Blick: Zu wechselvoll ist die Geschichte, zu schwankend die Aufmerksamkeit und die öffentliche Resonanz. Sieht man vom Welterbe ab, so ist das, was die UNESCO in den vergangenen knapp 70 Jahren unternommen hat, nur den Wenigsten bekannt, geschweige denn vertraut. Umso schwieriger ist es, einen Kristallisationspunkt auszumachen, der die UNESCO als einen künftigen europäischen Erinnerungsort konstituieren könnte.

Dennoch wird hier der Versuch unternommen, die UNESCO und mit ihr das Welterbe genau als einen solchen möglichen Erinnerungsort zu begreifen: Die erwähnte Topographie, die Örtlichkeit, kann hier als ein erster Zugang dienen, und das Programm, das sich die UNESCO mit ihrer Konstitution selbst gesetzt hatte, und die damit verbundene Praxis können ebenfalls Anknüpfungspunkte bieten. Insgesamt soll deutlich werden, dass die UNESCO sich in der zweiten Hälfte des 20. Jahrhunderts als ein zentraler Ort eines neuen globalen Zeitalters etablierte. Als ein solcher könnte sie zu einem künftigen Erinnerungsort des 20. Jahrhunderts avancieren, der sich mit den übergreifenden Entwicklungen sowie mit den dazugehörigen „großen Erzählungen" des Jahrhunderts unmittelbar verband: Schließlich verknüpft sich die UNESCO mit der Geschichte zweier Weltkriege, mit der Zeit des wachsenden Ost-West-Antagonismus in Europa und vor allem auch mit der Zeit der Dekolonisation und ihren wechselvollen Auswirkungen sowohl unter den ehemaligen europäischen Kolonialmächten als auch unter den Postkolonien. Getragen war all dies von einer Fülle von Akteuren unterschiedlichster regionaler Herkunft: von Europäern wie von zahlreichen Anderen. Die damit verbundenen Erinnerungen all dieser Personen sind gewiss vielfältig, sie bilden ein Netz aus multiplen räumlichen Bezügen. Als europäischer Erinnerungsort ist die UNESCO auf diese Weise eng mit der sie umgebenden globalen Welt verknüpft. Entsprechend spiegelt sich in ihr die europäische wie die außereuropäische Welt, wobei nicht zuletzt auch die Erfahrungen der Europäer in der Welt ebenfalls auf die UNESCO zurückverweisen. Mit der Zeit entstand ein hybrides und zugleich vielfältiges, an genau diesen Ort in Paris gebundenes Erinnerungsgefüge. Dieses dürfte sich – metamorphosenhaft – auch in den kommenden Jahren und Jahrzehnten fortlaufend weiter verändern und dabei schließlich auch im 21. Jahrhundert an das vorhergehende umfassend erinnern.

Auf den ersten Blick sind die Aktivitäten der UNESCO – wie im Übrigen die anderer internationaler Organisationen auch – vor allem mit Konferenzen verknüpft. Die im zweijährigen Turnus einberufenen Generalkonferenzen sowie die immer häufiger stattfindenden themenbezogenen Weltkonferenzen werden nicht nur als organisationsinterne Mammutveranstaltungen stets von langer Hand geplant, sondern dienen der Weltorganisation sowie allen im Zuge dieser Ereignisse versammelten Vertretern der Weltgemeinschaft vorrangig als ein Schaufenster, um die eigenen Belange nach außen hin darzustellen. Bemerkenswert ist an diesen Großveranstaltungen oft weniger das, was gesagt wird, als die Tatsache, wie und von wem es gesagt wird. Während wir uns im beginnenden 21. Jahrhundert inzwischen an die Berichte über die medienwirksam aufbereiteten globalen Events gewöhnt haben, ja, ihrer sogar überdrüssig geworden sein mögen, hatte mit ihnen im 20. Jahrhundert etwas genuin Neues begonnen. Anders als zu vermuten, war ihre zeitgenössische Relevanz unstrittig.

Entscheidend war aber nicht nur die wachsende Konferenzdiplomatie überhaupt, entscheidend waren der wechselvolle Hintergrund und besonders die tiefen Brüche der internationalen Ordnung, die einander oft verstärkten: Der erste Bruch kam mit den gleich nach Kriegsende anwachsenden Spannungen des Ost-West-Konflikts, der zweite infolge des zu guter Letzt vielerorts überraschend zügig erfolgten Endes der europäischen Kolonialreiche. Im Zuge der Dekolonisation erlangten zahlreiche Länder der südlichen Hemisphäre die politische Unabhängigkeit, einige auf vergleichsweise friedlichem Wege, andere in zähen, gewaltreichen Auseinandersetzungen mit der Kolonialmacht, teilweise begleitet von lang anhaltenden Bürgerkriegen. Das Ende der europäischen Kolonialherrschaft veränderte die internationale Welt grundlegend. Dies geschah aber zu einer Zeit, in der die internationale Staatengemeinschaft eigentlich gerade erst wieder damit begonnen hatte, sich unter schwierigen Bedingungen neu zu konstituieren. Die Folgen des Krieges sowie der wachsende Ost-West-Konflikt und die dazugehörige zunehmende Teilung Europas in zwei voneinander abgeschottete Gebiete überschatteten die Versuche, zu einer neuen stabilen Weltordnung zu gelangen. Ferner blieb der Ost-West-Konflikt insgesamt weder auf Europa noch auf die beiden Supermächte, die USA und die UdSSR, beschränkt, sondern weitete sich zügig auf andere Teile der Welt aus. Die internationale Ordnung war so durch eine eigentümlich stabile Instabilität gekennzeichnet: Von der angestrebten friedlichen Welt, die der Präambel der UNESCO 1945 noch als leitende politische Utopie gedient hatte, konnte jedenfalls bald kaum mehr die Rede sein. Umso erstaunlicher war es, dass die Antagonisten die einberufenen Konferenzen trotz aller Spannungen wahrnahmen – schließlich traten 1954 auch die Sowjetunion und zahlreiche andere Länder Osteuropas der UNESCO dauerhaft bei.

Sowohl für die Gegenspieler innerhalb des Ost-West-Konflikts als auch für die Kontrahenten in Sachen Kolonialherrschaft sollten die großen UNESCO-Konferenzen zunächst als eine willkommene Bühne dienen. Darüber hinaus ist aber zu vermuten, dass die unterschiedlichen Seiten bei verschiedenen Gelegenheiten ebenfalls die Hinterbühne nutzten, um Möglichkeiten einer anderen Politik zu sondieren. Für die beiden erklärten Rivalen des Kalten Krieges dürften die UNESCO-Konferenzen somit eine doppelte Bedeutung gehabt haben: Einerseits boten sie die Möglichkeit, den Systemgegensatz vor der Weltöffentlichkeit rhetorisch überzeugend in Szene zu setzen, andererseits waren sie aber ebenfalls ein denkbarer Begegnungs- und Verhandlungsort – schließlich gehörten Geheimkonsultationen am Rande großer öffentlicher Ereignisse selbst im 20. Jahrhundert weiter zur diplomatischen Praxis. Darüber hinaus zielten viele UNESCO-Programme, ob in Sachen Jugendaustausch oder im Bereich der wissenschaftlichen Kooperation, darauf ab, den Ost-West-Konflikt möglichst umfassend zu unterlaufen. Kleinere, weniger öffentlichkeitsträchtige Initiativen dürften hier vermutlich erfolgreicher agiert haben als andere, größere Projekte – zu unterschätzen sind sie in ihrer Gesamtheit nicht.

Eine andere, ebenso komplexe Dynamik zeitigte der Prozess der Dekolonisation. Besonders indische, aber auch zahlreiche lateinamerikanische UNESCO-Vertreter und Delegierte sorgten dafür, dass sich die Organisation – nach ausgiebigem Zögern – schließlich die postkoloniale Staatsbildung auf ihre Fahnen schrieb. Der im Fall des Ost-West-Konflikts lange Zeit durchaus ernsthaft praktizierte Versuch, nicht für die eine oder die andere Seite Partei zu ergreifen, wurde hier also aufgegeben: Das anfänglich weithin dominierende Verständnis für die europäischen Kolonialherren, das viele UNESCO-Vertreter in den ersten Jahren geteilt hatten, wich schließlich einer wachsenden Solidarität mit der antikolonialen Revolte. Die entscheidende Resolution, bei der sich die UNESCO erstmals zu dieser Neuausrichtung bekannte, wurde allerdings erst im Jahre 1960 verabschiedet – genau in dem Jahr, in dem 19 jüngst unabhängig gewordene afrikanische Staaten der UNESCO beitraten.

In ihren Anfangsjahren, direkt nach Kriegsende, war dieser Politikwechsel noch nicht absehbar gewesen. Julian Huxley, der britische erste Generaldirektor, dem der Aufbau der neu gegründeten Weltorganisation oblag, hatte mit Empirekritik wenig im Sinn. Bei seinen Personalentscheidungen griff Huxley oft auf einen Kreis engerer Vertrauter aus dem heimatlichen Oxford zurück, einige unter ihnen hatten ihre Karriere zuvor im Rahmen des britischen Colonial Office verfolgt. Viele von Huxleys Verbindungen und Bekanntschaften blieben dem festen Pariser Mitarbeiterstab erhalten, auch als Huxley sein Amt 1947 niederlegte; sein Nachfolger Jaime Torres Bodet vermochte demgegenüber andere Akzente zu setzen. Torres Bodet, der zuvor als mexikanischer Erziehungsminister erfolgreiche Alphabetisierungskampagnen ins Werk gesetzt hatte, wollte mithilfe der UNESCO die Staaten der südlichen Hemisphäre stärken – und das explizit jenseits jeglicher kolonialer Bevormundung. Torres Bodet scheiterte mit seinen Ambitionen allerdings nach nur wenigen Jahren im Amt, nicht zuletzt weil ihm die UNESCO-Mitgliedsstaaten die Zusage für das von ihm verlangte höhere Budget verweigerten. Organisationsintern waren damit schon in den ersten Jahren zwei konkurrierende programmatische Richtungen angelegt: Während die eine Gruppe Reformbemühungen im Stil des britischen Colonial Office verteidigte, sollte sich die andere Gruppe deutlich für eine umfassende Politik des *empowerment* – der Ermächtigung – und damit für das Ende einer jeglichen kolonialen Bevormundung engagieren. In der Praxis der Bildungssektion mochte die programmatische Arbeit beider Gruppen zeitweilig nicht so sehr divergieren, ging es doch bei ihnen beiden zunächst um schulische Bildung und um Alphabetisierung. Ob dies nun jeweils im Zeichen eines als solchen gedachten Entwicklungskolonialismus oder infolge einer ausgeprägten kolonialismuskritischen Haltung geschah, schien den Beteiligten – erstaunlicherweise – in den Anfangsjahren nicht weiter der Rede wert zu sein.

An anderer Stelle sollte die Dynamik der antikolonialen Unabhängigkeitsbestrebungen dagegen auch organisationsintern weitaus deutlicher sichtbar werden, und das in zunehmendem Umfang. Wegweisend hierfür waren vor allem die Aktivitäten Indiens, das, nach der im August 1947 erlangten Unabhängigkeit vom Britischen Empire, nun auch innerhalb der UNESCO zu einem wichtigen Fürsprecher für die Belange der kolonisierten Welt avancierte. Bereits 1951 fand auf Einladung des indischen Ministerpräsidenten Jawaharlal Nehru in Neu-Delhi eine Podiumsdiskussion über die kulturellen Beziehungen zwischen Ost und West statt; das Gespräch war ein Vorläufer des späteren UNESCO-Großprojekts „On the Mutual Appreciation of Eastern and Western Cultural Values" (1957—1966). Dieses sollte der gegenseitigen Verständigung zwischen Ost und West dienen, verfolgte darüber hinaus aber auch das edukative Vorhaben, den im Rahmen der UNESCO vielfach vertretenen „europäischen Wertvorstellungen" andere mögliche Wertehorizonte gleichsam zur Seite zu stellen. Europäische Vorstellungswelten sollten mithin nicht mehr die alleinige Grundlage für all das bilden, was künftig universelle Gültigkeit beanspruchen sollte. Eine solche kritische und zunächst kulturrelativistisch anmutende Grundhaltung begann innerhalb der UNESCO allmählich immer mehr Fürsprecher zu finden.

War das „Major Project" zu kulturellen Fragen und Wertvorstellungen an dem älteren gedachten Gegensatzpaar von Orient und Okzident ausgerichtet und sollte es vorrangig von Philosophen getragen werden, so trugen die Sozialwissenschaftler in der UNESCO dazu bei, den europäischen Überlegenheitsanspruch langfristig ebenfalls zu hinterfragen. 1950 hatte die UNESCO ihr viel beachtetes „Statement on Race" veröffentlicht und dort festgehalten, dass Fragen von Rasse weniger als biologisches Phänomen denn als sozialer Mythos anzusehen seien. Anstatt sich, wie andere, dem Kampf gegen rassisch motivierte Vorurteile zu widmen, entschieden sich die UNESCO-Vertreter hier aber sogleich für einen anderen, politisch klareren Weg: Anstatt mühevolle Überzeugungsarbeit gegen rassische Vorurteile zu leisten, setzten sie schon früh auf eine Antidiskriminierungspolitik, die darauf abziel-te, jegliche Diskriminierung „aufgrund von Rasse" möglichst umgehend auf politischem Weg zu unterbinden. Jaime Torres Bodet, im Übrigen schon in den 1930er Jahren einer der wohl bekanntesten Aktivisten des mexikanischen *indigenismo*, gehörte dabei zu den Vor-denkern, schließlich hatte er die Integrationsprogramme in Mexiko über Jahrzehnte hinweg mit aufgebaut und gefördert. Durch die Aktivitäten, die Torres Bodet während seiner Amts-zeit als Generaldirektor zu fördern begann, entstand eine Fülle an sozialwissenschaftlichen Studien, die gelungene Integrationspolitiken in verschiedenen Ländern forschend begleite-ten. All dies wurde nicht zuletzt auf französischer Seite mit viel Aufmerksamkeit bedacht, zunächst durchaus im Sinn der Erhaltung des eigenen Empires, dann aber – nach 1955 – ebenso im Sinn einer vorsichtigen Integrationspolitik, die langfristig auf eine Neuordnung der gesellschaftlichen Verhältnisse abzielen sollte. Dabei sollte hier zunehmend die bisherige rassische Diskriminierung auf französischer Seite anerkannt werden – selbst in Frankreich. Eine grundlegende Verurteilung des kolonialen Projekts „à la française" war damit – erstaun-licherweise – gleichwohl nicht unbedingt mit intendiert gewesen, wie die langanhaltenden gewaltreichen Auseinandersetzungen des Algerienkriegs unmittelbar vor Augen führten.

Der UNESCO-Resolution von 1960 war somit eine längere Konfliktgeschichte voraus-gegangen – eine Konfliktgeschichte, die auch später, nachdem sich die UNESCO aktiv zur politischen Vision des Antikolonialismus bekannt hatte, wiederholt auf die Tagesordnung gelangte. Dennoch sollte sich im Laufe der 1960er Jahre Vieles innerhalb der Organisation wandeln, und das vor allem aufgrund der zahlreichen neuen Staaten, die nun in der Welt-organisation mit ihrer Mitgliedschaft eine wichtige Stimme erlangten. So nutzten auch die Vertreter der neuen postkolonialen Staaten (ebenso wie andere es getan hatten) die großen UNESCO-Konferenzen und Versammlungen als eine willkommene Bühne, um ihre neue Position vor den Augen der Weltöffentlichkeit möglichst gelungen in Szene zu setzen. Da-bei gewannen die asiatischen und afrikanischen Mitgliedsländer organisationsintern alsbald politisch an Gewicht. 1974 kandidierte der Senegalese Amadou Mahtar M'Bow als General-direktor und gewann. Knapp dreißig Jahre nach der Gründung der UNESCO sollte er als erster Vertreter eines postkolonialen afrikanischen Staates die Geschicke der Weltorganisa-tion lenken.

Mit M'Bow begann eine Ära, in der die Auseinandersetzung mit der kolonialen Vergan-genheit, und damit auch die Auseinandersetzungen zwischen Europa und der postkolonialen Welt, eine neue Qualität erlangte. Auch die dazugehörigen Erinnerungen rückten dabei auf die Tagesordnung. Die 1972 verabschiedete Welterbekonvention sollte bei den nun folgen-den Debatten um das strittige koloniale Erbe nicht außen vor bleiben. Im Gegenteil, mit der Aufnahme der Insel Gorée vor der Küste des Senegal im Jahre 1978 bekam nun ein Monu-ment den Welterbestatus zugesprochen, das eine höchst inhumane und zugleich unheilvolle Verquickung Europas mit anderen Teilen der Welt eindrücklich dokumentierte. Vom 15. bis zum 19. Jahrhundert war die Insel Gorée ein Zentrum des transatlantischen Sklavenhandels gewesen, von dem ausgehend laut UNESCO gut 20 Millionen afrikanische Sklaven verschifft worden seien – diese Zahl ist jedoch in der Forschung umstritten. Als exemplarischer Ort, der vor allem symbolisch für eine der größten Tragödien in der Geschichte der Menschheit steht, verknüpft die Insel die Erinnerungen der afrikanischen Diaspora gleichwohl eng mit jenen der Sklavenhändler, die vorwiegend europäischer Herkunft waren: Ob Portugiesen, Nieder-länder, Franzosen oder Briten, sie alle hatten, ob als Händler oder als Seefahrer, die Insel genutzt, und das nicht zuletzt, um im Sklavenhandel die Oberhand zu gewinnen. Der stra-tegisch günstig und zugleich geschützt gelegene Hafen hatte ihnen ungeahnten Wohlstand ermöglicht, bevor das Geschäft des Menschenhandels infolge der sich nur langsam durch-setzenden Ächtung der Sklaverei im Verlauf des 19. Jahrhunderts allmählich verschwinden sollte. Die Entscheidung des Welterbekomitees, die Insel Gorée als eine der ersten Stätten auf die Welterbeliste zu nehmen, setzte innerhalb des Welterbeprogramms schon in den ersten Jahren einen wichtigen Akzent, ja in gewisser Weise gab sie sogar eine eigenwillige programmatische Richtungsentscheidung vor. Denn anders als viele andere Welterbestätten stand die Insel Gorée sowohl für ein humanitäres Drama als auch für ein schwieriges historisches Kapitel, dessen sich manche womöglich lieber entledigt hätten, anstatt es nochmals explizit ins Gedächtnis zu rufen. Mit der Entscheidung, die Insel Gorée auf die Welterbeliste zu setzen, schrieb das Welterbekomitee seinerseits aber zugleich auch das Programm fest, gerade das historisch Strittige nicht außen vor zu lassen. So stand Gorée wie kaum ein anderer Ort für eine Geschichte, die Europa mit der Welt in höchst unheilvoller Weise verband.

Die UNESCO nicht mit dem Welterbe zu verwechseln, mag, wie anfangs betont, nicht allen unmittelbar einleuchten – zu nah und zu wichtig scheint Vielen inzwischen das Welterbe und besonders auch die einzelnen Welterbestätten zu sein, die heutigen Besuchern über unzählige offizielle wie inoffizielle Webseiten und über ebenso viele monumentale wie farbenprächtige Bildbände und Dokumentationen einprägsam vor Augen geführt werden. Sich für die sonstigen Aktivitäten der UNESCO zu interessieren, geschweige denn für ihre wechselvolle Geschichte, mag demgegenüber weitaus weniger attraktiv erscheinen, auch wenn sich damit für die unterschiedlichen Beteiligten eine Fülle von Erinnerungen verbinden mögen. Und doch hängt beides eng miteinander zusammen, spiegelt sich ein großer Teil der Organisationsgeschichte – die der großen Themen, die der großen Konflikte, aber auch die der Visionen und Ziele wie die der intellektuellen Ambitionen – auch in der Welterbeliste in einem unvorhersehbaren Ausmaß wider. Die Geschichte Europas in der Welt schreibt sich dabei letztlich unmittelbar in die Geschichte der UNESCO wie in die Welterbeliste selbst ein: Schließlich wird im Medium des Welterbes auch die Geschichte vielfältiger Begegnungen sowie diejenige einer Fülle von Konflikten geradewegs wieder aufgenommen, eine Geschichte, die in nuce auch die UNESCO selbst von ihren Anfängen an durchzog. Das Welterbe erscheint als ein historisches Großprojekt, das sich der Vergangenheitsbewahrung in vielfacher Weise widmet. Dass Erinnerungen dabei zum Teil getrennte, ja konkurrierende Erinnerungen meinen können, macht die Insel Gorée wie kaum eine andere Welterbestätte beispielhaft deutlich, obwohl sich die Gedächtniskulturen hier sicher auch ineinander zu verschränken begonnen haben. In der Soziologie der kollektiven Erinnerung dürfte das Welterbe – und mithin die UNESCO – aber auch noch aus weiteren Gründen die Aufmerksamkeit für sich beanspruchen: Schließlich sind es die Stätten selbst, die im Lauf der Zeit im Zuge ihrer Verdichtung eine eigentümliche Topographie ausgebildet haben. Hier zeigt sich bei näherem Hinsehen gleichwohl, dass sich das Welterbe derzeit noch immer als ein vorrangig europäisches Gedächtnisvorhaben ausbildet. Die Konflikte um das, was von einem außergewöhnlichen und universellen Wert zugleich sein mag, können daher auch heute noch mitnichten als umfassend gelöst erscheinen.

Aufgrund ihrer wechselvollen Geschichte mag die UNESCO Vielen somit heute nur in geringem Ausmaß als ein europäischer Erinnerungsort erscheinen; es ist aber gut möglich, dass die Organisation nicht zuletzt aufgrund der von ihr selbst ins Werk gesetzten Erinnerungspolitik im Rahmen des Welterbes in Zukunft an Bedeutung gewinnt und für kommende Generationen aufgrund ihrer globalen Hybridität eine wichtige und zugleich dynamische Bezugsgröße wird. Die UNESCO dürfte damit ihrer „unmöglichen Mission" einer Verständigung schließlich vor allem im Medium der Erinnerung etwas näher kommen. Bestechend ist dabei die unübersehbar vorhandene Chance, dass die UNESCO zu einem genuinen europäischen Erinnerungsort avanciert, der sich seiner vielfältigen globalen Bezüge und Verbindungen in der Welt sowie der dazugehörigen Auseinandersetzungen und Konflikte unmittelbar bewusst ist.

Literaturhinweise

Michelle BRATTAIN, Race, Racism, and Antiracism. UNESCO and the Politics of Presenting Science to the Postwar Public, in: American Historical Review 112 (2007), S. 1386–1413.

Etienne FRANÇOIS, Auf der Suche nach den europäischen Erinnerungsorten, in: Helmut KÖNIG u. a. (Hrsg.), Europas Gedächtnis. Das neue Europa zwischen nationalen Erinnerungen und gemeinsamer Identität. Bielefeld 2008, S. 85–103.

Akira IRIYE, Global Community. The Role of International Organizations in the Making of the Contemporary World. Berkeley u. a. 2004.

Chloé MAUREL, Histoire de l'Unesco. Les trente premières années, 1945–1974. Paris 2010.

Pierre NORA, Between Memory and History. Les Lieux de Mémoire, in: Representations 26 (1989), S. 7–24.

Roger POL DROIT, Humanity in the Making. An Overview of the Intellectual History of Unesco 1945–2005. Paris 2005.

Andrea REHLING, Universalismen und Partikularismen im Widerstreit. Zur Genese des UNESCO-Welterbes, in: Zeithistorische Forschungen 8 (2011), S. 414–436.

Iris SCHRÖDER, Der Beton, die Stadt, die Kunst und die Welt. Der Streit um die Pariser UNESCO-Gebäude, in: Zeithistorische Forschungen 7 (2010), S. 7–29.

Iris SCHRÖDER, Decolonizing the Minds. UNESCO – as an Agent of Cultural Decolonization?, in: Katja NAUMANN/Klaas DYKMANN (Hrsg.), Challenging Western Dominance. Inequalities in International Relations. Leipzig 2012 (im Erscheinen).

Todd SHEPARD, Algeria, France, Mexico, UNESCO. A Transnational History of Anti-Racism and Decolonization, 1932–1962, in: Journal of Global History 6 (2011), S. 273–297.

Laura Elizabeth WONG, Relocating East and West. UNESCO's Major Project on the Mutual Appreciation of Eastern and Western Cultural Values, in: Journal of World History 19 (2008), S. 349–374.

Autorenverzeichnis

AMENDA, Dr. Lars, Universität Osnabrück, Institut für Migrationsforschung und Interkulturelle Studien

BRAHM, Dr. Felix, Universität Bielefeld, Fakultät für Geschichtswissenschaft, Philosophie und Theologie

COLLET, Dr. Dominik, Universität Göttingen, Seminar für Mittlere und Neuere Geschichte

COLLET, Prof. em. Dr. Giancarlo, Universität Münster, Katholisch-Theologische Fakultät

DELGADO, Prof. Dr. Mariano, Université de Fribourg, Faculté de Théologie

DUVE, Prof. Dr. Thomas, Max-Planck-Institut für Europäische Rechtsgeschichte Frankfurt/M.

ECKERT, Prof. Dr. Andreas, Humboldt-Universität, Institut für Asien- und Afrikawissenschaften

FALK, Dr. Francesca, Universität Basel, Historisches Seminar

GEULEN, Prof. Dr. Christian, Universität Koblenz-Landau, Institut für Geschichte

HAHN-BRUCKART, Dr. Thomas, Universität Mainz, Evangelisch-Theologische Fakultät

HANKE, Dr. Edith, Bayerische Akademie der Wissenschaften, Kommission für Sozial- und Wirtschaftsgeschichte

HERREN, Prof. Dr. Madeleine, Universität Heidelberg, Historisches Seminar

HEYDENREICH, Prof. em. Dr. Titus, Universität Erlangen-Nürnberg, Institut für Romanistik

JUTERCZENKA, Dr. Sünne, Humboldt Universität Berlin, Institut für Geschichtswissenschaften

KNAUF, Dr. Diethelm, LIS/Zentrum für Medien/Landesfilmarchiv Bremen

McKENZIE, Prof. em. Dr. John, University of Lancaster

MÜCKE, Prof. Dr. Ulrich, Universität Hamburg, Historisches Seminar

NÜTZENADEL, Prof. Dr. Alexander, Humboldt-Universität Berlin, Institut für Geschichtswissenschaften

OERMANN, Prof. Dr. Nils Ole, Universität Lüneburg, Institut für Ethik und Transdisziplinäre Nachhaltigkeitsforschung

PARTENHEIMER-BEIN, Anneli, M. A., St. Ursula-Gymnasium Würzburg

PIETSCHMANN, Prof. em. Dr. Horst, Universität Hamburg, Historisches Seminar

PIETSCHMANN, Prof. Dr. Klaus, Universität Mainz, Musikwissenschaftliches Institut

REINHARD, Prof. em. Dr. Wolfgang, Universität Freiburg, Historisches Institut

RIESZ, Prof. em. Dr. Janos, Universität Bayreuth, Sprach- und Literaturwissenschaftliche Fakultät

SCHÄBLER, Prof. Dr. Birgit, Universität Erfurt, Lehrstuhl Geschichte Westasiens

SCHRÖDER, PD Dr. Iris, Humboldt-Universität Berlin, Institut für Geschichtswissenschaften

SIBILLE, Christiane, M.A., Universität Heidelberg, Asia and Europe-Institut

STARKLOFF, Dr. Kristina, Universität Leipzig, Historisches Seminar

SUERMANN, Thomas, Universität Lüneburg, Institut für Ethik und Transdisziplinäre Nachhaltigkeitsforschung

WENDT, Prof. Dr. Reinhard, FernUniversität Hagen, Historisches Institut

ZIMMERMAN, Prof. Dr. Andrew, University of Washington, Department of History

www.ingramcontent.com/pod-product-compliance
Lightning Source LLC
Chambersburg PA
CBHW081423090426
42740CB00017B/3166